KB201279

냉전·종교·인권,
1960~1980년대

숭실대HK+ 메타모포시스 인문학총서 17

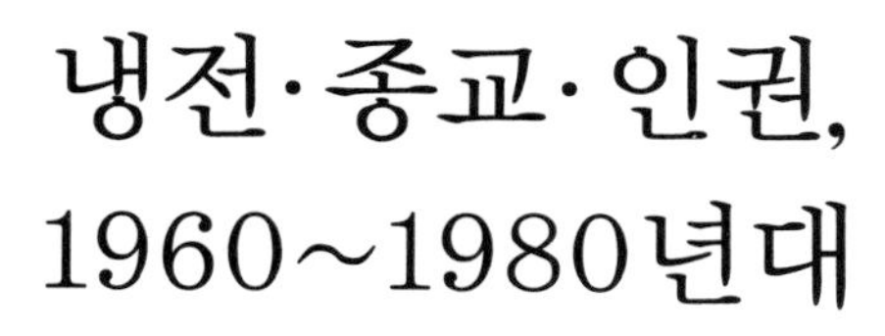

냉전·종교·인권, 1960~1980년대

윤정란·고지수 저

간행사

숭실대학교 한국기독교문화연구원은 1967년 설립된, 명실공히 숭실대학교를 대표하는 인문학 연구원으로 발전하여 오늘에 이르렀다. 반세기가 넘는 역사 동안 다양한 학술행사 개최, 학술지 『기독교와 문화』(구 『한국기독문화연구』)와 '불휘총서' 30권 발간, 한국기독교박물관 소장 자료의 연구에 주력하면서, 인문학 연구원으로서의 내실을 다져왔다. 2018년에는 한국연구재단의 인문한국플러스(HK+) 사업 수행기관으로 선정되어 또 다른 도약의 발판을 마련하였다.

본 HK+사업단은 "근대전환공간의 인문학 - 문화의 메타모포시스"라는 아젠다로 문학과 역사와 철학을 아우르는 다양한 인문학 연구자들이 학제간 연구를 진행하고 있다. 개항 이래 식민화와 분단이라는 역사적 격변 속에서 한국의 근대(성)가 형성되어온 과정을 문화의 층위에서 살펴보는 것이 본 사업단의 목표이다. '문화의 메타모포시스'란 한국의 근대(성)가 외래문화의 일방적 수용으로도, 순수한 고유문화의 내재적 발현으로도 환원되지 않는, 이문화들의 접촉과 충돌, 융합과 절합, 굴절과 변용의 역동적 상호작용을 통해 형성되었음을 강조하려는 연구 시각이다.

본 HK+사업단은 아젠다 연구 성과를 집적하고 대외적 확산과 소통을 도모하기 위해 총 네 분야의 기획 총서를 발간하고 있다. 〈메타모포시스 인문학총서〉는 아젠다와 관련된 연구 성과를 종합한 저서나 단독 저서로 이뤄진다. 〈메타모포시스 번역총서〉는 아젠다와 관련하여 자료적 가치를 지닌 외국어 문헌이나 이론서들을 번역하여 소개한다. 〈메타모포시스 자료총서〉는 숭실대 한국기독교박물관에 소장된 한국 근대 관련 귀중 자료들을 영인하고, 해제나 현대어 번역을 덧붙여 출간한다. 〈메타모포시스 교양문고〉는 아젠다 연구 성과의 대중적 확산을 위해 기획한 것으로 대중 독자들을 위한 인문학 교양서이다.

이 책 『냉전·종교·인권, 1960~1980년대』는 본 사업단의 냉전연구클러스트에서 연구한 결과를 바탕으로 한 것이다. '냉전연구클러스터'는 냉전시대의 문화 변동에 주목하면서 1945년 해방 이후 1970년대 산업화와 민주화 시기까지 냉전문화가 형성되고 변형되는 양상을 심도 있게 연구하였고, 이를 토대로 국제학술대회를 개최하였으며, 책으로 공간하여 해당 분야 연구에 기여하고자 했다.

〈메타모포시스 인문학총서〉 17권으로 기획된 이 책은 본 사업단의 연구 주제를 심화 확산시킨 점에서 의미가 크다. 본 저서가 근대 전환 공간을 읽는 한 사례로 학계에 기여하기를 기대한다. 열일곱 번째 인문학총서 간행에 힘을 보태 주신 윤정란·고지수 교수님께 감사드린다.

동양과 서양, 전통과 근대, 아카데미즘 안팎의 장벽을 횡단하는 다채로운 자료와 연구 성과를 집약한 메타모포시스 총서가 인문학의 지평을 넓히고 사유의 폭을 확장하는데 기여할 수 있기를 기대한다.

2025년 2월

숭실대학교 한국기독교문화연구원 HK+사업단장

장경남

머리말

이 책은 본 사업단의 2단계 아젠다 연구 주제 중 냉전시대의 문화변동에 충실한 연구서이다. 2단계에서는 연구의 시공간을 근대전환기에서 1970년대까지 확대하여 총 3개의 연구주제로 집약하여 연구가 이루어졌다. 그 중의 하나가 냉전시대의 문화변동이다. 이 주제에서는 1945년 해방 이후 1970년대 산업화와 민주화 시기까지 냉전문화가 형성 및 변형되는 양상을 구조적으로 분석하는 데 중점을 두었다. 이를 좀 더 심화 연구하기 위하여 냉전연구클러스터를 운영하였다. 연구클러스터의 참여연구자들은 관련 연구를 진행하면서 2022년에는 「한국전쟁과 문화변동」이라는 국제학술대회를 개최하였다. 이 학술대회에는 영국, 미국, 캐나다, 영국 등의 세계적으로 학문성과를 산출하는 학자들과 국내 학자들을 초청하였다. 영국에서는 캠브리지대학교의 권헌익, 미국에서는 보스턴대학교의 크리스티나 클라인(Christina Klein), 캐나다에서는 브리티시콜롬비아대학교의 스티븐 리(Steven Hugh Lee), 국내에서는 고지수, 김영선, 마은지 등이 발표하였다. 김성례, 김성보, 박명림, 김미선, 장성진 등의 깊이 있는 토론은 학술대회를 더욱 의미있게 만들었다.

이후 냉전연구클러스터는 1960-1970년대 개발담론과 글로컬 네트워크에 더욱 많은 관심을 가지고 연구를 진행하였다. 이 연구에서는 산업화와 민주화를 관통하는 개발담론에 대해서 밝히고 이와 관련된 글로컬 네트워크를 규명함으로써 1970년대 한국사회의 정체성을 재조명하는데 중점을 두었다. 그 결과물이 이 책이다.

이 책은 총 2부로 이루어져 있는데 제1부는 냉전과 종교를 다루었으며, 제2부에서는 냉전과 인권을 다루었다. 1960년대 이후 한국사회는 본격적인 산업화와 경제개발 시대로 접어들었다. 이로 인해 높은 경제성장을 이루었지만 동시에 빈부격차도 심하게 나타났다. 그 결과, 사회 각계각층에서 불만이 거세어졌고 박정희 정권은 정치적 억압으로 이를 해결하였다. 이와 같은 정치적 억압에 대해 저항운동이 전개되었다. 1960년대 이후 한국 개신교와 가톨릭에서 저항운동을 주도하였다. 그리고 1973년 이후 한국 개신교와 가톨릭에서는 인권문제에 본격적인 관심을 가지기 시작하였다. 예를 들어 1973년 10월 한국기독교교회협의회 국제문제분과위원회에서는 인권문제협의회 준비위원회를 구성하였다. 11월에 인권문제협의회를 개최하고 '인권선언문'을 채택하였다. 1974년 5월에 한국기독교교회협의회 인권위원회를 창설하고 인권문제협의회를 정기적으로 개최함과 동시에 인권주간을 설정하는 등 인권과 관련된 다양한 활동을 전개하기 시작하였다.

이 책의 1부인 냉전과 종교에서는 저항운동을 주도했던 개신교와 가톨릭의 냉전적 국제 관계를 집중적 살펴보면서 그동안 선행연구에서 간과했던 냉전자유주의 혹은 자유반공주의 관점에서 분석하였다. 제2부 냉전과 인권에서도 1973년 베트남전 종결 이후 미국 국제인권정치라는 관점에서 개신교와 가톨릭의 인권 문제를 다루었다. 시기는 1960년대 이후부터 베를린장벽이 무너지면서 개신교와 가톨릭의 저항운동이 점차 약화되던 시기까지를 다루었다.

총 2부로 이루어져 있는 이 책의 제1부는 총 4편의 논문들로 구성되어 있다. 제1장 고지수의 「제2차 세계대전 이후 에큐메니즘 확산과 미국교회, 동아시아 '자유 모럴' 구축」은 제2차 세계대전 직후 세계교회 에큐메니즘의 확산 과정에서 미국 교회 중심으로 기획된 '자유 모럴' 개념이 동아시아 탈식민·혁명 과정, 나아가 한반도 냉전 형성에 미친 영향을 다루었다. 구체적으로는 미연방교회협의회 주도로 제기된 '새로운 자유질서' 논의들을 '자유모럴' 형성 관계로 살펴보았으며, 이어 제2차 세계대전 이후 아시아 전역에 걸친 탈식민화과정에서 아시아의 급진 혁명성에 대응하기 위한 서구교회의 서구 '자유모럴' 중심의 '새로운 아시아' 구상, 마지막으로는 한반도 분단 지형에서 냉전기 자유세계 질서원리인 '자유' 개념의 수용과정을 살펴보았다. 제2장은 윤정란의 「한국과 서독의 기독교연대: 한국 디아코니아자매회를 중심으로」이다. 이 글은 한국과 서독 기독교연대에 의해 1980년에 설립된 한국디아코니아자매회를 역사사회학적으로 분석하면서 세계 냉전체제와와 기독교, 그리고 자매회가 어떠한 관련이 있는지를 고찰하였다. 먼저 냉전체제의 세계사적 배경과 한국디아코니아자매회의 설립 관련을 살펴보았고, 이어 서독 선교사인 슈바이처의 파견과 한국디아코니아자매회의 설립과정, 마지막으로는 한국디아코니아자매회의 농촌개발사업과 보건사업에 대해 분석하였다.

제3장과 제4장에서는 냉전과 한국가톨릭과의 관계에 대해서 살펴보았다. 제3장은 윤정란의 「1960~1970년대 한국가톨릭노동운동의 국제적 연대와 발전: 한국가톨릭노동청년회(JOC)를 중심으로」에서는 한국 JOC의 국제적인 관계망에 대해서 분석하였다. 먼저 세계냉전체제하에서 가톨릭의 국제적인 반공전선 연대와 한국가톨릭노동청년회의 창립 관계를 살펴보았으며, 이어 국제적인 관계망 구축과 함께 한국가

톨릭노동운동의 발전을 고찰함으로써 1960~70년대 한국가톨릭노동운동의 국제원조와 특성이 무엇인지에 대해서 구체적으로 추적하였다. 제4장은 윤정란의 「한국가톨릭농민운동의 발전과 독일 여성 마리아 사일러의 역할, 1960~1980년대: 국제기독교기구의 개발 원조를 통한 관계망 구축과 확대를 중심으로」이다. 이 글은 박정희 정권 시기의 한국가톨릭농민운동에 대한 선행연구에서 다루지 못했던 국제적인 관계망에 대해서 고찰하였다. 세부적으로는 서독 여성인 마리아 사일러의 내한 배경, 마리아 사일러가 한국가톨릭농민운동에 참여하면서 이루었던 국제기구와의 관계망 구축과 확대 등에 대해서 살펴보았다.

제2부 냉전과 인권에서도 총 4편의 논문들로 구성되어 있다. 제5장은 고지수의 「포드정부기 미 의회 한국 인권문제 논쟁과 냉전자유주의, 1974~1975」이다. 이 글은 1970년대 세계 냉전의 변화와 베트남전쟁의 학습 효과를 통해 미국의 국제군사안보정치에서 국제인권정치로 전환하는 과정을 밝히고 있다. 구체적으로는 베트남전 종결 직후 닉슨·포드 행정부 교체기 한국 인권문제를 둘러싼 미 의회의 자유주의적 접근에 대해서 고찰하였다. 제6장은 고지수의 「사이공 함락 이후 미 의회 한국 안보·인권 논쟁과 냉전자유주의 접근: 1975년 미 하원 "한국 인권 청문회"를 중심으로」이다. 이 글은 1975년 4월 사이공 함락 직후 미 하원 국제관계위원회 소위원회 주최에 의한 '한국·필리핀 인권문제와 미국정책' 청문회를 통해 미국 사회에 형성된 동아시아 안보 인식 층위를 살펴보고자 하였다. 세부적으로는 사이공 함락 직후 긴급조치 9호와 국무부 비망록, 한국 인권 문제를 분석한 후 미 하원 한국 인권 청문회와 증언자들에 대한 고찰, 마지막으로는 사이공 함락 직후 미국의 한반도 안보 불안에 대해 현실주의적 전략은

무엇이었는지에 대해 살펴보았다.

제7장은 고지수의 「1980년 광주와 김대중 구명운동 그리고 자유공조: 북미주 개신교네트워크의 활동을 중심으로」는 베트남전쟁에서 패배한 미국이 국제인권정치를 선택한 후 일어난 김대중 구명운동을 살펴본 것이다. 1976년 지미 카터 대통령의 '인권외교' 주장은 한국 개신교 그룹의 반유신운동과 깊은 관련이 있었다는 점에서 출발하여 1980년 광주항쟁 이후 김대중 구명운동은 냉전기 세계질서체제하에서 자유세계의 공조의 구현이라는 점을 강조한다. 구체적으로는 1970년대 개신교네트워크의 출현과 '광주항쟁' 인식과 대응, 1980년 5월 미주 개신교 '김대중 구명운동'과 자유공조에 대해 분석하였다. 마지막 제8장은 윤정란의 「여성농민운동가 김윤의 생애와 활동」이다. 이 글은 1960년대 이후 냉전자유주의 혹은 자유반공주의의 국제적 연대 하에서 한국사회에서 소위 '민주화운동'에 뛰어들은 여대생 김윤의 생애와 활동에 대한 것이다. 김윤은 1970년대 민청학련 사건을 기점으로 여성농민운동가로 성장하였다. 그녀는 1989년 베를린 장벽이 무너지면서 세계냉전체제의 종식으로 나아가는 과정에서 여성농민운동에서 뒤로 물러났다. 1960년대부터 1990년까지 김윤의 활동을 통해 세계냉전체제와 한국민주화운동의 상관성에 대해 분석하였다.

2025년 2월

숭실대학교 인문한국플러스(HK+) 사업단
HK교수 윤정란

차례

제2부
냉전과 인권

제1부

냉전과 종교

제1장

제2차 세계대전 이후 에큐메니즘 확산과 미국교회, 동아시아 '자유 모럴' 구축

1. 머리말

이 글은 제2차 세계대전 이후 세계교회 에큐메니즘(Ecumenism)의 확산 과정에 '본원적 자유' 개념이 동아시아 혁명 상황과 한반도 냉전 이념 형성에 미친 영향을 냉전적 자유 구축 관계로 접근하였다. 냉전은 종식되었으나 종교 근본주의 정치가 강화되는 오늘 세계 현실에서 종교의 냉전성 탐구는 시의적절한 과제로 이해된다.[1] 제2차 세계대전의 전후 처리 과정에 구축된 국제연합(UN)과 세계교회협의회(World Council of Churches, WCC)는 인류의 삶을 전 지구적 차원에서 토의, 관리, 감독할 수 있는 권한을 스스로 부여해 왔다는 점에서 역사상 전례 없는 신기원을 이루었다. 국제연합과 세계교회협의회 창설과정에서 미국교회가 개발한 이상들(ideals)이 냉전 이념 형성에서 '자유의 진폭'을 구성하는데 주효했던 점은 그동안 잘 알려지지 않았었다. 자유세계(Free World)의 기둥인 기독교(Christianity), 그리고 미국교회가 제

1 이 글에서 '종교'는 별도의 설명이 없는 한 '개신교 Protestant'(신교)를 의미한다.

공한 '정신적·도덕적 세계=자유' 공식은 냉전기(또는 탈냉전기) 미국 정책결정자들이 세계를 선과 악, 자유와 독재, 민주주의 대 공산주의의 대립 블록으로 승인하는데 종교적·시민적 당위를 제공했다.[2] 1948년 9월 암스테르담에서 개최된 1차 세계교회협의회의 주제 '세상의 무질서(Disorder)와 하나님의 계획(Man's Disorder and God's Design)'에서 무질서(Disorder)란 제1, 2차 세계대전을 겪은 서구의 성찰이자 '신의 질서(God's Order)'를 새로운 질서(New Order)로 구현하고자 한 기독교적 표현이다.[3] 초기 세계교회협의회 개념 기획과정에 미국교회 주요 인물 존 포스터 덜레스(J. F. Dulles), 라인홀드 니버(Reinhold Niebuhr)가 깊이 개입된 것에서도 냉전기 미국 중심의 현실정치와 종교 이상의 결합을 고려할 수 있다.[4]

교회의 '연합과 일치'를 추구하는 에큐메니즘의 역사는 초대교회로 거슬러 올라갈 만큼 오래된 주제이다. 근대 이후 에큐메니즘의 확산은 1910년 에딘버러에서 개최된 국제선교대회(International Missionary Council, IMC)에서 본격적으로 출발한다. 1920~1930년대 다양하게 출현한 세계교회 기구들—신앙과 직제(Faith and Order), 생활과 봉사(Life and Work)—은 제2차 세계대전 직후 연합국 주도로 세계교회협의회로 단일화된다. 냉전기 세계교회 에큐메니컬 운동은 세계 선교를 목표

2 Dianne Kirby, introduction, *Religion and the Cold War*, Palgrave Macmillan, 2002.

3 Report of Section Ⅲ, "The Churche and the Disorder of Society," Edited by W.A. Visser' T Hooft, *The First Assembly of the World Council of Churches*, SCM Press Ltd. 1949, pp.74~87.

4 냉전형성기 J. F. 덜레스와 라인홀드 니버의 미 연방교회협의회(FCC) 관계, '자유 개념' 전개 등은 William Inboden, *Religion and American Foreign Policy, 1945-1960* (Cambridge University, 2008) 참조.

로 '기독교 복음'의 현장화(contextulization)를 추구하는 과정에 동서 냉전의 대립 요소들–유신론과 무신론, 민주주의와 공산주의, 혁명과 개혁, 개인 자유와 사회경제적 정의 등–에 적극 조응했다. 이 연구에서는 제2차 세계대전 전후 처리 과정에 미국교회협의회 주요 인물들이 새로운 세계질서 원리로 제시한 '정신적·도덕적 자유' 논의들이 국제연합 창설에서 세계 구축의 개념 원리로 확장되는 과정을 살펴보고자 했다. 이를 통해 기독교 원리로서 정신적 자유원리가 인간 본성적 자유 지위를 획득함으로써 자유 세계보편원리로 주조되는 냉전 초기 지형을 확인할 수 있다.

제2차 세계대전 이후 아시아 지역의 역동성(Dynamism)은 서구교회 관찰자들에게 '급진적 혁명성'으로 인식되었다. 전후 아시아 전역에 걸친 탈식민화 과정, 독립과 혁명 내용에는 구체제, 제국주의로 상징되는 기독교에 대한 저항과 전통 종교로의 복귀, 아시아 민족주의, 급진적 사회개혁 등이 포함되어 있었다.[5] 식민지 아시아 지역의 독립성·혁명성에 대해 세계교회는 기존 선교·피선교 관계(Parenting System)의 재조정은 물론 혁명과정의 승인을 포함한 '새로운 아시아 New Asia' 구상을 요구받는다. 에큐메니컬 세계 선교 관점에서 '새로운 아시아' 구상에는 동서 이념 확장에 따른 공산혁명 방어 우선 목표가 중요했다. 이 연구는 제2차 세계대전 이후 아시아 독립·혁명과정에 서구교회가 직면한 선교전략의 전환, 새로운 과제 설정에서 '자유 모럴'에 기초한 아시아 구축 논의들을 살펴보고자 한다. 구체적으로는 1차 세계교회

5 The Churches in the Asian Context, Rajah B. Manikam ed., *Christianity and the Asian Revolution*, NY, 1954.

협의회 총회 이후 본격적으로 확산된 아시아 지역 관리기구 논의 속에 탄생한 동아시아교회협의회(EACC) 형성과정에 아시아 혁명성 승인의 필요성 제기를 '자유 모럴'구축 관계로 접근하였다.

마지막으로 살펴볼 것은 냉전 형성기 극동 한반도와 세계교회의 접촉면이다. 19세기 미국 근본주의 보수신학을 토양으로 타계주의, 배타성, 폐쇄성 등을 주요 특징으로 성장해 온 한국교회는 해방 후 미군정과 이승만 정부를 거쳐 미국식 자유민주주의, 냉전반공주의, 친미주의가 혼합된 극우 이념을 공고히 했다.[6] 이 글은 제2차 세계대전 이후 한국교회 안에 본격적으로 수용되기 시작한 세계교회 에큐메니컬 신학운동이 한국교회 근본주의 토양과 만났을 때 생겨난 균열 현상들을 살펴보고자 한다. 이를 통해 냉전 형성기 자유 진영의 세계질서 원리로 제시된 '자유' 개념이 한반도 분단지형에서는 극우정치 이념의 일부 또는 외곽으로 굴절 수렴되는 종교정치 현상을 이해하고자 하였다.

2. 제2차 세계대전 이후 미국교회협의회, 에큐메니즘 그리고 '자유·세계질서(World Order)' 논의들

건국에서 기독교로부터 자유와 평등의 국가 상징, 신념체계(faith symbols)를 세워 온 미국은 제2차 세계대전 이후 '세계 지도자(world leadership)'의 위상을 세워가는 데 교회로부터 종교·도덕적 신념들을

6 이 글에서 '한국교회'는 한국개신교를 통칭하였고 필요한 경우 한국장로교, 장로교단 등을 특정하였다.

적극 활용했다. 미국개신교는 필라델피아에서 1908년 32개 개신교 교파·교회들의 연합체인 미연방교회협의회(Federal Council of Churches, FCC)를 결성해 급속한 산업화 과정에서 나타나는 다양한 문제들–노동, 이주민 노동자, 도시빈민, 실업–에 기독교적 대응을 논의해 왔다.[7] 연방교회협의회의 결성 배경에는 1907년에 발표된 침례교 신학자이자 목사 월터 라우센부쉬(Walter Rauschenbusch, 1861~1918)의 『기독교와 사회위기 Christianity and the Social Crisis』와 그의 사회복음운동이 제1차 세계대전 이후 미국교회 사회운동에 중요한 영향을 미쳤다.[8] 미국교회의 신학 현대화는 1920~1930년대 프린스턴신학교에서 전개된 근본주의와 현대주의(Modernism) 논쟁 결과 소수 근본주의 계열의 분리와 주류 현대주의 구도로 재편되었다.[9] 제2차 세계대전 전후처리 과정에서 미국교회는 미국의 '새로운 세계질서(new world order)' 구상에 도덕적·정신적 신념을 제공하는데 집중했다(Moral Building). 트루먼 행정부에서 구축된 냉전 초기 구조물들, 즉 북대서양조약기구, 미소관계, 극동에서의 미국 정책, 유엔 정책 등에 기독교 원리들을 적용해 가는 일련의 과정들은 냉전기 종교정치를 분석하는데 매우 유용한 접근이다.[10]

---

7 이 글에서 '미국교회'는 별도로 신구교 구분이 없는 한 미국개신교를 통칭하며 기구적으로 '미연방교회협의회' '미국교회협의회', '미국기독교교회협의회' 등은 구별하여 사용하였다.

8 https://www.christianitytoday.com/history/people/activists/walter-rauschenbusch.html; https://www.britannica.com/event/Social-Gospel 등 참조.

9 존 피츠미어 지음, 『미국장로교회사』, 한성진 옮김, CLC, 2004; 마크 A. 놀 지음, 『미국·캐나다 기독교 역사』, 최재건 옮김, CLC, 2005 등 참조.

10 Federal Council of The Churches of Christ in America *Message and Findings*, the National Study Conference on the Churches and World Order, Ohio Cleveland, March

냉전 형성기 미국의 대외정책을 종교 관계로 분석한 윌리엄 인보덴(William Inboden)은, 미국의 첫 냉전 대통령 트루먼의 봉쇄전략을 종교전쟁의 속성으로 분석했다.[11] 그는 트루먼의 세계관에서 제2차 세계대전 후 갈등 본질을 "하나님과 도덕(God and morality)을 믿는 국가와 그렇지 않은 국가"사이의 대결로 보았다. 이 대결에서 소련의 무신론과 소련에 의해 지배되는 무종교 국가들에 대항해 미국은 세계 종교 국가들의 지도자가 되어야 할 것을 강조했다.[12] 『종교와 냉전 Religion and the Cold War』의 편집자 다이언 커비(Dianne Kirby)도 냉전 초기 미국의 정책결정자들이 새로운 대결과 분쟁의 성격을 미국 종교와 소련 무신론의 구도로 설명하고 소련 공산주의를 '악에 의해 통치되는 세계, 영적 가치가 없는 세계, 신이 없는 세계로 승인'한 것으로 설명했다.[13]

미국의 정책결정자들은 출신 배경, 종교성향에 따라 신학적 근본주의·현대주의(자유주의)와의 친소관계가 달랐으나 미국의 국가적 이상을 추구하는 정책 결정에서 종교를 활용한 점에선 대체로 동일하다. 반면에 미국개신교 내부를 들여다보면 근본주의와 복음주의, 현대주의(자유주의) 등 신학 입장에 따라 양립 불가능한 면이 컸다. 제2차 세계대전 이후 미국개신교에서 에큐메니컬 신학운동(ecumenical movement)을 주도한 그룹은 FCC이며 1950년 이후 FCC가 초교파로

8-11, 1949, p.5.

11 William Inboden, *ibid.*

12 *ibid,* p.107.

13 Dianne Kirby, *Religion and the Cold War,* Palgrave Macmillan, 2002, p.6(Preface to the Paperback Edition).

확대 개편된 미국기독교교회협의회(National Council of the Churches of Christ in the USA, NCCCUSA) 중심으로 전개된다. 신학사상으로는 제2차 세계대전 전후 독일 주류신학인 신정통주의(Neo-orthodoxy, 위기의 신학 theology of crisis, 칼 바르트)와 라인홀드 니버의 '기독교 현실주의(Christian Realism)' 등이 기초를 이룬다.[14] FCC는 1945년 국제연합(UN) 창설과 1948년 세계교회협의회 창설과정에 중요 개념을 제공하는데 깊이 개입되어 있다. 1942년 3월 오하이오 델라웨어에서 열린 FCC의 「정의와 항구적 평화를 위한 기초 연구위원회(The Commission to Study the Bases of a Just and Durable Peace. 정의평화기초연구위원회)」는 유엔 헌장의 기초 원칙들을 숙의했고 이듬해인 1943년 회의에서는 기독교 원리를 기초로 중요 정치 의제들을 논의했다.[15] 1944년 8월 21일부터 9월 28일까지 열린 '덤바턴 오크스(Dumbarton Oaks)' 회의는 연합국의 유엔 창설 논의로 유명한데 1945년 오하이오 클리블랜드에서 열린 제2회 FCC 국가연구컨퍼런스(National Study Conference)는 '덤바턴 초안'에 델라웨어 협의회에서 논의된 기독교 이상들과 조화를 이루도록 권고했다.[16] FCC 국가연구컨퍼런스를 주도한 인물은 「정의와 항구 평

---

14 제2차 세계대전 이후 라인홀드 니버의 정치사상은 1930년대 디트로이트 노동자 문제에서 출발한 그의 사회복음주의, 그리고 미국사회당 활동 이력에서 냉전 현실을 수용하는 현실주의 노선으로 전환해 가는데, 이 시기에 쓰여진 그의 저서 『신앙과 역사 Faith and History』(종로서적, 1983)에서 대략 확인이 가능하다.

15 1942년 3월 열린 연방교회협의회 '정의평화기초연구위원회'의 자료는 확인하지 못했으나 1945년 대회 회기가 제2회인 것으로 볼 때 연합국의 국제연합(UN) 창설 논의에 대비한 제1회 대회로 추정된다.

16 Federal Council of The Churches of Christ in America, *ibid*, pp.20~21. 1, 2차 국가연구컨퍼런스(National Study Conference) 관련 자료는 확인하지 못했으나 '덤바턴 오크스(Dumbarton Oaks) 회의'와 관계된 점에서 유엔 헌장 숙의로 추정된다.

화를 위한 기초연구위원회」 위원장 존 포스터 덜레스이다. 1942년부터 1945년 사이 '정의평화기초연구위원회'의 산출보고들은 냉전 초기 미국의 대외정책 현안들에 포괄적 권고안으로 제출되었다. FCC의 권고안들은 민주주의의 현대적 모델을 정당화하고 미국의 국가적 운명과 세계질서 구축 내러티브를 강화시켰다는 점에서 향후 면밀한 분석이 요구된다. 1946년 FCC의 산하 「국제사법친선부(the Department of the International Justice and Goodwill of the Federal Council of the Churches of Christ in America)」가 주최한 제2차 "교회와 세계질서를 위한 국가연구컨퍼런스(the National Study Conference on the Churches and World Order)"는 「교회와 세계질서(The Churches and World Order)」를 채택해 "현대 국가들은 유엔 헌장 준수에 전력을 다해야 하며 가능한 한 신속히 세계정부(world government)에 반영할 세계적 수준의 영성을 개발해야 한다."고 선언하였다.[17]

> 교회는 유엔의 건설적 과제들의 효과적 수행을 위해 세계적 범위에서 협조해야 한다. 인류가 현재의 혼란과 전쟁 가능성에서 벗어나기 위해서는 사회 정치적 제도들을 '도덕 질서'에 일치시켜야 한다. 이러한 도덕 질서가 가능하기 위해서는 인간의 영적 본성에 대한 공동의 이해, 선과

17 Federal Council of The Churches of Christ in America, "The Churches and the United Nations," *ibid*, p.27. 이 결의문에서 '세계정부(world government)'의 정확한 의미는 제시되지 않아 당시에도 논의를 일으켰다. 미국교회 입장에서 현실적으로 '유엔'이 분열된 세계를 하나로 엮는 유일성을 대표하기 때문에 다른 세계정부의 기획은 불공정하거나 위험한 것으로 접근한다. 현 수준에서 국제사회 협상과 결정이 가능한 유일 기구가 손상되지 않기 위한 신속한 변화 방향을 제시하는 것이 중요하다. 1. 지역 경제 기구들을 포함한 인간 복지 및 이해 증진을 위한 유인 기구들의 신속한 확대와 개발. 2. 복지와 평화 정착을 증진하도록 설계된 지역 위원회들 창안. *ibid*, p.28.

악에 대한 공통의 표준을 가질 때 가능하다. 기독교가 기여할 분야가 바로 이것이다. 도덕 질서란 현대 독립 국가들이 정의와 질서, 인류애로 상호 연관성을 확장해 가는 것이다. 이 방향에서 미국교회는 세계 선교를 계속 수행해야 한다.[18]

선언에서 FCC는 대전 후 국제사회 현안들–미소 긴장, 서유럽 재건과 동유럽 독립 국가들의 공산화, 아시아·아프리카, 라틴아메리카의 독립·혁명운동 등–에 도덕 원칙에 기초한 세계질서 구축을 주장했다.[19] 기독교의 도덕 원칙이란 인간사회 질서와 관련된 근본적이고 영원한 질서 즉 신의 질서를 전제로 한다.[20] 현실에서 도덕 원칙의 적용은 '자유'시스템의 확대 문제로 제기된다. FCC 제3차 "교회와 세계질서를 위한 국가연구컨퍼런스"가 1949년 3월 8-11일까지 오하이오 클리블랜드에서 "미국적 힘의 도덕적 사용(The Moral Use of American Power)"을 주제로 열렸다(이하, 클리블랜드 대회).[21] 대회 의장은 윌리엄 스칼렛(William Scarlett, 국제사법친선부 위원장)이 맡았으며, FCC 정책위원회(the Department's Committee on Policy) 의장 존 포스터 덜레스가 기조연설을 맡았다.[22] 클리블랜드 대회 개최 목적은 이 시기 미국 대외정책의

---

18 Federal Council of The Churches of Christ in America, "Some Next Steps in the Areas of Christian Action," *ibid,* pp.29~30.

19 Federal Council of The Churches of Christ in America, The Churches and American Policy in Europe, *ibid,* p.31.

20 *ibid,* pp.31~32.

21 the Department of the International Justice and Goodwill of the Federal Council of the Churches of Christ in America, *Message and Findings,* the third national study conference on the churches and world order, March 8-11, 1949, p.5.

22 *ibid.*

중요 의제들—북대서양조약기구, 미소 관계, 미국의 극동 및 유엔 정책 등—을 평가하고 기독교 관점에서 연관문제들을 논의하는 데 있었다. 이 시기 FCC 정책위원장 존 포스터 덜레스의 자유·독재 이분법적 세계관은 명확하다. 그는 현대 세계의 가장 두드러진 정치 의제를 인간 자유 침해로 독해하고, 자유 세계의 불완전한 요소들—예를 들어 식민성, 억압과 약탈, 인종주의, 대중심리 등—에 기독교 사회윤리 기초의 민주주의 시스템이 가장 바람직한 모델임을 주장했다.[23] 클리블랜드 대회의 주요 논객 라인홀드 니버의 시각도 다르지 않았는데, 그는 도덕법(moral law)과 국제기구(UN)을 통해 가능한 한 신속히 자유 영역을 더 많이 창조해야 할 것을 주장했다.[24] 대회가 채택한 세 개의 주요 보고서는 1) 도덕적 책임과 미국의 힘-교회를 향한 메시지, 2) 전 세계 그리스도인들을 향한 메시지, 3) 종교 자유에 관한 메시지 등이며 아래의 섹션 별 하위 분과들의 연구 보고서가 권고안으로 제출되었다(하단-주요인물).

- 세계질서를 위한 교회의 지도원칙(Guding Principles of the Churches for World Order)
  - 의장: Justin Wroe Nixon, Vernon Holloway(총무)/J. D. Bragg(의장), Elmer F. J. Arndt(총무)/Sidney E. Sweet(의장), J. H. Marion, Jr.(총무)
- 교회와 유엔(The Churches and the U.N)
  - O. F. Nolde, Miss Mabel Head

23 William Inboden, *ibid,* p.43.
24 *ibid.*

- 교회와 미국의 유럽 정책, 특별히 서유럽·소련 긴장관계(The Churches and the American Policy in Europe, with particular reference to Soviet-Western Tensions)
  - B. Oxnam, Harlie K. Smith(총무)
- 교회와 미국의 극동정책(The Churches and American Policy in the Far East)
  - Eugene Barnett, Rowland M. Cross
- 세계질서 구축을 위한 교육과 행동의 교회 전략[25]
  - Paul Gebhart(제1의장), Hubert C. Noble(제2의장), Paul C. Payne (제3의장).

보고서를 통해 미국교회의 세계독해를 확인해 보자. 제2차 세계대전 이후 세계 역사는 미국을 물리적으로 가장 강한 나라로 등장시켰으며 권력/힘의 사용 문제는 도덕적 해이와 치명적 결과를 초래할 만큼 중요해졌다. 미국적 힘의 바른 사용은 기독교 신앙(Christian faith)에 기초한 도덕적·영적 통찰(the moral and spiritual insight)이 요구된다.[26] 미국은 평화를 원하는 자유세계로부터 영토 정복욕이 없는 나라로 신뢰를 받고 있다. 자유 진영 국가들은 미국의 리더십을 기대하고 있고 실질적으로 미국 리더십 없이는 세계가 혼란에 빠지게 될 것이다. 동아시아 지역의 계속되는 독립투쟁과 사회 혁명은 서구 민주주의 시스템에 대한 신뢰 붕괴를 의미한다. 양차 대전과 경제 대공황은 생산·분배 메커니즘에서 서구의 통제 불능을 보여주었다. 한 시절 서구 민주주의

---

25 *ibid*, p.6. 채택된 세 개의 주요 메시지는 3월 15일 열린 FCC 실행위원회에서 승인되어 회원 교회에 배포되었다.

26 *ibid*, p.7.

가 자유, 평등, 박애의 역동성을 추구했고, 산업혁명과 정치적 자유에서의 위대한 시도들을 거쳐 왔으나 새로운 실험들이 요구되는 시점에 와 있다. 미국의 리더십이 가치 있으려면, 세계 도처에서 현저한 정치·경제적, 인종적 문제들에 대해 건설적이고 창의적인 프로그램을 개발함으로써 더 많은 대중의 상상력과 지지를 사로잡아야 한다.[27] 미국은 빈곤의 철폐와 풍요로운 인간 삶의 조건을 창조하는 데 노력해야 한다. 민주주의 원칙은 경제질서까지 확장되어 자유라는 조건 안에서 정의(social justice)가 확립될 수 있어야 한다. 공산주의에 대한 면역은 인종, 신념의 차별 철폐, 기회의 평등 등에서 민주주의 원칙이 적용될 때 가능하다. 공산주의 박테리아는 굶주림, 질병, 좌절, 영혼의 굶주림 등 인간 내면 깊숙한 곳에 기생한다. 사회적 불의는 무력으로 억제할 수 없다. 미국교회, 그리고 미국의 주된 관심은 이 세계 안에 정의의 조건을 확립하는 것이어야 한다.[28]

> 현대 세계에서 미국의 리더십이 신뢰를 받으려면 그것은 정의롭고 역동적인 신념 체계(신앙)로 구체화되어야 한다. 세속적인 관점에서 볼 때에도 신념 없이 지도자로 세워진 사람은 없으며, 정의로운 신앙에 기초한 정책 지도 방향에서 벗어나 미국의 물질적 힘에 의존된 행사만큼 위험한 것은 없을 것이다. 오늘날 시대적 불안에 평온한 용기를 주는 신념체계를 세워야 한다. 불확실성과 혼란으로 운명지어진 세상에서 우리는 신(=하나님)의 지배를 선언해야 한다.[29]

27 *ibid,* p.9.
28 *ibid,* p.32.
29 *ibid,* p.14.

위의 선언에서 박테리아로 규정된 공산주의 체제에 대항한 기독교적 자유·민주주의 원칙들이 구체적으로 확인된다. 1947년 9월 바르샤바에서 스탈린이 주도해 '평화연맹'이 조직된 지 1년 후 1948년 8월 23일~9월 4일까지 네덜란드 암스테르담에서 세계교회협의회 1차 총회가 44개국 147개 교회, 351명이 참가한 가운데 개최되었다.[30] '세상의 무질서와 하나님의 계획(Man's Disorder and God's Designe)'을 주제로 열린 1차 총회 참가자들은 영미 교회 대표가 135명(미국-79명, 영국-56명)으로 압도적 다수를 차지했고, 제2차 세계대전 이후 독립 또는 해방한 아시아, 아프리카, 동유럽, 남아메리카, 아시아 대표들도 참가했다. 특히 체코, 루마니아, 폴란드 등 동유럽 국가들도 참가했고, 그리스정교회도 대표를 파견해 명실공히 교파를 초월한 국제적 성격을 띠었다. 1차 총회 핵심 주제인 '세상의 무질서(Disorder)'와, '책임사회(The Responsible Society)' 개념에서 WCC의 '자유 개념'을 확인해 보자.[31] 1차 WCC가 이해한 '무질서'는 인간의 본성적 죄를 강조한 기독교 세계관, 사회관을 전제로 한다. 총회는 기독교의 하나님에 대한 충성을 지상의 세속권력,

---

30 1차 총회 참가자 351명 중 270명은 성직자이며 81명이 평신도이다. 1차 총회 명예의장은 현대 에큐메니컬 지도자인 존 모트(John R. Mott)이며 6명의 공동 의장단으로 구성되었다. 공동 의장은 마크 보그너(Marc Boegner, 프랑스), 조프리 피셔 캔터베리 대주교(the Archbishop of Canterbury, Dr. Geoffrey Fisher, 영국), 게르마노스(the Archbishop Thyateira, Dr. S. Germanos), 티 씨 차오 박사(Dr. T.C. Chao, 중국), 얼링 에이뎀 웁살라 대주교(the Archbishop of Upsala, Erling Eidem, 스웨덴), 옥스남 성공회 주교(Bishop G. Bromley Oxnam, 미국) 등이다. Edited by W.A. Vissert 'T Hooft *The First Assembly of the World Council of Churches*(held at AMSTERDAM, Aug. 22nd-Sep. 4th,1948), SCM PRESS LTD, 1949, pp.216~217, pp.236~267.

31 1차 대회는 총 4개 분과, 4개 위원회로 구성되었으며 '무질서'와 '책임사회' 개념은 3분과(주제, "the Chuch and the Disorder of Society")에서 확인된다.

정치 공동체에 대한 인간의 충성(복종)으로 대체한 것을 '무질서'로 단언한다.[32] 현대 사회는 두 거대 요인이 인류 위기를 조장하고 있는데, 하나는 거대한 권력 집중이며, 다른 하나는 기술발전이 인간의 본래적 삶의 조건들을 대체, 파괴하는 현상이다. 권력 집중은 다시 경제적 자본주의와 정치경제적 공산주의 시스템 모두에서 확인된다. 이러한 권력 집중은 개인과 집단의 탐욕, 자만, 잔인함을 조장해 도덕적이고 책임감 있는 인간 존재 양식을 약화시킨다.[33]

1950년 6월 25일 한국전쟁 발발 직후 유엔의 참전과 7월 13일 토론토에서 발표된 WCC 중앙위원회(Central Committee)의 성명서 "한국 상황과 세계질서(The Korean Situation and World Order)"는 제2차 세계대전 이후 미국의 세계질서 구상을 현실적으로 보여주는 실례이다.[34] WCC 성명서는 1) 유엔 한국위원단 조사 근거로 북한의 남침 규정, 2) 즉각적인 휴전 협상 권고, 3) 유엔군 통제 하에 소련과 새로운 협상 주도 등 유엔 역할을 강조해 이 시기 미국교회협의회 인식과 크게 다르지 않다. 무엇보다 성명서는 한국전쟁 발발 배경을 제2차 세계대전 이후 세계 평화와 안보를 위협하는 체제 불안전성, 취약성의 원인으로 접근하고 특히 빈곤, 억압, 피억압 계층의 울분, 인종과 종교, 국적 차별, 국가 갈등 등 약한 고리에 대한 전체주의의 공격으로 규정했다.[35]

---

32 Report of Section Ⅲ, "the Chuch and the Disorder of Society," *ibid*, p.74.

33 *ibid*, pp.75~76.

34 WCC 성명서 발표 경위와 발표 후 이를 둘러싼 논란은 김흥수 「한국전쟁과 세계교회협의회, 1950~1953」, 『한국기독교와 역사』 14, 한국기독교역사연구소, 2001에 상세히 서술되어 있다.

35 The Korean Situation and World Order, approved by the Central Committee of the World Council of Churches, July 13, 1950, Toronto Canada. 성명서는 WCC 중앙위원회

FCC에서 확대 개편된 '미국기독교교회협의회(NCCCUSA)'는 한국전쟁 휴전 직후인 1953년 10월 27~30일 오하이오 클리블랜드에서 국제사법친선부 주최 제4차 "교회와 세계질서를 위한 국가연구컨퍼런스(the National Study Conference on the Churches and World Order)"를 개최했다. 개회에 앞서 회원들에게 보낸 공식 초청 메시지는 3차대회와 비교해 냉전 어조가 만개한다. 메시지는 1953년 현재 세계정세를 전제 정치, 폭증하는 민족주의, 저개발 국가들의 소요 등으로 진단하고 자유 진영(free world) 초강대국으로서 미국의 균형자 역할을 강조했다.[36] 대회는 John C. Bennett, William H. Beahm, Prentiss Cooper, Bishop Dun, Franklin D. Elmer, Ward Nichols, Walter W. Van Kirk, O. F. Nolde, Bromley Oxnam 등 미국 기독교 주요 지도자들이 의장단 및 임원진을 구성했고, 미국무부에서 3인, 해외작전관리국(the Foreign Operations Administration, FOA)에서 1명의 담당자를 파견해 미국교회 논의들을 청취했다.[37] 대회 주제인 '기독교 신앙과 국제적 책임 Christian Faith and International Responsibility'는 전 지구적 현실로 확장된 미국교회의 시야를 잘 보여준다. 4차 대회가 던진 핵심 질문은 '냉혹한 시대에 미국은 강대국의 책임감/지도력을 받아들일 준

의 만장일치로 통과되었는데 부분적으로 '북한의 남침 규정'이 45대 2로 반대표가 있었다. 자료는 김흥수 엮음, 『WCC 도서관 소장 한국교회사 자료집-한국전쟁편』(한국기독교역사연구소, 2003)에 수록되어 있다.

36 Christian Faith and International Responsibility, *Report of the Fourth National Study Conference on the Churches and World Order*, Cleveland, Ohio October 27-30, 1953, p.7.

37 *ibid*, p.6. 380명 대표와 50명 자문이 참석. 51명의 옵저버, 6명의 독일인 포함. 대표단과 자문들은 26개 기구, 11명의 고문은 캐나다 연합교회 출신. 430명 중 243명(56.5%)이 성직자이고 187명(43.5%)가 평신도로 구성되었다.

비가 되어 있는가. 힘의 댓가를 지불할 의지가 있는가. 상호 의존성이 강화되는 세계 현실에서 미국이 과거와 같은 지리적 고립주의로 나아가지 않기 위해 미국교회는 무엇을 말해야 하는가' 등이다.[38] 4차 대회는 총 5개 예비분과에서 사전 제출한 보고서를 토대로 미국이 당면한 주요 대외정책들에 기독교 원리를 적용한 권고안을 제출하였다.[39]

보고서(a Message)의 주요 내용을 확인해 보자. 첫째, 보고서는 미국이 당면한 두 개의 거대한 현실을 강조한다. 하나는 아시아와 같이 방대한 지역에서의 혁명적 격변이며, 다른 하나는 소비에트와 자유세계 간의 대립이다. 두 현실은 개별적이면서 상호 연관성을 가지며 어느 하나의 현실을 절대시하거나 다른 한 현실의 단순화를 경계할 것을 주문한다. 보고서는 이 두 현실에서 미국이 즉각적이면서 장기적으로 해결해야 할 두 가지 요구사항을 강조한다. 첫째, 공산주의(전체주의) 확장의 저지와 둘째, 제3차 세계대전의 억제이다. 전체주의 폭정과 전쟁 위협의 억제는 미국이 장기간에 걸쳐 정치·군사력을 집중해야 할 부분이다.[40] 소비에트 확장 저지 방안으로 보고서는 정치적·영적 자유의 확대를 권고한다. 군사력은 필수적이나 인간에게 보다 더 본질적인 조건은 정치 경제적 건강(Health)과 사회적 영적 비전을 제공하는 것이다.[41] 소비에트 확장을 저지하고 전 세계 자유와 정의 조건을 증진

38 *ibid,* p.5.

39 *ibid.* pp.5~6. 제4차 협의회-예비분과 위원회 및 의장은 다음과 같다. 1분과-기독교와 국제책임/Angus Dun, 2분과-미국과 유엔/Mrs. Edith Sampson, 분과-미국과 대외경제 정책/Willard Thorp, 4분과-미국과 저개발지역/Emory Ross, 5분과-미국과 집단안보 /F.P. Graham.

40 Christian Faith and International Responsiblity, a Message to the Churches, *ibid,* p.11.

41 *ibid.*

시키기 위해 자유 세계, 특히 미국 국민의 정치, 경제적, 도덕적 책임감이 중요하다. 보고서는 제2차 세계대전 이후 미국의 국가적 위상이 힘의 사용 권한을 가늠하기 어려울 만큼 급속도로 확대된 것을 직시해야 하며 미국교회는 자유 세계 책임국가인 미국이 권력을 오용 또는 회피하지 않도록 지원할 것을 주문한다.[42] 미국의 고립주의에 대해 인류는 물질적·영적 상호 의존 질서로 유지되며 따라서 미국은 세계적 의존관계에서 후퇴하거나 고립할 수 없으며 상호 협력관계에서 미국의 역할을 행하는 것이 기독교적 관점이다.[43] 미국 정부는 유엔과 협력으로 저개발국들 기술지원 프로그램에 지속적으로 참여해야 한다(이 프로그램은 군사 지원과 별개로 진행한다).[44] 보고서는 아시아, 아프리카, 중동 및 라틴 아메리카에서 동시다발적으로 일어나는 혁명운동들은 저개발에 대한 반란이자 동시에 서구 제국주의에 대한 저항, 청산 반응으로 분석했다. 저개발국가들의 불행에 대한 상당부분은 현대 기술발전으로 해결할 수 있는 문제이다. 보고서는 저개발국가에 대해 다음과 같은 정책들을 권고한다.

1. 기독교적 삶의 궁극적 의미와 방향 제시. 세계와 국가, 지역과 사회 등 모든 방면에서 기독교 신앙의 관점을 제시.
2. 해외선교 지원 및 재건기관, 선교위원회 지원 확대
3. 해외 선교 프로그램 운영 기관, 기술자의 헌신성
4. 교회는 선교, 정부, 민간에서의 해외 기독교 봉사의 필요성 제고

42 *ibid,* p.12.
43 *ibid,* p.14.
44 *ibid,* pp.14~15.

5. 정치적, 경제적 식민주의의 점진적 철폐를 위한 지속적인 압력. 자치권 확보를 위한 국가지도자 양성 강화. 특히 태평양 지역과 류큐열도에 대한 신탁관리. 유엔 신탁통치위원회 활동에 계속적인 지원과 참여.
6. (이 섹션에서 제출한 인종 차별에 대한 권고, 총회 결의안으로 채택)
7. 기술 협력은 군사 지원 및 안보 목표와 별개로 선의의 목적으로 진행. 인간 존엄성과 개인과 국가의 자유를 기반으로 지원.
8. 미국의 재정기여도를 높여 UN의 기술지원 확대 프로그램 지원.
9. 미국의 PointIV 프로그램이 UN프로그램을 보완, 강화하는 방향으로 진행.
10. 미국의 유엔 기술원조 프로그램은 장기간 계획으로 진행함으로써 참여국들이 미국의 원조에 신뢰할 수 있어야 함.[45]

최종 결의안은 4개 연구 보고서를 토대로 총 12개 항의 권고안을 작성해 미국교회협의회 총회에 제출되었다. 아래는 최종 결의안의 주요 내용이다.

1. 소련과의 협상 - 공산 세계와 달리 자유 세계는 긴장완화를 위한 노력, 협상 가능성에 열려 있어야 한다. 미국의 국가적 기본 신념을 훼손하지 않는 범위에서 분쟁 해결을 위한 협상을 진행해야 함.
2. 조약들 및 행정협정 - a) 국제 사회 일원으로서 미국의 책임을 다하는데 신속하고 효과적인 조치를 취하는 데 방해받지 않아야 함. b) 지속발전하는 국제법에 기여하고 국제관계가 국제법과 조화를 이루는 역할을 맡아야 함.
3. 기술지원 - 저개발 국가들의 사회적, 경제적 및 도덕적 힘을 증가시

45 *ibid,* pp.31~34.

키는 데 기술 협력 및 경제 지원 및 개발 프로그램의 사용을 확대할 것. 미국의 외교정책에서 이 분야가 가장 중요하고 장기적으로 중요성이 확대될 것.

4. 국제 재정 지원 – 기술 지원의 보완책으로 국제재정지원의 필요성 촉구. 특히 저개발지역 민간 및 공공 부문 자본 투자 확대 여건을 조성 급무. 유엔 경제개발특별기금을 교회가 승인할 수 있을 것.
5. 미국의 잉여 식품 – 미국은 식량농업기구(FAO) 및 기타 기관을 통한 세계 기아, 빈곤층 대상 생산과 분배 보장 노력 계속 갈 것.
6. 억압 민족 – 세계 억압 민족을 위해 유엔 헌장의 '자치 향상 및 자유 국가 발전을 위한 원칙들'을 일관되게 지원할 것. 재정 및 기술지원 제공, 국가지도자 훈련, 국제사회 참여를 위한 경제적, 사회적, 정치적 기반 구축 제공. 특히 교회, 기업, 자원봉사기관들에서 개발 프로젝트 지원할 것.
7. 인종 차별과 외교정책 – 공직, 교회, 고용, 정치적 견해 등에서의 인종차별은 미국의 도덕적 지위를 약화시킴. 미국교회, 정부, 자선 단체 및 종교기관 등이 인종차별 요인을 철폐하는 것이 민주주의 유산의 최소 요구사항을 충족시키는 것.
8. 보편적 군축 – 하원 외교 위원회 상정된 상하 양원 동시 결의안 132호, "보편적 군축" 안에 전적으로 찬성하고, 군비 예산을 국내외 개발자금으로 전환할 것을 촉구.
9. 난민 – 유엔난민고등판무관실과 계속 협력. 유엔 난민 긴급 기금 확대할 것. 무국적 이주민 문제에 미국은 UN 및 기타 국제기구와 긴밀히 협력 하에 결정. 팔레스타인, 한국 및 기타 고등판무관 관할 외 난민은 미국이 가능한 한 유엔기관 통해 지원해야 할 것. 미국 내에도 동일, 공정하게 난민 수용할 것.
10. 1952년 이민국적법 – 1952년 이민 및 국적법의 제한 요인이 진전된 방향으로 논의해야 할 것. 이민자 시민권을 존중하는 이 법안이 미국의 기본 원칙과 조화되도록 향후 수정되어야 할 것.

11. 중공과 유엔 - 유엔은 공식적으로 중화인민공화국을 한국의 침략 당사국으로 지정. 이 기조가 지속되는 한 중공의 유엔 가입문제는 신중한 접근이 필요한 사안. 향후 상황 변화에 따라 정책 이원화가 가능하며 필요시 미국교회는 도덕적 결정의 기초를 제공하기 위해 본 국제사법친선부(Department of International Justice and Goodwill)에 관련 문제 연구 검토하도록 요청. 미국교회는 정부가 유연 정책을 채택하도록 촉구하고, 정책적으로 점진적 발전을 위한 행동의 자유를 허용해야 할 것.
12. 팔레스타인 - 팔레스타인 국경분쟁은 세계평화에 위협이 되는 요소. 미국의 확고한 지원 하에 유엔의 긴장완화 노력과 교착상태의 전환을 위한 방법을 찾도록 지원할 것 등[46]

협의회 권고안은 세계 자유와 평화기구로 유엔 기능 강화와 유엔 헌장 적용을 통한 안정적인 국제환경이 조성되도록 미국이 적극 참여할 것을 권고한다. 전쟁 억제를 위해 유엔이 장차 효과적인 집단 안보 기구로 발전하도록 미국의 지속적인 역할을 촉구했다.

3. 전후 아시아 혁명과 EACC, 그리고 "새로운 아시아 New Asia"

1945~1950년대 말까지 서구 제국주의로부터 대부분 독립한 아시아는 정치, 경제, 사회, 문화, 종교 등 모든 방면에 걸쳐 구체제의 해체와 새로운 건설 과정을 의미하는 '아시아 혁명 Asia Revolution'를 통

46 *ibid,* pp.42~45.

과했다.[47] 1949년 중국 공산혁명의 승리는 아시아 혁명의 가장 큰 상징으로 세계무대에 등장하였다. 넓은 의미에서 제2차 세계대전 이후 아시아 혁명은 450여 년간 유럽 팽창과 식민지배의 결과이기도 했다. 그런 의미에서 아시아 혁명은 반 서구운동이다. 가깝게는 19세기 제국주의 확장과정에 서구교회와 선교·피선교관계(제국·식민)를 맺은 아시아 지역 탈식민화 과정은 서구의 착취로부터 해방을 의미한다는 점에서 기독교 세계와 대립한다. 반면에 정치, 경제, 사회 전반에 걸친 개혁과제 내용과 실현수단은 식민기간 습득한 양식과 기술들이 포함된 것도 사실이다. 혁명의 목적과 방향이 구체제 복귀가 아니라는 점, 정치·경제·사회 전반에 걸친 사회혁명이란 점에서 아시아 혁명은 진보성을 담지해야 한다. 아시아 지역혁명 내용에는 탈식민, 정치적 자유(계급해방), 경제정의, 사회적 평등이 포함되어야 한다.

제2차 세계대전 이후 세계교회-기독교청년회(YMCA), 세계기독학생총연맹(WSCF), 국제선교협의회(IMC), WCC-차원에서 아시아 혁명성에 대한 접근에는 아시아 지역의 독자성·특수성을 인정하면서 새로운 선교 패러다임을 적용하는 방법적 논의들이 포함된다. 이 전환에는 몇 가지 중요 전제가 포함되어 있다. 아시아는 지리적 광대성-남아시아(파키스탄, 인도, 네팔, 실론, 버마), 동남아시아(말레이시아, 태국, 인도차이나, 인도네시아, 필리핀, 영국령 보르네오), 동아시아(중국, 홍콩, 대만, 한국과

---

47 Rajah B. Manikam ed., *Christianity and the Asian Revolution,* NY, 1954.; M. M. 토마스, 『아시아 혁명과 기독교』, 이장식 역, 대한기독교서회, 1978. 앞의 라자 마니캄의 저서는 1952년 12.31~1953.1.8. 인도 루크나우(Lucknow)에서 개최된 '동아시아 에큐메니컬 연구협의회(the Ecumenical Study Conference for East Asia)'에서 제출된 아시아 보고서를 책으로 엮은 것이다.

일본) 등－만큼이나 문화, 전통, 인종, 계급, 종교 등 다차원에 걸친 다양성·복합성이 인정되어야 한다.[48] 제2차 세계대전 이후 아시아 다양성에 대한 인정은 이 지역에서 광범위하게 발생하는 과거청산 요구들, 급진적 사회혁명운동 관계에서 신중한 접근이 요구된다. 아시아 탈식민운동의 핵심에는 구체제로 상징되는 기독교에 대한 반감과 저항, 전통 종교－비기독교 종교로의 회귀 등 아시아 민족주의 강화로 표상된다. 1947년 3~4월 인도 뉴델리에서 개최된 '아시아 컨퍼런스'에서 자왈할렐 네루(Jawaharlal Nehru) 수상이 인도네시아 독립투쟁을 적극 지지한 배경도 아시아 독립운동·민족주의의 한 형태이다.[49] 계급적으로 아시아 혁명운동은 대체로 민족 내부 좌파 또는 민족주의 계열이 주도함으로써(베트남, 인도네시아, 말레이시아, 필리핀 등) 구체제·서구교회와 밀착된 아시아 기독교 엘리트들(대개는 우파 지식인들)에게 과거청산, 혁명운동은 기독교 세계의 부정임과 동시에 정체성에 대한 공격을 의미한다.[50] 또는 독립과 혁명을 지지하는 아시아 기독교인들의 경우 탈서구운동, 급진적 사회운동에 경도될 가능성이 매우 컸다. 제2차 세계대전 이후 서구교회가 아시아에서 마주한 선교·피선교 관계의 재조정 또는 재형성 문제에는 아시아 혁명성에 대한 인정, 그리고 기독교적 대응 과제가 중요하게 대두된다. 구체적으로는 피선교지 아시아 교회(Younger Churches)의 보전문제, 지속적인 선교 확장문제, 급진·혁명 세력으로부터 기독교 세력의 분리 또는 보호 등이 새로운 선교 패러다

48 Preface, Rajah B. Manikam ed., *ibid.*

49 The Social Revolution in East Asia, Rajah B. Manikam ed., *ibid,* p.4.

50 J.C. 베넷 저, 『共産主義와 基督教』, 김재준 역, 선경도서출판사, 1949, 12~27쪽; 리챠드 쇼울, 『革命과의 對決』, 김천배 역, 대한기독교서회, 1963 참조.

임을 통한 아시아 혁명에 부응할 필요성이 제기되었다. 기구로는 아시아 접촉면이 넓었던 국제선교협의회(IMC)와 세계기독학생총연맹(WSCF), YMCA 등이 변화하는 환경에 빠르게 대응해 '아시아 역동성', '젊은 교회' 또는 '젊은 운동체' 등의 슬로건으로 아시아 지도력 개발훈련들을 출발했다. 1947년 IMC가 아시아 극동사무국을 정식으로 설치하고 인도의 라자 마니캄(Rajah B. Manikam)을 의장으로, 중국의 륭(S. C. Leuing)을 서기로 임명했다.[51] 제2차 세계대전 이후 출현한 WCC 경우 아시아 에큐메니컬 지역기구 출현에 회의적이었는데 서구교회(Parent Churches) 입장에서 아시아 에큐메니컬 지역 기구의 출현은 운영의 효율성, 지도력, 에큐메니컬 본래 보편주의 원리에서 벗어나는 문제, 그리고 지역 헤게모니 강화를 우려해 신중한 입장일 수 있었다.[52]

1948년 8월 WCC 창설 후 아시아 지역관리 필요성에 따라 1949년 12월 3-9일 태국 방콕에서 WCC 산하 지역 기구로는 처음으로 동아시아기독교협의회(East Asia Churches Conferences, EACC)가 출범했다.[53] IMC와 WCC 공동 후원으로 개최된 대회는 당초 중국 항저우(杭州) 개최지에서 중국공산혁명 여파로 방콕으로 변경된 사실에서 추론할 수 있듯이 아시아 혁명 확산에 대한 에큐메니컬 선교대응의 성격이 짙다. 대회 참가국은 호주, 버마, 실론, 인도, 파키스탄, 인도네시아, 일본,

51 안재웅, 「아시아기독교협의회(CCA)와 한국교회」, 『기독교사상』 696, 대한기독교서회, 2016, 61쪽.

52 한강희, 「토모혼에서 자카르타까지: 21세기 아시아기독교협의회 선교 신학의 주제와 이슈」, 『선교와 신학』 38, 장로회신학대학교 세계선교연구원, 2016, 272쪽. 서구교회는 제네바 WCC 총회가 주도하는 것이 바람직한 것으로 보았다.

53 East Asia Christian Conference, *The Church in East Asia,* December 3-11, 1949, p.2.

한국, 말레이시아, 뉴질랜드, 필리핀, 태국 등이며 12개국 교회협의회(NCC) 대표 35명이 참가했다. 이외에 서구교회로는 덴마크, 프랑스, 프랑스령 인도차이나, 네덜란드, 오키나와, 스웨덴, 영국, 미국 등이 옵저버와 고문 자격으로 참가했고 첫 동아시아 총무로 인도의 라자 마니캄을 임명했다.[54] EACC 창립대회 공식문서는 "전후 새롭게 부상하는 아시아 국가들에서 기독교회의 위치와 역할을 평가하고 아시아 지역 기독교 전파(복음 전도)를 위한 긴급 회집"을 목적으로 제시했다.[55] 대회 보고에서 IMC 의장 존 맥카이(John Mackay) 박사는 다음과 같이 선언한다.

> … 혁명기가 아무리 길다 해도 우리는—아시아에서—복음의 궁극적 승리를 증언하게 될 것이며, 우리의 계승자들은 더 많은 부분에서 복음의 승리를 목격하게 될 것이다. 왜냐하면, 기독교는 세계질서(world orders)가 해체된 시기에, 그리고 현재 동아시아처럼 혼란기를 지나는 곳에서 가장 창조적이고 구원적일 것이기 때문이다.[56]

방콕대회 채택 선언문인 "동아시아에서의 복음 선언(The Proclamation of The Gospel in East Asia)"는 복음의 본질을 "인간 조건과 관련된 현재적 요구와 문제에 대한 응답"으로 제시했다.[57] 기독교 현실주의에 기초한 복음 정의에서 이 시기 세계 에큐메니컬 시각을 잘 보여준다. "선언"

---

54 *ibid.*

55 *ibid.*

56 *ibid.*

57 The East Asia Christian Conference, "The Proclamation of the Gospel in East Asia," *The Church in East Asia(December 3-11, 1949)*, p.9.

은 서구적 이상들(ideals)-개인주의 가치, 경제정의, 정치적 민주주의-이 동아시아 국가들에 문화적 충격은 주었으나 낡은 전통을 대체해 새로운 사회적 가치를 구축할 만큼 나아가진 못했다. "선언"은 동아시아 현 조건에서 가장 고려되어야 할 요소가 '정신적 동력 충족(The needed spiritual dynamic)'으로 이것이 '동아시아 도덕적 통합'을 이룰 것으로 보았다.[58] 동아시아 도덕적 통합이 기독교로부터 요구된 이유는 아시아 혁명 과정에 기독교 기반의 민주제도·가치들이 붕괴되고 있기 때문이다.[59] 무엇보다 아시아 혁명성에 대한 서구교회의 급선무는 '공산주의 확산'을 방어하는 데 있다. 1949년 중국혁명 성공 이후 서구교회의 아시아 지역 방어론은 더욱 명확해진다. 다음의 글을 보자.

> … 지역 전체에서 공산주의는 무시할 수 없는 힘이다. 동아시아는 극심한 경제적 부침과 그로 인한 고통, 자본주의 착취의 지역이었다. 공산주의가 폭력적인 수단으로 민족·인종운동을 이용하는 것은 당연하다. … 공산주의에 의해 주창된 경제·사회적 정의 목표에 경도된 동아시아 일부 기독교인들이 공산주의 운동과 결합하고 있다. 중국 교회에 일어난 일이 인도, 버마, 인도네시아 같은 다른 교회에도 일어나지 않을지 아무도 확신할 수 없다.[60]

EACC는 아시아에서 진행되는 공산혁명의 다양성을 강조하고, 근본적으로는 공산혁명의 이상과 전체주의 이데올로기 사이의 상대적

58 *ibid.*
59 *ibid,* p.7.
60 Rajah B. Manikam ed., *ibid,* p.219.

긴장을 구분해 접근할 것을 주문한다. 현재 사회혁명이 진행되는 국가들에서 교회가 제공할 수 있는 도덕적·종교적 기초(=이념)에는 개인의 자유, 사회·경제적 자유, 인간의 자율적 사회적 참여 등이 인간 존엄성 보전의 전제가 되어야 한다.[61] EACC는 인간 자유의 본질은 종교의 자유로 규정하고 진정한 자유국가의 조건으로 국민 스스로가 자신의 종교를 결정할 권리를 갖는 국가임을 강조했다.[62] 아시아 독립 국가들의 헌법 기술에 종교 자유 조항이 명시적으로 기술된 것을 토대로 유엔 헌장의 인권·자유 조항이 행동의 표준이 될 것을 촉구했다.[63]

미국교회(FCC 실행위원회) 인식에서 EACC의 공산주의 방어론과 동일한 인식을 확인할 수 있다. 중국 공산화 직후 FCC는 "(전후-논자) 극동지역이 세계와 평화롭고 자유로운 아시아를 이루려면 채워져야 하는 정신적 공백이 있다. 이 공백을 기독교가 채워야 한다"라고 하여 EACC와 정확히 동일한 인식을 보여준다.[64] 미국교회 시각에서 아시아 지역에서 빠르게 진행되는 독립 국가들의 출현과 정치적 자유(political freedom) 현상들은 동아시아 지역에서 새로운 시대의 서막을 의미한다.[65] 아시아에도 무수히 많은 전통 종교들이 있으나 이 종교들이 아시아 혁명적 역동성에 필요한 영적 방향(spiritual direction)을 제공해 주진 않는다.[66] "새로운 아시아 New Asia"건설을 위해서는 군사적 대응만으

61 The East Asian Christian Conference, *ibid,* pp.6~7.

62 *ibid,* p.7.

63 *ibid,* p.8.

64 The executive committee of FCC, *The Churches and American Policy in the Far East,* Dec 6, 1949, p.7.

65 *ibid.*

66 *ibid.*

로는 아시아 공산주의 확장을 멈추게 할 수 없고 건국 이래 미국이 축적해 온 정신적 자산, 즉 '민주주의 질서'를 구축해야 한다.[67] 아시아에 요구되는 '새로운 민주질서' 제공을 위해서 미국은 지금까지 유지해 왔던 아시아인들의 영토보전과 정치적 자유를 위한 지속적이고 확고한 노력을 재확인해야 한다.[68] 미국은 유엔과 협력하에 아시아인들의 근본적 자유, 인권 향상의 정치적 자유는 물론 경제, 사회, 교육 향상을 위한 지원활동을 계속적으로 전개해야 한다. 특히 「유엔 아시아·극동 경제위원회(The United Nations' Economic Commission for Asia and the Far East)」와의 전폭적인 협력으로 아시아 지역 산업개발, 농업 생산성 향상, 기술개발, 국제무역 증진 등을 개발해야 한다.[69] 세계교회 논리를 수용하면서 아시아 교회지도자들은 아시아교회의 독자성 속에 '자유' 시스템의 구체화를 확장시키고자 했다.

> 아시아의 가장 중요한 관심사는 통합이다. 그리고 아시아 교회들이 통합된 예배를 드리는 문제가 중요하다. 연합기관들의 활동도 물론 중요하다. 30년 전에 서구는 아시아를 지배했다. -그러나- 현재 아시아는 자유로와졌다. 우리는 아시아 국가들이 이 자유로 더 나아가기 위한 시스템을 개발해야 한다. 그리고 세계교회협의회는 이 원칙을 지지하는 결의안을 통과시켜야 한다.[70]

67 *ibid.* p.36.
68 *ibid,* p.4.
69 *ibid,* p.5.
70 "The Asian Situation as a Concern of Christians Everywhere," *Minutes and Reports of the Fifth Meeting of the Central Committee of the World Council of Churches,* Lucknow(India), Dec.31, 1952~Jan 8, 1953, p.16.

이 시기 아시아 교회 지도자들은 WCC가 아시아 혁명에 대한 ‘지적 이해(intellectual understanding)’ 이상으로 아시아인의 마을, 빈민가 생활상에 대한 철저한 이해의 필요성을 촉구했다.[71] 냉전 형성기 아시아 에큐메니컬 지역 기구의 출현과 ‘새로운 아시아’ 제기, 그리고 ‘아시아 통합’ 강조는 비기독교 문명이 절대 우세하고 공산혁명이 확산되는 아시아 현실에서 기독교 문명의 유지, 확산을 통한 ‘새로운 아시아’ 구축에 필연적인 접근으로 볼 수 있다.

4. 한국전쟁 전후 한국교회 ‘반공 규율성’과 에큐메니즘 이해

한국 사회에서 ‘자유’는 두 가지 의미로 통용되어 왔다. 하나는 자유는 곧 ‘반공’의 의미이며, 다른 하나는 자유주의 본래의 ‘자유’, 즉 헌법이 보장하는 정치·시민적 자유 개념이다. 냉전 초기 미국교회 중심으로 새로운 세계질서의 도덕적·정신적 기초로 ‘자유 개념’이 구축되는 시기 한국전쟁을 통과한 한국 사회는 반공규율사회로 전환했다. 한국전쟁기 이승만 정부(국가)와 한국개신교(종교)는 반공주의를 매개로 초밀착 관계를 유지함으로써 냉전기를 통틀어(또는 탈냉전 이후까지) 한반도 이남에 반공=친미=자유민주주의의 시민종교를 형성시켰다.[72] 신학적 배경(근본주의/자유주의), 또는 전쟁 경험의 강도에 따라 ‘극우성’의 차이는 있으나 전쟁을 통과한 민족 구성원으로 한국개신교의 ‘자유=

71 *ibid,* p.17. 아시아 혁명에 대한 지적 이해 이상을 요구한 인물은 M. M. 토마스이다.
72 한국사회 반공=친미=자유민주주의를 시민종교로 접근한 강인철, 『시민종교의 탄생-식민성과 전쟁의 상흔』, 성균관대출판부, 2018 참조.

반공'인식은 오랜 시간 일관되게 유지되어 왔다. 한국 사회에서 자유주의 본래 의미에서 '보편적 자유'가 본격적으로 확산된 시기는 산업화 과정에서 아래로부터 민중·인권운동이 성장한 1970년대 이후로 볼 수 있다.

다시 냉전 형성기로 돌아가면, 한국교회 안에 세계교회 에큐메니컬 신학운동을 수용한 그룹은 조선신학교(한국신학대학 전신) 계열이다. 이들은 1930년대에 이미 한국장로교 성경해석방법(비평적 성경관) 논쟁에서 선교사가 주도하는 근본주의 교리(성서 문자주의)에 대항했던 그룹이며, 해방 후 개방성을 이용해 세계교회 에큐메니컬 신학운동을 본격적으로 수용하였다. 그 결과 한국개신교 최대교파인 장로교단이 1953년에 에큐메니컬 지지계열의 대한기독교장로회(기장)와 반대파인 대한예수교장로회로 분열을 맞는다.[73] 주목할 사실은 이 시기까지 한국교회 안에 세계교회 에큐메니컬 신학(운동)에 대한 명확한 이해와 개념 정립이 없었던 점이다. 일종의 개념 혼용으로 19세기 독일 주류 신학인 '자유주의 신학', 제1차 세계대전 이후의 '신정통주의 신학', '현대주의(Modernism)', '신신학' 등 다양한 표현으로 혼용되면서 한국교회 근본주의 토양에 정통과 비정통을 가르는 균열원인이 되었다. 해방 직후 장로교 총회 직영신학교 문제를 둘러싼 갈등의 직접 원인도 에큐메니컬 신학운동을 반대하는 '신신학 논쟁'이었음을 고려하면 한국교회 근본주의의 배타성, 폐쇄성의 강도를 짐작할 수 있다.

---

73 한국전쟁 전후 한국장로교 분열 결과 대한기독교장로회와 대한예수교장로교 성립에 대해서는 고지수, 『김재준과 개신교 민주화운동의 기원』, 2016, 선인, 제3장 2/3절 참조.

> 자유주의는 독일 신학에 계몽이후 발전(Post-Enlightment development) 이었으니 계몽의 격렬한 이성론에와 신조 치중의 정통주의에 대한 항의로 일어난 것이며 적극적인 방면에서는 기독교 신학을 소위 신학문(New learning)의 다량 요소들과 조화시키려는 시도였다. 이것은 1806년에 슐라이어마허의 저서로 말미암아 개시되고 1918년 칼·빨트의 로마서 주석으로 인하여 실세(失勢)하였다고 알려진다. 엄격한 정통신학의 관점에서 판단하면 신정통 자체가 오히려 자유주의요, 이전의 자유주의로부터 얼마큼 우경(右傾)한 무엇뿐이다. 고로 19세기 자유주의는 20세기에서 다소 실소하였더라도 의연히 생존하여 활동을 계속하고 있는 것이 사실이다.[74]

위에서 한국장로교 대표 인물 박형룡 박사의 현대신학 이해의 전제는 계몽주의 이후 신학 조류를 '자유주의'로 일반화하는 데 있다. 현대신학 조류에 대한 개념 혼재와 '정통·비정통'의 분리주의는 냉전기 한국교회 극우성 형성에 직접적인 배경이라 할 수 있다. 해방 이후 한국교회 근본주의적 분리주의 풍토에서는 세계교회 에큐메니컬 흐름에서 주조된 '보편적 자유'도 봉쇄될 가능성이 컸다. 직접적으로는 WCC를 '신신학', '용공', '세계단일교회' 등으로 왜곡 수렴함으로써 한국교회와 WCC 관계 설정이 불가능했거나 국내 교단 상황에 따라 1960년대까지 탈퇴, 가입보류, 재가입 등의 현상이 반복되었다.[75] 가장 큰 원인은 한국교회 배타적 교리주의를 '정통'으로 일관한 한국개신교 '극우성'과 이승만 정부의 '극우반공 정치이념'과 밀도 높게 결

---

74 박형룡, 「정통과 신정통」, 『신학정론』 2(1·1호), 합동신학대학원대학교, 1950, 14쪽.

75 한국교회의 WCC 인식과 접근에 대한 각각의 특징과 내용은 정병준, 「세계교회협의회(WCC)를 향한 비판의 근거에 대한 고찰」, 『서울장신논단』 21, 서울장신대학교, 2012 참조.

합함으로써 WCC=용공, 반공=자유이념을 구축한 점이다.[76]

해방 후 한국전쟁기까지, 세계사적으로는 냉전 형성기 WCC와 한국교회의 접촉면은 매우 제한적인 수준에서 이루어졌다. 첫째, 1948년 WCC 1차 총회에 한국 대표로 김관식(장로교 대표)와 엄요섭(기독청년 대표)이 참석해 한국기독교연합회(NCC) 가입을 신청한 바 있다. 둘째 접촉면은 세계교회 지도자·신학자들의 한국 방문과 현대 에큐메니컬 신학의 소개를 통해서이다. 일종의 지적 통로인데 1949년 10월 프린스턴신학교 총장이자 미장로교 해외선교부 대표 존 맥카이의 한국 방문과 장로교청년전국대회에서의 강연, 같은 해 11월 4일 신정통주의 신학자로 분류되는 에밀 브루너(Emil Bruner)의 한국 방문과 서울 YMCA에서의 강연 등이 있었다. 이 시기는 장로교 내부에서 조선신학교의 '에큐메니컬 노선'을 둘러싼 갈등이 심화 되던 민감한 시기였다. 셋째 접촉면은 한국전쟁기 구호·복구사업을 통한 미국교회 및 WCC 등 국제기구들과의 접촉이다. 전쟁의 특수상황임을 감안 하면 한국 구호사업은 WCC를 포함한 국제사회의 인도주의적 관점에서 이루어졌다.[77] 무엇보다 전쟁기 복구·구호사업은 전쟁으로 파괴된 선교지 복구·재건 목적이 중요 동기가 되었다.[78] 넷째, 1954년 미국 에반스톤에서 개최된 WCC

---

76 한국전쟁 이후 한국교회 성격 형성에 대해서는 노치준, 「한국전쟁이 한국교회의 성격에 미친 영향」, 『한국기독교와 역사』 39, 한국기독교역사연구소, 1995 등 참조.

77 한국전쟁기 외원단체 구호활동 내용과 성격에 대해서는 김흥수, 「한국전쟁 시기 기독교 외원단체의 구호활동」, 『한국기독교와 역사』 23, 한국기독교역사연구소, 2005; 윤정란, 『한국전쟁과 기독교』, 한울, 2015; 윤정란, 「한국전쟁 구호물자와 서북출신 월남 기독교인들의 세력화」, 『숭실사학』 34, 숭실사학회, 2015; 장금현, 「외원단체 연합회의 설립과정과 특성」, 『대학과선교』 48, 한국대학선교학회, 2021 등 참조.

78 전쟁기 현지 파견 선교사들의 현장보고가 선교지 재건사업에 중요했는데 이에 대해서는 정병준, 「권세열 선교사의 생애와 한국교회에 남긴 공헌」, 『한국기독교와 역사』

2차 총회와 한국교회 관계이다. 이 대회에 한국교회 대표로 김현정, 명신홍, 유호준 등이 참석하였으나 이미 전쟁 중 WCC 용공론이 한국교회 안에 확산되고 있었다. WCC 용공성 논란의 직접 배경에는 헝가리, 체코, 중공 등 공산 진영 교회들의 WCC 가입문제로 근본주의 계열의 국제기독교교회협의회(International Council of Christian Church, ICCC)로부터 용공 단체 공격을 받은 것과 깊은 관련이 있다.[79] 국내적으로는 한국전쟁기 밥 피어스, 빌리 그레이엄 등 미국 근본주의 또는 보수계열 전도자들의 대규모 전도 집회가 '반공=구국=승전=구원 논리'를 강화시킨 요인도 컸다.[80] 이상에서 해방 후부터 한국전쟁기까지 한국교회와 세계교회의 접촉면은 그리 높지 않았으며 내용에서는 WCC=용공론에 압도되어 피상적 수준에서 멈춘 것으로 볼 수 있다. 아래 글은 이 시기 상황을 잘 보여준다.

> W.C.C(세계교회협의회)는 벌써부터 조직이 되어 활동해 왔고 한국장로교회에서도 1949년(1948년 오기-논자) 화란 아스텔담에서 W.C.C 총회가

55, 한국기독교역사연구소, 2021; 탁지일, 「북미교회의 한국전쟁 이해-미국장로교회와 캐나다연합교회를 중심으로」, 『한국기독교와 역사』 39, 한국기독교역사연구소, 2013 참조.

79 WCC 2차 에반스톤 총회는 기독교 세계 안에 두 세계의 '공존(co-existence)' 문제가 제기된 대회로 구체적인 논쟁은 차후 연구에서 다루고자 한다.

80 밥 피얼스와 빌리 그레이엄 두 인물의 대형 전도집회가 한국전쟁기 한국 개신교인들에게 미친 종교적·정치사회적 영향은 매우 크다. 두 인물 밥 피얼스와 빌리 그레이엄은 교파적으로 다른 배경을 가졌음에도 냉전 형성기 미국의 메시아적 아메리카니즘, 메시아적 구원론 전파에 매우 효과적인 전도자들이다. 한국전쟁기 밥 피어스, 빌리 그레이엄의 전도집회와 '반공주의' 밀착도에 대해서는 Bob Pierce(as told to Ken Anderson), The Untold Korea Story, 1951; 이병성, Missionary Bob Pierce's Perception of the Korean War」, 『Asian Journal of Religion and Society』 vol.9, 2021 등 참조.

모일 때 김관식 목사가 옵서버 자격으로 참석하고 돌아와서 보고할 때에 정식가입을 요청해서 국제사정에 어두웠던 한국총회는 가입을 결의했고 1954년에는 미국 에반스톤에서 W.C.C가 모였을 때 김현정·명신홍 목사 2인을 정식대표로 하여 참석하고 돌아와서 신학적 방면 사업적인 면 등 각 분야에 걸쳐 자세한 상태보고를 하지 않고 애매모호한 보고를 해버렸고... 에큐메니칼운동의 정체는 불확실한 그대로 의문에 싸이게 되었다... 에큐메니칼운동의 사상, W.C.C-신신학과 단일교회운동, 용공(容共)주의 사상을 내포하는 것-는 칼빈주의 정통 보수신학과 사상을 바탕으로 하는 한국장로교에서 지지하고 용납할 수는 없는 것이다.[81]

여기서 한국교회 근본주의·극우화 배경으로 미국 장로교 근본주의 영향을 고려해야 한다. 현대 한국교회 신학은 모교회인 미국교회(특히 미국 장로교)의 축소판이라 해도 과언이 아닐 만큼 분열과 통합의 유사 경로를 통과했다. 1930년대 프린스턴신학교의 근본주의 대 현대주의 논쟁 결과 1929년 신학교(웨스트민스터신학교)와 교단(정통장로교 OPC와 장로교독립선교부) 분립, 뒤이은 칼 매킨타이어 중심으로 더 강화된 근본주의 성향의 성경장로교회(BPC)와 훼이스신학교의 설립(Faith theological seminary)은 한국장로교에 직접 영향을 미쳤다.[82] 전투적 분리주의·근본주의 성향의 칼 매킨타이어 그룹은 미국기독교협의회(American Council of Christian Churches, ACCC, 1941)를 결성해 FCC와 대항했고, 제2차 세계대전 이후 WCC 창설에 맞춰 ICCC를 결성해 근본주의 운동을 전개했다.[83] 분리주의, 반지성주의, 성경문자주의 등을 신조로 내세운 매

81 정규오, 『신학적 입장에서 본 한국장로교회사교회사』(上), 한국복음문서협회, 1983, 155~156쪽.

82 주강식, 「한국교회와 ICCC」, 고신대학교대학원 신학석사학위논문, 2008 참조.

킨타이어 그룹이 한국장로교 근본주의 계열과 밀착되었음은 물론이다. 1950년대 한국교회의 핵심 인물 박형룡의 '근본주의' 이해를 보자.

> 근본주의는 기독교의 역사적 전통적 신앙을 그대로 믿고 지키는 것, 즉 정통신앙과 동일한 것이니 만치 이것은 곧 기독교 자체라고 단언하는 것이 가장 정당한 정의일 것. 근본주의는 기독교 자체다"[84]

근본주의는 사회문화 변동이 클수록 근본 원리를 강화하는 특징이 있다.[85] 결과적으로 냉전 형성기 ACCC와 ICCC 계열과 연결된 한국교회는 공산주의는 물론 WCC 에큐메니컬운동, 로마 카톨릭, 미국의 신복음주의(Neo-evangelical) 운동까지 비정통의 영역으로 공격하는 전투적 분리주의 신념을 고수했다.[86]

제2차 세계대전 이후 미국교회와 세계교회가 냉전의 한 축으로 개발한 '도덕적·정신적 자유 개념'이 한국교회 안에 안착되기 위해서는 신학적 자유주의 계열과 결합하는 것이 현실적이다. 그러나—1950년대로 한정했을 때—근본주의 계열이 우세했던 한국교회는 미국·세계교회가 전파한 자유 이념을 WCC=용공론의 렌즈로 왜곡 굴절시킴으

83 ICCC 조직 배경과 결성, 한국교회 관계 부분은 주강식, 위의 논문 참조.

84 박형룡, 「근본주의」, 『신학지남』 119, 신학지남사, 1960, 16쪽.

85 정태식, 『거룩한 제국: 아메리카·종교·국가주의』, 페이퍼로드, 2015 참조.

86 미국 근본주의 계열에서 파생된 신복음주의는 1942년 초대 회장 해롤드 오켕가(Herold J. Ockenga)를 중심으로 전미복음주의자 협회(The National Association of Evangelicals, NAE)를 결성한다. 이들은 근본주의와 구별하기 위해 신복음주의자(Neo Evangelist)로 분류한다. 제2차 세계대전 후 근본주의/복음주의 계열은 부흥운동, 언론, 방송 매체를 통한 복음운동을 확장했다. 세계적 부흥사로 한국교회 복음운동에 영향이 지대한 빌리 그레이엄도 신복음주의 계열로 분류된다.

로써 '반공=자유'논리를 더욱 강화시키는 종교 폐쇄성·배타성의 한계를 드러냈다.

5. 맺음말

1950년대 교단 분리를 지나 한국교회가 세계교회 에큐메니컬 운동을 적극적으로 전개한 시기는 1960년대 근대화·산업화 이후이다. 세계교회의 저개발지역 개발 논리의 확장에 따른 인간·사회 개발 논리로 수용하면서 사회선교 부문에서 확인할 수 있다. 이것이 가능해진 데에는 해방 후 재내한 한 1세대 선교사들의 은퇴 및 철수, 그로 인한 선교사그룹의 세대교체가 가장 중요했으리라 본다. 즉 일제 말 본국으로 귀환했던 선교사들의 해방 이후 선교지 복귀와 한국교회 영향력 유지는 한반도 분단 지형 안에 보수밀도를 높여 신학적 자유운동을 억제하는 원인으로 작용했다. 세계사적으로는 1960년대 냉전 시스템이 작동되면서 재건 일본을 중심으로 한국, 대만, 필리핀 등 미국의 상호방위조약 우산 아래 동북아시아 지역이 확고한 반공 전선을 구축할 수 있었던 배경요인이 중요했다. 앞서 보았듯이 냉전 형성과정에 미국교회가 '자유'모럴로 미국의 새로운 세계질서 방향을 제시했다면 1960년대 동아시아는 자유·반공 세계 일원으로 경제개발 및 산업화를 통한 공산주의와의 체제 우위 대결 구도를 형성했다. 1960년대 이후 한국교회 에큐메니컬 사회운동은 WCC 지원 하에 소수 교단들, 세계기독학생총연맹(WSCF)의 아시아 지역 기구들과 한국기독학생회총연맹(KSCF), EACC의 후신인 아시아교회협의회(CCA), 기독교 지식인

그룹 중심으로 인간·사회·도시 개발 방향으로 전개된다. 1970년대 한국 권위주의 국가에 대한 저항운동이 사회선교 부문, 특히 노동과 인권 문제로 확산되는 배경이 된다. 반면에 한국교회 주류 안에 WCC 인식은 1950년대 형성된 주요 인식들이 여전히 위력으로 남아 있다. 냉전은 종식되었으나 '반공 규율'로 내면화된 분단 지속성의 현주소일 것이다.

제2장

한국과 서독의 기독교연대
: 한국디아코니아자매회를 중심으로

1. 머리말

한국디아코니아자매회(이하 자매회)는 1980년 5월 1일 창립된 기독교[87] 여성수도공동체이다. 한국의 대표적인 민중신학자 안병무의 구상, 서독선교사 슈바이처(Dorothea Schweizer)의 지지와 원조, 그리고 자매회 회원들의 적극적인 참여 등에 의해 조직되었다. 1970년대 후반 안병무는 서독의 디아코니아자매회(Diakonissenschwester)를 모델로 기독교 여성수도공동체 설립을 구상하였다. 안병무의 여성공동체 운동에 공감한 여성들은 수차례의 준비모임을 거쳐 "독신 여성의 공동체, 예수 그리스도의 정신으로 일하는 그리스도교 공동체, 함께 일하고 공유하는 생활공동체"로 정체성을 정립하고 자매회를 설립하였다.

자매회는 전남 무안군 한산촌 결핵요양소를 중심으로 활동하기 시작했다. 1980년 5월부터 오늘날까지 농촌 및 도시 지역에서 다양한

---

87 이 글에서 기독교는 개신교를 의미한다.

사업을 전개해 오고 있다. 구체적으로 농촌지역에서의 개발사업과 보건사업, 목포 빈민지역 영세가정을 중심으로 한 재가복지사업, 노인복지관, 노인요양원 등의 운영이었다.

이와 같은 활동을 하고 있는 자매회는 1970년대 후반 한국기독교와 서독기독교의 연대로 설립되었다. 설립 과정에서 서독기독교회에서 파견한 슈바이처가 중요한 역할을 담당하였다. 1985년 사회복지법인으로 정부에서 인가를 해 주었을 때 슈바이처는 법인 이사로 등재되었다. 자매회의 활동은 점차 국내외에 알려지기 시작했다. 국내 기독교 언론들은 자매회의 활동을 기사화하여 이를 대중들에게 알렸다. 1984년 신앙세계에서 자매회의 탄생, 설립과정, 활동 등을 최초로 소개하였다. 이후 기독교계통의 신문과 잡지, 가정·여성·교육 등을 비롯한 종교와 농어촌 및 지방에 관한 신문과 잡지, 그리고 한겨레신문 등을 비롯한 여러 신문과 잡지 등에서 자매회를 기사로 다루었다.

국외에서도 서독남서부지역기독교선교회(Evangelisches Missionswerk in Südwestdeutschland, 이하 EMS)를 비롯하여 서독 라자루스(Lazarus) 디아코니아공동체, 베를린선교부 등에서 각각의 기관지를 통해 자매회를 소개하였다. 지금까지 자매회에 대한 연구 성과로는 백용기의 「한국디아코니아자매회의 사회봉사신학」이라는 논문과 저서 『한국디아코니아자매회의 역사와 영성신학』[88]이 있고, 홍주민의 「사회적 문제에 대한 응답으로서의 디아코니아운동: 여성적 디아코니아 운동을 중

88 백용기, 「한국디아코니아자매회의 사회봉사신학」, 『신학사상』 132, 한국신학연구소, 2006, 231~257쪽; 백용기, 『한국디아코니아자매회의 역사와 영성신학』, 한국디아코니아자매회, 2005.

심으로」가 있다. 백용기의 논문과 저서에서는 자매회의 실천적 모델에 해당하는 서독 디아코니아의 신학적 원리를 추적한 후 자매회의 사회봉사 원리를 신학적 측면에서 살펴보면서 이 원리들에 대한 삶의 영성, 섬김의 신학, 공동체 신학, 복지 선교 등으로 개념화하여 설명하였다.[89] 홍주민은 한국디아코니아자매회가 전개하는 사회실천적인 운동이 유럽의 디아코니아운동과 그 역사적 맥락을 함께 하고 있다는 사실에 대해서 고찰하였다. 지금까지 자매회에 대한 연구는 유럽에서의 역사신학적 배경과 자매회의 신학적 원리 등에 대해서 다루었으며 역사사회학적 연구로까지는 진전되지 않았다.

자매회의 준비 모임이 시작되고 설립되던 1970년대 말에서 1980년대 초에 세계는 냉전체제가 지속되고 있었으며 한국사회에 큰 영향을 미치고 있었다. 이와 같은 세계체제하에서 세계교회, 미국교회, 서독교회, 일본교회 등은 서로 연대하면서 세계적으로 정치, 사회적인 영향력을 미치고 있었다. 한국의 기독교도 그와 같은 영향 하에 있었다. 세계교회의 영향을 직접적으로 받고 있던 안병무는 이러한 상황 하에서 자매회를 구상하게 되었고, 이를 실천으로 옮겼다. 서독기독교에서 파견한 슈바이처도 이를 지지하며 자매회 설립에 적극적이었다.

이 글에서는 한국과 서독기독교 연대로 설립된 자매회를 역사사회학적으로 분석하면서 세계 냉전체제와 기독교, 그리고 자매회가 어떠한 관련이 있는지에 대해 살펴보고자 한다. 연구 시기는 1970년대 후반부터 독일 베를린 장벽이 무너졌던 1989년까지로 한정하였다.

89 홍주민, 「사회적 문제에 대한 응답으로서의 디아코니아운동: 여성적 디아코니아 운동을 중심으로」, 『신학사상』 129, 한국신학연구소, 2005, 67~90쪽.

2. 한국디아코니아자매회 설립의 세계사적 배경

한국디아코니아자매회가 설립될 수 있었던 세계사적 배경을 파악하기 위해서는 먼저 1970년대 세계교회협의회(WCC)의 제3세계에 대한 자유반공주의 전략부터 이해해야 할 것이다.

제2차 세계대전 종전 이후 아시아를 비롯한 아프리카, 중동, 라틴아메리카 등에서 신생국가의 탄생 및 민족운동이 활발해지자 WCC는 민족운동을 공산주의운동과 동일시하였다. 이와 같은 상황 하에서 아시아 기독교인들은 아시아 민족주의자들이 공산주의자들에게 호의적인 반응을 보이는 이유를 WCC 대표들에게 이해시키고 공산주의자들에게 맞서서 아시아인들에게 어떻게 접근해야 하는지를 설명하였다. 이에 WCC에서는 제3세계를 둘러싸고 공산주의 진영과 대결하기 위해 제 3세계 자유반공주의 전략을 수립하였다. 그것은 '하나님의 선교'였다.[90] '하나님의 선교'는 제3세계 민족문화를 강조한 '토착화'와 사회경제적 문제를 강조한 '상황화'로 표현되었다. 토착화 전략에서는 민족문화에 기초한 기독교 토착화 강조, 토착적 신학자 양성, 토착적 신학

---

90 '하나님의 선교(Mission of God, Missio Dei)'는 1952년 국제선교대회(IMC)의 독일 빌링턴회의에서 채택되었다. 이 회의 이후 WCC는 제 3세계 선교정책에서 '토착화'와 '상황화'에 중점을 두었다. 토착화는 제3세계의 각 민족 문화에 개신교를 접목시키고 그 지역 출신의 신학자와 교역자를 양성하는 선교정책이었다. '상황화'는 1968년 WCC의 스웨덴 웁살라 총회에서 시작된 제3세계 선교정책이었다. '상황화'는 제3세계의 사회문제에 기독교인들의 적극 개입을 강조한 것이었다. 제3세계가 빈곤해지면 공산주의가 자생할 수 있는 터전이 되므로 이를 사전에 예방하기 위해 '토착화'와 '상황화'를 채택했다. 즉 '토착화'와 '상황화'는 제3세계 자유반공주의 전략이었다고 할 수 있다. 이에 대해서는 윤정란, 「세계교회협의회(WCC)의 제3세계 자유반공주의 전략과 한국 민중신학의 태동: 1950년대-1970년대」, 『역사학보』 236, 역사학회, 2017, 46~47쪽 참조.

훈련, 상황화 전략에서는 개발원조, 가족계획, 도시산업선교 등이 포함되었다.[91]

1950년대 중반 이후 미국과 소련이 제3세계에 대한 경제적 원조를 서로 경쟁적으로 전개하기 시작하자 WCC도 미국정부와 같이 제3세계 자유반공주의 전략을 더욱 적극적으로 구사하기 시작했다. 미국과 소련이 서로 제3세계를 둘러싸고 외교를 경쟁적으로 벌이게 된 것은 1955년 인도네시아 반둥에서 개최된 아시아, 아프리카 29개국 회의가 계기가 되었다. 소련은 이 지역에 대한 적극적인 경제적 지원을 선언하였고, 1961년 1월 흐루쇼프(Nikita Khrushchyov)는 전 세계적인 민족해방운동의 지지를 약속하였다. 이에 미국의 소련 공산주의 확대에 대한 두려움은 극에 달했다. 소련이 제3세계의 경제적 가난과 정치적 불안정을 이용할 지도 모른다고 생각했기 때문이었다. 미국은 급증하는 제3세계의 민족자결과 사회경제적인 발전을 위한 혁명의 열기를 통해 세계 냉전을 이해하게 되었다.[92] 즉 소련을 중심으로 한 공산주의 진영과 미국을 중심으로 한 자유주의 진영 간의 체제대결로 인식하게 되었던 것이다. 이와 같은 상황 하에서 WCC도 제3세계에서 기독교의 토착화를 위해 신학기금을 조성하는 등 적극적이고 실제적인 방법을 사용하였다.[93]

1960년대 중반 이후부터 WCC는 토착화를 넘어 상황화를 강조하기 시작하였다. 상황화를 강조하기 시작한 것은 1960년대 중반 이후 전

---

91 윤정란, 위의 논문, 41~76쪽.

92 Michael E. Latham. *The Right Kind of Revolution*(New York, 2011), p.66.

93 윤정란, 앞의 논문, 54~57쪽.

세계로 확산된 반전·반체제 운동과 깊은 관련이 있었다. 베트남전을 반대하는 전 세계의 지식인들과 청년들은 제3세계에 속해 있는 베트남의 호치민과 중국의 모택동을 주목하면서 제국주의적 자본주의 체제를 비판하였다. WCC에서는 이에 대응하기 위해 제3세계의 사회·경제적인 문제에 관심을 기울여야 한다는 상황윤리를 강조하기 시작했다. 1968년 스웨덴 웁살라에서 개최된 WCC 제4차 총회에서는 제1세계와 제3세계의 경제적 불평등이 중요한 문제로 부각되었으며, 제3세계의 사회·경제적 문제의 해결을 위해 사회개발에 적극적으로 노력할 것을 결정하였다. WCC는 회원교회들에게 개발 사업을 위한 모금운동을 요구하는 공한을 발송하였다. 개발 사업을 위해 교회가 수입의 2퍼센트 이상을 지출하도록 한 것이었다. 이를 위해 개발을 위한 사회참여를 목적으로 한 위원회가 설립되었다.[94] WCC에서는 제3세계 빈곤의 문제를 해결하기 위해 가족계획뿐만 아니라 여성의 자원 개발에도 많은 노력을 기울였다. 1974년에 WCC는 '교회와 사회에서 여성(Women in Church and Society)'에 '여성과 지역발전에 대한 프로그램'이라는 조직을 만들었다. 프로그램에는 교육, 리더십 개발, 그리고 기술훈련 등이 포함되었다. 1974년부터 1988년까지 전 지역의 230개 프로그램에 기금을 지원하였다.[95]

서독정부와 교회(기독교와 가톨릭교)도 미국과 WCC의 제3세계 자유 반공주의 전략에 보조를 맞추었다. 1959년 하인리히 뤼브케(Karl Heinrich

94 윤정란, 앞의 논문, 58~61쪽.

95 Ursula King ed., *Feminist Theology from the Third World: A Reader* (Oregon, 1994). p.9.

Lübke) 서독대통령은 연방의회에서 불행한 계층을 돕는 도덕적 의무와 저개발국에서 공산주의자들의 활동을 약화시킬 수 있는 실제적인 이익을 얻을 수 있는 것은 저개발국의 시민들에게 자비를 베푸는 것이라고 주장하였다.

서독의 가톨릭과 기독교에서는 제3세계를 원조하기 위해 각각 프로젝트를 추진하였다. 가톨릭에서는 1959년에 이스터 어필(Easter appeal)을, 기독교에서는 세계를 위한 빵(Bread for the World, 이하 BFW)을 조직하였다. 1962년에 두 교회는 개발 원조를 위한 중앙관리국(A Central Bureau for Development)을 각각 설립하였다. 1969년 동독 기독교회는 동독정부의 압력으로 독일 기독교 연합인 '독일복음주의 교회(Evangelische Kirche in Deutchland, 이하 EKD)에서 탈퇴한 후 '복음주의 연방(Federation of Evangelical Churches)'을 조직하였다. 동독정부는 서독정부에게 베트남에서 미군을 지원함으로써 홀로코스트를 베트남에 수출한다고 대대적인 비난 운동을 벌였다.[96]

서독의 많은 청년들은 모택동과 호치민을 외쳤고 교회를 탈퇴하였다. 이에 1967년 EKD의 책임자 커트 샤프(Kurt Scharf)는 서독 적군파 바더마인호프(Baader-Meinhof)와 대화를 나누었다. 그러나 이 일로 그는 많은 비난을 받게 되었고 결국 EKD 책임자에서 물러났다. 그를 대신하여 보수적인 루터교의 바이에른 출신 헤르만 디츠펠빙거(Hermann Dietzfelbinger)가 선출되었다. 헤르만은 보수적인 루터교였으나 WCC의 제3세계 자유반공주의 전략에 보조를 맞추었다. 1970년 서독 프랑

---

96 Young-sun Hong, *Cold War German, the Third World, and the Global Humanitarian Regime* (New York, 2015). p.294.

크푸르트에서 WCC 실행위원회가 인종차별문제를 다루는 전 세계 단체들에게 20만 불의 기금을 배정하기로 결의했을 때 서독 루터교회는 이에 대해 부정적으로 생각하였다. 그러나 서독 경제상 에르하르트 에플러(Erhard Eppler)가 튀빙엔에서 1천명의 기독교 교수들에게 WCC 결의를 내각의 일원으로서가 아니라 하나의 실천적 크리스천으로 지지한다고 밝혔다. 1970년대 이후 WCC의 예산은 미국교회와 서독교회가 각각 3분 1을 담당하였다.[97] 그 이전에는 미국교회가 전적으로 담당하였다.

서독기독교와 한국기독교가 직접적인 관계를 맺게 된 것은 재독 광부와 간호사들 때문이었다. 이들은 함께 모여 예배를 드리다가 서독교회에 한국인 목회자를 요구하였다. 이에 1970년대 초에 한국기독교교회협의회(The National Council of Churches in Korea, 이하 NCCK)와 EKD가 협정서를 작성하여 서독교회의 초청으로 한국인 목회자가 서독에서 목회를 시작하게 되었다.[98]

이러한 상황 하에서 서독의 '세계를 위한 빵'은 NCCK에 빈민선교사업을 위해 20만 3천마르크의 개발원조금을 보냈다. 이 기금은 NCCK 총무 김관석이 서독을 방문하여 BFW의 아시아 담당자인 볼프강 슈미

---

97 Detlef Junker. ed., *The united states and Germany in the Era of Cold War : 1968-1990*, Vol.2(New York, 2013), pp.468~469; 편집부, 「세계기독교뉴스」, 기독교사상 14:12 (1970), 162쪽.

98 한운석, 「냉전시대 한독 에큐메니칼 협력: 1970년대와 80년대 독일교회의 한국 민주화 운동에 대한 지원을 중심으로」, 『한독관계사 준비모임 발표문』(2018년 6월 23일); 허승우, 「독일, 독일교회 그리고 재독한인교회: 유럽 재복음화 관점에서 바라본 독일기독교회와 재독한인교회의 현재와 미래」, 『선교와 신학』 33, 장로회신학대학교 세계선교연구원, 2014, 196쪽.

트(Wolfgang Schmidt)에게 요청하여 받은 것이었다.[99] 1965년 강원룡에 의해 설립된 크리스찬아카데미의 1970년대 활동도 WCC와 서독교회의 지원으로 운영되었다. 그 기금으로 크리스찬아카데미는 1974년부터 1979년까지 노동, 농촌, 여성, 교회 등의 중간집단 육성을 위한 교육을 실시하였다.[100] 이화여대의 여성자원개발연구소는 서독중앙복음선교회(Evangelische Zentralstelle für Entwicklungshilfe)로부터 지원을 받아 농촌과 도시 저소득층 여성들의 인적자원개발을 위한 사업을 벌였다.[101] 안병무도 서독기독교회 동아시아선교국(Ost Asia Mission)의 재정적인 도움을 받아 1973년에 '한국신학연구소'를 설립하였다. 안병무가 하이델베르크대학에서 유학을 할 때 알게 된 한(F. Hahn)이 동아시아선교국의 책임자였다.[102]

서독기독교회는 한국기독교회에 개발원조금을 지원했지만 EKD 산하의 서독남서부지역기독교선교회에서 정식으로 한국에 선교사를 파견한 것은 1975년이었다. EKD는 7개의 선교회 중의 하나로서 베를린선교회(BMW)와 함께 아시아지역 담당이었다. EKD는 서독 서남지역 5개 주 교회, 1개 자유교회교단, 그리고 4개의 선교단체들(이중의 하나가 스위스 선교단체)로 구성되어 있다. 본부는 서독 뷔텐베르크 주 슈투트가르트에 있다.[103] EMS에서는 1975년에 선교사 슈바이처를

---

99 신홍범 정리, 『나의 믿음은 길 위에 있다: 박형규 회고록』, 창비, 2010, 294쪽.

100 강원룡, 『역사의 언덕에서 3』, 한길사, 2003, 379~392쪽.

101 김영선, 「한국여성학 제도화의 전사기(1960-70년대)」, 『현상과 인식』 37-3, 한국인문사회과학회, 2013, 133쪽.

102 김명수, 『안병무: 시대와 민중의 증언자』, 살림출판사, 2006, 61쪽.

103 이명석, 「삼자간 에큐메니칼 선교협력 연구: 영등포노회 한국·독일·가나 교회 협력선교를 중심으로」, 장로회신학교 석사학위논문, 2012, 23~24쪽.

한국 기독교장로회로 파견하였다. 한국기독교장로회로 들어올 수 있었던 것은 그동안 관계를 맺고 있던 캐나다연합장로교회 선교사들이 1975년 철수함으로써 그 틈새로 서독선교사가 들어오게 되었던 것으로 보인다.

3. 한국디아코니아자매회의 설립과정과 서독선교사 슈바이처의 역할

1) 한국디아코니아자매회의 준비 모임

안병무는 서독기독교회로부터 한국신학연구소 운영을 위한 재정적인 지원 뿐만 아니라 자매회 설립을 위한 지원과 재정적인 도움을 받았다. 자매회가 설립될 수 있었던 것은 서독선교사 슈바이처의 역할 때문이었다. 그녀는 1938년 독일 프로이덴슈타트(Freudenstadt)에서 출생했으며, 1957년 교회음악대학을 졸업하였다. 1964년에는 에반젤리쉬스 디아코니신학교에서 기독교교육학을 전공하고 1965년까지 스위스 바젤선교본부에서 선교학 과정을 이수하였다. 1965년에는 영국 런던에서 어학 과정을 마치고 1967년부터 바젤선교부, 독일기독교선교회 파송으로 홍콩의 중국 고등학교에서 기독교 교육 교사로 재임하였다. 1973년부터 1975년까지 서독지방교회에서 선교 및 초교파운동을 하였으며, 1975년에 EMS 소속선교사로 내한하였다. 1977년부터 한국기독교장로회 소속 선교사로 활동하기 시작했다. 한국신학연구소에서 부소장겸 독어권, 영어권 간사로 활동하였다.[104]

김승태와 박혜진이 엮은 『내한선교사총람』에 의하면 슈바이처가 오기 전 독일출신으로 한국에 방문한 독일선교사는 다음과 같다. 첫 선교사는 귀츨라프(Karl Friedrich August Gutzlaff)이며, 그는 1832년 영국 동인도회사 소속 로드 암허스트호(The Lord Amherst)에 동승하여 황해도 백령군에 도착하였다. 충청도 고대도에서 성경, 전도문서, 의약품, 감자 종자와 저장법 등을 주면서 주민들과 접촉하였고 주기도문을 한글로 번역하였다. 통상 실패 후 한국을 떠났다. 그 다음에 독일 출신으로서 한국에 온 사람은 슈바인푸르트(Bertha Schweinfurth Ohlinger)였다. 그는 미국 출신의 프랭클린 올링거(Franklin Ohlinger)와 미국에서 결혼한 후 남편이 1887년 미감리회 선교사로 한국에 파송되자 함께 한국에 왔다. 1900에는 독일 출신의 선교사인 엥겔(G. Engel)이 한국을 왔는데, 그는 호주장로회 선교회 파송으로 왔다. 가족이 호주로 이민을 갔기 때문이었다. 1912년에는 독일 출신의 셰핑(Elisabeth Johanna Shepping)이 한국 선교사로 왔다. 그는 미국 뉴욕에서 간호학을 전공하였으며, 미국 남장로교 의료선교사로 내한했다. 1924년에는 퍼드웰(W. Pudewell)도 독일출신이지만 미국 제칠일 안식일 예수재림교 선교사로 방한하였다. 이와 같이 1945년 한반도가 해방되기 이전에 독일 출신으로 기독교 선교사로 방한한 경우는 모두 미국과 호주 기독교 선교회에서 파송한 경우였다.

서독기독교 선교회에서 선교사를 직접 한국에 파견한 시기는 1970년대부터였다. 1963년 서독 구세군사관이었던 크나케(Magarete Knarke)

---

104 김승태·박혜진 엮음, 『내한선교사총람』, 한국기독교역사연구소, 1994, 457쪽에서는 한국 기독교장로회의 선교사로 오기 전 대만에서 활동했다고 되어 있으나 백용기, 『한국디아코니아자매회의 역사』, 51쪽에는 홍콩으로 되어 있다. 자매회와 오랫동안 관계를 가졌기 때문에 홍콩이 더 적합한 것으로 보인다.

가 선교사로 내한하여 구세군 재무서기관으로 1966년까지 활동하다 출국한 일이 있다. 또 다른 한 명의 서독 출신 선교사인 시벌트(Anneliese Sievert)가 1960년에 한국 선교사로 왔는데, 미연합감리교회 선교사였다. 강릉에서 복음전도와 기독교교육을 강의하다가 1971년에 귀국했다.[105] 이렇게 보면 1970년대에 들어선 이후에야 서독기독교회에서 처음 한국에 선교사를 파견했던 것이다.

1976년 슈바이처는 안병무를 통해 자매회 모임에 대해서 관심을 가지게 되었다. 어느 날 슈바이처는 안병무의 자택에서 안병무와 그의 아내 박영숙과 함께 있는 자리에서 안병무의 꿈에 대해서 듣게 되었다. 그것은 환경과 재정적인 문제가 해결된다면 자매회 공동체를 만들고 싶다는 것이었다.[106]

슈바이처는 자매회 설립을 위한 준비모임에 적극적으로 개입하였다. 1차 모임은 한국기독교장로회 선교교육원에서 1977년 11월 14일에서 17일까지 개최되었다. 이 날 고영희, 김용자, 김윤, 김정란, 변현정, 이영숙 등이 자매회 회원으로 참석하였고, 이들은 안병무, 유아나다시아수녀, 슈바이처, 이효재 등으로부터 설교와 강의를 들었다. 안병무는 헌신의 자세에 대해 강연했고 성바오르수녀원의 수녀 유아나다시아는 가톨릭 수녀원에 대해 설명하였다. 슈바이처는 서독개신교수녀원을 소개하였고 이효재는 여성의 사회적 역할 등에 대한 주제로 강의했다. 2차 모임도 기독교장로회 선교교육원에서 1978년 1월 11일부터 14일까지 열렸다. 참가자는 김정란, 김은경, 김윤, 변현정, 이영

105 김승태·박혜진 엮음, 『내한선교사』, 한국기독교역사연구소, 1994, 332쪽, 467쪽.
106 Dorothea Schweizer, Rundbrief Nr.5(Anfang März 1979).

숙, 조순형, 최근숙, 슈바이처 등이었고 강사로는 안병무, 스위스 바젤 선교부의 헨린 목사, 명동가톨릭여학생관 소속의 안젤라, 인천산업선교회의 조화순 목사 등이었다.[107]

3차 모임도 기독교장로회 선교교육원에서 1978년 2월 19일부터 2월 20일까지 개최되었다. 4차 모임은 서울 한국신학연구소에서 1978년 4월 23일부터 24일까지 열렸다. 이 모임에서는 '새벽의 집'을 방문하여 문동환과 대화의 시간을 가졌다. 새벽의 집은 신앙공동체로서 문동환의 발의로 시작되었다. 5차 모임은 한국신학연구소에서 1978년 5월 28일부터 29일까지 진행되었다. 이 날 모임에는 안병무, 노영순, 최근숙, 김현례, 양경희, 한혜빈, 김윤, 슈바이처 등이 참석하였다. 1978년 8월 20일에서 28일까지 경기도 양평에서 수련회를 가졌다. 모임에는 김정란, 노영순, 한은숙, 최근숙, 안병무, 여성숙, 슈바이처, 서독 디아코니센의 마리아 랭(Maria Lange), 지흐(Sich), 로레 스필케(Lore Spilke) 등이 참석하였다. 1979년 8월 14일부터 11일까지 목포 한산촌에서 수련회가 진행되었다. 거의 2년여에 걸쳐서 준비를 한 끝에 자매회가 창립되었다. 1980년 5월 1일 노영순, 김정란, 한은숙, 이영숙, 최근숙, 진옥렬, 김현례, 신경희 등이 모여 목포 한산촌에 모여 헌신예배를 드린 후 공동체 생활이 시작되었다.[108]

2) 한국디아코니아자매회의 조직

1977년 자매회 준비모임부터 1980년 5월 헌신예배를 드리기까지

---

107 백용기, 앞의 책, 49~68쪽.

108 백용기, 위의 책, 68~84쪽.

가장 중요한 역할을 한 사람이 안병무, 슈바이처, 자매회 회원들이었다고 할 수 있다. 안병무가 자매회 설립에 가장 적극적이었던 것은 그의 승공반공주의에 기인하였다고 할 수 있다. 한국 기독교인들은 한국전쟁 당시 전투적 반공주의를 주장했다. 그러나 1950년대 중후반 소련의 제3세계로의 팽창, 북한의 전후 재건 성공, 이에 반해 남한의 현실은 암울했다. 한국 기독교인들은 그동안 주장했던 전투적 반공주의에서 승공반공주의로 반공을 재정의했다. 진정한 반공이란 자유민주주의적 국가 수립과 경제적 발전의 성취라고 보았다. 이를 한국 기독교인들은 승공민족주의라고 불렀다. 즉 북한과의 체제 대결에서 승리하는 것이 진정한 반공이라는 것이었다. 민중신학도 이와 같은 반공의 재정의 속에서 등장하였던 것이다. 1960년대 후반 한국경제가 비약적으로 성장하면서 도시 빈민이 발생하였고 노동자들은 부의 분배에 불만을 가지기 시작했다. 그것은 청계천에서 노동자로 일하던 전태일의 분신으로 나타났다. 전술한 바와 같이 WCC도 제4차 총회에서 제3세계의 빈곤 문제에 깊은 관심을 가지기 시작했고 이를 해결하기 위해 구체적인 실천 방법들을 강구하였다. 이에 한국 기독교인들은 세계 교회의 영향 하에서 국내 도시 빈민과 노동자 문제에 깊은 관심을 가지기 시작했다. 이를 해결하는 것이 승공민족주의라고 보았다. 즉 빈곤은 공산주의가 자생하기 좋은 터전이라고 생각했기 때문에 이를 해결하는 것이 중요하다고 보았다. 민중신학도 이러한 국내외의 역사적 배경 속에서 탄생했던 것이다.[109]

109 구체적인 내용에 대해서는 윤정란, 앞의 논문, 41~76쪽; 윤정란, 『한국전쟁과 기독교』, 한울 아카데미, 2015, 327~338쪽 참조.

안병무는 참가 회원들에게 여러 차례에 걸친 설교를 통해 '수난당하는 이웃'을 도와주려는 일을 할 때 사적인 생활에서 완전히 벗어나는 일이 중요하므로 비혼의 적극적 선택을 강조하였다. 그는 저력을 가진 여성들이 전통의 질서를 거부하고 '수난당하는 이웃'들과 함께 살다 지쳤을 때 잠시 돌아와 쉬며 새로운 힘을 얻을 수 있는 자매 공동체의 설립을 주장했던 것이다. 그가 자매회 회원들에게 이와 같은 주장을 했던 것은 민중신학에 의한 것이었다. '수난당하는 이웃'이란 그에게 "가난하고 눌린 오클로스(Ochlos, 무리)"였다. 여기서 오클로스는 민중이며 이들 편에 서야 한다는 것이었다. 민중의 편에 서야한다는 것이 안병무의 민중신학이었다. 전술한 바와 같이 그의 민중신학 출발점은 승공반공주의에 있었다. 그의 반공주의는 일제강점기 간도, 해방 직후 소련군의 횡포, 한국전쟁의 경험 등을 통해 더욱 강화되었으며 1970년대 민중신학의 형태로 나타났다. 앞에서 설명한 바와 같이 그의 민중신학은 1960년대 중반 이후 WCC의 자유반공주의 전략이라고 할 수 있는 '하나님의 선교' 즉 '토착화'와 '상황화'의 제시를 승공민족주의로 받아들이면서 태동되었던 것이었다. 그것은 WCC가 주장했던 제3세계 '개발' 프로젝트를 통해 '수난당하는 이웃'을 개발시켜 근대화로 인도하는 것이었다고 할 수 있다. 그러한 역할을 담당할 수 있는 최적의 단체가 여성들의 신앙공동체였다고 볼 수 있다.

안병무가 여성들의 신앙공동체를 생각해낸 것은 그의 과거 경험에서 비롯되었다. 안병무는 만주 용정에서 기독교를 받아들인 이후 독신으로 삶을 살다간 예수가 자신의 삶의 목표 혹은 모델이 되었다고 하면서 그 때부터 독신의 신앙공동체에 대한 꿈을 꾸었다고 한다. 한국전쟁 당시에 전주에서 친구들과 함께 공동체 생활을 해 보기는 했으나 쉽지 않았다. 그러다 유학으로 간 서독에서 여성공동체를 경험하였다. 여러 차례 이곳을 방문하고 또 다른 공동체도 견학하였다. 이와 같은 경험이 1970년대 비혼의 여제자들을 보면서 그들에게 그가 경험했던 신앙의 공동체를 제시하게 되었다고 할 수 있다. 자매들로 구성된 신앙 공동체는 농촌마을을 개발시킬 수 있는 최적의 공동체였던 것이다.

첫 헌신예배 당시 자매회 회원들은 모두 한복차림이었고 안병무는 양복차림이었다. 자매회 회원들은 서로를 '언님'이라고 불렀다. 이는 안병무의 신학적 스승이었던 유영모가 창안한 용어였다. '언님'은 순 한국어로 '어진 님'이라는 의미였다. 안병무는 유학가기 전 유영모 집에서 살다시피 할 정도로 그를 동경했다.[110] 이와 같이 한복차림과 '언님'의 사용은 민족문화를 중요시한 기독교 토착화였다. 그리고 이와 같은 모습을 가진 자매회는 '수난당하는 이웃'을 '개발'해서 근대화로 인도하기 위한 냉전의 여성십자군이었던 것이다.

슈바이처가 자매회 설립에 주도적이었던 것은 기독교 신앙과 신념에 의한 것이었으나 동시에 WCC의 제3세계 자유반공주의 전략에 따라 개발원조정책에 참여한 서독기독교의 입장을 제3세계에서 실현하기 위한 활동 중의 하나이기도 하였다. 전술한 바와 같이 1970년대 WCC와 서독교회는 제3세계 개발 원조를 통해 냉전 대결체제에서 우위를 확보하고자 하였다.

슈바이처는 EMS에 보낸 서신에서 개발 사업을 성공시키기 위해 여성 자원을 개발하는 방법을 제시하였다. 그것은 자매회 설립이었던

---

110 송기득, 「다석 유영모 선생과 '언님'의 호칭」, 『기독교사상』 681, 대한기독교서회, 2015, 236쪽.

것이다. 그는 서신에서 한국여성들은 충분히 인적자원으로서 개발될 수 있음에도 불구하고 사회적 자원으로 활용되지 못한다는 것이었다. 내용은 다음과 같았다. 한국여성들은 결혼을 해야만 사회 구성원으로 인정받기 때문에 반드시 결혼을 해야 한다. 결혼은 부모에 의해 결정되며, 결혼한 이후에는 가족에 대한 의무 때문에 전문직업도 포기해야 하고 아들을 출산해야만 가족 내에서 지위를 확보한다는 것이었다. 남편은 자신의 사회적인 영역에 부인과 절대 함께 하지 않으며, 이혼 시에도 법은 남자에게 유리하게 되어 있다고 했다.[111]

즉 양육권과 재산권은 모두 남자에게 속하며 여성은 호적에서 삭제되어 버린다는 것이다. 전문직여성들도 같은 상황에 처해 있으며, 결혼하지 않은 상태로 삶을 살아가는 것은 매우 어려운 일이라고 전했다. 여성들이 할 수 있는 것은 주로 공장에서 일하는 것이고, 이곳에서 일하는 여성은 18세~25세로서 농촌에서 왔다는 것이다. 공장여성들은 절망에 가득 찬 삶을 살고 있어 그들의 비주체적인 모습은 기업주에게 도움을 주고 있다고 했다. 슈바이처는 농촌, 공장, 빈민지역 등에서 한국여성이 처한 현실에 대해 자매회 준비모임에서 많은 토론과 의견을 나누었다고 서신을 통해 EMS에 전했다.[112]

슈바이처 입장에서 농촌에서 마을 개발 사업을 할 수 있는 매우 적합한 형태가 자매회였다. 자매회는 전적으로 마을 개발 사업에만 몰두할 수 있는 소수정예부대였다고 할 수 있다. 그래서 그녀는 EMS에 재정적인 지원을 요청했다. 서독기독교교회가 슈바이처가 제안한 자

---

111 Dorothea Schweizer, Rundbrief Nr.5(Anfang März 1979).

112 Dorothea Schweizer, Rundbrief Nr.5(Anfang März 1979).

매회 설립에 적극적인 지원을 할 수 있었던 것은 당시 서독기독교교회가 추구했던 제3세계 자유반공주의 전략과 일치했기 때문이었다.

자매회 회원들이 자매회 공동체 조직에 적극적으로 참여할 수 있었던 것은 기독교적 신앙과 신념에 의한 것이었지만 다른 한편으로는 새로운 전문 직업으로 생각했기 때문이었다. 1977년부터 2년간의 준비를 거쳐 1980년 5월 1일 헌신예배를 드릴 때까지 마지막으로 남은 회원이 노영순, 김정란, 한은숙, 이영숙, 최근숙, 진옥렬, 김현례, 신경희 등 8명이었다. 김정란은 경상남도 사천시 곤양면에서 1960년대 양호교사로 재직하다 1970년 7월 간호사로 서독에 갔다. 서독에서 5년 6개월간 근무한 후 1976년 1월 귀국하였다. 서독에서 결혼을 할 것인지, 혹은 공부를 할 것인지 등을 두고 금식기도까지 하는 등 고민을 하다 귀국하였다. 귀국 후에는 성결신학교 야간(현 서울신학대학)을 다니는 도중 독일문화원에서 서독을 다녀온 사람들의 모임이 있다는 이야기를 듣고 모임에 참여하였다. 1977년에 그의 후배 소개로 슈바이처를 만났다. 당시 슈바이처는 통역할 사람을 찾고 있었다. 김정란은 슈바이처와 만나 서독에서 결혼하지 않은 여성들은 당당한데, 한국 여성들은 그렇지 못한 현실을 개탄하며 많은 이야기를 나누었다고 한다. 그래서 소개받은 곳이 안병무가 추진하던 여성공동체 모임이었다는 것이다. 이곳을 다니면서 영등포산업선교회에 가서 일을 도와주기도 하였다고 한다.[113]

최근숙은 교회의 전도사였으며, 감리교여선교회에서 일을 했다. 노영순은 감리교회의 목사였다. 1956년에 목사 안수를 받은 후 논산,

113 김정란 구술(전남 무안군 자매회 모원, 2018.6.19).

천안, 전주 등에서 목회를 했으며, 파주에서는 성매매 여성들을 위한 선교 활동을 했다. 한은숙은 기장 여신도회 서울연합회에서 일을 하였으며, 전태일의 죽음 이후 1973년부터 청계천 뚝방동네에서 선교활동을 했다. 뚝방동네는 실향민들이 청계천 뚝방에 만든 동네였다. 나중에 책 '꼬방동네 사람들'의 배경이 된 곳이었다. 이곳은 연세대 도시문제연구소에서 빈민을 위한 활동을 한 곳이기도 하다. 이영숙은 서독에서 7, 8년간 간호원으로 재직하였다.[114]

이 모임에 참석한 여성들은 대체적으로 정치, 사회적인 문제뿐만 아니라 한국여성이 처한 현실에 대해서도 많은 문제를 느끼고 있었다. 5차 준비모임에 참석한 한혜빈은 "여성은 출산과 자녀양육, 그리고 가사노동에 얽매어 남성이 지배하고 있는 전체사회에서 소외되고 있다"고 발표하면서 여성들 스스로 자신의 문제를 해결하는 길만이 인간해방의 길이라고 주장했다.[115] 즉 이 주장의 의미는 결혼이라는 굴레에서 벗어나는 길만이 여성해방으로 가는 길이라는 것이다. 전술한 김정란도 한국여성이 처한 현실에서 결혼이 아닌 다른 직업으로의 길은 없는지를 고민하고 있었다는 사실에서 알 수 있다. 자매회에 참여한 여성들은 1970년대 한국의 현실에서 결혼하지 않고 노후가 보장되는 전문 직업을 희망하고 있었던 것이다. 그 새로운 직업이 기독교 수녀였던 것으로 보인다. 여성 개인 혼자서는 삶을 유지하기 어려웠던 당시의 현실에서 안병무는 비혼의 여성들에게 기독교 수녀라는 새로운 직업을 제시해주었던 것이다.

---

114 백용기, 앞의 책, 301쪽.

115 백용기, 위의 책, 76~77쪽.

자매회 회원들이 이와 같이 신앙공동체 설립에 적극적으로 참여할 수 있었던 것은 재정적인 문제가 거의 해결되었기 때문이었다. 건물 건축을 위한 기금은 EMS에서 지원해주었으며, 활동을 할 수 있는 공간도 여성숙의 기부에 의해서 가능하게 되었다. 여성숙은 자매회가 시작되면 목포에 있는 요양원과 함께 거의 3만평이 되는 땅을 기증하기로 약속하였다.[116] 그래서 자매회 설립이 현실화되었다.

처음에는 경기도 양평에서 자매회를 시작하려고 했으나 정치적 문제로 목포에서 하기로 결정하였다. 경기도 양평에는 안병무가 월남 이후 남한에서 만났던 월남민 출신의 여성숙이 소유한 과수원과 작은 집 한 채가 있었다. 그곳에서 계절에 따라 한 두 번씩 피정을 했다. 그런데 양평 경찰서에서 이 공동체 활동을 주시하고 사찰하였다. 당시 자매회 준비 회원으로 참석한 서강대 재학생 김윤과 안병무를 용공분자로 보고 감시했던 것이다. 서강대 유관순으로 알져져 있던 김윤은 1953년 마산에서 출생하였으며, 경기여고를 졸업하고 서강대 영문학과에 입학했다. 교내 영자신문사 편집장으로 활동하였으며, 박석률(한국진보연대 공동대표), 권오성(NCCK 총무) 등과 함께 유신철폐 시위에 주도적으로 참여하였다. 이러한 활동으로 1974년 민청학련 사건에 연루되어 군사법정에서 1심 7년, 2심 5년을 선고받았으며, 상고 포기로 5년형을 확정 받았다. 1년 여 만에 형집행정지로 풀려난 후 지하신문 「자유서강」을 발행하고 언론을 통해 저항을 계속하였다.[117]

1975년 박정희의 2.15 특별담화로 긴급조치 1호, 4호 위반자 중

---

116 백용기, 앞의 책, 221~222쪽.

117 "여성농민 기틀 다진 김윤", 『전북일보』, 2009년 6월 15일자.

인혁당 관련자와 반공법 위반자를 제외한 모든 인사가 석방되자 동년 2월 21일 기독교회관 대강당에서 민주회복구속자협의회준비위원회가 결성되었다. 이 날 김윤은 '민주회복구속자선언'을 낭독하였다. 그래서 김윤과 안병무로 인해 공동체 활동은 당연히 경찰의 주시를 받을 수밖에 없었다. 다시 의견을 모아서 피정 장소를 여성숙이 목포에서 운영하고 있는 환자요양원인 한산촌으로 결정하였다. 목포는 서울과 너무 멀고 외지다는 이유로 양평으로 요양원을 이전할 계획이었다. 그런데 회원들이 목포를 마음에 들어 해서 이곳에서 자매회를 시작하기로 결정했다. 1980년 4월 15일 노영순의 제안으로 김정란, 한은숙, 이영숙, 최근숙, 진옥렬, 김현례 등이 한산촌에서 공동생활을 하기 시작했다.[118] 1980년 5월 1일 헌신예배를 드림으로써 자매회가 시작되었다.

1985년에 자매회는 사회복지법인으로 인가받았다. 자매회의 운영목적은 영세가정의 자립을 위한 각종 지원 사업, 영세가정에 대한 의료비 지원 사업, 영세민 자녀에 대한 학자금 지원 사업, 인간발전을 도모하는 지역사회복지사업, 각종사회복지시설 지원 사업, 자원봉사자의 활용사업, 만성결핵환자 자활사업 등이었다. 대표이사는 유경운, 상임이사로는 여성숙, 이사에는 김성재, 김정란, 노영순, 이영숙, 최근숙, 한은숙, 소혜자, 원금순, 홍창의 등이었고, 감사에는 정○○, 이○○ 등으로 되어 있다.[119] 소혜자는 슈바이처의 한글이름이었다. 2018년 현재 대표이사는 김성재, 이사로는 김정란, 김대길, 한은숙,

---

118 백용기, 앞의 책, 52쪽.

119 목포세무서 직세과, 「법인세적관련서철」(자료번호 BA0209452, 1985).

이영숙, 안규숙, 노황, 박해균, 현진관, 감사 문영길 등으로 되어 있다.[120] 이중에서 자매회 회원은 김정란, 한은숙, 이영숙, 안규숙 등이다. 사단법인 신고 당시 정관에 의하면 이사들에 대해서는 상임이사를 제외하고 예산의 범위 안에서 활동에 필요한 실비를 지급할 수 있고, 대표이사는 법인을 대표하여 중요한 권한을 가졌다.[121]

제8조

② 법인에 속한 회계와 수익사업체에 속한 회계는 대표이사가 집행하고 각 시설에 속한 회계는 그 시설의 장이 각각 집행한다.

③ 각 시설의 회계는 매월 법인 대표 이사에게 보고하여야 하며 대표이사는 이를 취합하여 이사회에 보고하여야 한다.

제11조(사업계획 및 예산) 이 법인의 매 회계연도의 사업계획 및 예산은 대표이사가, 시설의 사업계획 및 예산은 시설의 장이 각각 작성하여 매 회계연도 개시 전 1월 이전에 이사회의 의결을 거쳐 주무관청에 제출한다.

제12조(사업실적 및 결산) 이 법인의 매 회계연도의 사업실적 및 결산은 회계연도가 끝난 후 1월 이내에 대표이사가 작성하여 감사의 감사를 거친 후 이사회의 승인을 얻어 주무관청에 제출하여야 한다.

즉 회계와 사업계획, 예산 등의 최종 결정자는 대표이사였다. 이렇게 본다면 자매회는 여성들만의 신앙 공동체이지만 실제적인 운영의 대표는 남성이었고 일반적인 사회복지법인과 비슷한 기관이었다. 자매회는 세계냉전체제에서 한국사회에 만들어진 새로운 형태의 기독

120 무안군청, 「사회복지법인 한국디아코니아 및 디아코니아노인요양원 이사회회의록 공개」(2018.3.30.).

121 목포세무서 직세과, 「법인세적관련서철」(자료번호 BA0209452, 1985).

교기관이었다고 할 수 있다.

4. 한국디아코니아자매회의 농촌지역 개발사업과 보건사업

1980년 5월 1일부터 자매회는 한산촌 모원을 중심지로 한산촌 결핵요양원을 책임운영하면서 마을개발사업을 시작했다. 처음에는 자매회를 "독신미혼여성의 공동체", "예수그리스도의 정신으로 일하는 공동체", "함께 일하고 공유하는 생활공동체" 등으로 구상하였다. 그런데 1970년대 후반 당시 '공동체'라는 용어는 불온한 단체를 의미하는 것이었으므로 보호차원에서 '디아코니아자매회'라는 외래어를 사용했고 이에 걸맞게 유니폼을 착용하였다.[122] 자매회는 1982년 서독 카이져스베르트 디아코니아 연맹에 가입하였으며, 1983년에는 세계 디아코니아연맹에도 가입하였다. 자매회는 이와 같은 세계 단체로부터 많은 지지와 후원을 받으면서 활동을 전개하였다.[123]

한산촌 결핵요양원은 1961년 여성숙이 목포에서 개원한 목포의원에서 시작되었다. 그는 1965년 결핵환자들의 진료와 요양을 위해 전남 무안군 삼향면에 한산촌 결핵요양소를 설립하였다. 요양원은 민중신학자로 알려진 송기득과 그의 아내 정순애에 의한 협조로 건립되었다.[124]

122 백용기, 앞의 책, 82~83쪽.

123 백용기, 위의 책, 332쪽.

124 이용필, 「목사들이여 하나님 놀이를 멈춰라」, 『뉴스앤조이』(2017.9.2); 백용기, 앞의 책, 229~230쪽. 여성숙은 송기득의 광주제중병원 결핵 치료를 위한 주치의였다. 여성숙은 광주제중병원에서 8년 동안 재직한 이후 목포에서 개원하였다.

여성숙이 광주제중병원에 재직할 때 송기득을 알게 되었다. 그는 결핵을 치료하기 위해 병원을 찾아왔던 것이다. 1968년에는 전라도지방의 교회개척과 결핵퇴치선교에 업적을 남긴 미국선교사 휴 린튼(Hugh Maclntyre, Linton, 1926~1984)의 알선으로 한미재단에서 200만원을 원조해주어 병동, 환자목욕실, 환자집회장소, 환자치료센터 등을 설립했다. 1972년 여성숙은 한산촌에 입주하였고, 1978년 송기득은 요양원을 떠났다.[125] 이렇게 설립된 요양원을 전술한 바와 같이 경기도 양평으로 옮기려고 했으나 국가안전기획부의 사찰과 감시로 좌절되었다.

슈바이처의 알선으로 EMS에서 지원을 해 주어 식당 40평, 여병동 34평, 자매회 모원 80평 등을 1981년 10월에 완공하였다. 1984년에는 EMS의 후원과 이사 원금순의 지원으로 교회를 설립하였다. 1986년에는 만성환자 자활촌인 한삶의 집을 완공하였다. 이곳에 거주하는 환자들은 병이 나을 가망성이 없는 사람들이었다. 삶이 다하는 날까지 자활해서 살아가기 위해 이 환자들은 닭, 오리, 개, 토끼 등 가축을 기르고 채소를 재배하며 동양 난도 길렀다. 한삶의 집에 거주하는 환자들에게 자매회 회원들은 같이 살면서 영적 지도, 간호, 상담, 기도, 식사, 노동 등을 함께 하였다.[126]

자매회 활동 초기에 서독인 지흐(Dr. Sich)가 방문해서 질병은 치료도 중요하지만 예방하는 것이 더 중요하다고 설명하였다. 자매회에서는 결핵환자들의 원인이 빈곤에서 시작되었다는 것을 자각하고 사전예방을 위해 마을개발사업을 추진하기 시작하였다.[127]

---

125 백용기, 앞의 책, 225~226쪽; 이용필, 앞의 내용.
126 백용기, 위의 책, 224~227쪽.

자매회가 처음 활동을 개시하려 하자 마을 주민들은 이들에 대해 부정적이었다. 주민들은 이 단체가 혹시 용공단체가 아닐까 하는 의심을 가졌던 것이다. 그래서 마을주민들과 친밀해지기 위해 정부기관인 성내리 보건진료소 소장을 김정란이 맡아 활동을 시작했다.[128]

1980년 세계보건기구(WHO)에서는 무의촌 없애기 사업을 전개하기 시작하였는데, 이에 따라 정부에서는 1980년 12월 '농어촌 보건의료를 위한 특별조치법'을 제정하였다. 한국은 1949년 8월 17일에 WHO에 65번째 회원국으로 가입했으며, 1951년 9월 1일 한국과 WHO간에 최초의 협정이 체결되었다. 이 협정으로 한국은 WHO를 통해 필요한 선진보건정보 및 기술을 수집하고 이를 국내에 적용할 수 있는 근거를 마련하였다. 그래서 WHO가 무의촌 없애기 사업을 벌이자 회원국이었던 남한도 이에 따라 법을 마련하고 사업을 전개하기 시작했다. 특별조치법에 따라 1981년부터 면 이하 지역에 보건진료소가 설치되기 시작하였다. 자매회 회원 김정란은 전남의대에서 6개월간 교육을 받은 후 보건진료원 자격을 취득하여 1983년 10월 진료소 소장으로 취임하였다.[129] 이로 인해 주민들과 쉽게 접촉할 수 있었다.

주민들과 유대가 형성되자 마을개발사업을 추진하기 시작했다. 1980년 5월부터 1989년까지 전개했던 개발사업은 진료소를 중심으로 농촌민들의 통상질환관리, 모자건강 및 가족계획관리, 지역사회 보건관리, 지역보건 정보체계 수립 및 관리, 주민의 자치조직 설립, 유아원

127 백용기, 위의 책, 232쪽.
128 김정란 구술.
129 백용기, 앞의 책, 273쪽.

설치, 신용협동조합 설립, 마을회관과 공중목욕탕 건립 등이었다.

김정란은 처음에 보건진료소로 찾아오는 환자 개인의 진료에만 매달렸다. 그러다 3개월이 지난 후 진료소에 찾아온 환자들의 질병을 분석해 보니 사전 예방이 중요하다는 것을 깨닫게 되었다. 그래서 질병의 원인을 조사하기 위해 지역조사를 시작하였다. 지역조사 결과 육체과로와 영양 및 환경의 불량이 건강악화로 이어졌고 이로 인해 경제활동에 문제가 발생한다는 것을 파악하게 되었다. 즉 농촌지역에서는 빈곤으로 인해 건강이 나빠지고 건강이 안 좋아지면서 경제활동에 어려움을 겪게 되어 다시 빈곤으로 이어지는 상태가 계속된다는 사실을 알고 이를 개선하기 위한 사업을 전개하였다. 먼저 마을조사부터 실시했다.[130]

보건진료소는 한국 서남단 바닷가에 위치하는 전남 무안군 성내리에 위치하고 있었다. 이곳은 목포시에서 북방 44km, 무안읍에서 서북방 22km, 그리고 운남면에서 약 6km 떨어져 있었다. 총인구는 1천5백 명에서 2천 명 정도였고, 총가구수는 2백7십에서 3백 가구 정도였다. 이 마을은 동성들이 모여 사는 집성촌이었고 세대 갈등이 많은 편이었다.[131]

이곳은 농업종사자가 85.4%, 어업을 하는 가구가 4.8%, 상업과의 겸업 가구가 3.7% 등으로 농업종사자가 가장 많았다. 종교시설로는 2개의 교회와 1개의 사찰이 있었다. 종교는 신자들 이외에는 마을에 큰 영향력이 없었다. 지도자를 선출할 때에는 동네에서 신망이 두터운 나이 많은 연장자가 추천되었고 의결형태도 주로 남성 중심으로 이루

130 백용기, 위의 책, 233쪽.

131 김정란, 「농촌지역의 보건의료 현장에서: 성내리 보건진료소 보건진료원의 활동사례」, 대한간호협회출판부, 1992, 11~12쪽.

어졌다. 여성들이나 빈곤층은 큰 영향력이 없었다. 여성중심의 부녀회 조직이 있었으나 유명무실하였으며 핵가족 혹은 젊은 층일수록 가족 내에서 여성 의견이 반영되기는 했으나 대부분 무시당하였다.[132]

지역 조사는 1년 동안 진행되었다. 조사를 기반으로 가정기록철을 작성하여 주민들과 대화를 할 수 있는 근거를 마련했다. 주민들은 가정기록철을 통해 친밀감을 가지게 되었다. 이렇게 해서 주민들과 유대감을 형성할 수 있게 되었다. 마을주민들의 건강문제와 그와 관련된 건강교육에 따른 실천과정에서 근본적인 문제가 무지와 가난에 있다는 것으로 결론 내렸다.[133] 이에 주민 자치 조직과 협동을 통한 지역사회 보건 및 복지활동을 하기로 결정하였다. 먼저 보건진료소 활동을 돕고 후원을 위한 운영협의회를 설치하였다. 이장을 중심으로 마을 유지 13명으로 구성하였다. 그 다음에는 마을건강원을 두었다. 각 마을별로 30-40대 주부 8명을 선출하였다.[134]

조사 결과 농촌 가정 위생에서 가장 중요한 곳은 부엌과 화장실이라는 것을 알게 되었다. 지역조사에서 나타난 부엌구조는 낮은 부뚜막 형태였고 연탄을 연료로 사용하고 있었다. 이러한 구조였기 때문에 주부의 작업 동선이 길고 허리에 나쁜 영향을 주었다. 여성들은 농사와 가사 등으로 중노동에 시달리고 있었다. 방충망이나 조리대도 없었으며 대부분 자가 펌프도 부엌에서 떨어진 마당 귀퉁이에 설치되어 있었다. 자가 펌프가 부엌 안에 설치된 가구는 18퍼센트에 불과하

132 김정란, 앞의 논문, 13~16쪽.
133 김정란, 위의 논문, 19~21쪽.
134 김정란, 위의 논문, 61~65쪽.

였다. 그래서 음식을 위생적으로 관리하지 못하고 있었다. 이를 해결하기 위해 운영협의회와 마을건강원회의를 개최하여 이장을 비롯한 새마을지도자와 상의하여 각 마을별로 한 집씩 시범개량을 시작하였다. 이들이 직접 개량해봄으로써 그 효과가 파급될 것이라 생각되었기 때문이었다. 개량에 필요한 타일을 자매회에서 공급하기로 하였다. 처음에는 주민들의 반응이 부정적이었으나 마을건강원의 부엌을 개량하여 보여주었더니 주민들이 이에 호응하기 시작했다. 재래식 변소는 삼조식(三條式) 위생변소로 개량되었다.[135]

지역주민을 위한 활동을 하는 과정에서 방치된 어린이들이 눈에 띄게 되었다. 그래서 진료소에서 유아들을 돌보았다. 진료소에서는 어린이들을 위해 그림그리기, 동화책 읽기, 블록 쌓기, 퍼즐 맞추기, 율동, 노래 부르기 등의 프로그램을 진행하였다. 어린이들에게는 모일 때마다 세수하고 이 닦고 오기, 인사하기 등을 시켰다. 1986년에는 성내유아원 설립으로 이어졌다. 유아원 교사의 인건비는 자매회에서 지원하였다. 이외에도 진료소 내에 도서를 비치해 두고 도서 대출을 어린이들에게 해주었으며, 1988년에는 복지회관에 독서실을 마련하였다. 그리고 활동 과정에서 많은 농민들이 고금리의 대출 이자를 부담함으로써 실제 노동한 결과보다 수익이 거의 없다는 사실을 알게 되었다. 이에 신용협동조합을 만들도록 독려하여 신용협동조합을 설치하였다. 공동목욕탕을 마련하고 마을복지회관을 설립하였다.[136]

이러한 지역활동에 자매회에서 지원을 하였는데 1985년부터 1989

---

135 김정란, 앞의 논문, 42~43쪽.

136 김정란, 위의 논문, 65~77쪽.

년까지 진료사업비 2,160,000원, 교육비 8,110,000원, 조사연구비 2,400,000원, 인건비 24,600,000원, 복지회관건축비 16,000,000원 등이었다.[137]

1989년까지 성내리에서 마을사업을 마치고 목포시로 활동 지역을 옮겼다. 당시는 농촌에서 도시로 많은 사람들이 이주해서 도시빈민들이 발생하고 있었다. 1991년 4월 김정란, 안규숙, 정유나 등은 유달산 아래 달성동에 작은 집을 구입하였다. 1991년 7월에 목포시 빈민 지역에 속하는 달성동의 지역주민 실태를 조사하였다. 이를 근거로 장학사업, 재가복지사업, 의료사업 등을 벌였다. 자매회는 현재 노인요양원을 운영하고 있다.[138]

5. 맺음말

한국디아코니아자매회는 WCC의 제3세계 자유반공주의 전략에 따른 서독 기독교회와 한국 기독교회의 국제 자유반공주의 연대에 의해서 출현하였다. WCC는 제2차 세계대전 이후 아시아, 아프리카, 중동, 라틴아메리카 등에서 민족해방운동이 거세게 일어나고 신생독립국이 속속 수립되자 소련 공산주의 진영과의 체제대결에서 승리하기 위해 토착화와 상황화라는 제3세계 자유반공주의 전략을 구사하기 시작하였다. 이에 발맞추어 서독 기독교회도 제3세계에 개발지원을 통해 동

137 김정란, 위의 논문, 84쪽.
138 백용기, 앞의 책, 223쪽.

독과 체제대결을 벌였다. 이러한 상황 하에서 한국기독교회는 서독 기독교회로 부터 막대한 개발지원금을 받았다. 주로 여성자원개발, 도시산업선교, 빈민선교, 가족계획사업 등의 개발프로젝트 등이었다.

서독 기독교회는 한국에 처음으로 한국기독교장로회로 선교사를 파견하였다. 자매회를 주도한 안병무는 확고한 반공주의자로서 민중 신학을 제창하였다. 민중신학은 공산주의 진영과의 체재대결에서 북한보다 정치, 경제, 사회적으로 우위에 서기 위한 신학 이론이었다. 민중신학에서 주목한 것은 '수난당하는 이웃'이었다. '수난당하는 이웃'은 공산주의가 자생할 수 있는 가장 적합한 토양이라고 믿었고, 공산주의 진영으로 '수난당하는 이웃'을 빼앗기지 않기 위해 민중을 역사의 주체라고 강조하였다. 안병무는 민중신학을 경청하던 독신의 여성제자들에게 '수난당하는 이웃'의 동료가 될 수 있는 신앙공동체를 제안하였다. 그것은 무지로 인해 가난에 시달리는 '이웃'을 구원하기 위한 개발프로젝트를 수행할 수 있는 가장 적합한 형태의 새로운 냉전 십자군 조직이었다.

서독 선교사 슈바이처는 안병무가 제안한 여성신앙공동체를 서독 기독교의 제3세계 개발원조 프로젝트의 하나로서 주목하였다. 그래서 슈바이처는 이 여성신앙공동체를 설립하는 과정에서 주도적으로 참여하였다. 자매회 회원들이 신앙공동체 창립에 적극 동참한 것은 당시 한국여성들이 처한 현실에 있었다. 그들은 전문적인 고등교육을 받았지만 자신들의 능력을 발휘할 수 있는 전문적인 직업을 가지기가 매우 어려웠다. 그들에게는 결혼 이외에는 다른 대안이 없었다. 당시 여성들이 쉽게 할 수 있는 일은 주로 환경이 매우 열악한 공장에서 노동을 하는 일 뿐이었다. 안병무와 슈바이처가 이들에게 현실을 타개할 수 있는 길을 제시해주었던 것이다. 여성신앙공동체는 그들에게 미래가 보장되는 새로운 전문 직업이었다. 기독교의 자비로 무장된 여성신앙공동체는 국내외에서 후원을 받을 수 있는 최고의 문화콘텐츠였다. 서독기독교의 지원과 여성숙의 재산 기부는 자매회 회원들의 경제적인 문제를 해결해주었기 때문에 그들은 여성신앙공동체에 적극 참여할 수 있었다.

자매회 회원들은 농촌에서 보건사업 및 개발 사업에 적극 뛰어 들었다. 1980년 5월부터 1989년까지 전개했던 농촌사업은 한산촌 결핵요양소 운영, 진료소를 중심으로 농촌민들의 통상질환관리, 모자건강 및 가족계획관리, 지역사회 보건관리, 지역보건 정보체계 수립 및 관리, 주민의 자치조직 설립, 유아원 설치, 신용협동조합 설립, 마을회관과 공중목욕탕 건립 등이었다.

이와 같은 자매회의 설립과정, 그들의 농촌에서의 활동 등은 국내외 언론을 통해 소개되면서 WCC, 서독 기독교회 등을 비롯한 서구 기독교국가에서 제3세계 국가에 어떻게 접근하고 개발 사업을 전개해야 하는지에 대한 중요한 사례로서 제시되었다고 할 수 있다.

제3장

1960~1970년대 한국가톨릭노동운동의 국제적 연대와 발전

: 한국가톨릭노동청년회(JOC)를 중심으로

1. 머리말

한국가톨릭노동운동은 한국가톨릭노동청년회(Jeunesse Ouvrière Catholique, 이하 한국 JOC)가 조직되면서 시작되었다. 한국 JOC는 1960년대 이후 개신교의 도시산업선교회와 함께 한국노동운동을 지원함으로써 한국노동운동 발전에 기여하였다. 1958년에 조직된 한국 JOC는 창립 초기부터 국제 JOC와의 국제적인 연대와 교류를 통해 한국가톨릭노동운동을 전개하였다.

국제 JOC는 1925년 벨기엘 브뤼셀(Brussels)에서 요셉 까르딘(Joseph Cardijn, 1882~1968)에 의해 설립되었다. 그는 노동자 집안의 장남으로 태어났으며, 집안 사정으로 학교를 다니지 못했다. 그래서 노동자로 일하며 노동자를 위한 사제가 되기로 결심하였고 신학교에 입학하여 1906년에 사제 서품을 받았다. 국제 JOC가 설립되던 당시 유럽 사회는 사회주의 이념의 확산으로 반종교적 분위기가 강하였다. 노동자들은 사회주의를 복음으로 받아 들였으며, 일터와 대공장에서는 빵을 얻으려면 적색분자가 되어야 한다는 구호를 외쳤다. 가톨릭 노동자들에게 사회주의 노동조합 회원 가입을 강요했고, 만일 이를 거부하는 경우 즉시 총파업이 일어나기도 하였다. 이와 같은 분위기에서 까르딘은 칼 마르크스(Karl Marx, 1818~1883)가 발견한 노동계급에 대해 가톨릭에서도 관심을 기울여야 한다는 생각으로 1925년 3월 로마를 방문하여 교황 비오 11세(재위: 1922~1939)로부터 JOC 설립 인준을 받았다. 같은 해 벨기에 주교단이 JOC 운동을 전국적으로 전개해도 좋다는 인가를 내리고 그를 지도신부로 임명하였다. 이렇게 해서 국제 JOC가 시작되었다. 이후 1927년 프랑스, 1932년 캐나다, 1938년 영국 등으로 보급되었고, 이어 남미, 북미, 아프리카, 아시아 등 각 대륙으로 확산되었다. 1957년 국제 JOC 국제평의회가 개최되었다. 이 때 회칙을 작성하고 임원을 선출하였으며 전 세계를 향한 선언문을 채택하였다.[139] 이후 국제 JOC는 본격적인 활동을 시작하였다. 이러한 시기에 한국 JOC도 조직되었다.

한국 JOC가 처음 조직되었을 때는 노동자만 회원으로 있었던 것은 아니었다. 농민들도 포함되어 있었다. 그러다 1966년 가톨릭농촌청년회(1972년 가톨릭농민회로 개칭)로 분리되어 나갔으며, 1964년에 가톨릭노동장년회가 설립되었고, 1971년 도시산업사목위원회(1980년 노동사목위원회으로 개칭) 등이 조직되면서 가톨릭노동운동은 더욱 전문적으로 발전하게 되었다. 그러므로 한국가톨릭노동운동은 1960년대부

139 한국 JOC본부 편저, 『JOC 해설』, 가톨릭청년사, 1960, 27~33쪽; 정병조, 「'까르댕 사상'과 한국 J.O.C 연구」, 가톨릭대학 대학원 석사학위논문, 1988, 13~14쪽.

터 한국 JOC 중심으로 전개되었다고 할 수 있다. 그러나 한국 JOC는 1970년대까지 한국가톨릭노동운동의 중심이었지만, 1980년대부터는 노동사목위원회가 주도하였다. 1970년대 중반 이후 국가권력과 JOC와의 충돌로 JOC 회원들이 공장에서 해고되는 사건이 연속적으로 발생하고 블랙리스트에 포함되어 현장 활동이 어렵게 되자 1980년대 이후에는 노동사목위원회가 중심이 되어 노동운동을 지원하는 형태로 한국가톨릭노동운동이 전개되었다.[140]

그러므로 본고에서는 한국 JOC가 한국가톨릭노동운동을 주도하던 1960년대부터 1970년대까지 시기를 한정하여 고찰하고자 한다. 특히 국제적인 관계망을 중심적으로 분석하면서 한국가톨릭노동운동의 특성에 대해 살펴볼 것이다. 지금까지 이 시기 한국가톨릭노동운동에 대해서는 여러 편의 연구 성과가 축적되었다.[141] 그런데 주로 저항운동(민주화운동) 중심의 연구에만 치중되어 있다. 이 중 국제관계에 대해서 다루고 있는 경우도 있지만 대체로 국제 JOC에 대해서만 언급하는 정도이다. 1960년대와 1970년대 한국가톨릭노동운동의 특성을 살피기 위해서는 국제 JOC를 비롯해서 한국 JOC와 국제적 관계망을

140 한상욱, 「한국 가톨릭 노동운동연구(1958-95): 자율적 공간의 생성과 소멸을 중심으로」, 성공회대학교 일반대학원, 2017, 267쪽.

141 1960년대에서 1970년대까지 가톨릭노동운동과 관련된 대표적인 연구논문으로는 정병조, 앞의 논문; 이근창, 「노동현장 정신에 비추어 본 강화도 가톨릭 노동청년회 사건에 관한 연구」, 인하대학교 석사학위논문, 1993; 김원, 「1970년대 가톨릭노동청년회와 노동운동」, 『1970년대 민중운동 연구』, 민주화운동기념사업회, 2005; 김상숙, 「가톨릭 노동운동의 재평가를 통한 현 노동운동의 대안모색」, 『기억과 전망』 29, 2013; 위의 논문; 이영훈, 「한국가톨릭노동운동의 이념과 갈등」, 부산대학교 대학원 석사학위논문, 2017; 김마리아, 「한국 가톨릭청년회(J.O.C)의 설립과 초기 활동」, 인하대학교 교육대학원 석사학위논문, 2016 등을 들 수 있다.

형성하고 교류를 했던 단체, 인물, 재정적인 지원 등도 모두 포함시켜 분석해야 할 것이다. 그렇게 했을 때만이 이 시기 한국가톨릭노동운동의 특성에 대한 총체적인 이해가 가능하리라고 본다.

2. 가톨릭의 국제 반공전선 강화와 한국가톨릭노동청년회(JOC)의 창립

한국 JOC는 1958년 서양사학자 이해남과 서울대학교 병원 간호원 박명자의 주도로 창립의 기초를 마련하였으며, 국제가톨릭여자협조회(Auxiliaires Feminines Internationales, 이하 A.F.I) 회원들의 도움으로 JOC 창립을 위한 준비 활동이 시작되었다.

이해남은 국제 JOC를 국내에 처음 소개하였다. 그는 1955년 '세계평신도사도직대회' 제1차 아시아대회와 1957년 제2차 '세계평신도사도직대회'의 한국 대표로 참석하였는데, 그곳에서 국제 JOC를 처음 알게 되었다. 귀국 후 같은 성당의 평신도였던 박명자에게 국제 JOC를 소개하였다. 당시 이해남과 박명자는 서울 혜화동성당의 평신도였다. 그는 박명자에게 한국 JOC 활동을 권유하였다. 이해남은 이 시기 한국외국어대학 교수로 재직 중이었다. 그는 장면, 유홍렬 등과 함께 한국 가톨릭 서울대교구를 이끄는 '3두 마차'로 정평이 나 있던 인물이었다. 이 세 사람은 일제강점기 백동성당(현재 혜화동성당)의 백동청년회에서 같이 활동하였다.[142] 이해남은 역사학계에서 '서양사학계의

142 이석현, 「십년의 추모, 고 호세 이해남 박사 10주기를 추모하며」, 『가톨릭신문』, 1997.

태두'로 평가를 받았던 인물이기도 하였다. 그는 『세계사대관』, 『세계문화사』, 『한국현대정치문화사』 등의 대표적인 저서와 다수의 논문을 남겼다.[143]

제1차 아시아대회는 1955년 12월 3일부터 8일까지 필리핀 마닐라(Manila)에서 개최되었다. 이해남은 당시 서울대교구 교구장이었던 노기남의 요청으로 참석하게 되었다. '세계평신도사도직대회'의 상임위원회에서 노기남에게 한국 대표 파견을 요청하였으나 참가 경비 문제로 거절하였다. 그러자 상임위원회에서 총 경비 지원을 약속했고, 이에 노기남은 이해남을 대표로 파견하였다. 이 회의에서는 아시아 지역 15개국 대표가 참석하여 전반적인 '사회정화' 문제에 대해서 토의하였는데, 특히 강조점을 둔 것은 아시아지역의 반공전선 강화에 대한 문제였다.[144] 일정은 개회식, 총회, 강연, 연구발표, 토론, 분과협의회, 폐회식 등으로 구성되었다. 강연과 분과협의회에서 가장 강조한 것은 아시아지역 반공전선 강화문제였다. 세 번째 날 개최된 세 번째

11:2; 백병근, 「일제시기 서출지역 천주교 신자 단체 연구」, 『교회사연구』 32, 한국교회사연구소, 2009, 147쪽.

143 이해남은 1910년 부친 이인관과 모친 남양 홍씨의 장남으로 서울에서 출생하였다. 1924년 경성공립중학교에 입학해서 1929년 졸업한 후 일본 국립 히로시마사범대학 영문과에 입학, 1934년 졸업하였다. 그리고 곧 같은 대학 문리과대학 사학과에 입학하여 1937년에 졸업한 후 평안남도 시학(視學)으로 재직하면서 평양공립상업학교와 평양공립중학교의 교유(정교사)로 활동하였다. 1943년부터 평양 서문고등여학교 교유로 재직하다가 1945년 경성사범학교 교수 및 조선총독부 시학관으로 발령받아 경성으로 돌아왔다. 해방 이후에는 청주 제일공립중등교장, 신성대학 교수, 국립경북대학교 사범대학 교수, 한국외국어대학 교수 등을 지내다 1961년 한양대학교 문리과대학 사학과 교수로 부임하였다. 이후 한양대학교 2대 총장을 지냈다(이해남박사화갑기념 사학논총편집위원회, 『이해남박사 화갑기념 사학논총』, 일조각, 1970, i-ii쪽).

144 「이해남교수가 참석」, 『경향신문』, 1955.12.2.

강연에서 스리랑카 콜롬보(Colombo)의 가톨릭액션 회장 필라이 신부는 '아시아의 평신도 사도직'이라는 주제로 강연하면서 이 문제를 집중적으로 다루었다. 그는 아시아에서 가장 성공적인 조직이 '마리아 군단', '청년 그리스당 노동조합(YCW 혹은 JOC)', 학생회 등이라고 설명하면서, '공산주의 침투에 대한 반공활동', '사회정의의 확립', '진정한 애덕 발휘' 등을 실천하기 위해서는 이와 같은 세포조직이 필요하다고 주장했다.[145] 여기에서 이해남은 '공산주의 침투'를 막는 세포 조직으로서 JOC에 대해 처음 소개를 받았던 것 같다.

6개의 분과협의회에서 아시아 반공전선 강화에 대해 집중적으로 논의된 분과는 B분과였다. 이 분과에서는 공산주의 온상이 되기 쉬운 곳에서 반공세포조직을 가지고 "가톨릭적으로 침투해 나가자"라고 하면서, 정치생활에 대한 적극적 참가, 가톨릭 사회지도자 양성, 교우들의 사회문제와 국제적인 관심에 대한 인식 증진 등에 대해 토의하였다. 이와 같은 활동을 통해 아시아 반공전선을 더욱 강화시키기로 다음과 같이 결론 내렸다.[146]

> 아시아에 있어서 공산주의의 증대를 막아내고, 공산주의 침투를 구축하기 위하여, 우리는 영혼 육신의 있는 힘을 다하고, 평신도 사도직 활동을 조직 강화하고, 특히 전 교우가 완전한 애덕을 발휘할 것.

이해남은 귀국한 후 『경향잡지』 1956년 2월호에 「제1차 평신도 사도직 아시아대회 보고서」를 실어 한국 가톨릭 관련자들과 공유하였

145 이해남, 「제1차 평신도 사도직 아시아대회 보고서」, 『경향잡지』 48, 1956, 60쪽.
146 위의 글, 62~65쪽.

다. 1957년 그는 로마에서 개최된 「제2차 세계평신도사도직대회」에 참석하였다. 이 대회는 5년마다 한 번씩 열리는 모임이었다. 제1차 대회는 1951년에 개최되었다. 당시 세계 83개국 3천 여 명의 대표가 참석하였으며, 결의 사항은 '공산지역주민의 원호와 해방', '가톨릭정신의 세계적 위기' 등이었다.[147] 1957년 대회는 이해남뿐만 아니라 여러 명의 한국인들이 참석하였다. 그들은 프랑스, 독일, 로마, 벨기에 등 여러 국가에 체재중이거나 거주하고 있었다. 이 중에는 A.F.I의 회원으로서 벨기에에서 훈련 중이던 강양순, 미국에서 귀국 중이던 유홍렬도 있었다.[148] 교황 비오 12세는 이 대회에서 노동자들에 대한 가톨릭 세포조직의 활약에 대해 강조하였다. 가톨릭은 "불구대천의 원수인 무신적 공산주의에 대하여 용감하게 싸움이 없이 땅을 양보할 의사는 전연 없다. 이 전투는 최후의 순간까지 싸워져야 하나, 그 무기는 「그리스도」의 무기라야 한다."[149]라는 것이었다. 오스트리아 출신의 프란시스 쉬드니는 「교회내의 평신도」라는 주제로 강연을 했는데, 특히 평신도가 어떤 역할을 해야 하는지에 대해서 다음과 같이 설명했다.

> 나는 견진성사를 받은 교우들이 어떠한 것인가—다시 말하자면 전투하는 교회의 「전사」의 자격이 무엇인가를 여기서 말하고자 한다. 지상의 교회는 전투를 하고 있다. 따라서 그것은 군대이다. 그 장교는 성직자이며, 우리들은 졸병들, 대원들, 「미국」식으로 말하자면 G.I들이다. 우리들은 전투에 있어서의 이 대원들의 역할을 생각해 보지 않으면 안 된다.[150]

147 「구미학술계 시찰」, 『경향신문』, 1957.10.17.

148 이해남, 「제2차 세계평신도 사도직대회 보고서」, 『경향잡지』 50-2, 1958, 46~47쪽.

149 위의 글, 63쪽.

즉, 견진성사를 받은 평신도들은 공산주의자들과 전투를 벌이는 군대의 대원들이라는 것이었다. 이해남은 이 대회에서 공산주의자들과 전투를 벌일 수 있는 강력한 세력이 가톨릭이다라는 것을 강조하였다고 설명하였다. 즉 제2차 세계대전 이전까지 만해도 공산주의자들의 수는 12명 중의 1명이었으나 이제는 3명 중의 1명이고, 특히 경제가 발달하지 못한 가난한 나라들은 '공산주의의 풍부한 사냥터'이며, 아시아의 전통적인 종교로는 이를 방어하지 못하고 오로지 가톨릭만이 강력한 무기가 될 수 있다는 것이었다.[151] 세계대회가 끝난 후 이해남은 국제가톨릭문화인총연맹의 주선으로 유럽 각국의 평신도 사도직운동을 시찰하였다. 프랑스, 독일, 벨기에, 네덜란드, 영국, 미국 등을 거쳐 귀국했다. 그리고 평신도 사도직 운동 중에서 가장 중요하게 생각했던 것이 JOC 활동이었다. 그는 세계대회에서 교황이 직장에서 공산주의 침투를 막아내는 가장 강력한 세계 조직이 JOC라고 강조하였다고 하면서 한국에서도 이를 조직할 것을 주장하였다.[152]

이와 같은 역사적 배경 하에서 이해남이 아시아대회와 세계대회를 다녀온 후 가장 먼저 조직하려고 노력했던 것이 JOC였다. 그는 같은 성당에 다니며 레지오 마리애 활동을 함께 하던 박명자에게 이 활동을 권유하였던 것이다.

박명자가 이를 쉽게 받아들일 수 있었던 것은 그녀가 한국전쟁기 북한인민군들에게 어려움을 당한 경험이 있었기 때문이었다. 박명자

150 앞의 글, 70쪽.
151 위의 글, 87~88쪽.
152 위의 글, 101~102쪽.

는 서울 계성여학교를 2회로 졸업하고 1949년 서울대 간호학과에 입학하였다. 한국전쟁이 발발하자 북한인민군에 의해 서울대학교 의과대학병원 혜화동에서 연금되었다. 그리고 인민군 36육군병원 창설 지원으로 차출되었다. 현재 서울 풍문여고 자리에서 2주 동안 훈련을 마친 후 전차를 타고 청량리역으로 가서 기차를 타고 철원, 그곳에서 도보로 강원도 이천으로 갔다가 중화를 거쳐 평양으로 갔다. 압록강까지 도보로 갔다가 인근에서 탈출하여 도보로 평양까지 와서 국군이 평양에 입성하자 함께 서울로 귀환하였다. 그 후 육군간호사관학교를 졸업하고 간호장교로 복무하다 육군중위로 1956년 퇴역하였다. 이해남으로부터 JOC 활동을 권유받았을 당시 서울대학교 병원 간호원으로 재직하고 있을 때였다.[153]

이해남은 자신이 수집한 JOC와 노동조합 관련 책자를 박명자에게 전했다. 그녀는 영어, 프랑스어, 독일어, 일본어로 된 책자들을 자신이 번역할 수 있는 것은 스스로 하고 할 수 없는 것은 외국어대학교 교수와 서울대학교 의과대학교 교수 등에게 부탁해서 번역을 한 후 JOC와 노동문제에 대해 연구하기 시작했다고 한다. 그런 다음 이해남의 도움을 받으면서 동료 간호원들과 모임을 시작했다. 이 모임이 JOC 창립의 기초가 되었다.[154]

1958년 1월에 모임을 시작했지만 경험이 없어 A.F.I의 도움을 받았다. 이후 본격적인 모임으로 발전하기 시작하였다. A.F.I는 국제평신도

153 「옷짓는 할머니, 박명자 할머니의 봉사 인생 50년」, 『가톨릭신문』, 2003.4.6; 박명자 구술, 6.25전쟁납북인사가족협의회(검색: http://www.kwafu.org).

154 천주교 서울대교구 노동사목위원회, 『서울대교구 노동사목 50년사』, 가톨릭출판사, 2008, 88~89쪽.

사도직단체로 1937년 벨기에 출신 이본 퐁슬레(Yvonne Poncelet, 1906~1955)가 창설하였으며, 1947년 벨기에 메헬렌(Malines) 교구단체로서 공식 인준을 받은 후 1956년 교황청의 인준을 받았다. 1955년 서울대교구 노기남 주교의 요청으로 1956년 본부 회원들 중 이탈리아 출신 안젤라 미스투라(Angela Mistura)와 서독 출신 가비 빌스마이어(Gaby Vilsmeier)가 내한하였다.[155] 같은 해 6월 벨기에 출신 리나 마에스(Lina Maes)가 한국에 도착했다.[156] A.F.I는 1959년 당시 회원이 220명이었고, 11개 국적, 35개팀이 14개국에서 활동하고 있었다. 원칙적으로 2~3명의 소공동체 단위로 각국에 파견되었다. 1947년 중국 남경과 북경에 파견된 2개의 팀이 중국에서 활동하다 1949년 중국이 공산화되자 남경에서 활동하던 회원 마리 디킨슨(Marie Diekens)이 살해당하는 사건이 발생하였다. 이 사건으로 중국에서 모두 철수하였다. 이후 인도 델리, 베트남 사이공, 한국 서울, 일본, 대만 등의 아시아지역에 파견되었다. 이 중 가장 활발하게 활동이 전개된 곳은 한국이었다. 그래서 1967년 아시아 수련소로 한국이 지정되었다. A.F.I 회원들은 평신도 운동 중 여성을 대상으로 한 교육 활동에 중점을 두었다.[157]

1958년 3월부터 리나 마에스의 도움을 받으면서 JOC 창립 준비모임이 본격적으로 이루어졌다. 그녀는 벨기에 JOC 활동의 경험이 있던 인물이었다. A.F.I 회원인 좀머스(Wilgefort Sommers)와 안젤라 등도 도움을 주었다. 1958년 6월 JOC의 지도신부로 성신대학 교수로 재직

155 「개관 25주 맞는 전. 진. 상 교육관」, 『가톨릭신문』, 1981.9.27.

156 「AFI(국제가톨릭형제회) 한국진출 50돌 맞아」, 『가톨릭신문』, 2006.8.27.

157 김정옥, 「국제가톨릭형제회(A.F.I)의 활동」, 『한국가톨릭 문화활동과 교회사: 성농 최석우 신부 고희기념』, 한국교회사연구소, 1991, 446~449쪽.

중이던 박성종 신부를 임명하고 한국 가톨릭의 정식 단체로 인정하였다. 박성종 신부는 1948년부터 1954년 귀국하기 전까지 노동사목에 많은 관심을 가지고 국제 JOC에서 2개월 동안 지도자 훈련에 참가한 경험이 있었다.[158]

서울대학교 병원 간호원들을 중심으로 한국 JOC 창립을 위한 예비 모임을 8개월 동안 가진 후 1958년 11월 17일 한국 JOC가 창립되었다. 이날 오후 2시 명동 주교관 회의실에서 국제 JOC 지도신부 까르딘과 부회장 마리아 밀스맨 등을 비롯한 관련인사들이 참석한 가운데 창립 모임이 개최되었다. 까르딘은 이 자리에서 14세에서 25세까지 학교생활에서 노동현장으로 들어가는 청소년을 JOC 정신으로 양성할 것과 국제 JOC는 공산주의 세력을 막는 큰 방패로서 역할을 하고 있다고 강조하였다. 공산주의 세력을 막기 위해서는 '국제형제, 국제적인 단결'을 주장하였다.[159]

『경향잡지』 1959년 1월호에서는 JOC의 조직방법과 JOC의 3대 원칙을 소개하였다. JOC의 조직방법에 대해서는 다음과 같이 설명했다. 즉 한 섹션은 10명으로 구성되며, 그 중에서 투사 한 두 명을 선출한 후 매달 1회씩 투사들의 모임을 가진다, 그 다음 투사들은 자기 섹션의 모임을 가진다. JOC 회원은 예비회원과 정회원으로 구분되는데, 정회원만 투사의 자격이 주어졌다. 이와 같은 모임이 모여서 본당 전체의 구성체를 이루는 것이었다. JOC의 3대 원칙은 관찰-판단-행동(실천)이라고 설명하였다. 그리고 '가톨릭적 건전한 노동정신'이란 자

158 천주교 서울대교구 노동사목위원회, 앞의 책, 89~90쪽.

159 「가톨릭청년노동자협회 결성」, 『경향잡지』 51-1, 1959, 22~25쪽.

기 직업에 최선을 다한 후에 정의에 입각한 이권을 주장해야 한다는 것이었다. 이권 다툼 혹은 파업만 앞세우는 것은 JOC 정신이 아니라고 강조하였다.[160]

이와 같이 1958년에 조직된 한국 JOC는 가톨릭의 국제 반공전선 강화의 일환으로 조직된 것이며, JOC의 투사와 회원들은 이를 강화하기 위한 냉전의 전사들이었다. 그리고 JOC에서 가장 강조한 것은 3대 원칙이었다. 즉 '눈으로 관찰하고 하나님의 뜻으로 판단하며 사랑으로 행동'하는 것이었다. 관찰-판단-행동(실천)은 개인변화-환경변화-사회변화를 의미하는 것이었다. 여기서 변화는 비복음적 상태에서 복음적 상태로 바뀌는 것을 가리켰다.[161] 즉 생활반성을 통한 변화의 출발점은 각 개인이었기 때문에 이를 등한시하고 사회구조적인 문제만을 해결하기 위해 파업에 나서는 것은 적절한 방법은 아니라는 것이었다.

3. 국제적인 관계망 구축과 한국가톨릭노동운동의 발전

1) 1960년대 한국가톨릭노동청년회(JOC)의 국제단체 가입과 교류

국제적인 반공전선 강화의 일환으로 창립된 한국 JOC는 국제적인 관계망을 구축함으로써 한국가톨릭노동운동을 발전시켜 나갔다. 국제적인 관계망 구축과 교류는 국제단체 가입, 인적 교류, 재정 원조 등을 통해 이루어졌다.

160 앞의 글, 22~27쪽.

161 김원, 앞의 논문, 332~333쪽.

국제단체 가입은 국제회의에 참가함으로써 이루어졌다. 한국 JOC가 처음 참가한 국제적인 단체는 아시아평의회였다. 이어 제2차 국제평의회에 참가함으로써 한국 JOC는 공식적인 회원국이 되었다. 국제 JOC의 공식적인 회원국이 된 후에는 국제 JOC의 재정적 원조를 받으면서 가톨릭노동운동을 전개하였다. 국제평의회는 1957년 8월 29일부터 9월 4일까지 로마에서 처음 개최되었다. 이 회의에는 87개국 3만여명이 모여 회칙 작성, 임원 선출, 선언문 등을 채택하고, 제2차 국제평의회가 개최될 때까지 4년간 7개의 행동지침을 다음과 같이 결정하였다. ① 국제문제에 관한 교황청문서의 연구, ② 각국 JOC의 전국적 발전, 특히 여성 JOC인 JOCF의 발전, ③ UNESCO, 세계노동기구(ILO), UN경제사회회의, 국제가톨릭단체연맹 등의 국제조직과 국내조직위원회와의 연관성 강화, ④ 노동청년의 지도준비에 관한 연구와 활동, ⑤ 인근 국가간 또는 대륙간 노동청년의 국제회의 개최, ⑥ 아시아에서 JOC 발전을 위한 노력 및 협력, ⑦ 국제 JOC의 날 제정 등이었다. 국제 JOC는 벨기에 브뤼셀에 국제서기국을 두고, UN사회경제회의, 유네스코, 세계청년회의, 유럽청년회 등과 긴밀한 협조 관계를 맺었다.[162]

국제회의를 통해 한국 JOC는 회원국들과 깊은 유대를 맺으며 공동목표를 실천에 옮겼다. 그리고 국제회의 종료 후 각국의 관련 단체 시찰을 통해 인적 교류를 확대하였으며, 관련 국제 인사들이 방한하여 한국 가톨릭노동운동의 발전에 도움을 주었다.

1960년대 가장 먼저 참가한 대회는 제1차 아시아평의회였다. 동년 3월 26일부터 4월 6일까지 말레이시아 쿠알라룸푸르(Kuala Lumpur)에

162 한국JOC본부, 『JOC 해설』, 가톨릭청년사, 1960, 31~33쪽.

서 개최되었으며, 박성종, 리나 마에스, 양인실 등 한국 대표들이 참가하였다. 그들은 한국 JOC를 알리기 위해 참가하였다.[163] 당시 『가톨릭시보』에서는 "붉은청년운동의 국제적인 「국제민주청년동맹」과 대학생 조직인 「국제학생조직」에 대항할 수 있는" 조직이 교황청의 지도 아래 실질적인 활동을 하고 있는 단체가 국제 JOC라고 소개하였다.[164] 참가국은 한국을 비롯하여 일본, 대만, 홍콩, 월남, 필리핀, 싱가포르, 말레이시아, 인도네시아, 버마(미얀마), 태국, 파키스탄, 인도, 실론(스리랑카) 등이었다. 옵저버로 뉴질랜드와 호주가 참석하였다. 대회 주제는 '새 아시아를 위하여'였으며, 전통적인 문화와 종교를 가지고 있는 아시아가 근대산업의 도입과 식민지 시대를 경험함으로써 정치적, 사상적 문제가 발생하였는데, 이는 젊은 노동자들에게 많은 영향을 주고 있다, 이에 대해 JOC가 어떻게 대처할 것인가를 논의하였다. 토의 사항은 공업화되고 있는 사회체제에 당면하는 아시아 청년들의 일상문제, 청년 그리스도인 노동자의 사명 및 아시아 청년노동자의 문제, 현대 생활에 있어서의 부녀자 미혼여성의 할 일, 청년노동자와 실업자, 청년노동자와 결혼준비 및 가정생활, 청년노동자와 종교, 청년 지도자 훈련 등이었다.[165] 회의의 중요한 목적은 각국의 청년지도자들이 형제애로서 연대하여 생활개선을 향상시키는 것이라고 밝혔다. 이 회의에 참가한 박성종은 아시아회의의 의의에 대해 다음과 같이 설명하였다. 아시아회의의 주제인 '새 아시아 건설'은 가톨릭 노동

---

163 「JOC 우리 대표 출발」, 『가톨릭시보』, 1960.4.3.

164 「반사경」, 『가톨릭시보』, 1960.2.7.

165 「JOC 아시아 회의」, 『가톨릭시보』, 1960.3.27.

자 지도자를 양성하고 국제적 유대를 가지는 것이라고 하면서 국제적 유대는 지속적인 서신 왕래, 방문, 그리고 지도자의 교환 등으로 이루어질 수 있다고 했다.[166]

한국 대표들은 참가자들과 10일 동안 함께 생활하면서 친목을 다졌다. 양인실에 의하면 떠나는 날 너무 섭섭해서 슬퍼 우는 회원도 있었다고 한다. 한국 대표들은 일본대표들과 함께 말레이시아를 떠나 홍콩으로 가서 그곳의 JOC 회원 안내로 JOC 활동에 대한 설명을 듣고 가톨릭센터도 방문하였다. 그 다음 일본에 도착하여 JOC 회관에서 많은 회원들과 만남의 시간을 가졌다. 양인실은 1960년 6월호『가톨릭청년』에「새 아시아를 위하여: JOC 아시아대회참관기」를 남겼다.[167]

이 대회 참석을 계기로 1961년 5월에는 일본 JOC를 조직한 아시아 JOC 지도신부인 파리외방전교회 예나 뮈르그(Jena Murgues)가 내한하였다. 약 2주일간 한국 JOC 활동을 둘러보았다. 서울 혜화동성당에서 한국 JOC를 위한 미사 집전을 시작으로 여러 투사회 시찰, 경향신문사, 서울역 근처 철도노조, 안양 금성방직회사, 영등포 소재 분유주식회사, 동광 메리야스공장 등을 방문하였다. 6월 21일부터 23일까지 지방 순회를 하고 다음 날 출국하였다.[168]

그는 지방순회 중 대구 삼덕동본당의 삼덕문화관에서 한국 JOC 발전을 위한 강연회에서 다음과 같이 공산주의를 이겨낼 수 있는 방법에 대해 강조하였다.

166「아시아 JOC 지도자회의 성대히 막음」,『가톨릭시보』, 1960.4.24.
167「국제가톨릭뉴스」,『경향잡지』52-4, 1960, 28쪽.
168「'쟝'아시아담당자 내한, 청년노동자회 JOC 지도 시찰」,『가톨릭시보』, 1961.6.18.

… 오늘 인류는 공산주의에 시달리고 있습니다. 이에 핵무기를 만들고 군대를 증강하고 있읍니다. 그러나 공산주의를 없이 할 수 있는 것은 경제, 정치의 이론이나 무력에 있지 않을 것입니다. 오직 그리스도로서 사회개혁을 하는 길밖에 없읍니다. 왜 공산주의란 것이 생겼느냐? 그것은 '사랑'으로 사회개혁을 해나갈 교회가 이 정신에 투철한 일꾼을 얻지 못했기 때문입니다. 다시 말하면 예수·그리스도의 개혁의 선봉이 될 성직자와 신자들의 나태와 거기 유래한 각종 죄악에 기인한 것이었읍니다. 천주께서는 인간을 사용하여 그 인간의 머리 속에 당신의 사상을 주입시켜 사회개혁을 하시게 되는 것입니다. 만일 여기서 불응할 때는 악마(惡魔)를 쓰실 수도 있읍니다.

우리는 반공(反共)을 외쳐왔으며 아직도 이를 계속하고 있읍니다. 그러나 앞서 말씀드린 바를 생활하지 않는 사람은 반공을 할 수 없으며 바로 그가 공산주의 앞잡이라 하겠읍니다. 오늘 남을 위해 일하지 않는 신자가 있다면 그는 천주의 아들이 아니요 쓸데없는 넝마쪼각입니다. 여러분! 그리스도와 같이 남을 위한 생활을 하십시요. 그제야 덕행을 닦을 수 있고 천주의 상속자가 될 것이며 지상엔 공산주의가 사라질 것입니다.[169]

즉 공산주의를 지상에서 완전하게 사라지게 할 수 있는 것은 경제와 정치 이론, 혹은 무력이 아니라 가톨릭 정신으로 사회를 개혁하는 것 밖에 없다는 것이었다.

같은 해 7월 27일에는 국제 JOC 부회장인 베티 빌라(Beddy Villa)가 내한하였다. 그녀는 1년 3개월 동안 구미 및 동남아 21개국을 순방하고 각국의 JOC를 시찰한 후 한국을 방문했다. 약 1주일간 체류하면서 서울시내 각 섹션과 직장 섹션을 찾았다.

169 「뮐구 신부, 한국 JOC의 진로 각 섹션 지도」, 『가톨릭시보』, 1961.7.2.

뮈르그와 베티 빌라가 방문한 것은 제2차 국제평의회에 한국 상황을 보고하기 위해서였다.[170]

1961년 11월 1일부터 13일까지 브라질 리우데자네이루(Rio de Janeiro)에서 개최된 제2차 국제평의회에 한국 대표들이 참가하였다. 이와 동시에 1961년 11월 2일에서 3일 양일간 개최된 전국주교회의에서 한국 JOC의 회칙과 임원을 정식으로 인준하였다.[171] 이번 국제평의회는 한국 JOC 이름으로 처음 참가하는 것이었다. 한국 대표들은 전국 남녀회장 박수길, 송명숙, 지도신부 박성종 등이었다. 전국 남녀회장은 1961년 10월 21일에 개최된 제1차 한국가톨릭노동청년회 전국평의회에서 선출되었다. 그리고 곧 제3차 국제평의회에 참가했던 것이다.[172] 이 대회에는 85개국 350명 대표들이 참가하였고, 한국 JOC를 공식회원국으로 승인하였다. 국제평의회에서 사용하는 공식 언어는 영어, 불어, 독일어, 스페인어였던 것 같다. 회의 방식은 본회의에서 주제를 발표하고 이어 분과로 나누어 토론한 후, 다시 분과 토의 결과를 종합하여 본회의에서 수정하여 통과하는 방식이었다. 한국 대표단은 회의 종료 후 브뤼셀, 로마, 암스테르담, 일본 등에서 이루어지고 있는 JOC 활동 등을 둘러보고 귀국하였다.[173]

국제평의회에서 논의된 것은 청년노동자들의 혼인을 위한 준비, 개발도상국에서 청년노동자의 위치, 대도시에서 JOC 활동 등이었다. 그리고 청년노동자들의 국제적인 상호 원조를 강조하였으며, 유엔기

170 「국제 JOC운동, 베티양 각계 시찰」, 『가톨릭시보』, 1961.8.13.
171 「1961년도 전국주교 정례회의」, 『가톨릭시보』, 1961.11.12.
172 한국가톨릭노동청년회, 『한국가톨릭노동청년회 25년사』, 분도출판사, 1986, 105쪽.
173 송명숙, 「JOC 국제대회 참석기」, 『가톨릭시보』, 1962.1.14.

구와 같은 국제조직들, 정부단체, 그리고 노동단체들에 JOC 회원들의 직접 참여를 촉구하였다. 국제평의회가 끝난 후 한국 대표들은 국제 JOC 본부, 국제노동조합, 가톨릭노동운동총연합회(MOC)를 방문하였다. 로마, 카이로(Cairo), 카라치(Karachi), 뉴델리, 방콕, 마닐라 등을 거쳐 일본에 도착하였다. 그곳에서 가장 하층 노동계인 종이줍기 '아리노마치'를 방문하였다. 송명숙은 『가톨릭시보』에 「JOC 국제대회 참석기」를 게재하였다. 그 글에 그녀는 "20세기 냉전의 막다른 공황에서 인류를 구출할 수 있는 유일한 무기요 희망"이 JOC를 통한 형제애적 단합이라고 주장하였다.[174]

한국 JOC가 국제 JOC의 회원국이 되자 국제 JOC는 국제적인 연대를 위해 재정적인 지원을 하기 시작한 것 같다. 국제평의회에서는 전술한 바와 같이 1차 회의에서부터 차기 4개년 계획을 수립해서 각 회원국들이 이를 실천에 옮기도록 하였다. 그리고 다시 4년 후에 그동안 실천에 옮겼던 사업들을 보고하고 다시 차기 4개년 계획을 세워 함께 실천하였다. 한국 JOC도 4개년 계획을 실천에 옮겼다. 이를 위한 운영자금을 국제 JOC에서 원조해 주었다. 다음 〈그림 1〉은 한국 JOC의 1966년도 결산 보고이다. 이를 통해 국제 JOC의 원조를 확인할 수 있다.

다음 〈그림 1〉에서 한국 JOC의 1965년도 총 수입액이 1,079,035원으로 되어 있고, 세부 항목 총액은 479,035원으로 되어 있다. 600,000원이 부족하다. 이와 같이 계산 오류를 감안하더라도 당시 재정을 국제 JOC와 주교관에 의존하였다는 사실에 비추어 보았을 때 국제 JOC에 대한 재정 의존력이 높았던 것 같다.[175]

174 앞의 글.

국내결산보고 (27)

1966 년도 (1965, 10— 1966, 9)

1966 년도 예산		수입		지출	
국제회비	15,000 —	전년도이월금	164,911 —	출판비	133,640 —
출판비	66,000 —	보조비		봉급	300,000 —
봉급	360,000 —	국제대회여비	보금 10,290—	신부님생활비	70,000 —
신부생활비	72,000 —	복사 상의회	4,050—	사무비	19,866 —
사무비	34,000 —	국제본부690본	186,300—	통신비	44,908 —
통신비	48,000 —	회비	3,945—	활동비	38,000 —
교통비	48,000 —	이자	78,275—	도서구입비	8,541 —
도서구입비	15,600 —	활동지	5,709—	여비	33,240 —
여행비	80,000 —	출판	17,580—	접대비	32,155 —
접대비	50,000 —	잡지	7,975—	세금	12,579 —
연료비	19,000 —			연료비	4,800 —
세금	15,000 —			잡비	23,610 —
잡비	12,000 —			관리비	30,469 —
수발인건비	78,000 —			퇴직금	5,000 —
전국평의회	40,000 —			국제회비	59,270 —
평의원소집	30,000 —			여회수속비	10,000 —
				잡지	11,000 —
				교육비	28,690 —
					(865,768—)
				2개월생활비	116,832 —
합계	982,600 —				(982,600 —)
				운영비	70,435 —
				잔액	26,000 —
		합계	1,079,035—	합계	1,079,035—

〈그림 1〉 한국 JOC의 1966년도 결산 보고(1965.10-1966.9)[176]

1961년 국제 JOC 회원국으로 가입한 시점에서 한국 JOC는 체제를 갖추기 시작하였다. 전국연합회와 교구연합회 등이 구성되었고, 1963년 한국 JOC 선언과 강령이 발표되었다.[177] 한국 JOC 조직표는 다음 〈그림 2〉와 같았다.

175 한국가톨릭노동청년회, 앞의 책, 141쪽.

176 「제6차 전국평의회(1966년도)」(검색: https://archives.kdemo.or.kr).

177 김원, 앞의 논문, 2005, 326쪽.

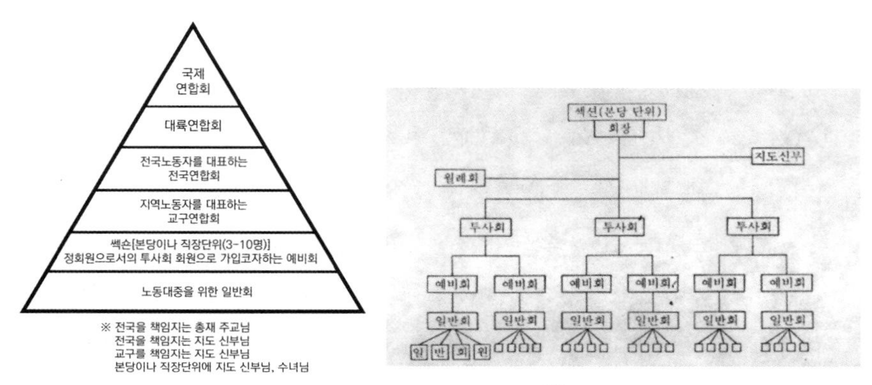

〈그림 2〉 한국 JOC 조직표[178]

〈그림 2〉와 같이 JOC는 일반회 → 예비회 → 투사회 → 섹션 → 교구연합회 → 전국연합회(전국평의회) → 대륙연합회(대륙평의회) → 국제연합회(국제평의회) 등으로 조직되었고, 국제평의회에서 결정된 사항은 조직 순서에 따라 실행되어야 하는 사항이었다. 국제평의회는 4년에 한 번 씩, 대륙평의회는 2년에 한번씩, 전국평의회는 매년 개최되었다.[179]

한국 JOC는 조직적인 정비와 함께 팀보다는 개인 혹은 본당 차원에서 활동이 시작되었다. 이 당시 회원 중 노동자가 3분의 1 정도뿐이었고 나머지는 간호원, 교사 등 다양하였다. 그래서 활동을 보면 넝마주이를 위한 JOC 방거지반 회합, 자유노동자를 위한 보리싹식당 운영, 신문배달 소년과 구두닦이 소년, 버스안내양, 성매매여성, 마부 등에 대한 봉사활동이었다.[180]

178 「당신은 알고계십니까? 가톨릭 노동 청년회(JOC)를...」(검색: https://archives.kdemo.or.kr); 손유진, 「관찰과 판단 그리고 실천: 가톨릭노동청년회의 교육」(검색: https://archives.kdemo.or.kr), 115쪽.

179 한국가톨릭노동청년회, 앞의 책, 65쪽, 89쪽.

그 후 4년이 지난 1965년 제3차 국제평의회가 태국 방콕에서 개최되었다. 최초로 아시아에서 열린 국제회의였다. 한국 대표로 박성종, 남녀회장 김재복과 정양숙, 서말가리다(A.F.I 회원) 등이 참석하였다. 75개국 회원국의 대표들과 초청옵서버들이 참가하였다. 초청옵서버는 가톨릭학생회, 가톨릭농민회, 노동장년회, 가톨릭 대학생 연합회, 국제노동기구, 국제식량기구, 기업노조 등 많은 국제단체 대표들이었다. 그리고 태국 외무부장관과 태국 불교 대표 등도 참여하였다.

제3차 국제평의회 이후 4년 동안 이루어졌던 조사와 활동에 대해 보고하였으며 이후 4년 동안의 계획에 대해 토론하였다. 결정된 향후 4개년 계획은 노동자의 인격과 권리, 노동의 준비와 여성 노동, 직업교육, 실업 등에 대한 조사활동, 노동자들의 여가시간 이용에 대한 JOC의 사명, 대도시에서의 JOC 활동과 이향노동자문제, 국내외 이민문제 등이었다. 그리고 신임 국제 JOC 회장과 집행위원 14개국 대표가 선출되었는데, 이 중 김재복도 포함되었다. 김재복은 귀국 도중 오키나와로 가서 그 지역 주교좌 신부를 설득하여 주교좌 본당인 나라 본당에 JOC를 조직할 수 있게 하였다.[181]

1966년 1월 22일에는 일본 개미마을 창설자가 한국 JOC를 방문하였다. 26일에는 국제 JOC 서기를 지냈던 데니슨이 한국 JOC를 둘러보았고, 3월 4일에는 국제 JOC 지도신부 알렌브르크가 내한하였다. 그는 제3차 국제평의회가 끝난 후 12월 24일부터 아시아 각 지역의 JOC를 방문하던 중 한국 JOC도 찾았다.[182]

---

180 앞의 책, 67~73쪽, 92~93쪽.
181 위의 책, 134쪽.

1967년에는 필리핀에서 개최된 JOC 아시아 여성지도자 대회에 윤순녀가 한국 대표로 참석하였다. 윤순녀는 미아동성당에서 1965년 JOC 회원이 되었다.[183] 1967년 9월 1일에는 국제 JOC 회장 루파싱게가 내한하였다. 그는 한국 JOC본부와 서울교구 임원들과 함께 회합을 가지고 JOC정신과 방법, JOC운영의 문제점, 장년회 등에 대해서 논의하였다. 1968년 한국 JOC 창립 10주년 기념 세미나가 개최되었을 때 아시아지역 지도신부인 스탄(Stan)이 참석하였다.[184]

제3차 국제평의회 이후 국제 JOC의 관련 인사들이 관심을 가지고 여러 차례 방문하고, 한국 JOC가 노동자 중심의 조직이 될 수 있도록 추동하였다. 예를 들어 그동안 한국농촌청년도 한국 JOC 회원으로 활동했으나 1966년에 한국가톨릭농촌청년회(JAC)로 분리해 나갔다.[185]

제4차 국제평의회가 1969년 9월 5일부터 레바논의 수도 베이루트(Beirut)에서 개최되었을 때 한국 대표로 한종훈 지도신부, 백용기, 윤순녀 등이 참가하였다. 전 세계 60여 개국의 대표 160명, 지도신부, 각국 옵서버 200여명이 모였다. 이 대회에서는 전술한 4차 평의회에서 계획한 4년간의 활동에 대해 보고하는 시간을 가졌으며, 이후 4개년 계획을 결정하였다. 국가개발을 위한 JOC의 사회참여, JOC의 확장, JOC와 국제기구와의 상호 협조 등이었다. 본 회의가 끝난 후에는

---

182 앞의 책, 135~136쪽; 「JOC 국제본부 '어'신부 내한」, 『가톨릭시보』, 1966.3.13.

183 편집부, 「어두운 시대의 심부름꾼이었던 '평신도 사도들': 국제가톨릭형제회 윤순녀 수산나」, 『가톨릭평론』 33, 우리신학연구소, 2021, 239쪽.

184 한국가톨릭노동청년회, 앞의 책, 137쪽; 천주교 서울대교구 노동사목위원회, 앞의 책, 2008, 145쪽.

185 한국가톨릭농민회, 『한국가톨릭농민회 30년사: 1966-1996』, 1999, 18쪽.

아시아, 동부아프리카, 서부아프리카, 라틴아메리카, 오세아니아, 유럽 등 지역별로 모임을 가졌다. 아시아 지역에서 아시아 지역 확장위원회 선출이 있었는데, 한국 JOC 혜화동 팀원이며 서울교구 연합회 교육위원인 김구수가 위원에 포함되었다. 국제평의회가 끝난 후 한종훈 지도신부는 봄베이, 마닐라, 대만, 동경 등지의 JOC 현황을 둘러본 후 귀국하였다.[186] 제4차 국제평의회에서는 까르딘의 죽음으로 국제 JOC의 정체성을 재정립하자는 안건이 제기되었다. 1970년 제10차 한국 JOC 전국평의회에서는 국제 JOC와의 긴밀한 유대 강화를 위해 회원간의 국제펜팔, 국제의 날 행사 개최 등을 결의하였다.[187]

지금까지 살펴본 바와 같이 1960년대 한국 JOC는 아시아평의회와 국제평의회에 참석하고 국제 회원국이 됨으로써 국제 JOC가 추구했던 국제반공전선에 편입되어 활동을 전개했음을 알 수 있다. 이러한 관계망 구축을 위해 국제 JOC는 재정적인 지원을 하고, 국내에 국제 JOC 관련 인사들을 파견하였다. 아시아 JOC 지도신부 뮈르그와 스탄, 국제 JOC 부회장 베티 빌라, 구 서기 데니슨, 지도신부 알렌브르크 등이 내한하여 한국 JOC 상황을 둘러보고 JOC의 방향에 대해서 한국 JOC 관계자들과 의논하였다. 이와 같이 1960년대 국제적 관계망 구축 후 한국 JOC는 국제 JOC와 함께 국제반공전선에 편입되어 활동했다.

2) 1970년대 한국가톨릭노동운동의 국제원조 특성과 발전

전술한 바와 같이 1969년 제4차 국제평의회 이후 1970년 제12차

186 한국가톨릭노동청년회, 앞의 책, 135쪽.
187 위의 책, 188쪽.

한국 JOC 전국평의회에서는 국제적인 관계를 더욱 긴밀히 할 것을 결정하였다. 그러나 1971년 국제 JOC 서기 마가렛 베이콘이 한국을 방문한 이후 관계가 두절되었다. 그녀는 제5차 국제평의회를 준비하기 위해 11월 15일부터 29일까지 한국에 머물면서 한국 JOC에 대한 자료를 수집하고 문제점을 파악하였다.[188] 그러나 이후로 국제 JOC와의 관계가 중단되었다. 이는 국제 JOC의 문제 때문이었던 것 같다. 1968년 까르딘의 죽음과 그가 후계자로 양성하였던 국제 JOC의 지도신부 알렌브르크가 로마의 평신도성소위원회로 자리를 옮겼다. 알렌브르크는 1970년경 로마에서 세상을 떠났다. 동시에 새로 임명된 지도신부가 국제 JOC 총무와 동거하다 결혼하는 일이 발생하였다. 이 사건으로 국제 JOC는 혼란에 빠졌다. 제2차 바티칸공의회는 전 세계 가톨릭교회에 '신앙 생활 토착화와 자율화' 바람을 불러 일으켰다. 이와 같은 분위기에서 사제들의 환속이 유행처럼 번졌다.[189] 국제 JOC의 지도신부와 총무의 결혼은 바로 이와 같은 분위기 하에서 이루어졌던 것 같다.

동시에 국제 JOC는 친중국 혹은 친소련 등 사분오열이 되었고 지도신부마저 공석인 상태에서 1974년 제5차 국제평의회가 개최되지 못하였다.[190] 그래서 아마도 1971년부터 국제 JOC와의 관계가 중단되어 버렸던 것으로 추정된다.

다시 관계를 회복하기 시작한 것은 1975년부터였다. 당시 도요안(John. F. Trisolini) 신부가 국제 JOC 본부를 방문한 후 관계 정상화를

188 「국제 JOC 서기, 베이콘양 내한」, 『가톨릭시보』, 1971.12.12.
189 고 마태오, 『영원의 방랑객』, 가톨릭출판사, 1984, 242쪽, 266쪽.
190 천주교 서울대교구 노동사목위원회, 앞의 책, 45~46쪽.

촉구했기 때문이었다. 그는 1975년 1월 17일부터 4월 3일까지 유럽 지역을 방문한 후 한국 JOC 상임위원회에서 각국의 JOC 실태에 대하여 보고하였다. 국제 JOC 회장과 만나서 나눈 내용도 함께 전달하였다. 그리고 국제 JOC와 한국 JOC 관계가 3년 동안 중단 상태였음을 보고하고 대책을 촉구하였다.[191]

이와 같은 분위기에서 1975년 한국 JOC 남녀 회장인 신현도, 정인숙, 지도신부 전미카엘이 제5차 국제평의회에 참가하였다. 먼저 방콕에서 개최된 아시아평의회를 참석한 후 4월 7일부터 30일까지 오스트리아 린츠에서 개최된 제5차 국제평의회에 참가하였다. 원래 1974년에 개최되어야 했지만 재정 부족으로 1975년에 개최되었다. 70여 개국에서 120여명의 대표가 모였다. 신현도는 1975년 8월호 『경향잡지』에 「제5차 국제평의회 참관기」를 게재하였는데, 그 글에 의하면 회의가 없는 휴일에는 린츠시 교외에 위치한 연산 350만 톤 규모의 제철공장을 방문하였다고 한다. 린츠회의에서 노동자의 근본적인 문제는 자본주의 경제제도에 있다고 강조하였다. JOC 운동은 노동자들 스스로 현사회의 제도를 분석하고 부조리와 모순을 파악한 후 이를 시정하게 함으로써 오늘의 현실을 야기한 과거의 전철을 밟지 않도록 하는 것이라고 정리하였다. 이것이 '새로운 사회'와 '새로운 인간'에 대한 개념이라고 주장하였다. 차기 4개년 계획으로는 저변조직 확대, 분야별 조직화, 국제적 차원에서 노동자 상황의 의식화 및 유대강화, 노동자 현실의 분석 등에 역점을 두는 것이었다.[192] 그리고 이 회의에서는 국제

191 위의 책, 188쪽.

192 신현도, 「제5차 국제평의회 참관기」, 『경향잡지』 1289, 1975, 52~53쪽.

JOC의 문제점을 지적하고 3가지 기본원칙을 채택하였다. 즉 JOC의 방향, 직무, 방법 등에 대한 것이었다.

국제평의회를 다녀온 신현도와 정인숙은 2개월이 조금 넘은 시점인 7월 16일 국제평의회 참가 귀국 보고를 위해 『노동청년』에서 주관한 좌담회에 참석하였다. 정인숙은 국제평의회에 참석한 나라들의 노동자 상황에 대해 세 단계로 구분하였다. 즉 산업화된 국가에서는 과격한 운동은 없고 소비생활, 여가선용, 이성문제 등의 활동이며, 개발도상국에서는 노동자들의 불평등, 미개발, 억압 등 비인간적인 문제에 대한 인간화의 투쟁, 후진국은 노동자의 권리에 대한 인식부족의 상태에서 활동하고 있다고 설명하였다. 신현도도 산업화된 국가는 사회보장, 복지시설 등 많은 혜택을 받아 노동자에 대한 문제 발견이 어려웠으며, 개발도상국의 노동자문제는 쉽게 드러났다고 밝혔다.[193] 한국 대표들의 국제평의회 참관기에서 알 수 있듯이 각국의 산업화 정도에 따라 노동자의 상황에 많은 차이가 있었음을 알 수 있다. 이에 대해 그동안 국제 JOC를 주도하던 프랑스를 비롯한 일부 회원국들은 국제평의회 결정에 반감을 가졌던 것으로 보인다. 즉 구체적으로는 다음 4가지 사항을 들 수 있다.

첫째, 대중성을 강조함으로써 그리스도적 특성이 약화되었고, 둘째, 생활반성 대신에 사회경제에 대한 거시적인 구조분석으로 대치할 것을 요구한 점, 셋째, JOC의 목적을 기존의 개인변화→환경변화→사회변화에서 무계급사회의 건설이라는 목적으로 바꾼 것, 넷째 결정과정이 팀→섹션→교구연합회→대륙연합회→국제연합회 등의 방향

193 「제5차 JOC 국제평의회 참가 귀국보고」, 『노동청년』 76, 1975, 2~3쪽.

대신 사회혁명적 요구를 신속하고 효율적으로 대처하기 위해 상명하달식 조직체계를 중요하게 여겼다는 점 등이었다.[194] 실제 린츠회의 결정사항은 제3세계와 개발도상국의 노동자 상태에 적합한 내용들이었던 것 같다. 린츠회의의 결정 사항을 둘러싸고 논란이 생기면서 한국 JOC도 국제 JOC의 인적, 경제적 지원을 받지 못했던 것으로 추정된다. 당시 총재였던 두봉이 한국 JOC가 린츠회의의 영향을 받지 못하도록 하기 위해서 '린츠문서'를 번역하지 못하도록 하였다. 그래서 한국 JOC는 린츠회의의 영향을 크게 받지 않았다고 한다.[195]

당시 한국가톨릭의 반공주의적 입장은 견고하였다. 한국 JOC도 마찬가지였다. 즉 유물론적 공산주의자들을 압도하기 위해서는 자유, 민주주의, 사회정의 등을 빠른 시일 내에 성장시켜야 한다는 것이었다.[196] 가톨릭노동운동도 이러한 관점에서 전개되었다. 김수환 추기경은 노동조합의 건설과 활동은 인간의 기본권이라고 주장하면서 한국 JOC 혹은 도시산업선교회 등을 용공으로 모는 정부가 결과적으로 공산주의 국가들을 돕는 세력이라고 비난하였다.[197]

1975년 한국 JOC 남녀회장, 인천교구 회장 오명철, 서울북부 회장 손춘식, 가톨릭신학대 신부 오경환 등이 7월 23일부터 7월 26일까지 산업현장을 관찰한 후 좌담회를 『노동청년』에서 개최하였다. 이 좌담

---

194 강신모, 「한국 JOC의 위기와 방향모색」, 『가톨릭사회과학연구』 11-1, 한국가톨릭사회과학연구회, 1999, 137-138쪽.

195 천주교 서울대교구 노동사목위원회, 앞의 책, 46쪽.

196 「유물론적 공산주의를 이기는 길: 사회정의를 위한 기도회 취지, 『경향잡지』 69-9, 1977, 35쪽.

197 「노동조합의 건설과 활동은 인간의 기본권: 교권수호기도회 김수환 추기경 강론요지(명동성당)」(검색: https://archives.kdemo.or.kr).

회를 통해서도 한국 JOC의 방향에 대해 파악할 수 있다. 예를 들어 오경환은 공산주의를 이기기 위해서는 '총'이 아닌 '사회 각계각층의 어두운 면이 제거'되어야 한다고 주장했다.[198]

1970년대에 한국의 산업화가 성공하면서 한국 JOC의 활동도 더욱 구체적으로 전개되었다. 즉 JOC 구성원들 중 노동자들로 구성되기 시작하면서 성당 중심에서 공장 중심으로 전환되기 시작하였다.[199] 그럼에도 불구하고 한국 JOC의 운동은 반공주의적 입장에서 전개되었던 것이다.

1970년대는 아시아평의회를 통해 아시아 회원국들과 긴밀한 관계를 맺고 활동했던 것으로 여겨진다. 예를 들면 1976년 홍콩에서 8월 13일부터 31일까지 개최된 아시아 JOC 평의회와 아시아 공장 노동자 회의에 참가하였다.[200]

국제 JOC로부터 인적, 재정적 지원을 받지 못한 한국 JOC는 교황청, 오스트리아 가톨릭부인회, 서독 미제레오(Misereor) 등으로부터 재정적 원조를 받아 활동을 전개하였다. 한국 JOC의 재정적인 상황에 대한 자료를 전부 발굴하지 못하여 일부 공개된 자료를 중심으로 재정적 지원 상황을 살펴보면 다음과 같다.

1972년 3월 26일자 『가톨릭시보』는 한국 JOC 사무국 활동기금의 부실 운영을 보도했다. 한국 JOC 본부는 3월 14일 주교회의 춘계총회에 「JOC 기금관리부실보고서」를 제출하였다는 것이다. 그 이유는, 당시

198 「발전하는 조국의 모습을 우리 눈으로」, 『노동청년』 77, 1975, 4쪽.
199 「1978년도 전국평의회 전국본부 보고서」(검색: https://archives.kdemo.or.kr).
200 한국가톨릭노동청년회, 앞의 책, 256쪽.

지도신부였던 한종훈이 지인에게 11,000,000원을 임의 대출해주었는데, 그 중의 구 JOC 청사 매각 대금 9,507,180원, 서독 미제레오 원조기금 93만원, 자체기금 562,820원 등이 포함되어 있었다. 이 사건으로 지도신부는 사임되었다. 여기서 보면 1971년 한국 JOC 수입 총액이 1,492,800원이라고 한다면 이중에서 국제 원조기금이 거의 60퍼센트를 차지하고 있다.[201] 1975년 10월 24일부터 26일까지 개최된 전국평의회에서 보고한 내용에 따르면, 수입 7,390,000원 중 교황청 보조금과 오스트리아부인회 원조가 6,370,000원이었다. 거의 국제원조가 86퍼센트에 해당한다.[202] 1978년도 예산액과 수입액을 보면 다음 〈표 1〉과 같다.

〈표 1〉 1978년도 예산액과 수입액(1.1-10.31)[203]

항목		78년 예산액	수입액	비고
원조수입	오스트리아	7,350,000원	7,240,170원	
	독일	2,700,000원	2,752,525원	
특별수입		1,840,000원	936,312원	
회비수입	77년도		80,000원	
	78년도	812,000원	672,000원	
기타수입	이자수입	450,000원		
	시카고보조		240,500원	
전년이월금		2,195,822원	2,195,822원	이마리아 월급 210,000원 반환 포함
계		15,347,822원	15,246,762원	

201 「노청·학련, 활동기금 부실운영 드러나」, 『가톨릭시보』, 1972.3.26.

202 「노청 전국평의회, 내년도 활동방향 확정」, 『가톨릭시보』, 1975.11.2.

203 「1978년도 전국평의회 회의일정 및 각종 첨부문서」(검색: https://archives.kdemo.or.kr).

위 〈표 1〉에서 1978년도 수입액은 이월금을 제외하고 총 13,050,940원이었다. 이중에서 미국 시카고, 오스트리아부인회, 서독 등의 원조는 모두 10,233,195원이었다. 국제 원조가 약 78퍼센트에 해당되었다. 1979년도 수입액과 지출액은 다음 〈표 2〉와 같다.

〈표 2〉 1979년도 수입 예산[204]

항목	근거	금액(원)
이월금	78년도 잔액	1,000,000
회비	각 교구 회비 납부금	1,000,000
원조수입	로마 원조	2,500,000
	미제리오 원조 잔금	500,000
기타수입	이자수입	600,000
	잡수입	100,000
계		5,700,000

1979년도 수입 예산에서 보면, 이월금을 제외하고 총계는 4,700,000원이다. 이중 원조액은 3,000,000원이다. 원조액은 총액의 약 64퍼센트에 해당한다. 이렇게 보면 1970년대 국제원조는 최소 60퍼센트에서 최대 80퍼센트에 이른다.

1978년 전국평의회에서 보고된 한국 「JOC의 총예산과 회비 비율」을 통해 원조액에 대해 다음 〈표 3〉을 통해 조금 더 검토하면 다음과 같다.

---

204 위의 자료.

〈표 3〉 JOC의 총예산과 회비 비율(1975-1978)[205]

년도	예산(원)	회비(원)
1975	8,785,100	420,000
1976	33,165,449	400,000
1977	18,316,471	700,000
1978	15,347,822	812,000

위 〈표 3〉에서 보면 1977년 이후 회비 비율이 약 2배로 증가했음에도 불구하고 전술한 1978년도 국제원조가 80퍼센트에 육박하였다. 그렇다면 1975년 이후 지속적으로 국제 원조가 거의 최대 80퍼센트에 달하였다는 것을 알 수 있다.

국제 원조는 로마 교황청, 서독 미제레오, 오스트리아 가톨릭부인회 등이었다. 전술한 바와 같이 1960년대 국제 원조는 국제 JOC에서 담당하였다. 1970년대는 로마 교황청, 서독 미제레오, 오스트리아 가톨릭 부인회 등의 원조가 거의 최대 80퍼센트에 달하였다. 그렇다면 이와 같은 1970년대 국제 원조의 역사적 배경은 무엇이었을까?

먼저 교황청의 원조에 대해서는 제3세계와 개발도상국의 외교정책에서 찾아야 할 것이다. 1962년부터 1965년까지 이루어진 제2차 바티칸공의회 이후 바티칸은 제3세계와 개발도상국의 인간개발과 사회개발을 위한 원조에 중점을 두기 시작하였다. 1967년 교황청 산하에 '정의와 평화위원회'가 설립되면서 이와 같은 정책은 더욱 구체화하였다. 이어 교황 바오르 6세는 1968년을 '평화의 해'로 선언하고 국제기구를

205 「1978년도 전국평의회 전국본부 보고서」(검색: https://archives.kdemo.or.kr).

통해 각국이 서로 존중하며 인민들간에는 형제애를 가지고 인종간에는 협조를 주장하였다. 이어 북아메리카와 유럽의 정의와 평화위원회는 벨기에 브뤼셀에서 '세계 정의와 개발과 평화를 증진하는데 있어 개발국가 교회의 역할'이라는 주제를 가지고 회의를 열었다. 이 회의에 모인 대표 65명은 3일 동안 세계 개발을 위한 연구, 교육, 실천 등에 대해서 논의하였다. 이어 '정의와 평화위원회'는 레바논 베이루트에서 '개발을 위한 세계협동대회(Conference on World Co-operation for Development)'를 세계교회협의회와 함께 설립하였다. 이 대회에서는 개발국과 개발도상국간의 협력을 위해서 기독교인들의 역할에 대한 것이 주요한 논점이었다.[206]

1968년 로마 교황청의 '정의평화위원회'와 WCC의 '사회개발위원회'는 '사회개발평화위원회(Committee on Society, Development and PAX)'를 공동으로 구성하였다.[207] 이와 같은 정책은 개발도상국과 제3세계의 민족주의가 공산주의와 결탁하지 않도록 대처하기 위한 것이었다. 특히 당시는 베트남전이 한창인 시기였다. 1970년대 들어서면서 국제 JOC가 분열로 재정적으로 어려워지면서 제3세계와 개발도상국에 대한 인적, 재정적인 지원을 하지 못하자 교황청에서 직접 나선 것으로 추정된다. 1975년 린츠회의 결정사항은 제3세계와 개발도상국의 노동자 상태에 적합한 것이었다. 이에 교황청은 그동안 국제 JOC를

---

206 「세계기독교뉴스」, 『기독교사상』 117, 1968, 151쪽; 「세계기독교뉴스」, 『기독교사상』 119, 1968, 149쪽; 윤정란, 「1960년대 중반 - 1980년대 한국가톨릭농민운동의 발전과 독일 여성 마리아 사일러의 역할」, 『한국민족운동사연구』 114, 한국민족운동사학회, 339쪽.

207 「소데빡스, 한국위원회 창립」, 『가톨릭시보』, 1971.2.28.

주도했던 프랑스 대신에 제3세계와 개발도상국과 함께 하였다. 그랬기 때문에 한국 JOC에도 지속적으로 지원을 해주었던 것으로 보인다.

서독 미제레오는 서독 가톨릭교회 주교회 산하 해외개발원조기구로서, 1959년부터 한국 원조를 시작했으나 한국 JOC 원조는 1970년대 들어서면서 시작되었다. 당시 한국 JOC에서 1966년 분리된 가톨릭농민회도 1970년대 들어서면서 재정 원조를 받기 시작하였다.[208] 서독의 개발원조는 서독 정부와 긴밀하게 연결되어 있었다. 그 관계망을 보면 다음과 같다.

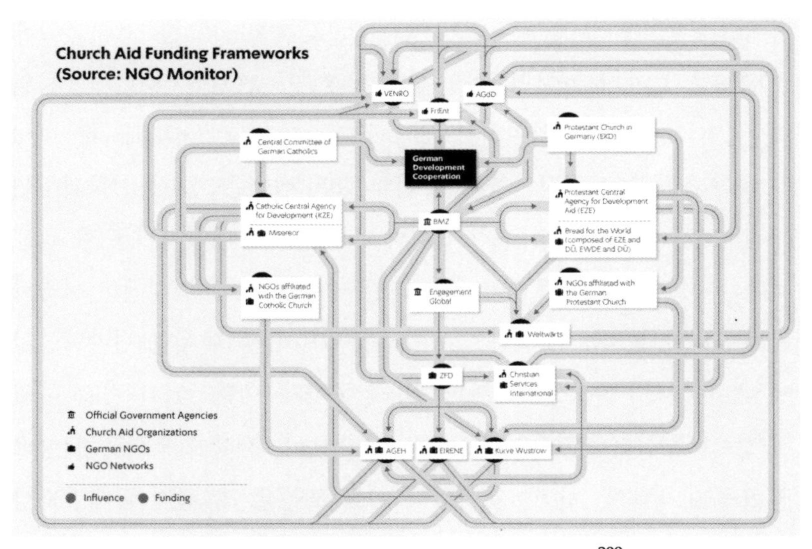

〈그림 2〉 독일 가톨릭과 개신교의 원조 네트워크[209]

---

208 자세한 내용은 윤정란, 앞의 논문, 350~352쪽 참조.

209 검색: https://www.ngo-monitor.org/nm/wp-content/uploads/2019/12/Church-Aid-Funding-Frameworks.png.

즉 서독 미제레오의 한국 JOC 원조는 1970년대 서독의 외교정책과 깊은 관련이 있었던 것이다. 〈그림 2〉에서와 같이 가톨릭과 개신교도 서독 정부의 재정적인 지원 하에 제3세계와 개발도상국의 노동운동과 농민운동을 지원하였던 것이다. 즉 1961년 베를린 장벽이 세워진 후 조직된 서독의 경제협력개발부(BMZ, Bundesministerium für wirtschaftliche Zusammenarbeit und Entwicklung)에서 미제레오와 개신교개발원조단(EZE) 등에 재정적 원조를 하면 이 원조기금으로 제3세계와 개발도상국에 지원을 했다.

오스트리아 가톨릭부인회는 1948년 조직된 평신도 여성활동단체로서 오스트리아 빈에 위치하고 있다. 한국전쟁 이후 한국 가톨릭에 가장 많은 원조를 하였다. 1958년부터 개발도상국의 기아 퇴치를 위한 '가족 단식일 운동'을 추진하였다. 이 여성단체와 관계를 맺게 된 것은 김수환 추기경이 1958년 독일유학중에 부인회 모임에 참석하면서였다. 부인회 회장이 한국 JOC에 방문한 것은 1965년 5월 26일, 1966년 9월 23일 두 차례였다. 그리고 1967년 12월 12일에는 오스트리아 JOC 지도신부가 내한하여 14일까지 머물렀다. 1970년 9월 5일 부인회 회장이 한국 JOC 센터 건립 문제를 논의하기 위해 내한하였다.[210] 사실 오스트리아는 독일어를 사용하며 이 나라에 거주하는 절반이 독일계이다. 서독과 오스트리아 가톨릭은 제3세계와 개발도상국 정책에 있어서 같은 노선을 지향하고 있었다고도 할 수 있을 것이다. 결국 1970년대 한국 JOC 주도의 가톨릭노동운동은 국제 원조에

---

210 「한국교회에 도움 준 해외원조기구」, 『가톨릭신문』, 2017.1.22; 한국가톨릭노동청년회, 앞의 책, 252~254쪽.

의해 발전되었다고 할 수 있을 것이며, 이는 교황청, 서독, 오스트리아의 제3세계와 개발도상국에 대한 외교정책의 일환이었다고도 볼 수 있을 것이다.

4. 맺음말

본고에서는 한국 JOC가 가톨릭노동운동을 주도하던 1960년대부터 1970년대까지 한국 JOC의 국제적인 관계망을 중심적으로 살펴보았다. 이에 대한 연구결과를 정리하면 다음과 같다.

한국 JOC는 1958년 서양사학자 이해남과 서울대학교 병원 간호원 박명자의 주도로 창립의 기초를 마련하였다. 이해남이 1955년 세계평신도사도직대회 아시아대회와 1957년 제2차 세계평신도사도직대회 한국 대표로 참가한 후 귀국하여 처음으로 혜화동성당의 평신도였던 박명자에게 제안하면서 이루어졌다. 아시아대회와 세계대회에서 가장 강조한 것은 아시아지역을 비롯한 국제적인 반공전선의 연대 강화를 위하여 각 지역별로 JOC 활동이 필요하다는 것이었다. 이해남은 이 두 대회를 통해 처음으로 '공산주의 침투'를 막는 세포조직으로서 JOC에 대해 소개를 받았다. 세계대회에서 JOC 회원들을 미국 G.I에 비유하였다. 그리고 경제가 발달하지 못한 나라들은 '공산주의의 풍부한 사냥터'이며, 아시아의 전통적인 종교는 이를 방어하지 못하고 오로지 가톨릭만이 강력한 무기가 될 수 있다고 주장했다.

이해남이 같은 성당의 박명자에게 권유하자 이를 쉽게 받아들였던 것은 그녀 또한 한국전쟁의 경험 때문이었다. 박명자는 서울대학교

간호원들과 JOC 예비 모임을 시작했다. 모임은 A.F.I 회원들의 도움을 받았다. 그 결과 1958년 11월 17일 한국 JOC가 창립되었다. 이 날 국제 JOC 창립자이자 지도신부 까르딘과 부회장 마리아 밀스맨 등이 참석하였다. 까르딘은 이 날 공산주의 세력을 막기 위해서는 '국제형제, 국제적인 단결'을 주장하였다. 『경향잡지』 1959년 1월호에는 JOC의 조직방법과 JOC의 3대 원칙을 소개하였다. 3대 원칙은 관찰-판단-행동 등이었다.

1960년대 제1차 아시아평의회와 제2차 국제평의회에 한국 대표들이 참석함으로써 국제적 관계망이 구축되었다. 한국 JOC는 국제 JOC 회원국으로 승인을 받았으며, 전국주교회의에서도 회칙과 임원을 정식으로 인준하였다. 한국 JOC가 국제 JOC의 회원국이 되자 국제 JOC는 국제적인 연대를 위해 재정적인 지원을 하기 시작했던 것 같다. 국제 JOC는 회원국으로 가입한 각국의 JOC들이 결정사항을 실천할 수 있도록 재정적인 지원을 해주었다. 국제평의회에서는 1차 회의에서부터 차기 4개년 계획을 수립해서 각 회원국들이 이를 실천해 옮기도록 하였다. 국제 JOC는 회원국 JOC를 관리하기 위해 관련 인사들을 여러 차례 회원국에 파견하였다. 1960년대에 내한한 관련 인사들은 아시아 지도신부, 부회장, 서기 등이었다. 그들은 내한 후 한국 JOC의 실태를 살펴보고, 앞으로의 방향에 대해서 논의하였다. 1960년대 한국 JOC는 국제 JOC의 국제 반공전선에 편입되어 활동했다.

1970년대에 들어서면서 국제 JOC와의 관계는 소원해졌다. 그것은 국제 JOC에 문제가 생겼기 때문이었다. 다시 회복한 것은 1975년 도요한 신부의 국제 JOC 방문과 린츠 제5차 국제평의회의 참가 이후였다. 이후 국제 JOC는 그동안 주도하던 프랑스 대신 제3세계와 개발도상국에서 주도하기 시작했던 것 같다. 이후 린츠회의의 결정사항 때문에 프랑스를 중심으로 한 일부 유럽 국가는 반대를 했고, 국제 JOC는 통일된 국제조직으로서의 역할을 하지 못했다. 그랬기 때문에 한국 JOC는 국제 JOC로부터 인적, 재정적 지원을 받지 못했다. 대신에 교황청, 서독 미제레오, 오스트리아 가톨릭부인회 등이 재정적으로 지원했다. 이들의 지원은 예산 총액 중 거의 최대 80퍼센트를 차지하였다. 교황청의 원조는 제2차 바티칸공의회 이후 제3세계와 개발도상국의 외교정책에서 찾을 수 있을 것이다. 서독 미제레오는 서독 가톨릭 교회주교회 산하 해외개발원조 기구로서 서독 정부와도 긴밀하게 연결되어 있었다. 즉 1961년 베를린 장벽이 세워진 후 조직된 서독의 경제협력개발부는 미제레오와 개신교개발원조단 등에 재정적 지원을 하면 이 원조기금으로 제3세계와 개발도상국에 지원했다. 오스트리아 가톨릭부인회와 관계를 맺기 시작한 것은 김수환 추기경에 의한 것이었으며, 1960년대, 1970년대 여러 차례 부인회 회장이 한국을 방문하였다. 오스트리아는 독일어를 사용하며 거주하는 절반이 독일계이므로 서독과 오스트리아 가톨릭은 제3세계와 개발도상국 정책에 있어서 같은 노선을 지향했다고 할 수 있다. 1970년대 한국 JOC에 대한 국제 원조는 교황청, 서독, 오스트리아의 제3세계와 개발도상국에 대한 외교정책의 일환이었다. 이러한 원조에 의해 한국가톨릭노동운동은 반공주의 입장을 견지하면서 발전할 수 있었다.

제4장

한국가톨릭농민운동의 발전과 독일 여성 마리아 사일러의 역할, 1960~1980년대

: 국제기독교기구의 개발 원조를 통한 관계망 구축과 확대를 중심으로

1. 머리말

1960년대 이후 한국사회는 산업화와 민주화운동에 의해 경제 및 정치 발전의 토대가 형성되기 시작하였다. 1961년 5·16 군사정변으로 권력을 잡은 박정희 정권은 경제제일주의를 내세우면서 경제성장에 총집중하였다. 그 결과 한국 경제는 고도의 성장률을 기록하게 되었다. 그러나 다른 한편으로 빈부의 격차가 심해졌다.

기업들은 각종 특혜를 받으며 성장하였지만 대다수 노동자와 농민들은 분배에서 소외되었다. 그러자 그들은 생존권 옹호를 위해 노동운동과 농민운동을 전개하기 시작했다. 노동운동과 농민운동은 점차 민주화운동으로 발전하였다. 박정희 정권은 유신체제를 통해 이를 억압하려 했으나 오히려 노동자와 농민들은 민주화운동에 더욱 적극적으로 나섰다.

1960년대 이후 시작된 농민운동은 가톨릭 관련자들이 주도하였다. 가톨릭농민운동은 1964년 10월 가톨릭노동청년회 산하에 설치된 농민청년부의 활동에서 시작되었다. 이어 가톨릭노동청년회 전국평의회에서 농민청년부를 분리하기로 결정함으로써 1966년 8월 한국가톨릭농촌청년회가 설립되었다. 1972년 한국가톨릭농촌청년회는 새로운 농민운동으로의 방향 전환을 표방하고 명칭을 한국가톨릭농민회로 변경하였다.

이후 한국가톨릭농민회는 국제적인 연대를 위해 국제적인 기구와 관계망을 구축하였다. 국제적인 기구와의 관계망 구축으로 한국가톨릭농민회는 재정적인 원조를 받으면서 한국농민운동을 발전시켰다. 그럼에도 불구하고 한국농민운동의 발전에 크게 영향을 준 한국가톨릭농민회에 대한 국제적인 기구의 재정적인 지원과 연대에 대해서는 지금까지 연구가 활발하게 이루어지지 못하였다. 박정희 정권 시기 전개된 한국농민운동을 제대로 규명하기 위해서는 반드시 이 문제가 밝혀져야 한다.

현재까지 박정희 정권 시기의 가톨릭농민운동에 대한 연구 성과는 어느 정도 축적되어 있다. 주로 가톨릭농민운동의 시기별 변화과정, 지역별 활동의 특성, 그리고 사상적 기반 등에 대해 집중적으로 살폈다. 김태일은 1970년대 한국가톨릭농민회와 농민운동을 조직, 이념, 투쟁 등으로 구분해서 고찰한 후 1960년대와 1980년대를 연결하는 시기로서 가톨릭교회의 지원과 영향력 하에서 발전함과 동시에 농업 농민문제를 구조적으로 인식하기 시작한 시대로서 평가하였다.[211] 박

211 김태일, 「1970년대 가톨릭농민회와 농민운동」, 『1970년대 민중운동 연구』, 민주화운

경연은 가톨릭농촌청년회에서 1968년부터 발간하기 시작한 『농촌청년』의 발간배경, 목적, 주요 집필진, 내용 구성 등을 분석하여 한국가톨릭농민회가 인식한 농촌문제와 그에 대한 해결책이 무엇인지에 대해 살폈다.[212] 지역별 활동 연구로는 전라남도의 함평과 강진, 경상북도의 안동, 강원도 원주, 충청남도의 예산, 홍성, 당진군 등을 들 수 있다.[213] 이러한 연구성과를 통하여 가톨릭농민운동의 구체적인 전개양상에 대해서는 어느 정도 파악이 가능하다. 그러나 당시의 가톨릭농민운동을 좀 더 다각적으로 살펴보기 위해서는 국제적인 관계망에 대해서도 분석이 필요하다. 전술한 바와 같이 가톨릭농민운동의 재정적인 문제는 국제적인 기구의 원조에 의해 해결되었다.

본고에서는 이와 같은 문제의식 하에 1965년 내한해서 1994년 독일로 돌아간 독일 여성 마리아 사일러(Maria Sailer, 1939~2019)를 중심

동기념사업회, 2005, 449~524쪽.

212 박경연, 「1970년대 가톨릭농민회의 농촌현실인식과 성격: 『농촌청년』을 중심으로」, 『역사와 경계』 121, 경남사학회, 2021, 433~477쪽.

213 윤수종, 「함평고구마피해보상투쟁과 전개과정」, 『민주주의와 인권』 21-2, 전남대학교 5.18연구소, 2021, 115~165쪽; 정호기, 「농민정체성의 형성과 운동조직의 전환: 1970-80년대 전라남도 강진군을 중심으로」, 『지방사와 지방문화』 24-1, 역사문화학회, 2021, 75~109쪽; 김수태, 「안동교구의 농민사목과 가톨릭농민회」, 『영남학』 69, 경북대학교 영남문화연구원, 2019, 7~56쪽; 김소남, 「1970년대 원주지역 재해대책사업위원회의 농촌신협운동 연구」, 『동방학지』 166, 연세대학교 국학연구원, 2014, 323~367쪽; 김소남, 「1970년대 원주지역 재해대책사업위원회의 원주원성수해복구사업 연구」, 『사학연구』 104, 한국사학회, 2011, 231~292쪽; 방성찬, 「1960-70년대 원주교구의 지역신협운동: 진광 협동교육연구소와 진광신협의 활동을 중심으로」, 강릉원주대학교 석사학위논문, 2017; 김소남, 「1960-80년대 원주지역의 민간주도 협동조합운동 연구: 부락개발, 신협, 생명운동」, 연세대학교 대학원 박사학위논문, 2014; 이대열, 「농민운동의 조직 및 활동에 관한 분석적 고찰: 1970년대 이후 예산, 홍성, 당진군의 사례를 중심으로」, 공주대학교 대학원 석사학위논문, 1997; 김종헌, 「경북지역 농민운동사연구, 1976-1994: 안동가톨릭농민회 활동을 중심으로」, 경북대학교 대학원 석사학위논문, 1996.

으로 1960년대 이후 가톨릭농민운동의 발전과 국제적 관계에 대해 살펴보고자 한다.

가톨릭농민운동이 태동하고 성장하던 1968년부터 1984년까지 마리아 사일러는 한국가톨릭농민회에서 국제적인 연대를 위한 관계망 구축을 위해 활동하였다. 그녀는 1939년 독일 남부 바이레른주(Freistaat Bayern) 레겐스부르크(Regensburg)의 작은 마을 하팅(Harting)에서 장녀로 출생했다. 가족은 부모님, 4명의 남동생과 1명의 여동생 등이 있었다.[214]

마리아는 뮌헨 농학대학에서 농학을 전공하면서 농촌문제에 많은 관심을 가지게 되었다. 특히 제3세계의 농촌문제에 대해 고민하였다. 그녀는 1964년 졸업한 후 바덴-뷔르템베르크주(Baden-Württemberg) 쵤덴에 있는 '농촌사회봉사자학교(DorfhelferinnenSchule)'에서 활동하였다.[215] 이곳에서 1년 동안 활동한 후에 '평신도 수도회'의 수도자로서 한국으로 파견되었다. 1968년부터 가톨릭농촌청년회의 국제 업무를 맡아 활동하기 시작하였다. 그녀는 한국인들과 친숙해지기 위해 마리아 사일러 대신 한마리아 혹은 한애라 등의 한국식 이름을 사용했다. 1984년 이후 독일 아데나워재단(KAS, Konrad Adenauer Stiftung)의 한국주재원으로 1994년까지 일하면서 신용협동조합운동을 하였으며, 이외에 한국여성민우회와 여성사회교육원 등에 대한 국제적 지원 등 중요한 역할을 하였다. KAS에서 퇴임한 후 고향인 독일 레겐스

214 「마리아 싸일러 선생」, 『농촌청년』 4, 1968, 10쪽.

215 「시대를 앞서갔으나 미완으로 끝난 가톨릭 여성농민운동: 한국가톨릭농촌여성회 초대 총무 엄영애」, 『가톨릭평론』 28, 우리신학연구소, 2020, 193쪽.

부르크(Regensburg)로 돌아가서 제3세계 지원을 위한 활동을 계속 벌여나갔다.[216]

전술한 바와 같이 본고에서는 마리아의 한국가톨릭농민회 국제 활동을 통해 가톨릭농민운동의 발전과 국제적인 관계망 구축과 연대에 대해 살펴보고자 한다. 이를 위해 먼저 마리아가 어떤 배경 하에서 한국으로 오게 되었는지부터 설명하고, 그 다음 국제적인 관계망 구축과 연대에 대해 밝히고자 한다.

2. 서독에서 한국으로: 마리아 사일러의 내한

마리아가 1960년대 중반 한국으로 온 이유는 당시 서독 사회의 변화와 관련이 깊었다. 특히 그녀를 둘러싼 대학과 가톨릭이 크게 변화하고 있었다. 1965년 이후 서독에서 학생운동이 시작되었다. 베트남전은 학생운동이 정치화하는데 결정적 계기를 마련해주었다. 학생들은 서독 정부가 베트남전에 대한 미국 정책에 맹목적으로 동의한 것에 대해서 반발하였다. 운동은 베를린에서 시작되었다. 베를린은 동서로 분단되어 있었으므로 자칫하면 제2의 사이공이 될 수도 있다는 두려움이 주민들 사이에서 팽배하였다.[217]

이러한 배경 때문에 베를린에서 시작된 반전운동은 제3세계 민족해방 전선에 대한 지지와 미제국주의를 반대하는 운동으로 확대되었다.

---

216 「독일여성 한마리아, 한국농촌운동에 바친 삶」, 『가톨릭뉴스 지금 여기』, 2020.1.9.

217 문태운, 「서독 좌경세력의 전개과정: 1965년 이후 학생운동을 중심으로」, 『법정논총』 10, 국민대학교 법학연구소, 1988, 594쪽.

이러한 분위기 하에 대학에서는 이 문제에 대한 토론 및 세미나가 연일 개최되었다. 1965년 5월 7일 베를린대학 토론광장에서 예정된 저명한 언론인 에리히 쿠비(Erich Kuby)의 강연을 대학 측이 금지하고 경찰이 그를 가택연금하자 학생들은 거리로 뛰쳐나가 시위를 전개하였다.[218]

마리아가 대학을 다니던 지역인 뮌헨에는 제3세계 학생들이 많이 몰려들었다. 1960년대 중후반 뮌헨의 분위기는 다음 이영빈 목사의 글을 통해 엿 볼 수 있다.

> 바이에른(Bayern) 주청 소재지 뮌헨은 종합대학, 공과대학, 사범대학, 농과대학 그리고 각종 전문학교가 있어 여기에서 공부하는 외국 학생 수가 당시 무려 6천명으로 통계되어 있었다. 그 절반이 제3세계에서 왔다. 아시아, 아프리카 그리고 라틴아메리카 3대륙에서 각각 1천명의 학생들이 유학하려 왔다는 말이다. 교목이라는 나에게 주어진 과제는 아시아와 아프리카에서 온 학생들을 돌보아주는 일이다.[219]

이영빈 목사가 1969년 뮌헨대학교를 갔을 때 이미 많은 제3세계 출신 학생들이 공부하고 있었다. 그러므로 마리아가 1964년 졸업할 무렵에도 제3세계 출신 학생들이 많았던 것으로 여겨진다. 이영빈 목사가 뮌헨대학교 교목으로 간 것은 점차 정치화되어가는 학생교회(Studentengemeinde)에서 "신학적이고 영적인 지도"를 위해 아시아 출신의 목사를 바이에른 교회 총리원에서 임용하였던 것으로 여겨진다. 그는 취임예배 설교에서 제4차 WCC 웁살라 총회에서 인도의 경제학

---

218 앞의 논문, 594쪽.

219 이영빈·김순환 지음, 『경계선』, 신앙과 지성사, 1996, 135쪽.

자 새뮤얼 파머(Samuel Palmer)가 강연한 내용을 소개하였다. 그 내용은 제3세계 민족들에 대한 기독교인들의 책임과 의무에 대한 것이었다. 그 내용을 들은 총리원 담당국장은 이영빈 목사에게 '모택동 빨치산 대원'이 나타났다면서 비아냥거렸다고 하였다. 이러한 사실을 통해서 당시 뮌헨 대학생들의 제3세계에 대한 관심이 어떠했는지를 알 수 있을 것 같다. 아마 마리아도 이러한 분위기에서 제3세계에 대한 관심을 자연스럽게 가졌던 것으로 보인다.[220] 그래서 그녀는 원래 한국이 아닌 아프리카로 떠날 계획을 가지고 있었다.[221]

서독의 학생운동 전개, 뮌헨의 제3세계 학생들과의 교류 등과 더불어 마리아에게 영향을 끼친 것은 서독 가톨릭의 제3세계에 대한 관심을 들 수 있다. 1959년 유엔이 세계난민의 해를 선언하고, 유엔 식량농업기구가 기아의 해로 선포하자 서독의 많은 정치인들은 실질적인 인도적 지원과 마셜계획 원조를 받은 나라들은 빈곤한 나라를 도울 의무가 있다는 사실을 인정하였다. 1959년 하인리히 뤼브케(Karl Heinrich Lübke) 대통령은 연방의회 연설에서 가난한 이웃을 돕는 도덕적 의무와 저개발국가의 국민들이 공산주의에 대해 호의를 느끼지 않도록 하는 실질적인 이익을 강조하였다.[222]

뤼브케가 국가에서 지원하는 인도적 지원을 기독교적 자선으로 표현하자 서독의 가톨릭과 개신교에서도 저개발 국가를 돕기 위한 프로그램을 각각 시작했다. 가톨릭에서는 1959년에 이스터 어필(Easter appeal)

220 위의 책, 135~136쪽.

221 「마리아 싸일러 선생」, 『농촌청년』 4, 1968, 4쪽.

222 Young-sun Hong, *Cold War Germany, the Thrid World, and the Global Humnanitarian Regime*, Cambridge: Cambridge University Press, 2015, pp.107~108.

과 함께 주교회 산하에 미제레오를 조직하였다. 이 조직들이 1959년에 즉각 만들어진 것은 1958년 풀다 주교회에서 제3세계 지원을 결정했기 때문이었다. 개신교에서도 같은 해 '세계를 위한 빵(Bread for the World)'을 설립하였다. 1961년 베를린 장벽이 세워진 후인 1962년 가톨릭과 개신교에서는 개발 원조를 위한 중앙관리국(A Central Bureau for Development)을 각각 설치하였다.[223]

독일 가톨릭이 제3세계에 대한 지원을 더욱 적극적으로 하게 된 계기는 1962년부터 1965년까지 개최된 제2차 바티칸공의회였다. 이는 주지하다시피 가톨릭의 혁신을 꾀한 공의회였다. 제2차 공의회 직후 1967년 교황청은 WCC와 공동 회합을 가지고 함께 협력할 것을 제안하였다.[224]

마리아는 제2차 공의회가 진행 중이던 1965년 경북 왜관수도원 오도 하스(Odo Hass)의 추천으로 내한했다. 그는 1958년 사제품을 받고 1960년 한국선교사로 내한했다. 내한 후 곧 왜관수도원 초대 아빠스(Abbs)로 선출되었다. 오도 하스는 제2차 공의회가 진행되는 동안 공의회 문건을 기반으로 수도원의 한국화와 한국가톨릭농민회 탄생의 산파 역할을 했던 인물이었다.[225] 이와 같이 제2차 공의회 이후 가톨릭

223 *Ibid.*, p.109; 나혜심, 「독일의 대한개발원조사 연구: 미제레오를 중심으로」, 『독일연구』 35, 한국독일사학회, 2017, 126쪽.

224 유홍렬, 「소데빡스(Sodepax)란 무엇인가」, 『경향잡지』 1238, 1971, 35~36쪽.

225 오도 하스의 본명은 발터 하스로 독일 남중부 와인 마을 칼슈타트(Karlstadt)에서 성장하였다. 하스가 한국의 선교사로 오게 된 것은 김나지움에서 연길수도원 소속의 성 베네딕도회 선교사의 경험담을 들은 것이 계기가 되었다. 그들은 중국 공산당의 박해로 강제수용소 생활을 하다 귀환하였다. 이후 하스는 한국의 선교사가 되기 위해 뮌스트슈바르자흐(Münsterschwarzach) 수도원에 들어갔다. 그는 교회를 적극적으로 쇄신했던 베네딕도회 수도원장이었던 오도(Odo) 성인을 따라 수도명을 '오도'로 결정하였다.

의 변화는 마리아가 한국에 올 수 있는 배경이 되었다고 할 수 있다.

마지막으로는 마리아가 뮌헨 농학대학을 졸업할 무렵 만났던 파독 광부의 영향을 들 수 있다. 그녀는 2011년 무위당사람들 인터뷰에서 다음과 같은 사실을 밝혔다.

> 대학에서 농학을 전공하면서 농촌문제에 관심이 많았어요. 졸업할 무렵에 탄광에서 일하는 한국인 광부들을 알게 되었는데 모두들 똑똑하고 성실한 분들이었어요. 광부 중에는 대학을 나온 엘리트들도 있었는데 이런 분들이 독일까지 와서 탄광에서 일하는 걸 보고 무척 놀랐어요. 속으로 '한국이 무척 가난한 나라인가 보다'라고 생각했지요. 그 당시에 고등학교 졸업 이상의 학력을 지닌 독일 남자들은 탄광에서 일하기를 꺼려했거든요. 그 때부터 한국에 관심을 갖게 되었고, 텔레비전에서 한국에 관한 뉴스가 나오면 유심히 보았죠. 독재정권에 저항하는 학생들의 데모를 뉴스에서 많이 보았던 것 같아요. 3년 계약이 끝난 광부들이 한국으로 돌아가면서 '마리아 같이 한국에 와서 일을 할 수 있으면 좋겠다'는 얘기를 했는데, 저도 한국 농촌에 도움이 되는 일을 하면 좋겠다는 생각이 들었어요.[226]

한국에서 독일로 광부를 보내기 시작한 것은 1963년 12월이었다. 1957년부터 시작된 일본 광부들의 파독 계약기간이 만료되어가고 일본 국내사정으로 더 이상 일본 광부들의 파독이 이루어지지 않을 것이라는 사실이 알려지면서 주독한국대사관은 독일 정부에 한국 광부들의 파독 가능성을 타진하기 시작하였다. 그러던 중 1962년 5월 24일 독일 뉘른베르크(Nürnberg) 소재 M.A.N 회사가 주독한국대사관에 한

226 김찬수, 「한국농촌운동에 바친 30년의 삶: 고 한 마리아 선생을 추모하며」 (검색: http://www.muwidang.org/board/board.php?b_id=plan&cmd=view&num=10).

국 광부 500~1,000명을 고용할 의사를 밝혀왔다. 그 후 한국 정부는 광부의 파독과 관련해서 서독 정부 관계자와 여러 차례 논의를 거친 후 1963년 12월 16일 한국과 독일간의 파독 광부에 대한 협정이 체결되었다. 1963년 12월 21일 제1진 1차 123명이 독일행 비행기 에어프랑스를 타고 독일로 갔다. 지원자들의 신상 조사에 따르면, 학력이 높은 신청자들이 많았다고 한다.[227]

파독 광부들은 겔젠키르헨(Gelsenkirchen), 도르트문트(Dortmund), 뒤스부르크(Duisburg), 딘스라켄(Dinslaken), 레클링하우젠(Recking-hausern), 뤼넨(Lunen), 보쿰(Bochum), 보트롭(Bottrop), 아헨(Aachen), 알렌(Ahlen), 에센(Essen), 오버하우젠(Oberhausen), 카스트롭라욱셀(Castrop-Rauxel), 캄프린트포트(Kamp-Lintfort), 헤어네(Herne) 등의 지역에서 일했다.[228] 이 지역들에서 뮌헨까지는 꽤 먼 거리였다. 가장 가까운 곳은 알렌이었다. 마리아가 뮌헨 대학 시절 만난 파독 광부들은 뮌헨까지 어떻게 갔는지에 대해서는 알 수 없다. 여하튼 마리아는 졸업할 무렵 파독광부를 만남으로써 한국에 관심을 가지게 되었다. 아마도 한국에 관심을 가지게 된 결정적 계기는 서독과 동독으로 분단된 자신의 나라처럼 한국도 남북으로 분단되어 있었기 때문은 아니었을까라고 여겨진다. 그리고 당시 서독 학생들처럼 마리아가 한국에 오게 될 당시 한국 학생들도 한일국교정상화반대운동을 격렬하게 전개하고 있었던 것도 한국에 대한 관심을 불러일으켰던 것으로 보인다.

---

227 전민경, 「1960-70년대 파독간호사광부들의 이주와 정착 연구」, 성공회대 박사학위논문, 2022, 119~122쪽, 128쪽.

228 위의 논문, 2022, 146쪽.

3. 마리아 사일러의 국제기독교기구와의 관계망 구축

마리아는 1965년 12월 내한 후 1968년부터 1984년까지 한국가톨릭농민회에서 활동했다. 그녀가 거의 16년간 안정적으로 활동할 수 있었던 것은 서독 가톨릭 국제협력인사청(Arbeitsgemeinschaft für Entwicklungshilfe, AGEH)과의 계약을 통한 지원 때문이었다. 독일 가톨릭의 제3세계에서 활동은 당시 독일 정부의 경제협력개발부(BMZ)와 독일 가톨릭 교회의 NGO 단체들의 지원에 의해 이루어졌다. 가톨릭 NGO단체들은 독일 주교회의 개발협력기구(KZE)로부터 지원을 받았다. KZE는 BMZ으로부터 지원받았다. 결국 AGEH는 독일 정부의 지원을 받아 제3세계에서 활동하는 독일 가톨릭 관계자들을 원조하였던 것이다.[229] 마리아는 독일 정부와 가톨릭교회의 지원을 통해 한국에서 장기간 활동할 수 있었던 것이다.

마리아는 내한 직후 연세대 한국어학당에서 9개월 동안 한국어를 배웠다. 그 후 경북 왜관 분도수도원으로 가서 지역 농민들과 함께 일을 하며 중학교에 진학하지 못한 소녀들을 위해 '천사의 모후'라는 야학을 운영하였다.[230] 1968년부터 가톨릭농촌청년회에서 활동하기 시작하였다. 그녀가 가톨릭농촌청년회에서 활동하기 시작하면서 국제적인 관계망이 구축되었다. 국제적인 관계망의 구축은 한국가톨릭농민회가 국제가톨릭농촌청년회인 미작(MIJARC, Mouvement International

---

229 독일 기독교 원조기금체계에 대해서는(https://www.ngo-monitor.org/reports/germanys-development-cooperation-system-the-need-for-greater-transparency-and-accountability) 참조.

230 김찬수, 「한국농촌운동에 바친 30년의 삶: 고 한 마리아 선생을 추모하며」, 『무위당 장일순』, 2020.4.27.

de la Jeunesse Agricole et Rurale Catholique)의 회원으로 가입함으로써 이루어졌다.

이와 같은 관계망을 구축할 수 있었던 계기가 된 것은 1962년부터 1965년까지 이루어진 제2차 바티칸공의회였다. 이후 가톨릭은 크게 변화하였다. 특히 제3세계의 인간개발과 사회개발을 강조하는 방향으로 전환되었다. 이를 위해 1967년 교황청 산하에 '정의와 평화위원회'가 조직되었다. 1967년 12월 8일 교황 바오로 6세는 1968년을 '평화의 날'로 정하고 국제기구를 통한 "국가간의 상호존중, 인민들간의 형제애, 인종간의 협조" 등을 강조하였다. 그리고 나서 벨기에 브뤼셀에서 북아메리카와 유럽의 정의와 평화위원회 대표 65명이 모여 3일 동안 '세계 정의와 개발과 평화를 증진하는데 있어서 개발국가 교회의 역할'이라는 주제로 회의를 개최하였다. 이 모임에서는 세계 개발을 위한 구체적인 연구, 교육, 그리고 활동 등을 논의하였다. 이어 같은 해 4월 21일에서 27일까지 레바논 베이루트에서 '정의와 평화위원회'는 WCC와 함께 '개발을 위한 세계협동대회(Conference on World Co-operation for Development)'를 조직하였다. 이 모임에는 기독교인 경제, 사회 전문가 30명, 국제기구(유네스코, 세계은행, 세계식량기구)의 경제문제 전문가 15명, 그리고 6명의 교회 공식 대표와 신학자들이 참여하였다. 주요 논의는 개발 국가와 개발 도상에 있는 국가 간의 협력에서 기독교인들이 어떠한 역할을 해야 하는가라는 점이었다.[231]

한국 가톨릭도 1962년 공의회가 개최된 이후 1965년 끝날 때까지

231 「세계기독교뉴스」, 『기독교사상』 117, 대한기독교서회, 1968, 151쪽; 「세계기독교뉴스」, 『기독교사상』 119, 대한기독교서회, 1968, 149쪽.

공의회 내용을 공유하였다. 공의회가 끝난 후에도 공의회 결정문을 가톨릭 언론에 특집으로 소개하였다. 1965년 11월 16일 전국의 주교들이 전국의 신도들에게 공의회가 폐막될 때까지 기도로 함께 동참할 것을 요청하는 서신을 발송하였다. 1966년 5월에 한국 주교단 이름으로 사목교서 「바티칸 공의회와 한국 교회」를 발간하였다. 1967년 6월 30일 주교단은 「우리의 사회신조」를 발표함으로써 경제적 정의를 위해 사회적으로 실천하겠다는 의지를 밝혔다. 그리고 제 16항에서 "공산주의, 사회주의, 국수주의 또는 다른 종류의 집산주의나 독재주의를 우리는 믿지 않는다"라는 문구도 포함시켰다. 1968년 한국천주교주교단은 「사회정의와 노동자 권익옹호를 위한 성명서」를 발표하였는데, 6항 '사회정의'에서 "노동자들의 생활수준 향상과 정당한 휴식이 국가경제부흥의 첩경이며 승공(勝共)의 유일한 과정"임을 밝혔다.[232] 마찬가지로 가톨릭농촌운동도 이러한 맥락에 있다는 것을 엿볼 수 있다. 당시 경북 구미본당의 이석진 신부는 제2차 공의회의 정신이 '사회참여'라는 것을 알게 되었다고 밝혔는데, 사회참여를 통해 경제발전을 이루는 것이 곧 승공으로 가는 길이라고 받아들인 것 같다.[233]

이러한 역사적 배경 하에서 가톨릭노동청년회 산하에 1964년 농촌청년부가 설립되었다. 당시 농촌청년부를 발전시키기 위해 박수길을 전국 대표로 선임하였으며, 1965년 3월 이길재를 새로운 전국 대표로

232 한국천주교주교단, 「우리의 사회신조」, 1967; 한국천주교주교단, 「사회정의와 노동자 권익 옹호를 위한 성명서」, 1968.

233 「한국 주교단 공동선언: 우리의 사회신조」, 1967; 근·현대 100년 속의 가톨릭교회(하) 이석진 구술, 「한국가톨릭농민회의 창시자 이석진(그레고리오) 신부의 활동과 지향」, 국사편찬위원회 소장 자료, 30쪽.

결정하였다. 1966년 경북 왜관 분도수도원 오도 하스 수도원장은 이길재에게 한국의 농촌 개발을 위해서 적극적으로 도울 계획이 있으며, 이를 위해 농촌청년부 사무실을 구미로 옮길 것을 제안하였다. 그리하여 왜관 감목대리구를 중심으로 전국적인 가톨릭농촌운동을 전개하기로 의견의 일치를 보았다. 같은 해 6월 제1차 전국 지도자 훈련회를 개최하고 가톨릭농촌운동의 이론과 방법, 새로운 농사기술, 신용조합 등에 대해서 논의하였다. 그 날 왜관 감목대리구, 청주교구, 전주교구 등의 17개 본당 대표 30명이 참석하였다. 다음 달인 7월 농촌청년부는 구미로 사무실을 이전하였다. 10월 17일 구미에서 전국 남녀 대표 30명이 참석하여 한국가톨릭농촌청년회를 창립하였다. 전국 지도신부로 구미본당의 이석진 신부, 회장은 이길재가 맡았다. 초대 총재는 오도 하스가 추대되었다.[234] 그는 가톨릭농촌청년회의 국제적인 연대를 위해 마리아를 한국으로 초청하였다. 마리아는 1965년 12월 내한 이후 1966년부터 1967년까지 어학공부와 왜관에서의 현장 경험을 마친 후 1968년 구미로 거주지를 옮기고 한국가톨릭농민회의 국제적인 업무를 전담하기 시작하였다.

국제가톨릭농촌청년연맹인 미작(MIJARC)과의 접촉은 마리아가 내한하기 전인 1965년 4월부터 시작되었다. 1967년 제6차 미작 총회에 초청받았으나 가지 못했다. 그러다 1968년 마리아가 국제협력 업무를 전담하기 시작하면서 미작과의 관계가 본격화하였다.[235]

---

234 한국가톨릭농민회, 『한국가톨릭농민회 30년사, 1966-1996』, 1996, 16~18쪽.

235 한국가톨릭농촌청년회, 「한국 JAC운동 보고(64.10-68.11)」, 1968.11.(오픈아카이브 소장, 등록번호: 00479101).

미작은 1958년에 창립되었다. 초기에는 유럽에서 시작해서 남미, 아프리카, 아시아 등으로 확대되었다. 아시아에는 가톨릭국가인 베트남이 포함되었다. 한국가톨릭농민회와 실질적인 관계를 맺게 된 것은 1968년 12월이었다. 계기가 된 것은 미작 부회장 헬렌 레브랑(Helen Leblanc)의 내한이었다. 그녀는 1968년 12월 2일부터 21일까지 2주 동안 머물면서 한국가톨릭농촌청년회의 실정을 파악함과 동시에 운동 방향에 대해 의견을 제시하였다. 헬렌은 12월 5일에서 7일에 걸쳐 경북 왜관에서 개최된 제2차 전국대의원 총회에 참석해서 국제가톨릭농촌운동의 역사, 운동의 정신 및 방법, 외국 사례, 아시아에서 운동의 전망 등에 대해 강연하였다. 그 다음 날인 8일부터 1주일동안 지방 순회를 시작하였다. 4개 교구 4개 본당 방문, 경북 구미 분회, 전북 장계 분회, 전주교구연합회, 전남 담양본당, 충남 태안분회 등을 방문하였다. 이를 통해 그녀는 한국에 대한 실제적인 이해를 하고 한국인들에게 국제적인 연대의 필요성과 운동의 방향성을 제시하였다. 그리고 전주교구, 대전교구, 대구교구, 서울교구 등의 4대 교구장들과 주한 교황대사를 방문하여 가톨릭농촌청년운동의 필요성과 이해를 요청하였다. 이외에 경북 왜관의 가톨릭농촌청년회의 총재 오도와도 접촉하였다.[236]

마지막으로 헬렌은 가톨릭농촌청년회의 전국 대표들과 모임을 가지고 한국가톨릭농촌청년회 운동의 방향, 미작과의 연대 및 협력 관계 구축 등에 대해서 논의하였다. 그녀는 운동의 방향에 대해서 전국 중심보다는 초기에는 연중 한 교구나 두 교구 중심으로 지역운동에 힘써야 하며, 청년들의 지도자 훈련 방법은 강의식이 아닌 관찰, 판단,

---

236 「헬렌은 한국에서 무엇을 하고 갔나?」, 『농촌청년』 5, 1969, 3~4쪽.

실천 등의 방법을 활용하여 실제적인 지도자로서 활동할 수 있도록 해야 한다고 강조하였다. 가톨릭농촌청년회 전국 대표들은 이 모임을 통해 국제적 연대의식을 가질 수 있었고, 한국농촌청년 문제는 한국만의 문제가 아닌 국제적인 문제임을 자각하였다. 그리고 가톨릭농촌청년운동은 농촌청년들 중심으로 농촌의 그리스도적 인간 개발과 사회재건을 이루는 운동이라는 것을 새롭게 인식하였다. 운동의 방향은 마을 혹은 본당 단위의 적은 그룹에서 지역 및 교구 단위, 그리고 전국단위로 나아가야 한다는 것을 자각하였다.[237]

이후 국제가톨릭농민운동의 방향에 따라 한국가톨릭농민운동도 인간개발과 지역개발에 중점을 둔 방향으로 나아갔다. 이를 위해 가톨릭농촌청년회에서는 「지역사회개발원리」라는 교재를 발간하였다. 지역사회개발의 목표는 개별 농가의 소득 증대를 통해 경제, 사회, 문화적인 생활 향상에 있다고 바라보았다.[238]

1969년부터 마리아를 중심으로 미작 주최 국제행사에 적극 참여하였다. 1969년 10월 30일 한국을 떠난 마리아는 2주일 동안 페루의 가톨릭 농촌청년운동 견학 후 11월 17일부터 12월 20일까지 5주 동안 아르헨티나의 부에노스아이레스에서 개최했던 미작 국제세미나에 참석하였다. 세미나의 주제는 "발전에의 도전"이었으며, 한국을 비롯한 아프리카, 중미, 남미, 프랑스, 독일, 벨기에 등 12개국 남녀농촌지도자들이 모여 다양한 농촌문제, 청년들의 문제, 교육문제 등에 대해서 논의하였다. 이 세미나는 1967년 미작 제6차 총회에서 계획되었다. 세미나의

237 앞의 글, 5~7쪽.

238 한국가톨릭농촌청년회 박주응 강술, 「지역사회개발원리」, 1969, 3쪽.

목적은 세계 각국의 발전에 대한 문제점을 찾고 이에 적합한 미작 운동의 방향 모색 및 이를 해결하기 위한 국제적인 연대의 발전 강화에 있었다. 구체적으로는 세미나 참석자들이 각각 자신의 나라에 대한 사회조사 보고서를 먼저 미작에게 발송하여야 했다. 그래서 1969년 가톨릭농촌청년회에서는 미작의 의뢰를 받고 '한국분석조사서'를 작성해서 발송하였다. 그 다음은 남미에 도착해서 2주일 동안 그룹으로 각 나라에 배치 받아 그곳의 가톨릭농촌청년회 그룹과 대표를 만나 그 나라의 사회상과 문제점을 조사한 후 다시 모두 모여서 조사 결과를 토대로 새 인간상과 새 사회상을 연구 모색하였다. 그 다음에는 가톨릭농촌청년운동이 새 인간과 새 사회발전에 어떻게 이바지 할 수 있는지에 대해서 연구하는 프로그램으로 계획되었다. 마리아는 이러한 일정에 따라 페루의 가톨릭 농촌청년운동을 견학한 후 전체 세미나에 참석했다.[239]

1970년에 한국가톨릭농민회(당시 가톨릭농촌청년회)가 미작 회원단체로 가입하면서 미작과의 교류는 공식화하였다. 예를 들어, 1971년 봄 미작의 아시아 담당 이본 듀바(Yvonne Dubois)가 내한하였다. 한국 농촌 및 농민문제에 대해서 의논하였으며, 서로의 계획에 대해 보고하였다. 1971년 9월에는 미작 아시아 지도자 세미나가 홍콩에서 개최되었을 때 마리아를 비롯한 이길재, 정연석, 엄영애, 지도신부로서 광주교구의 김성룡 등이 참석하였다. 이 세미나에는 필리핀, 인도, 베트남 등의 대표들이 참여하였다. 1974년 6월에는 미작 아시아 담당 다니엘

239 한국가톨릭농민회, 『한국가톨릭농민회 30년사, 1966-1996』, 1999, 24쪽; 「발전에로의 도전: 국제 JAC 세미나」, 『농촌청년』 9, 1969, 2~3쪽; 한마리아, 「세계 교육 세미나에 다녀와서」, 『농촌청년』 12, 1970, 9~10쪽.

페르난도가 내한하였다. 같은 해 10월 서독에서 개최된 미작 8차 총회에 마리아는 오익선, 이길재 등과 함께 참석하였다. 1974년 이후에는 미작 아시아 회원단체의 담당자가 내한하기 시작하였다.[240]

미작과 함께 1972년에는 국제가톨릭농촌단체협의회(ICRA)에도 회원단체로 가입하였다. 1970년대부터 1980년대 초중반까지 미작과 주로 교류하였다. 마리아는 한국가톨릭농민회가 국제적인 기구인 미작과의 관계를 이어가는데 중추적인 역할을 하였다. 다음 〈표 1〉은 그녀가 미작과 주고받은 서신들이다. 이 서신들은 일부에 해당한다. 마리아와 미작과 주고받은 서신들에 대해서는 민주화기념사업회 오픈아카이브에 공개된 자료에 한해서만 조사하였다.

〈표 4〉 마리아가 미작과 주고 받은 서신들(1970~1984)[241]

날짜	서신 제목	서신 내용
1974.1.17. (발신)	한국가톨릭농민회 Maria Sailer가 MIJARC에 보내는 프로젝트 실행에 대한 자금 요청 편지	▪1974년에 실시한 '농지임차관계 실태조사'를 위해 지원하기로 한 1,750달러 송금을 요청 ▪1973년 활동 보고서 동봉했다는 것
1974.2.8. (수신)	MIJARC's General Secretariat의 Joan Puig가 한국가톨릭농민회 Maria Sailer에 보내는 $1,750 수표와 보고서 제출에 대한 감사 편지	▪1,750달러를 보냈다는 것 ▪구체적인 예산과 프로젝트 실시 장소에 대한 자료를 보내줄 것

240 한국가톨릭농민회, 「가톨릭농민회의 기원과 활동」(민주화운동기념사업회 오픈아카이브 소장, 등록번호: 00307626), 12쪽.

241 민주화운동기념사업회 오픈아카이브(https://archives.kdemo.or.kr/main).

1974.3.20. (발신)	한국가톨릭농민회 Maria Sailer가 MIJARC General Secretariat에 보내는 감사편지	▪ 프로젝트에 대한 보완 설명
1974.8.5. (수신)	Annie Mercier가 한국가톨릭농민회의 Maria Sailer에 보내는 비자 발급을 위한 총회의 공식 초대장 요청 편지	▪ 1974년 9월 30일부터 10월 20일까지 서독에서 개최된 미작 8차 총회 참석을 위한 초대장을 보냈다는 것
1974.8.29. (수신)	Liebe Maria [수신: Maria Sailer, 발신: Bernard Carrel]	▪ 초대장과 항공권을 모두 준비했다는 것 ▪ “Far Eastern Economic Review” 구독료 지불 여부에 대한 확인
1974.9.5. (수신)	MIJARC의 Bernard Carrel가 한국가톨릭농민회 Maria Sailer에게 보내는 수발신 문서	▪ 초대장과 항공권을 발송했다는 것 ▪ 마리아가 소개해준 독일어 통역자가 병원에 입원했기 때문에 총회에서 독일어 통역을 맡아줄 것을 부탁함
1975.10.22. (수신)	MIJARC의 Bernard Carrel이 한국가톨릭농민회 Maria Sailer에 보내는 모임 일정 관련 관한 수발신 문서	▪ 1975년 10월 27일 혹은 10월 29일 둘 중에 회의 날짜를 선택해 달라는 것 ▪ 한국농민운동의 활동과 한국의 현실에 대해서 논의하길 원한다는 것
1976.1.29. (발신)	Liebe Maria[수신: Maria Sailer, 발신: Bernard CARREL]	▪ 독일 정부가 유엔식량기구(FAO)의 협력을 받아 2년마다 정기적으로 주최하는 국제세미나에 미작에서 제3세계 출신의 6명의 대표들을 보내기로 결정했는데, 이 중 2명이 한국인이라는 것 ▪ 독일 주교회의와 독일 정부에서 숙박비와 여행 경비를 전담한다는 것 ▪ 이에 대한 답장을 속히 보내줄 것을 요청
1976.6.24. (수신)	MIJARC의 Bernard Carrel이 한국가톨릭농민회 Maria Sailer에 보내는 수발신 문서	▪ 한국가톨릭농민회가 추진하는 4가지 프로젝트(교육 자료의 출판 자금 조달 프로젝트, 쌀 생산비 조사 자금 조달 프로젝트, 지도자를 위한 교육 세미나 자금 조달 프로젝트, 농업문화 활성화 프로젝트)를 AFHD에 신청 ▪ AFHD에 한국에서도 자금 조달의 필요성에 대한 편지를 보낼 것을 요청 ▪ 1975년 보낸 활동보고서에 대해 좀 더 구체적으로 작성해줄 것을 요구

		■ 캐나다 퀘벡에서 개최될 예정인 세계평의회에 대한 정보 ■ 미작의 인사 변화 ■ 아시아와 유럽의 전망에 대해 다니엘 신부가 알려주기로 함
1976.11.15. (수신)	MIJARC의 Whatehead가 한국가톨릭농민회 Maria Sailer에게 보내는 회보에 기재될 보고서 제출 요청 편지	■ 미작 회보 1호가 발행되었다는 것 ■ 미작 회보 2호에 KCFM 10주년 기념행사 보고서를 포함하고 싶다는 것
1976.12.21. (수신)	MIJARC의 Christine이 한국가톨릭농민회 Maria Sailer에 보내는 보고서 제출에 대한 감사편지	■ KCFM 10주년 행사 보고서는 늦게 도착한 관계로 2호에 게재하지 못했고, 대신에 다니엘 신부의 행사 인상기를 포함했다는 것 ■ 보고서는 1977년 3월 발간호에 게재할 계획이라는 것 ■ 구독하고 있는 FEER(Far Eastern Economic Review) 구독료를 지불할 것이라는 것
1977.3.12. (발신)	Dear Daniel	■ 농업문화 활성화 프로젝트 언급 ■ 농촌여성들을 위한 소비자협동조합 설립 프로젝트의 필요성에 대해 설명 ■ 농촌여성을 위한 소비자협동조합 설립 프로젝트 예산: 총 2,850,000원
1978.4.25. (수신)	An Gabriel Deinhardt, Engelbert Kremshofer, Maria Sailer, Willi Frank[수신: Freunde, 발신: Ursula]	■ 미작의 Ursula가 An Gabriel Deinhardt, Engelbert Kremshofer, Maria Sailer, Willi Frank 등에게 보낸 서신 ■ Ursula가 바티칸에게 보낸 편지를 동봉했다는 것 ■ 벨기에 루벤에서 유럽회원국과 모임 계획
1980.3.20. (수신)	Ursula가 한국가톨릭농민회 Maria Sailer에게 보내는 서울방문에 관한 수발신문서	■ 3월 30일 18시 30분에 서울 도착 예정
1981.11.9. (수신)	MIJARC가 Maria에게 보내는 정보 제공에 관한 수발신 문서	■ 11월 20~22일 개최되는 CCFD 회의에 미작에서 11명 참석할 것이라는 것

1982.3.10. (수신)	MIJARC가 Weltequipe가 한국가톨릭농민회 Maria Sailer에게 보내는 CCFD 관련 수발신 문서	■ 라틴아메리카 농민들의 삶은 아프리카와 차이가 있다는 사실을 알게 되었다는 것 ■ 아시아 대륙에 대한 정보는 신문, 인도, 필리핀 등에서 온 사람들에 의해 얻을 수 있다는 것 ■ KCFM 회장 최병욱이 미작에게 전달한 슬라이드에 대해 감사하다는 것 ■ 아시아와 동아프리카(에티오피아, 소말리아, 탄자니아, 마다가스카르, 르완다) 현실이 비슷하다는 것 ■ 아시아에 대한 운동 보고서를 수집하고 있다는 것 ■ 교구 또는 면농민회에서 작업방법, 지역책임자를 위한 교육세미나 방법, 신앙과 경제발전의 연관성에 대한 의견 등에 대한 보고서 제출 요청
1982.8.6. (수신)	MIJARC의 Baltus가 한국가톨릭농민회의 Maria Sailer에 보내는 아시아 크리스챤 회의에 관한 수발신 문서	■ 1982년 로마에서 개최되는 세계회의에 마리아를 초청한다는 것과 필요한 서류에 대해 알려달라는 것
1982.9.1. (수신)	MIJARC가 한국가톨릭농민회 Maria Sailer에 보내는 MIJARC Equipe에 대한 수발신 문서	■ 1982년 11월 17일에서 30일까지 개최되는 세계회의 초청장

미작과 마리아는 독일어와 영어로 서신을 왕래하였다. 위 〈표 4〉에서 나타난 바와 같이 미작은 한국가톨릭농민회가 국제적인 관계망을 구축하고 연대할 수 있도록 여러 방면으로 지원하였다. 먼저 한국가톨릭농민회에서 실행하고자 하는 다양한 프로젝트에 대해 지원을 요청하였다. 미작에서는 직접적으로 지원하거나 지원 단체를 주선하였다. 예를 들어 1974년 '농지임차관계실태조사' 프로젝트를 신청해서 한국가톨릭농민회는 1750달러를 지원받았다. 이 프로젝트는 1974년 2월 28일부터 7월 10일까지 130일 동안 전국 140군 중 62개군 70개 부락

을 조사 대상으로 농촌 내부의 소작농수와 소작관행에 대한 실태조사였다.[242] 1976년 한국가톨릭농민회가 추진하고자 하는 1976년 4가지 프로젝트(교육자료의 출판 자금 조달 프로젝트, 쌀생산비 조사 자금 조달 프로젝트, 지도자를 위한 교육 세미나 자금 조달 프로젝트, 농업문화 활성화 프로젝트) 중 세 가지를 미작에서 APHD(Asia Partnership for Human Development, 이전 AFHD)에 신청했으며, 순조롭게 승인을 받기 위해 한국가톨릭농민회에서도 APHD에 서신을 보낼 것을 요구하였다. 농업문화 활성화 프로젝트는 벨기에의 한 단체에 신청했는데, 한국이 제3세계 국가가 아니기 때문에 불가하다는 통고를 받았다. 1977년에는 농촌여성들을 위한 소비자협동조합 설립 프로젝트를 제안하였다. 미작의 국제적인 행사(총회, 아시아 회의)에 초청받아 참가하였다. 미작 회보에 한국가톨릭농민회 활동 상황을 보고함으로써 국제적으로 알려지게 하였다. 한국가톨릭농민회는 동시에 미작의 아시아 관련 정보와 수집을 위해 적극 협력하였다. 또한 미작 관계자들이 내한하면 그들을 안내하는 역할을 담당하였다.

한국가톨릭농촌청년회는 미작과의 관계망 구축으로 국제관계망을 확대시켜나갔다. 이에 대해서 중요한 역할을 한 것이 마리아였다.

4. 마리아 사일러의 국제기독교기구와의 관계망 확대

1971년 한국가톨릭농민회가 미작의 회원이 된 후에 국제가톨릭관

242 「소작농은 보호받을 수 없나?」, 『가톨릭신문』, 1974.12.15.

계망은 확대되었다. 서독, 네덜란드, 호주와 캐나다의 APHD, 영국 크리스천 에이드(Christian Aid), 인도, 필리핀, 베트남 등의 기독교기구들과 국제적으로 연대하였다. 개발원조 지원은 서독, 네덜란드, APHD, 크리스천 에이드 등에 의해 이루어졌다.

서독 가톨릭은 1970년대부터 1989년 베를린장벽이 무너질 때까지 한국가톨릭농민회 전국본부의 총예산 중 약 70퍼센트를 차지하였다. 1989년에 원조 계약을 종료하였다. 서독 가톨릭의 경제적인 지원에 대해 조금 자세하게 살펴보면 다음 〈표 5〉와 같다.

〈표 5〉 한국가톨릭농민회에 대한 서독의 지원(1973~1989)[243]

연도	수입 혹은 지출 총액(원)	수입(원)		비율
1973	5,163,295	**서독지원**	2,977,073	**약 58%**
		왜관보조	616,550	약 12%
1974	6,847,986	**서독지원**	4,044,050	**약 60%**
		왜관보조	1,232,500	**약 17%**
1975	25,025,000	**서독지원(신청액)**	20,765,000	83%
		왜관보조	1,600,000	6.4%

243 한국가톨릭농민회, 「수입예산대 실적표(1973.1.1.~1973.12.31.)」(오픈아카이브 소장, 등록번호: 00324386); 한국가톨릭농민회, 「임시 이사회 회순」, 1974.11.16.~17(오픈아카이브 소장, 등록번호: 00220286); 한국가톨릭농민회, 「이사회자료: 74년도 예산안」, 1974(오픈아카이브 소장, 등록번호: 00324441); 한국가톨릭농민회, 「이사회자료: 75년도 예산안(신청)」, 1975(오픈아카이브 소장, 등록번호: 0032444); 한국가톨릭농민회, 「한국가톨릭농민회 1977년 결산서」, 1977.12(오픈아카이브 소장, 등록번호: 00391372); 한국가톨릭농민회, 「1978년 상반기 감사보고서」, 1978.6.29(오픈아카이브 소장, 등록번호: 00391291); 한국가톨릭농민회, 「1979년 상반기 결산서」, 1979(오픈아카이브 소장, 등록번호: 00391265); 한국가톨릭농민회, 「1980년 상반기 결산보고서」, 1980(오픈아카이브 소장, 등록번호: 00391187).

1977	22,323,226	**서독지원**	15,000,000	**약 68%**
		왜관보조	2,000,000	약 9%
1978	42,255,000	**서독보조**	28,233,000	**약 66.8%**
		왜관보조	3,000,000	약 7%
1979	66,286,600	**서독지원**	45,530,000	**약 68.6%**
		왜관보조	3,000,000	약 4.4%
1980	98,676,000	**서독지원**	65,452,000	**약 66%**
		왜관보조	3,000,000	**약 3%**

위 〈표 5〉에서 나타난 바와 같이 1974년도 서독에서의 지원은 60%에 해당되고, 1975년도는 비록 신청액이지만 83%, 1977년도는 약 68% 정도였다. 이렇게 보면 1970년대 서독에서의 지원은 거의 최소 60%에서 최대 80%를 차지하였다. 거의 서독 가톨릭의 지원에 전적으로 의존했다고 할수 있다. 1980년대 자료부터는 '서독보조' 대신에 '국외보조'로 되어 있어 정확하게 서독보조라고 할 수는 없으나 1985년도 총수입 내역 140,591,000원 중 '국외보조'가 88,320,000원이라는 결산자료에서 약 62퍼센트를 차지하는 것으로 보아 '국외보조'는 '서독보조'가 대다수였던 것으로 추정된다.[244]

서독의 지원은 서독 동부지역 파더보른(Paderborn) 교구 독일가톨릭 농촌청년회(Katholische Landjugendbewegung Deutschlands, KLJB)와 미제레오(Misereor)에서 담당하였다.

파더보른 KLJB와 관계를 맺게 된 것은 1970년대 초였다. 당시 휴

244 한국가톨릭농민회, 「1985년도 상반기 결산보고서」(오픈아카이브 소장, 등록번호: 00219728).

가 차 독일에서 머물던 마리아는 KLJB에서 재정적인 지원을 하고 싶다는 연락을 받았다. 마리아는 이 때 한국여성농민운동가 엄영애와 함께 독일 가톨릭청년 아카데미(Klansenhof)에서 개최하던 KLJB 세미나에 참석 중이었다. 마리아와 엄영애를 만난 KLJB는 가을 추수감사제 때 "빵을 나누자"라는 캠페인을 벌여 모금한 금액 중 20,000마르크(DM)을 지원하기로 약속하였다. KLJB에서 지원해주기 전까지 왜관분도수도원의 지원에만 의존하였다.[245]

한국가톨릭농민회에서는 KLJB에 농촌, 농민문제, 청년들의 관심 등에 관한 슬라이드를 보냈다. 그리고 KLJB는 1971년부터는 젊은 한국인 2명이 서독에서 농사를 배울 수 있도록 기회를 주었다. 이 두 사람은 서독에 체류 중이었다.[246]

1972년 파더보른 교구 초청에 의해 이길재 회장이 KLJB를 방문하였다. 이길재는 파더보른 교구와 독일 KLJB 등을 비롯한 여러 농촌기관과 단체를 둘러보았다. 이를 계기로 파더보른과 깊은 연대를 맺게 되었다. 귀국할 때 파더보른 교구에서 복사기 구입대금을 선물로 주었다.[247]

한국가톨릭농민회가 사업을 전개할 수 있도록 정기적인 재정적인 지원을 해 주기 시작한 것은 1972년부터였다. 1972년부터 1974년까지, 1975년부터 1977년까지 두 차례의 3개년 사업 자금을 매년 10만에서 12만 마르크 정도를 지원해 주었다.[248]

---

245 한국가톨릭농민회, 「국제연대운동」(오픈아카이브 소장, 등록번호: 00220286).

246 위의 자료.

247 한국가톨릭농민회, 「한국가톨릭농민회 1972년도 활동 보고」, 1972, 4쪽(오픈아카이브 소장, 등록번호: 00222205).

248 위의 자료.

미제레오와의 관계도 1971년도부터 시작되었다. 미제레오는 서독 가톨릭교회 주교회의 산하 해외개발원조기구이다. 명칭은 "Misereor super turbam, 저 군중은 가엾구나"라는 성경 구절(마르코 복음서 8장 2절)에서 따 온 것이었다. 1959년 쾰른(Cologne) 대주교 요세프 프링스(Josef R. Frings) 추기경의 적극적인 주도로 설립되었다. 미제레오의 목적은 다음과 같았다.

> 전 세계 모든 인간들이 인종, 종교, 정치적 신념에 구애받음이 없이 스스로 전 인간개발을 성취하고자 노력하는, 도움이 필요한 사람들을 도와줌으로써 스스로 존엄성을 찾고, 정의로우며 자립의 의지를 표현, 실현시킬 수 있는 공동체 건설을 목표로 한다.
>
> 동시에 저개발국가 및 개발도상국가가 진정한 경제개발의 소산으로 얻어지는 정당한 댓가를 얻을 수 있도록 잘 사는 국가의 정부 지도자들에게 호소함으로써 진정한 개발 원조 정책을 수립도록 촉구하며 잘 사는 국가의 국민들에게 정의롭지 못한 정치, 경제, 사회 구조를 인식시킴으로써 그 책임을 동감시키는 사업도 전개한다.[249]

미제레오는 1959년부터 한국을 지원하기 시작하였다. 1976년까지 지원한 사업 항목과 지원금은 다음 〈표 6〉과 같았다.

---

249 한국가톨릭농민회, 「보고서: 독일가톨릭 해외원조기구 MISEROR 소개 및 한국책임자 Schröttle 방한 결과보고」, 1978, 1쪽(오픈아카이브 소장, 등록번호: 00217713).

〈표 6〉 1959년부터 1976년까지 미제레오가 한국에 지원한 사업[250]

사업별	사업 총수	액수(DM)
농업분야	35	6,865,610
소규모 가내수공업	28	5,033,212
신용조합, 노동조합	16	2,279,500
가정학	8	241,718
사회센타 건축	51	5,192,900
의료사업	63	14,324,050
성인교육 및 기타교육사업	42	9,939,533
해외연수 여비 보조	1	42,000
지역사업	1	15,000
사회지도자훈련	14	2,115,707
장학금	19	456,743
자원봉사자 훈련	2	131,923
긴급원조	13	1,985,900
기타	17	532,446
	310	49,156,242(약 1.130억)

이 중에서 백만 마르크 이상의 지원을 받은 사업의 순서대로 정리하면 의료사업, 교육사업, 농업, 소규모 가내수공업, 신용조합과 노동조합, 사회지도자훈련, 긴급원조 등이었다. 1959년부터 1976년까지 16년간 약 1,130억 원을 지원하였다. 한국가톨릭농민회 지원은 1972년부터 시작되었다.

한국가톨릭농민회에서 1971년 파더보른의 지원 계획이 논의되고

250 위의 자료, 3쪽.

있는 중에 미제레오에 사업계획을 제출하면서 관계가 이루어졌다. 사업계획 예산 항목은 전국 및 지역교육, 농촌사목자 세미나, 협동조합 교육, 각종회의, 소식지 및 학습자료, 3명의 직원 인건비, 사무실 임대료 및 운영비, 여성교육을 위한 미싱, 그리고 도서실 및 공부방에 필요한 가구와 도서구입비 등이었다. 이를 검토한 미제레오에서는 1972년부터 3년 동안 재정적인 지원을 하기로 결정하였다. 이렇게 해서 한국가톨릭농민회는 미제레오와 관계를 맺기 시작하였다. 1974년도에 다시 3개년 계획을 제출하여 총 100,000마르크를 받았다.[251]

미제레오와의 관계는 주로 재정적 지원이었으며, 사업 결과는 서독에 가서 보고하였고, 사업 결과에 대해 미제레오 아시아 담당자가 점검하는 식이었다. 예를 들면 한국과 대만 담당자 슈뢰틀(Schröttle)이 내한 후 사업을 점검하였다. 그는 1977년 4월 10일부터 5월 5일까지 약 25일간 교구장과 사업장을 방문하였다. 일정은 미제레오에서 결정하였다.[252]

1977년 여름에 다시 3개년 계획을 수립하고 사업계획서를 미제레오에 제출하였다. 소식지, 학습자료, 활동 사례 등, 홍보활동과 지역연합회 활동비 지원, 새로 생긴 부녀부 사업비, 교육, 담당 직원 인건비 등이 지원액에 포함되었다.[253] 1978년 5월에 승인되어 다시 3년 동안 사업을 시작하였다. 이와 같은 사업을 위해 마리아는 다음 〈표 3〉과 같이 미제레오와 편지를 주고 받았다. 1980년대에도 3개년 계획으로

---

251 한국가톨릭농민회, 「국제연대운동」(오픈아카이브 소장, 등록번호: 00220286).

252 한국가톨릭농민회, 「보고서: 독일가톨릭 해외원조기구 MISEROR 소개 및 한국책임자 Schröttle 방한 결과보고」, 1978. 1쪽(오픈아카이브 소장, 등록번호: 00217713).

253 한국가톨릭농민회, 「국제연대운동」(오픈아카이브 소장, 등록번호: 00220286).

지원금을 요청하였다.

KLJB에서는 1977년까지 2회에 걸쳐서 지원을 해주었고, 미제레오에서는 그 이후에도 계속 지원금을 보내주었다. 서독의 지원금은 한국가톨릭농민회 전국본부의 활동 자금으로 사용되었다. 예를 들어 '1973년도 예산 집행실적표'에 나타난 집행 내역을 보면 다음과 같다. 전국활동(지도자훈련비) 375,495원, 대의원총회(23명) 32,220원, 제2차 지도자훈련비(44명) 223,905원, 이사회(10명) 감사회(3명) 36,620원, 산업문제세미나(45명) 88,865원, 전국양돈조합 실무자회의(33명) 30,670원, 지역활동(지역농민강습회 8회, 지도자교육회 5회, 지구연합회 경기지구와 전남지부) 176,400원, 홍보활동으로 교육연구자료(교재 프린트, 국외자료번역) 51,280원, 광고 및 기타 35,500원, 『농촌청년』지 3회 발행, 연구활동(에큐메니칼 간담회, 교육자료, 매스컴교육, 연말평가회) 26,895원, 출장활동 425,740원, 급료(4명) 1,917,820원, 사무실 운영(건물 임차료, 통신비, 광열비, 도서비, 소모품비, 비품비) 511,285원, 도서실(도서구입비, 시설비) 174,550원, 미작 임원 여행비 및 접대비 158,400원, 자료서비스(책, 뺏지) 34,800원, 잡비 45,770원, 특별비품 220,000원 등으로 총 4,795,539원을 사용하였다.[254] 이를 위해 회비, 입회비, 도서실수입, 수입이자, 기타수입, 72년도 대여금, 72년도 왜관잔류액, 왜관보조, 서독지원 등이 사용되었다. 〈표 2〉에서와 같이 총 예산액 중 서독지원이 거의 60퍼센트에 해당되었다. 그 이후에도 서독지원금은 한국가톨릭농민회 전국본부 활동자금으로 사용되었다.

---

254 한국가톨릭농민회, 「1973년도 예산집행 실적표」(오픈아카이브 소장, 등록번호: 00220286).

그 다음으로 들 수 있는 것이 네덜란드 세베모(CEBEMO, Central Aquency for the Joint Financing of Development Program)였다. 세베모는 1961년 개발도상국에 대한 경제적 지원을 목적으로 네덜란드 주교회에서 조직한 단체였다. 지원금은 네덜란드 가톨릭교회로와 네덜란드 정부와의 공동 자금 원조 프로그램을 통해 마련하였다.[255]

세베모가 한국가톨릭농민회와 관계를 맺게 된 것은 1976년 10월이었다. 세베모 직원으로서 농촌전문가인 하르툰흐(Hartoungh)가 한국 여행 중에 한국가톨릭농민회를 방문하였다. 농촌과 농업에 대한 의견을 교환하고 자료도 부탁하였다. 그리고 세베모가 사업 지원도 가능하다고 밝혔다.[256]

하르툰흐는 귀국 후 최병욱에게 감사 서신을 보냈다. 그리고 함께 논의했던 사업계획서를 기다리고 있다고 전했다. 그 후 '협동활동을 위한 회전기금'을 1977년부터 1979년까지 지원하였다. 이 지원금으로 1981년 대전 가톨릭농민회관을 건축하였고 세베모에서 요구하는 조사와 수집 자료 등을 전달하였다.[257] 〈표 7〉은 세베모와 마리아가 주고받은 편지들이었다.

---

255 Mariln W. Richards, *European Funding Resources for Women in Development Projects*, New TransCentury Foundation, 1980, p.66.

256 한국가톨릭농민회, 「CEBEMO의 Hartoungh가 한국가톨릭농민회 최병욱에 보내는 project presentation 제출 안내에 관한 수발신문서」, 1976. 11. 11(오픈아카이브 소장, 등록번호: 00209490).

257 한국가톨릭농민회, 「국제연대운동」(오픈아카이브 소장, 등록번호: 00220286).

〈표 7〉 마리아가 세베모와 주고받은 서신들

수발신	서신 제목	서신 내용
1978.9.29. (수신)	Cebemo의 Wim Grundemann이 한국가톨릭농민회의 Maria Sailer에 보내는 방한일정을 알리는 편지	■ Wim Grundemann이 10.20~28 서울에서 머물 예정인데, 만나길 원한다면 서강대학교 노동경영연구소로 연락할 것을 요청
1979.5.20. (수신)	Cebemo의 Wim Grundemann이 한국가톨릭농민회 Maria Sailer에 보내는 프로젝트 수행 의뢰 편지	■ 원주교구 100개 마을에서 소비자협동조합 계획 지원금 요청 건 ■ KCFM에서 프로젝트 타당성 조사와 이를 토대로 조정해줄 것을 부탁
1979.6.23. (발신)	한국가톨릭농민회 Maria Sailer가 Cebemo의 Grundemann에 보내는 지학순 주교의 프로젝트 수행 결정에 관한 수발신 문서	■ 위 프로젝트에 대한 타당성 조사를 하기로 결정 ■ 8월초까지 완료할 예정 ■ KCFM 새 사무실 부지를 찾고 있음
1980.4.16. (수신)	Cebemo의 Wim Grundemann이 한국가톨릭농민회 Maria Sailer에 보내는 방한일정 논의 편지	■ Wim Grundemann이 1980.6.14.~25 동안 한국에 머물 예정 ■ 원주 소비자협동조합 프로젝트를 위한 K.C. F.M의 타당성 조사는 만족스럽다는 것. ■ 원주 프로젝트와 같은 조사를 K.C.F.M.에서도 할 수 있는지에 대해 의견을 구함 ■ 위의 내용을 비밀리에 진행시켜줄 것을 요청
1980.5.20. (수신)	Cebemo의 Wim Grundemann가 한국가톨릭농민회 Maria Sailer에 보내는 방한일정통보 편지	■ 소비자 협동조합 평가에 참석했던 사람들을 만나고 싶다는 것 ■ 전북 프로젝트 관계자들과 모임 주선 부탁
1980.7.4. (수신)	Cebemo의 Wim Grundemann이 한국가톨릭농민회 Maria Sailer에 보내는 방한시의 지원과 호의에 대한 감사편지	■ 방한시 지원과 환대에 대한 감사
1980.7.29. (수신)	Cebemo의 Wim Grundemann가 한국가톨릭농민회 Maria Sailer에 보내는 추가사항 문의에 관한 수발신 문서	■ 대전 신축건물에 대한 문의 ■ 신축건물에서 KCFM의 구체적인 활동 내용(세미나의 수와 기간)에 대한 보고

1980.10.29. (수신)	Cebemo의 Wim Grundemann가 한국가톨릭농민회 Maria Sailer에 보내는 프로젝트 일부 변동에 대한 수발신문서	▪ 어업협동조합 제안에 대한 추가 조언 사본 동봉
1980.11.5. (수신)	Cebemo의 Thom Kerstiens가 한국가톨릭농민회 Maria Sailer에 보내는 방한일정에 관한 수발신문서	▪ 세베모 국장 Thom Kerstiens가 방한 일정에 대해 전달
1980.12.23. (수신)	Cebemo의 사무국장 Gennip이 한국가톨릭농민회 Maria Sailer에 보내는 프로젝트의 재정참여준비를 통보하는 수발신문서	▪ 프로젝트 자금 준비가 되었다는 것 ▪ 동봉된 계약서에 서면 승인을 요청
1981.6.15. (수신)	Cebemo의 Wim Gruendemann가 한국가톨릭농민회 Maria Sailer에 보내는 방한일정연기에 관한 수발신문서	▪ 여행을 12월로 연기했다는 것, 그래서 KCFM의 새로운 센터 개관식에 참여할 수 없다는 것
1981.11.13. (수신)	Cebemo의 Wim Gruendemann가 한국가톨릭농민회 Maria Sailer에 보내는 방한일정 연기에 관한 수발신문서	▪ 여행을 한 번 더 연기한다는 것
1982.3.2. (수신)	Cebemo의 Wim Gruendemann가 한국가톨릭농민회 Maria Sailer에 보내는 의견에 대한 감사를 전하는 수발신문서	▪ K.C.F.M에서 제안한 프로젝트는 거절되었다는 것
1982.3.4. (수신)	Cebemo의 Wim Gruendemann가 한국가톨릭농민회 Maria Sailer에 보내는 프로젝트의 의견을 요청하는 수발신문서	▪ 프로젝트에 대한 설명을 동봉하니 참고바라며, 마리아의 의견을 듣고 싶다는 것
1982.5.13. (발신)	Maria Sailer가 Cebemo의 Wim Gruendemann에 보내는 irrigation project에 관한 수발신문서	▪ 제안한 프로젝트에 대해 조사를 해 본 결과 문제가 있다는 것 ▪ 정부로부터 KCFM이 공격을 받았다는 것(부산문화원 방화사건과 김부식 관련)
1982.6.18. (수신)	Cebemo Asian Section Wim Grundemann이 한국가톨릭농민회 Maria Sailer에 보내는 방한일정에 관한 수발신문서	▪ 전북 프로젝트가 계속 되고 있는지에 대해 알고 싶어 함 ▪ 거절된 프로젝트에 대한 이야기

1982.11.2. (발신)	Maria Sailer가 Cebemo Wim Gruendemann에 보내는 충북지방 발전에의 지원에 관한 수발신문서	■ 충북농촌개발협회 새로운 이사진들은 가톨릭 신자들이지만 농촌개발에는 관심이 없는 사람들이라 걱정이 많다는 것
1983 (수신)	Wim Gruendemann이 Maria에 보내는 수발신문서	■ 방한 계획
1983.02.25. (수신)	G-315/032, Revolving Fund for small credit unions[수신: 한국가톨릭농민회, 발신: Cebemo]	■ 협동교육연구원 프로젝트에 대해 KCFM이 사업을 평가할 수 있는지에 대한 의견을 구함
1983.4.8. (수신)	Cebemo Asia section Wim Gruendemann이 한국가톨릭농민회 Maria Sailer에 보내는 프로젝트와 관련한 정보를 요구하는 수발신문서	■ 위의 편지에 대한 답신 독촉
1984.5.15. (수신)	Cebemo Asia section Wim Gruendemann이 인간개발위원회 Maria Sailer에 회의 참석을 초청하는 수발신문서	■ 교황 방문시 교황과 김수환 추기경이 최루탄 때문에 눈을 닦는 모습을 방송으로 보았다는 것 ■ 한국과 농민들의 상황에 대해 유럽에 와서 강연해줄 것을 요청

마리아와 편지를 주고받은 윔 그뤼덴만(Wim Gründemann)은 세베모 아시아 담당자였고, 톰 커스틴(Thom Kerstien)은 세베모의 해외 업무를 대표하는 인물이었다.[258] 그리고 위 표에서와 같이 게닙(Gennip)은 사무국장이었다. 마리아와 주고받은 편지 내용들은 세베모 관계자들의 방한, 세베모 행사 초청, 세베모 프로젝트 등에 대한 것이었다. 세베모 관계자들은 개발 원조 기금이 제대로 사용되고 있는지를 평가하기 위해 프로젝트 기관을 자주 방문하였다.[259] 프로젝트는 특별한 사업에 대해서만 지원을 하였고, 지역 단위에도 직접 지원을 하였다.

258 Mariln W. Richards, *ibid.*, p.66.

259 앞의 책, pp.66~67.

예를 들어 원주교구 100개 마을에서 소비자협동조합 프로젝트, 전북 지역과 충북 지역 등에서의 프로젝트 등을 들 수 있다. 이러한 경우에는 비밀리에 한국가톨릭농민회의 타당성 조사 혹은 평가를 받은 후 진행하였다. 특별히 마리아의 의견을 존중해주었고 이에 따라 프로젝트 지원 여부가 결정되기도 하였다. 그리고 마리아를 통해 한국과 농민들의 상황이 유럽에 전달되었다. 1982년 미문화원 사건에 대한 진상을 들 수 있다. 세베모에서는 마리아에게 이와 같은 정치적 상황에 대해 직접 와서 강연해줄 것을 요청하였다.

세 번째로 APHD는 1973년 '호주 천주교 구제회'와 '발전과 평화를 위한 캐나다 천주교 기구'에 의해 발족되었다. 이 기구는 개발 지원금을 제공하는 단체와 수원국 대표 단체가 동일한 자격으로 모임을 개최하고 원조사업의 원칙, 지원 대상 사업 결정, 사업 결과 등을 평가하였다.[260]

한국가톨릭농민회는 1977년부터 APHD로부터 많은 재정적 지원을 받았다. 예를 들어 농산물 생산비 조사, 교육자료 발간, 여러 지역 연합회의 현장교육, 지역총무 활동비 등과 관련된 사업비를 제공받았다.[261] 이 단체와 한국가톨릭농민회가 관계를 맺게 된 것은 전술한 바와 같이 미작의 주선에 의한 것이었다. 미작에서 한국가톨릭농민회가 제안한 프로젝트를 APHD에 신청하면서 관계가 이루어졌다.

한국가톨릭농민회에서는 한국농촌과 농민운동에 대한 실상 보고서를 APHD에 보냈으며, 회원들은 APHD 세미나, 현장 체험, 회원단

260 한국가톨릭농민회, 「국제연대운동」(오픈아카이브 소장, 등록번호: 00220286).
261 위의 자료.

체의 행사 등에 참석함으로써 교류하였다.[262] 마리아가 APHD와 주고받은 서신들은 〈표 8〉과 같다.

〈표 8〉 마리아가 APHD와 주고받은 서신들[263]

수발신	서신 제목	서신 내용
1979.3.24. (수신)	Application of September 15-Needy Familes[수신: APHD, 발신: Maria Sailer]	■ 서울 인간개발위원회를 통해 825,857원을 받았고, 이는 어려운 가정을 지원하는 프로젝트라는 것
1982.3.4. (수신)	APHD Andy Lunandi가 한국가톨릭농민회 충북연합회 Ms.Sailer에 보내는 충북연합회에 대한 재정지원에 관한 수발신 문서	■ 프로젝트에 대한 보고서 1호를 받았고 보고서 2호를 받은 후 1982년 지원금을 결정할 것이라는 것
1983	APHD(일반) [한국가톨릭농민회와 APHD간의 편지철]	■ 10.24-11.2 인도 봄베이에서 개최되는 'Asian Women and the Struggle for Justice"의 국제 세미나에 마리아를 초청한다는 것

APHD에 프로젝트를 신청한 것은 대체로 지역연합회였다. 예를 들어 전북연합회, 충북연합회, 전남연합회, 광주연합회 등에서 프로젝트를 신청하였다. 지원을 받은 각 연합회에서는 교육, 세미나, 직원 월급, 마을의 사회경제적 조사 등에 사용하였다.[264] 예를 들어 충북연

262 위의 자료.

263 민주화운동기념사업회 오픈아카이브(https://archives.kdemo.or.kr/main).

264 한국가톨릭농민회, 「Application Support of Activities of the KCFM in the Diocese of Chonju」, 1979(오픈아카이브 소장, 등록번호: 00209399); 한국가톨릭농민회, 「전남연합회 APHD 신청서」(오픈아카이브 소장, 등록번호: 00316187); 한국가톨릭농민회, 「Application Formation Courses for Farmers and for Priests in Rural Areas[수신: APHD, 발신: 광주대주교]」1981.1.12(오픈아카이브 소장, 등록번호: 00209381); 한국가톨릭농민회, 「APHD가 한국가톨릭농민회 충북연합회에 보내는 재정지원에 관한 수발신문서」, 1981.6.15(오픈아카이브 소장, 등록번호: 00209372); 한국가톨릭농민회,

합회는 1981년 7월 1일에서 1982년 6월까지 APHD에서 받은 지원금 8,824,156원과 지역 지원금 1,964,936원으로 사업을 진행하였다. 사업은 교육(지도자, 현장, 여성), 세미나, 조사, 홍보, 직원 월급, 여비 등이었다. APHD는 마리아에게도 지역연합회의 프로젝트 진행 상황에 대해서 서신을 보냈다. 그리고 마리아에게 국제 행사에 참석해서 한국 상황을 발표해줄 것을 요청하였다. 위 〈표 6〉에서와 같이 1983년 10월 24일부터 11월 2일까지 인도 봄베이에서 개최되는 'Asian Women and the Struggle for Justice'에 한국 대표로 초청받았다.[265]

마지막으로 들 수 있는 국제기구는 크리스천 에이드이다. 영국개신교협의회(the British Council of Churches) 산하의 조직이다. 지원 대상 지역은 1970년대 아프리카, 아시아 및 태평양, 라틴 아메리카 및 카리브해, 중동 등의 100개 이상의 국가이었으며, 아프리카와 아시아 지역에 지원금이 대부분 할당되었다. 1978년 크리스천 에이드는 미작을 통해 한국 가톨릭농민운동의 지역발전 프로젝트를 위한 12,030 DM의 지원금을 보냈다.[266] 이후부터 크리스천 에이드와 교류를 시작했다. 다음 〈표 9〉는 마리아가 크리스천 에이드와 주고받은 서신들이다.

「한국가톨릭농민회 충북연합회장 류사혁이 APHD에 보내는 활동보고서 동봉과 재정 지원을 요청하는 수발신문서」, 1982.7.15(오픈아카이브 소장, 등록번호: 00209366).

265 한국가톨릭농민회, 「APHD(일반) 한국가톨릭농민회와 APHD간의 편지철」, 1983(오픈아카이브 소장, 등록번호: 00209522).

266 Mariln W. Richards, ibid., p.70; 한국가톨릭농민회, 「Christian Aid의 Hawke가 MIJARC의 Diniel Fernado에 보내는 Community Development Project of the Catholic Farmers Movement in Korea 송금 안내에 관한 수발신 문서」, 1978(오픈아카이브 소장, 등록번호: 00209501).

〈표 9〉 마리아가 크리스천 에이드와 주고받은 서신들[267]

수발신	서신 제목	서신 내용
1978.6.3. (발신)	Community Development Project [수신: Christian Aid, 발신: 한국가톨릭농민회]	■ Christian Aid에서 마리아에게 한국농촌여성들의 인간 개발을 지원 지원금을 보냈다는 것
1978.8.2. (수신)	Christian Aid의 Michael Hawkes가 한국가톨릭농민회 Maria Sailer에 보내는 Bank draft via MIJARC에 관한 수발신문서	■ 마리아가 농촌지역에서 진행하고 있는 사업에 대해 보고해주기를 바란다는 것
1979.5.7. (수신)	Christian Aid의 Hawkes가 한국가톨릭농민회 Maria Sailer에 보내는 송금안내에 관한 수발신문서	■ 어떤 형태로 지원금을 회계처리할 것인지에 대해 요구
1979.6.1. (수신)	Christian Aid의 Hawkes가 한국가톨릭농민회 Maria Sailer에 보내는 Employment of Organisers for the KCFM에 관한 수발신문서	■ 4월 28일 'Employment of Organisers' 프로젝트에 대한 영어번역문을 보내줘서 감사하다는 것 ■ Christian Aid에서 4,500,000원 지원을 아시아 지역위원회에 추천한다는 것
1979.7.17. (수신)	Christian Aid의 Michael Hawkes가 한국가톨릭농민회 Maria Sailer에 보내는 지원안내 편지	■ 4,500,000원을 지원하기로 결정했다는 것 ■ 지원금 사용 내역에 대한 보고서를 보내줄 것
1979.7.30. (수신)	Christian Aid의 Michael Hawkes가 한국가톨릭농민회 Maria Sailer에 보내는 추가지원결정에 대한 수발신문서	■ 지원금 4,200,000원 승인해다는 것
1979.9.3. (발신)	한국가톨릭농민회 Maria Sailer가 Christian Aid에 보내는 지원에 대한 감사 편지	■ 편지와 송금에 감사드린다는 것 ■ 한국 정부가 종교단체의 활동에 대해 오해를 하고 있다는 것

크리스천 에이드가 보낸 개발원조금은 주로 여성자원개발과 관련된 것이었다. 마리아는 한국가톨릭농민회 여성부 대표로서 서신을 교

267 민주화운동기념사업회 오픈아카이브(https://archives.kdemo.or.kr/main).

환하였다. 이 원조금은 한국 농촌여성의 인간개발을 위한 자금으로 사용할 것이라고 하면서 최선을 다하겠다는 답신을 보냈다. 그리고 펀드의 사용과 프로젝트의 결과에 대한 보고서를 보낼 것이라고 전했다. 이 프로젝트는 여성들의 활동 결과에 기초하여 진행될 것이라고 밝혔다.[268]

1979년 4월 마리아는 한국가톨릭농민회의 "Employment of Organisers"를 위한 프로젝트 지원금을 요구하였는데 크리스천 에이드의 마이클 호크스(Michael Hawkes)가 이 사업에 대해서 아시아지역위원회(Asia Regional Committee)에 추천을 한다고 답신을 보냈다. 이 프로그램을 위해서 1979년에서 1980년까지 매해 4,200,000원을 지불할 수 있다고 했다. 1년에 2명의 여성 활동가를 고용할 수 있는 금액이었다.[269] 크리스천 에이드가 이후에 관계를 맺은 곳은 주로 개신교 단체였다. 예를 들어 한국교회여성연합회와 한국기독교사회문제연구원 등을 들 수 있다.[270]

전술한 바와 같이 1971년 가톨릭 농민회가 미작에 회원으로 가입한 이후 국제적인 관계망이 구축되었고 서독, 네덜란드, 영국, 호주, 캐나다, 인도, 월남, 필리핀 등으로 확대되었다. 주로 유럽지역 국가들로부터 재정적인 지원을 받았고, 1970년대 중반 이후에는 농촌여성

---

268 한국가톨릭농민회, 「Christian Aid의 Hawke가 MIJARC의 Diniel Fernado에 보내는 Community Development Project of the Catholic Farmers Movement in Korea 송금 안내에 관한 수발신 문서」, 1978(오픈아카이브 소장, 등록번호: 00209501).

269 한국가톨릭농민회, 「Christian Aid의 Hawkes가 한국가톨릭농민회 Maria Sailer에 보내는 송금안내에 관한 수발신문서」, 1979.6.1(오픈아카이브 소장, 등록번호: 00209497).

270 한국기독교사회문제연구원, 「88년 Christian Aid(United Kingdom) 수발신문서」, 1988(오픈아카이브, 등록번호: 00845578); 한국교회여성연합회, 「국제세미나 일정과 참가 신청, 홍보에 관한 내용(Ms. Fiona Thomas, Christian Aid, England)」, 1988.1.14(오픈아카이브, 등록번호: 00011109).

을 위한 여성자원개발 자금을 지원받기 시작하였다. 마리아의 서신에서 같이 미제레오와 크리스천 에이드로부터 개발 지원금을 받아 사업이 이루어졌던 것 같다.

마리아가 여성농민을 위한 활동을 시작하게 된 것은 1975년 유엔이 '세계여성의 해'를 선포한 것과 관련이 깊었다. '세계 여성의 해'를 선포하자 유럽 여러 기독교기구들이 제3세계 개발원조기금에 여성자원개발 지원도 포함시켰다. 서독 가톨릭단체인 미제레오, 네덜란드의 세베모 등에서도 제3세계 여성자원개발을 원조했으나, 특별히 여성자원개발에 전적으로 지원을 해준 단체는 크리스천 에이드였다. 이러한 개발 원조금으로 마리아는 한국여성농민운동의 토대를 마련하고 국제적인 관계망을 구축하였다.[271]

5. 맺음말

본고는 1965년 내한해서 1994년 독일로 돌아간 독일 여성 마리아 사일러를 중심으로 1960년대 이후 한국농민운동의 발전과 국제적 관계에 대해 살펴보았다. 먼저 마리아가 어떤 배경 하에서 한국으로 오게 되었는지부터 밝히고, 그 다음 국제적인 기독교 기구와의 관계망 구축과 확대에 대해 추적하였다. 이에 대해 연구결과를 정리하면 다음과 같다.

271 1970년대 한국여성운동의 국제화에 대해서는 김영선, 「1960-70년대 여성운동의 국제화와 한국여성단체협의회의 활동」, 『현상과 인식』 36-4, 한국인문사회과학회, 2012, 161~184쪽 참조.

마리아가 1960년대 중반 한국으로 온 이유는 당시 서독 사회의 변화와 관련이 깊었다. 특히 그녀를 둘러싼 대학과 가톨릭이 크게 변화하고 있었다. 서독의 학생운동 전개, 뮌헨의 제3세계 학생들과의 교류 등과 더불어 마리아에게 영향을 끼친 것은 서독 가톨릭의 제3세계에 대한 관심을 들 수 있다. 독일 가톨릭이 제3세계에 대한 지원을 더욱 적극적으로 하게 된 계기는 1962년부터 1965년까지 개최된 제2차 바티칸공의회였다. 이는 주지하다시피 가톨릭의 혁신을 꾀한 공의회였다. 마리아는 1965년 경북 왜관수도원 오도 하스의 추천으로 내한했다. 그리고 한국을 선택한 이유는 파독광부와의 만남 때문이었다.

마리아는 1968년부터 한국가톨릭농촌청년회에서 활동하면서 국제적인 관계망을 구축하기 시작하였다. 국제적인 관계망 구축은 국제가톨릭농촌청년회인 미작 회원으로 가입함으로써 이루어졌다. 이와 같은 관계망을 구축할 수 있었던 계기가 된 것은 제2차 바티칸공의회였으며, 그 후 가톨릭은 제3세계의 인간개발과 사회개발을 강조하는 방향으로 전환되었다. 한국 가톨릭도 공의회 개최 이후 관련 내용을 공유하였고, 주교단은 「우리의 사회신조」를 발표함으로써 경제적 정의를 위해 사회적으로 실천하겠다는 의지를 밝혔다. 이러한 역사적 배경 하에서 가톨릭노동청년회 산하에 농촌청년부가 설립되었고 이를 토대로 1966년 한국가톨릭농촌청년회를 창립하였다. 초대 총재를 맡은 오도 하스는 가톨릭농촌청년운동의 국제적인 연대를 위해 마리아를 서독에서 초청하였다. 마리아는 1968년 구미로 거주지를 옮기고 한국가톨릭농민회의 국제적인 업무를 전담하기 시작하였다.

국제가톨릭농촌청년회인 미작과 실질적인 관계를 형성되기 시작한 것은 마리아가 국제협력 업무를 전담하기 시작하면서였다. 계기가 된 것은 미작 부회장 헬렌 레브랑의 내한이었다. 그녀는 2주 동안 머물면서 운동의 방향에 대해 전국 중심보다는 연중 한 교구나 두 교구 중심으로 지역운동에 힘써야 하며, 청년들의 지도자 훈련 방법은 강의식이 아닌 관찰, 판단, 실천 등의 방법을 활용하여 실제적인 지도자로서 활동할 수 있도록 해야 한다고 강조하였다. 가톨릭농촌청년회 전국 대표들은 이 모임을 통해 국제적 연대의식을 가질 수 있었고, 한국농촌청년 문제는 한국만의 문제가 아닌 국제적인 문제임을 자각하였다. 그리고 가톨릭농촌청년운동은 농촌청년들을 중심으로 농촌의 그리스도적 인간 개발과 사회재건을 이루는 운동이라는 것을 새롭게 인식하였다. 운동의 방향은 마을 혹은 본당 단위의 적은 그룹에서 지역 및 교구 단위, 그리고 전국단위로 나아가야 한다는 것을 자각하였다. 이후 국제가톨릭농민운동의 방향에 따라 한국가톨릭농민운동도 인간개발과 사회개발에 중점을 둔 방향으로 나아갔다. 지역사회개발의 목표는 개별 농가의 소득 증대를 통해 경제, 사회, 문화적인 생활 향상에 있다고 바라보았다.

1969년부터 마리아를 중심으로 미작 주최 행사에 적극 참여하였다. 1970년에 한국가톨릭농민회는 미작 회원단체로 가입하였다. 이후 마리아는 한국가톨릭농촌청년회가 국제적인 기구인 미작과의 관계를 이어가는데 중추적인 역할을 하였다. 가톨릭농촌청년회는 이를 토대로 국제관계망을 확대시켜나갔다.

1971년 한국가톨릭농민회가 미작 회원이 된 후에 국제가톨릭관계망은 확대되었다. 서독, 네덜란드, 호주와 캐나다의 APHD, 영국 크리스천 에이드, 인도, 필리핀, 월남 등의 기독교기구들과 국제적으로 연대하였다. 개발원조 지원은 서독, 네덜란드, APHD, 크리스천 에이드 등에 의해 이루어졌다. 서독 가톨릭은 한국가톨릭농민회의 예산액을 거의 담당하였다. 서독의 지원은 서독 동부지역 파더보른교구 KLJB와 미제레오에서 담당하였다. 그 다음으로는 네덜란드 세베모와의 연대였다. APHD는 1977년부터 재정적 지원을 시작했다. 한국가톨릭농민회는 한국농촌에 대한 구체적인 자료 등을 APHD에 보냈으며, 회원들은 APHD 세미나, 현장 체험, 회원단체의 행사 등에 참석함으로써 한국농민운동을 발전시켰다. 마지막으로 들 수 있는 국제기구는 크리스천 에이드였다. 영국개신교협의회 산하의 조직으로서 지원 대상 지역은 아프리카, 아시아 및 태평양, 라틴 아메리카 및 카리브해, 중동 등의 100개 이상의 국가이었으며, 아프리카와 아시아 지역에 지원금이 대부분 할당되었다. 1978년 크리스천 에이드는 미작을 통해 한국가톨릭농민운동의 지역발전 프로젝트를 위한 지원금을 보냈는데 주로 여성자원개발과 관련된 것이었다.

1971년 가톨릭농민회가 미작에 회원으로 가입한 이후 국제적인 관계망이 구축되었고 서독, 네덜란드, 영국, 호주, 캐나다, 인도, 월남, 필리핀 등으로 확대되었다. 주로 유럽지역 국가들로부터 지원을 받았고, 1970년대 중반 이후에는 농촌여성을 위한 여성자원개발 자금을 지원받기 시작하였다. 이와 같이 마리아는 국제적인 관계망 구축뿐만 아니라 한국여성농민운동의 토대를 마련하는데 중요한 역할을 하였다.

제2부

냉전과 인권

제5장

포드정부기 미 의회 한국 인권문제 논쟁과 냉전자유주의, 1974~1975

1. 머리말

'1949년 트루먼의 결정이 한국과 베트남의 1950년대와 1960년대를 이끌어 온 이후 94회 미 의회는 이 두 나라를 위해 미국의 외교정책에 근본적인 변화를 이끌어 내야한다는 필요성을 더 확신하게 되었다.
… 다른 아시아 국가들과 달리 민주주의 전통이 없다는 이유로 민주주의 위반은 정당화 될 수 없다'

위의 글은 1974년 미 하원 외교위원회(Committee on Foreign Affairs) 소속 레오 라이언(Leo Ryan, 민주당)이 1974년 12월 26일부터 1975년 1월 8일까지 남베트남과 한국을 방문한 뒤 작성한 현장보고서의 일부이다.[1] 1973년 1월 27일 파리평화협정으로 베트남전쟁은 종식되었으나 1975년 4월 30일 사이공 함락을 전후로 미 의회와 반전 여론을

1 "Letter of Transmittal," (B3) Vietnam and Korea: Human Rights and U. S. Assistance-A Study of Mission Report of the Committee on Foreign Affairs, U.S. House of Representatives, 94th Congress 1st Session Feb.9 1975.

주도해 온 미국인들의 눈에 남베트남과 한국은 붕괴와 폭발 직전의 위기로 관찰된다. 위기의 관찰은 미 의회로 하여금 트루먼 행정부 이후 유지되어 온 미국의 아시아정책 재검토 촉구로 이어졌다. 이 연구는 1973년 닉슨에서 제럴드 포드(Gerald R. Ford, 1913~2006) 행정부 교체기, 국외적으로는 베트남전 종결 전후 미 의회 중심으로 집중 제기된 한국 인권문제 논쟁을 미국의 아시아 정책 재검토 관점에서 접근하였다. 구체적으로는 베트남전 종결 직후 미 의회가 집중 제기한 미국의 동아시아 군사안보위주 정책에 대한 비판적 문제제기와 정책 재검토 요구를 냉전자유주의(cold-war liberalism)로 제시하였다. 여기서 냉전자유주의란 냉전기 미국과 동맹관계에 있는 제3세계 피 원조국들 중 권위주의 국가의 정치 자유화를 유도함으로써 궁극적으로는 냉전적 반공 전제 위에 정치 자유화를 유도한다는 개념이다.[2] 한국에서 냉전자유주의는 해방과 전쟁, 분단고착화 과정에서 자유이념의 전파와 경제성장 중심의 국민국가 형성논리를 정당화하는 정치이념으로 기능해 왔다.[3]

근대 자연법 사상에서 출발한 현대 인권론은 제2차 세계대전 이후 유엔헌장에서 천명되고 1948년 12월 유엔총회에서 채택된 「세계인권선언(Universal Declaration of Human Rights)」으로 국제 인권법의 기초가 되었다. 자유주의에 기초한 인권의 법제화 과정은 세계 냉전의

2 냉전기 냉전자유주의 개념과 반공주의 관계는 안소니 아블라스터(Anthony Arblaster) 지음, 『서구 자유주의의 융성과 쇠퇴』, 조기제 옮김, 나남, 2007, 589쪽 이하 '냉전자유주의' 참조; 홍석률, 「냉전적 역사 서술과 상처받은 자유주의=교학사 한국사 교과서 현대사 서술 비판」, 『역사비평』 105, 역사문제연구소, 2013 참조.

3 한국에서 냉전자유주의 형성과 특징에 대해서는 유홍림, 『한국 정치사상 연구』, 인간사랑, 2003, 397~398쪽 참조.

현실구조가 반영되어 순탄치 않은 과정을 거쳤다. 국제인권장전으로 불리는 「시민적·정치적 권리에 대한 국제규약」과 「사회적·경제적·문화적 권리에 대한 국제규약」이 제정, 완성, 서명되기까지 1948년에서 1966년까지 긴 협상이 필요했고, 1976년 법적 효력이 발생하기까지 10년이 더 소요되었다. 미국이 주도하는 자유진영의 자유권 강조와 소련 중심의 사회권 강조 간의 대결구도가 반영된 결과이다.[4] 즉 냉전기 국제기구의 합의구조에 의한 인권의 확산과 제도화는 강대국 국가이익 우선의 현실정치에 의한 제약요인이 컸다. 냉전기 국제사회 인권개념의 확산은 1970년대 이후 비약적으로 발전한 비정부 국제기구들의 활동과 연대운동의 영향이 컸다. 아시아의 경우 국민국가 형성과 동시에 진행된 근대화·산업화에서 비정부 인권 기구들 특히 아시아 개발선교에 참여했던 비정부 선교기구들이 자유·민주이념의 전파와 인권개념 확산에 효과적인 행위자로 기능했다. 이 과정에서 동아시아 지역적·문화적, 민족적 특수성은 개발과 성장, 발전논리로, 자유·민주·인권의 보편개념으로 치환되거나 수렴되었다. 인권의 '보편성'강조는 국가, 개인, 민족, 전통 등 경험의 상대성과 갈등이 내재되어 있다. 한반도 냉전지형에서 인권의 보편성 강조는 분단 민족 특수성을 간과 또는 배제하는 갈등요인이 된다.

냉전기 서유럽의 집단안보체제와 달리 미소 두 강대국의 직접 영향

---

4 이외에도 국제 조약의 법제화 과정은 국가 주권의 제약 요인도 작용한다. 자유주의에 기초해 인권을 강조할 경우 '시민적·정치적 자유'중심의 민주주의가 강조된 반면, 사회적 평등을 기초로 한 '시민적·정치적'권리 강조는 사회주의 체제 우월성을 강화시킨다. 데이비드 포사이드(David Forsythe) 지음, 『인권과 국제정치』, 최의철 역, 백산자료원, 2003, 50쪽; 오영달, 『인권의 정치사상-현대 인권담론의 쟁점과 전망』, 이학사, 2010, 242~243쪽 등.

하에 놓인 태평양·동아시아 지역의 정치 자유화·민주화 이행은 미국의 국가이익 우선순위에 따라 선별적으로 정착 또는 수렴되었다.[5] 1973년 1월 베트남전의 종전은 동아시아 안보불안을 확대시켰을 뿐만 아니라 미국의 대외정책 전반에 대한 재검토 논의를 확장시켰다. 베트남전 실패를 복기하는 과정에서 반전여론을 주도했던 미 의회 자유주의자들, 도덕적 보수주의자, 비정부 인권기구들은 미국의 제3세계 권위주의 국가들의 정치적 억압성을 해소시키고 정치 자유화 문제로 관심을 돌려야 한다는 비판 여론을 제기했다.[6] 의회 고유 권한인 예산권 수단은 행정부의 제3세계 군사원조 실효성을 문제제기하는데 매우 효과적이다. 한반도의 경우 파리평화협정 체결 이후 헨리 A. 키신저(Henry A. Kissinger) 국무장관은 "한국의 안정과 안보는 동아시아 지역 안보에 절대요인"임을 강조해 기존의 전략적 가치와 동일한 기조로 박정희 유신정부 군사지원 방침을 유지한 반면에 미 의회는 억압정권에 대한 군사원조 축소 또는 전면 중단을 촉구했다.[7] 베트남전 종전 직후 새롭게 형성된 안보불안을 둘러싼 미 행정부와 의회 간의 온도

5 냉전의 지역적 성격과 특성에 대해서는 서울대학교 국제문제연구소 편, 『글로벌 냉전의 지역적 특성』, 사회평론, 2015; 신욱희·권헌익 엮음, 『글로벌 냉전과 동아시아』, 서울대학교출판문화원, 2019 등을 참고하였다.

6 "SOUTH KOREA," (B3) Vietnam and Korea: Human Rights and U. S. Assistance -A Study of Mission Report of the Committee on Foreign Affairs, U.S. House of Representatives, 94th Congress 1st Session Feb.9 1975. p.11.

7 (B5 2)Human Rights in South Korea: Implications for U.S. Policy, Hearings before the Subcommittee on Asian and Pacific Affairs and on International Organizations and Movement, of the Committee on Foreign Affairs House of Representatives, Ninety-Third Congress, Tuesday, July 30, 1974, p.5. 키신저 발언은 1974년 7월 24일 상원 외교작전 및 세출위원회(the Senate Subcommittee on Foreign Operations of the Appropriations Committee)에서 행한 것이다.

차이는 동아시아 지역 냉전적 특수성으로 접근될 수 있다. 박정희 정부의 인권문제가 미국의 대외정책 재검토 방향과 동아시아 전략적 재평가 논의에 중요 소재로 등장하는 배경이 된다. 1974년의 미 의회 내 한국 인권문제 논쟁은 1970년대 베트남전 종결 직후 동아시아 지역 냉전 구도와 한반도 냉전지형, 분단현실에 대한 미국의 접근을 이해하는데 중요 검토 대상이 된다.

현대 인권 연구는 국외 학계에서 상당 수준으로 연구가 축적되어 왔다. 반면에 국내 연구로는 미국의 외교정책사 또는 한미관계 부문에서 카터행정부의 인권정치를 검토했거나[8] 또는 국제사회 비정부기구 중심의 인권운동 등장 배경과 운동성격, 특징 등을 다룬 선행연구들이 있다.[9] 특히 이주영의 연구는 1960년대 이후 냉전의 성격 변화와 비정부 인권기구들의 등장이 국제사회 인권논쟁 확산에 미친 영향과 성격을 분석적으로 접근해 본 연구에 유의미한 선행연구가 되었다. 이외에도 포드정부기 미국의 대한정책 연구, 닉슨·포드 정부의 대한군사원조 변화 등을 다룬 선행연구도 본 연구에 도움이 되었다.[10] 1973년 이후 미 의회의 인권쟁점화와 한국 인권문제 논쟁을 본격적으로 다룬

8 1970년대 미국의 인권외교에 대해서는 홍득표, 「미국의 인권정책」, 이범준 외 저, 『미국 외교정책-이론과 실제』, 박영사, 1998; 김봉중, 「전환기 미국외교와 카터 인권외교 등장」, 『미국사연구』 17, 한국미국사학회, 2003; 박원곤, 「카터의 인권외교와 한미관계-충돌, 변형, 조정」, 『역사비평』 129, 역사비평사, 2019 등 참조.

9 이주영, 「1970년대 미국 인권정치의 등장」, 『미국사연구』 46, 한국미국사학회, 2017; 이주영, 「국제 인권정치와 냉전의 균열-트랜스내셔널 인권단체들의 활동을 중심으로」, 『서양사론』 135, 한국서양사학회, 2017 등 참조.

10 박원곤, 「미국의 대한정책 1974~1975-포드 행정부의 동맹정책 전환」, 『세계정치』 14, 2014; 엄정식, 「닉슨-포드 행정부 시기 대한군사원조 변화와 박정희 정부의 대응」, 『한국군사학논집』 69, 육군사관학교 화랑대연구소, 2013, 69쪽.

연구는 아직까지 없어 본 연구는 시론적으로 읽히는 것이 타당하다. 이상의 문제의식을 토대로 본문은 다음의 내용들로 구성하였다. 첫째, 1973년 미국 대외원조법(Foreign Assistance Act) '인권수정안'의 등장과정을 의회와 행정부 관계에서 설명하였다. 둘째, 1974년 미 의회에서 진행된 한국 인권문제 청문회 배경에는 유신체제 수립 이후 한국 인권상황에 대한 현지 정보보고와 현장 증언이 중요했다. 여기에는 비정부기구로 미국교회 아시아 개발선교에 참여한 미국인 선교사들의 월요모임의 '정보보고서(Fact Sheet)'를 중심으로 에큐메니컬 선교기구들의 한국 인권문제 여론 형성을 미 의회관계로 설명하였다. 셋째, 1974년 미 의회에서 전개된 한국 인권문제 청문회 내용에서 중요 증언들을 토대로 검토하였다. 이를 통해 베트남전 종결 이후 미 의회에서 인권쟁점과 군사원조 연계 논의는 냉전기 미국의 동아시아 지역 안보 유지전략과 정치 자유화 유도의 딜레마적 요소로 접근하였다.

2. 베트남 전쟁과 미 의회 내 한국 인권문제 등장

1) 대외원조법(Foreign Assistance Act) '인권수정안'과 군사원조문제

냉전기 미국의 대외정책에서 인권문제는 일반 외교사안 또는 군사문제와 비교할 때 거의 주목받지 못했었다.[11] 냉전 초기인 1950년대 미국 대외정책에서 국가 비준 조약 시 인권문제는 각국의 주권사항으

11 William P. Avery · David P. Forsythe, *Human Rights, National Security, and the U.S. Senate: Who Votes For What, and Why*, International Studies Quarterly, vol.23 no.2, June 1979, p.304.

로 '국내 사법권'불개입 원칙을 결정한 이후 이 기조는 1970년대까지 유지되었다. 미 의회가 피 원조국 정치상황을 인권문제와 연계해 대외원조법 수정조항으로 포함시킨 것은 1973년이다.[12] 1973년 1월 27일 파리평화협정으로 진흙 수렁의 베트남전에서 빠져나온 직후 미 의회는 아시아 독재국가들에 대한 미국의 군사원조 실효성을 문제 삼고 피 원조국 정치상황을 고려한 대외정책 재검토 필요성을 제기했다. 여기서 피 원조국 정치상황이란 권력집단의 부정, 부패, 인권탄압, 정치 억압성 등 전반적으로 권위주의 국가의 정치자유화 쟁점들과 관련된다.[13] 그리고 미 연방의회는 1973년 12월 17일 제임스 어브레즈크(James G. Abourezk, 사우스 다코다, 민주당) 상원의원 주도 하에 피 원조국 정치상황을 고려한 대외원조법 32조 수정안(Amendment no.1552, Section 32, 이하 '32조 수정안')을 통과시켰다.[14] 32조 수정안은 "정치적인 목적으로 자국 국민을 억류하거나 수감하는 외국 정부에 대해 미 대통령은 경제적 또는 군사적 지원을 거부해야한다"는 내용이 핵심이다. 이 수정안은 일종의 '정치범'조항으로 비록 법적 강제력은 없으나 피 원조국 정치상황을 조건으로 미 의회가 군사원조 거부 조항을 결의한 점에서 의미 있는 전환이다.[15] 워터게이트 사건으로 다수의 대통령

---

12 "Amendment of the Foreign Assistance Act-Amendment No. 1552." *Congressional Record-Proceedings and Debates of the 93th Congress, Second Session* (no.104), July 15, 1974.

13 William P. Avery · David P. Forsythe, *ibid*, p.304, p.306.

14 "Executive Branch Action on Section 32," Testimony of Robert S. Ingersoll(Assistant Secretary of State for East Asia and Pacific) in House Foreign Affairs Committee, June 13, 1974.

15 Statement of Senator James Abourezk before the Senate Foreign Relations Committee, July 24, 1974. 이 글에서 어브레즈크는 1973년 미 의회에서 대외정책과 인권문제 연관

탄핵 결의안들이 통과된 상황에서 닉슨대통령은 1974년 1월 2일 이 인권수정안에 서명했다.[16]

인권수정안에 대한 행정부 대응책으로 1974년 4월 4일 미 국무부는 68개 피 원조국 미 대사관을 대상으로 '32조 수정안'의 해설을 포함해 해당국 내 정치범 수감 현황 등을 묻는 내용의 전보를 4월 24까지 회신 조건으로 발송했다.[17] 1974년 6월 14일 하원 외교위원회에 출석한 국무부 동아시아 태평양 차관보 로버트 잉거솔(Robert S. Ingersoll)은 국무부 발송 전보의 구체적인 내용을 상세히 보고했다. 국무부 전보에는 1) 전보 발송의 계기 설명, 2) Section32 내용 요약, 3) 정치범 정의에 대한 설명으로 '(수정안에-논자)정치범의 정의는 내려져 있지 않음'을 명시한 뒤 (a) 유엔 세계인권 선언 제9조의 의미에서 개인이 체포, 구금 또는 수감되었는지 여부/ (b) 법에 의해 또는 실제로 구금, 체포된 경우 (1) 적절한 고발 및 재판과 관련된 「세계인권선언」 10조 및 11조에 따른 권리 박탈 여부, (2) 사상과 양심의 자유, 의사 및 표현의 자유, 집회와 결사, 정치참여 등 기본적인 정치 자유와 관련된 제18조, 제19조, 제20조 및 제21조 등을 준거로 제시했다.[18] 전보는 미 의회 수정안 결의를 '유엔헌장의 인권과 기본적 자유 증진 정신에 대한 모든 회원국들의 의무 이행'접근으로 설명했다. 덧붙여 각국 대사관은 해당 국가

수정법안 2건의 발의자가 자신임을 밝히고 있다.

16 1974년 초 하원 대외 원조 법안 청문회에 출석한 잉거솔은 '32조항' 이행 정도를 묻는 프레이저 의원의 질문에 '아는 바가 없다'고 대답한 바 있다. Statement of Senator James Abourezk before the Senate Foreign Relations Committee, July 24, 1974.

17 "Executive Branch Action on Section 32," *ibid.*

18 *ibid.*

정치범의 정도와 성격을 평가하고 이것이 해당국에 대한 미국의 군사 원조에 미칠 영향을 객관적 입장에서 평가할 것과 수정안에 대한 해당 국가 정부의 반응을 보고하도록 별도의 지시를 내렸다.[19] 국무부의 별도 지시는 의회의 인권수정안에 대한 행정부의 민감한 반응이 반영된 것으로 이해된다. 주한 미국 대사관은 4월 23일 보낸 회신에서 한국의 최신 긴급 조치 상황을 알리고 "32조 맥락에서 워싱턴이 한국 내에 정치범의 존재 여부를 정의하는데 가장 좋은 위치에 있음"이라 보고했다. 잉거솔 차관보의 하원 보고 시점은 6월 13일 기준으로 약 60개국 대사관으로부터 국무부 회신이 접수되었다. 그리고 같은 날 하원에서 잉거솔은 "한국의 인권(Human Rights in Korea)"을 주제로 유신헌법과 긴급조치 등 한국의 정치상황을 상세히 보고했다.[20]

1974년 8월 9일 닉슨의 뒤를 이은 포드 행정부에서도 대외정책 결정에서 인권문제는 군사·경제요인보다 우선대상이 아니었다. 1969년부터 1974년까지 미 행정부 내 인권관련 부서는 1인 담당관 배속으로 주로 UN 인권관련 사항을 청취하는 일을 맡고 있었다. 앞서 국무부 발송 전보가 '정치범'의 정의를 유엔헌장을 기준으로 제시한 것도 이 맥락에서 해석된다.[21] 이 시기 미 행정부와 의회의 인권문제 접근은

---

19 *ibid.*

20 "Human Rights in Korea," Testimony of Robert S. Ingersoll, House Foreign Affairs Committee, June 13, 1974.

21 의회의 인권공세에 직면해 포드 행정부는 1975년 1월 국무부 내에 인권문제 조정관(Coordinator for Human Rights)으로 제임스 윌슨(James Wilson)을 임명하고, 세계 각 지역별 인권담당 특별보좌관들을 지명했다. Department of State Airgram, Subject: Human Right, January 17, 1975, RG 59 General Records of The Department of State, Human Rights Subject Files, 1975, Box.3, p.95: Telegram from secretary washdc to embassy manila·seoul, June 24, 1975, *ibid.*; 제프리 D. 메리트, 「일방적인 인권중재:

일본 전문가 에드윈 라이샤워(Edwin O. Reischauer)의 표현처럼 군사개입의 전략적 목표와 미국적 민주주의·도덕적 이상 간 갈등의 측면이 있다.[22] 1974년 7월 24일 상원 외교작전 및 세출위원회(the Senate Subcommittee on Foreign Operations of the Appropriations Committee)에 출석한 키신저는 미국의 대외정책 수행에서 국가이익 우선의 행정부 방향을 다음과 같이 발언했다.

> The United States had decided "to authorize economic assistance even when we would not recommend the actions of the government of south korea", because "where we believe the national interest is at stake, we precede even when we do not approve".

같은 날 상원 외교위원회에 출석한 제임스 어브레즈크는 칠레, 우루과이, 한국, 남베트남, 인도네시아, 필리핀, 우루과이, 브라질 등 미국의 피 원조국들의 심각한 인권억압 현실을 국무부가 축소, 은폐하거나 묵인해온 것을 높은 강도로 비판했다.[23] 그리고 1974년 10월 미

닉슨, 포드, 카터하에서의 미국의 실천」, 데이비드 D. 뉴섬 편, 김계수 역, 『미국의 人權外交』, 탐구당, 1984, 83쪽.

22 Edwin O. Reischauer, “The Korean Connection”, *New York Times Magazine*, Sept. 22, 1974, p.3. 미국 선교사 부모를 배경으로 1910년 도쿄에서 출생한 라이샤워는 제2차 세계대전 당시 미 정보장교로 참전해 국무부 특별보좌관으로 복무했고 케네디 행정부에서 주일대사(1961~1966)를 거쳤다. 하버드대 옌칭연구소에서 아시아문제 전문학자로 오랫동안 활동하면서 미국 정관계에 일본과 아시아 관계로 많은 영향을 미쳤다. 1970년대 이후 김대중의 자유민주주의 정치이념에 공감·연대했고, 박정희 유신정부에 비판적이었다.

23 Statement of Senator James Abourezk Before the Senate Foreign Relations Committee, July 24, 1974, 국사편찬위원회 국외사료-『한국관련 미국의회 기록』(CDM006_01_

의회는 대외원조법 제2부 제1장(Chapter 1 of part II) Sec.502(Military Assistance 조항)에 'Section 502B(인권조항)'를 추가한 인권수정안을 결의했다.[24] 1975년 이후 행정부와 의회 간에 인권정책을 둘러싼 본격적인 공방의 계기인 'Section 502B'의 핵심 내용은 아래와 같다.

> Sec 502B. 인권(Human Rights)- (a) 특별한 상황(in extraordinary circumstances)을 제외하고 미 대통령은 고문이나 잔인한, 비인도적이거나 굴욕적인 대우를 포함해 국제적으로 인정된 인권에 대해 일관된 패턴으로 비인간적이거나 굴욕적인 대우 또는 기소 없는 장기 구금 또는 생명권, 자유 및 개인의 안전에 대한 기타 명백한 거부 등 중대 위반을 계속하는 모든 정부에 대해 보안 지원을 실질적으로 줄이거나 종료해야한다는 것이 의회의 판단이다.
>
> (b) (a)항의 규정에 해당하는 정부에 보안 지원을 제공해야 할 경우 대통령은 지원이 필요한 특별 상황에 대한 의회에 설명해야 한다.
>
> (c) 정부가 (a)항 규정의 해당 여부를 결정할 때 타당한 국제기구-국제적십자위원회 및 UN 또는 미주 기구의 권한 하에 활동하는 모든 기구 포함-에 의해 국제적으로 인정된 인권침해 혐의에 대해 방해받지 않는 조사를 허용하는 데 있어 해당 정부의 협력을 얻을 수 있어야 한다.
>
> (d) 이 섹션의 목적 상 안보지원(security assistance)은 part 2장(군사지원) 또는 4장(보안 지원)에 따른 지원, 5장(인도 차이나 전후 재건) 또는 6장(중동 평화)에 따른 외국군 판매법에 따른 판매, 또는 공공 안전을 위한 지원을 의미한다.[25]

00C0189).

24 1974년에 수정된 1961년 대외원조법(FAA) '인권조항(Sec.502B)' 관련은 『Congressional Record』(Oct.2, 1974, p.33513), 『Congressional Record』 (Dec.11, 1974, p.39133 이하), 『Congressional Record』(Dec.17, 1974, p.40516) 등 참조.

25 Security Assistance and Human Rights, RG 59 General Records of The Department

알랜 크랜스턴(Alan Cranston, 캘리포니아 주, 민주당) 상원의원 주도하에 통과된 인권수정안 'Sec.502B'는 의회가 행정부와 백악관의 대외원조 정책을 실질적으로 견제 또는 제한할 수 있는 장치란 점에서 중요하다. 행정부 입장에서는 (a)항의 '특별한 상황(in extraordinary circumstances)'의 예외조건과 (d)항의 '안보지원'의 경우에 한해 군사원조가 가능할 것인데 이 경우도 의회에 입증절차를 거쳐야 한다. 'Sec. 502B'조항은 1975년 사이공 함락 이후 의회의 '국가별 인권 보고서' 제출 요구와 국무부의 지연 공방의 배경이 된다. 그리고 그 출발은 1974년 10월 4일 82명의 상하의원들이 키신저 국무장관에게 보낸 항의 서한에서 확인된다. 닉슨 행정부에 이어 포드정부에서도 국가이익, 힘의 균형을 강조한 현실주의 노선의 키신저 국무장관에 대해 의회는 'Section 502B' 조항을 근거로 다음과 같은 내용을 강조했다.

> …특별한 상황이 없는 상황에서(In the absence of extraordinary circumstances), 군사력은 민간인에 대한 정부 통제 행사와 직접적으로 관련됩니다. 특히 억압정부에 대한 군사원조 유지가 미국의 장기적인 외교 정책에 이익이 될 것이라 생각하지 않습니다. …
>
> 미국의 대외 원조 정책, 특히 군사 원조 정책이 인권 증진을 위한 미국인들의 전통적인 약속을 더 확실히 반영하지 않는 한, 대외원조법 지지에 미국 유권자들의 정당한 참여는 점점 더 어려워질 것입니다. 그리고 자국민들을 권위적으로 대하는 권력과 정책들에 우리는 더 이상 관여하길 원치 않습니다. 타국민이더라도 우리는 곤경에 처한 사람들의 상황에 더 기울여야 하며 그들의 억압 정부와 일치되기를 거부합니다.[26]

---

of State, Human Rights Subject Files, 1975, Box.3, pp.98~99.

앞의 'Sec.32' 수정안을 발의했던 제임스 어브레즈크 상원의원을 포함해 82명의 의원 명단에는 상원 8명/하원 74명, 공화당 9명, 민주농민노동당(Minnesota DFL) 1명이 포함되어 있다.[27] 편지는 권위주의 국가들에 대한 고문 및 자의적 체포·구금 방지, 정치자유의 임의 제한 금지 등 기본인권 준수 조항을 강조해 국무부의 안보기조 중심의 대외정책을 비판했다.

2) 월요모임의 정보보고서(Fact Sheet)와 비정부 인권기구들

1970년대 이후 세계 냉전의 변화 흐름과 인류 공존과 평화유지의 국가 경계를 넘는 지구적 문제들의 등장은 비정부 국제기구들의 출현과 연대운동을 확대시켜왔다.[28] 특히 현대 인권개념 확산에서 비정부 인권기구들은 정보수집, 수집된 정보 분석을 통해 정부 또는 국가, 국제기구를 상대로 인권기준을 채택하거나 채택된 기준을 적용하도록 설득하거나 압박여론을 형성한다.[29] 유신시기 한국 정치상황과 인권현실을 미국 의회 및 정관계에 알려 미국의 대한정책에 영향을 미치도록 여론 형성을 주도한 비정부기구들의 역할이 중요했다. 한국 주재 외국인 선교단체(월요모임), 세계교회 에큐메니컬 선교본부, 미국교회

26 "Dear Mr. Secretary, The Honorable Henry A. Kissinger," Oct 4, 1974.

27 서명자 중 공화당 의원은 Edward G. Biester Jr.(펜실베니아, 하원), John Dellaenback (오리곤, 하원), Edwin B. Forsythe(뉴저지, 하원), Bill Frenzel(미네소타, 하원), Gilvert Gude(메릴랜드, 하원), Margaret M. Heckler(메사추세츠, 하원), Stewart B. McKinney (코네티컷, 하원), Howard W. Robinson(뉴욕, 하원), Charles W. Whalen, Jr.(오하이오, 하원) 등이며, 소수당인 민주농민노동당(DFL)은 John A. Blatnik(미네소타)이다.

28 1970년대 냉전의 변화와 국제 인권기구들의 활동에 대해서는 이주영, 앞의 논문, 2016 참조.

29 데이비드 포사이드(David Forsythe) 지음, 앞의 책, 212~213쪽.

소속 각 교단본부, 한국문제 관련 비영리 연구기관 등을 들 수 있다. 1970년대 한국 거주 미국인 선교사들은 사회선교 활동 외에 한국의 정치· 경제, 사회현실 및 인권상황 등 각종 정보를 수집, 분석해 선교본부로 알리는 역할을 담당했다. 유신시대 정치상황에 대한 일상적 정보보고는 주한 미국인 선교사 그룹인 월요모임에서 수집·분석된 정보보고서(Fact Sheets)를 통해 전달되었다.[30] 이 정보를 토대로 선교본부는 미국의 대외정책에서 제3세계 정치자유화 문제제기에 근거로 활용했다. 아래에서 월요모임의 '흩어진 활동'에 주목할 필요가 있다.

1. 정치범관련 활동(구속자 재판 참가, 구속자가족 만남 및 후원, 생활비 모금 및 지급, 고문관련 사실관계 확인 등), 2.기도모임과 예배(목요기도회와 갈릴리교회 예배 참석), 3. NCCK와 KSCF, 도시산업선교회 관련자들과 회합, 4. 해외 방문자들과 한국인들의 만남 주선(기자들, 세계교회 임원들, 정부관계자 등), 5. 정부와 관련된 인사들에게 서신발송(주한미대사, 주미한국대사, 상하의원, 대통령, 국무부 관료들), 6.정보문건을 위한 자료 수집, 복사, 번역 및 준비작업, 7. 정보보고서(Fact Sheet)의 조사, 작성 및 복사, 8. 인편으로 해외 자료를 수집, 9. 월요모임 '서류철'정리(민주화 인권 관련 투쟁 자료 수집, 정리), 10. 동료 선교사들과의 관계(비정치적 선교사들과의 관계 대응), 11.수배자 은신처 마련, 12. 시위 등 항의집회 참

30 본 연구는 1970년대 이후 월요모임이 수집 정리한 문서 'Fact Sheets'의 기능과 역할을 강조해 '정보보고서'로 의역하였다. 한국 정치 자유화·민주화 이행에서 중요 행위자인 월요모임에 대해서는 향후 다양한 연구가 필요하다. 월요모임은 1968~1969년 3선 개헌반대운동에 대한 폭력 진압을 목격한 미국인 선교사들의 '50인 모임'에서 출발했다. 1970년대 초 주1회 정기모임인 '월요모임'으로 확장했고, 외국인에 한해 회원자격에 제한이 없었으며 신변보호 상 한국인의 회원자격은 배제되었다. 1970년대 월요모임에 정규 참석자 명단은 랜디 라이스(Randy Rice), 「고립에서 연대로」, 『시대를 지킨 양심』, 짐 스탠츨 엮음, 민주화운동기념사업회, 2007, 74~77쪽 참조.

가, 13. 기타 활동.[31]

유신체제의 폐쇄조건에서 주한 외국인 선교사들의 '흩어진 활동'은 종교 활동 이상으로 정치영역을 넘나드는 민간 외교 영역을 포괄하고 있다. 현재까지 확인 가능한 월요모임의 정보보고서(Fact Sheet) 주제는 아래에서 확인할 수 있다(1973~1976년 한정).

〈표 1〉 월요모임 정보보고서(Fact Sheet)

번호	일자	주제
F.S.#1	Oct. 1, 1973	Repression Brings Response: The Case of Rev. Hyung Kyu Park
F.S.#2	Oct. 14, 1973	Students Demonstrate Against Repressive Regime
F.S.#3	Nov. 5, 1973	The Dissidents Who Weren't Arrested, and Those Who Were.
F.S.#4	Jan. 1, 1974	Government Promotion of Prostitution
F.S.#5	Feb. 20, 1974	The "Yushin" Constitution of South Korea and its Consequences
F.S.#6	Mar.31, 1974	A Struggle for Life:Urban Industrial Mission in Korea
F.S.#7	May 15, 1975	The Death Penalty for Korean Youth
F.S.#8	July 3, 1974	American in Korea Appeal to Congress
F.S.#9	July 20, 1974	"And For This I Must Die?"
F.S.#10	Sep.20, 1974	"Time Have Changed"-or Have They?: Korea-Japan Relations
F.S.#11	Sep.23, 1974	They're Under Sentence of Death
F.S.#12	Oct.28, 1974	Letter to President Ford: From Mothers of Political Prisoners

31 랜디 라이스, 앞의 글, 80~81쪽.

F.S.#13	Nov.13, 1974	The Korean Connection
F.S.#14	Dec.15, 1974	President Ford Visits Korea
F.S.#15	Dec.?, 1974	Twenty Years of Faithful Missionary Service Ends in Deporation: The Case of the Rev. Geoge E. Ogle.
F.S.#16	Jan.7, 1974	A Missionary's Last Sermon Far Eastern Economic Review
F.S.#17	Feb.?, 1975	The Proposed National Referendum
F.S.#18	Dec.9, 1974	The Struggle Continues
F.S.#19	Mar.?, 1975	Released Prisoners Vow to Continue Fight National Council of Churches in Korea
F.S.#20	Mar.20, 1975	Recommendations to Human Rights Committee on Foreign Affairs regarding Violation of Human Rights in the Republic of Korea
F.S.#21	Apr.13, 1975	News From Korea
F.S.#22	Apr.20, 1975	Eight Men are Executed in South Korea
F.S.#23	Apr.28, 1975	Efforts to Crush the Church are Escalated
F.S.#24	July 1, 1975	Kim Chi Ha, The Imprisoned Poet 24 Catholic & Protestant Missionaries in the R.O.K
F.S.#25	Oct.10, 1975	Appeal on Behalf of Kim Chi-Ha Friends of Kim Chi-Ha
F.S.#26	Nov.18, 1975	South Korea's Desperate Prospect Richard A. Falk
F.S.#27	Mar.1, 1976	Sarang-Pang Church:An Example of Religious Freedom in the R.O.K
F.S.#28	Mar.30, 1976	Independence Day in Korea
F.S.#29	Apr.30, 1976	Galilee Church
F.S.#30	Aug. 1976	A Letter To Friends Around the World Ham Sok-Hon
F.S.#31	July, 1976	The Story of the Victory Shawl The Wives of the March 1st Incident
F.S.#32	Oct.10, 1976	Reflections on U.S.-Korea Relations

월요모임의 최초 보고서 작성시기가 1973년 10월 1일로 '남산부활절사건'(1973.4)을 유신정부의 종교탄압으로 분석해 미국교회에 전달한 것은 이 시기 미 의회의 한국문제 접근과 무관하지 않다. 대체로 보고서는 2쪽에서 10쪽 내외 분량이며 현안보고/정보분석/일지/언론기사 등이 포함되어 있다. 공통으로 향후 행동계획(「What can we do?」, 「Suggestions for What You Can Do」)으로 '기도요청/후원모금/현안 관련 국제기구 및 정관계 서신발송' 등을 적시했다.[32] 실례로 F.S #20의 경우 미 의회에서 개최된 한국 인권문제 청문회를 직접 다루어 이 시기 정보보고서의 역할이 가늠된다. 세계교회 본부의 역할은 선교사들의 현장보고서 보다 압박수위가 더 높고 직접적이다. 1974년 8월 11일부터 18일까지 열린 WCC 제27차 중앙위원회는 한국과 필리핀 두 국가의 인권 침해, 정치자유억압에 다음과 같은 결의안을 채택했다.[33]

1. 한국과 필리핀 양국 정부에 인권침해로 투옥된 정치범들의 석방
2. WCC회원교회들에 이 두 나라 상황에 대한 모든 활용가능 정보 확산
3. 두 나라에 교회지도자들로 구성된 대표단 파견, 정부대표와 협의
4. 필요할 경우 CCA가 액션을 취할 것. 아시아 지역 회원 교회들, 지역 에큐메니컬 기구들과 협의

32 서신발송 대상으로 엠네스티 인터내셔널, 청와대, 백악관, 미국무부, 미 의회 등이 포함되어 있다. 현재 국내에서 확인 가능한 월요모임의 정보보고서는 1981년 이후 미국에 소재하던 것을 지난 2003년 린다 존스 여사에 의해 한국으로 이관되었다.

33 "Minutes of the Twenty-Seventh Meeting," World Council of Churches Central Committee, Berlin(West), 11-18 August 1974, RG 59 General Records of the Department of State, Office of the Deputy Secretary. Office of the Coordinator for Humanitarian Affairs. Human Rights Subject Files, 1975. Box3, p.98.

5. 기독교 네트워크 안의 모든 기독교인들에 대한 지속적인 연대, 지원 확인

미 의회에서 한국 인권문제 청문회가 진행 중인 1974년 8월 세계교회 중앙위원회가 인권탄압국 정부와의 직접 협의를 결의한 것은 유신정부에 대한 직접 압력일뿐만 아니라 미국 내 여론형성에 무게가 더 실린 결정으로 볼 수 있다. 1974년 10월 13일 미국기독교교회협의회(NCCCUSA) 집행부가 미국의 대외원조와 인권문제를 연계한 결의안 「Resolution on Human Rights and United States Foreign Aid」을 채택해 "미국의 안보를 위한 길이라도 미국 시민의 세금이 해외 국민 탄압의 희생에 의한 것이라면 허락할 수 없음"을 결의한 것도 같은 맥락이다.[34] 결의안은 특히 브라질, 칠레, 필리핀, 한국 등 인권탄압 국가들을 규탄하고 미 대통령, 의회, 국무부를 대상으로 대외원조법 'Sec.32 수정안'에 근거해 이들 국가들에 대한 즉각적인 군사·경제원조 연기를 권고했다.

베트남전 종전 이후 미 의회와 비정부 인권기구들이 제3세계 권위주의 국가들의 인권문제에 대해 군사원조 삭감 또는 유보 논의를 확장시키는 것과 달리 이 시기 미 행정부와 백악관은 안보기조를 유지했다. 닉슨의 뒤를 이은 제럴드 포드 대통령은 1974년 11월 22~23일 한국을 공식 방문해 유신정부에 대한 미국의 지지를 재확인했다. 11월 22일

34 NCCCUSA, "Resolution on Human Rights and United States Foreign Aid," October 13, 1974, RG 59 General Records of the Department of State, Office of the Deputy Secretary. Office of the Coordinator for Humanitarian Affairs. Human Rights Subject Files, 1975. Box3, pp.102~103.

청와대에서 열린 한미 정상회담에는 한국 정부 대표로 박정희 대통령, 김종필 국무총리, 김동조 외무장관, 함병춘 주미 한국대사, 김정렴 대통령 비서실장이 참석했고, 미국 측에서는 제럴드 포드 대통령을 포함해 헨리 A. 키신저 국무장관, 필립 하비브(Philip C. Habib) 동아시아태평양 차관보, 리처드 스나이더(Richard L. Sneider) 주한 미대사, 브렌트 스코크로프트(Brent Scowcroft) 미 공군 중령 등이 참석했다. 회담은 포드 방한 직전인 11월 15일 군사분계선 남쪽 1.2km지점에서 발견된 '제1땅굴'을 화제로 북한의 호전성과 전쟁위협 등 안보 논의 중심으로 진행되었으며[35] 포드 대통령은 한국전쟁 이후 굳건한 한미 동맹의 재확인과 미국 행정부 교체가 북한에 오판을 주지 않기 위한 것임을 강조해 유신정부를 안심시켰다.[36] 이 발언에서 포드 대통령은 자신의 기대만큼 미 의회가 협조적이지 않은 사실을 말하고 적절한 군사 및 경제 원조가 동맹국은 물론 미국 이익에 최선임을 의회에 촉구할 것을 약속했다. 포드 방한을 앞둔 10월 31일 미국 내 개신교 연합 기구(미연합장로교 및 기독교 교육위원회, 국가 선교위원회, 에큐메니칼 선교 및 관계위원회 등)는 포드 대통령 방한 결정에 유감을 표명하고 다음의 세 가지 사항을 요청했다. 1. 포드 방한이 박정희 억압 정책에 대한 지지 표명이 아님을 미국 국민에게 확인시켜 줄 것, 2. 한국의 정치범 석방 및 언론 자유에 대한 박정희 대통령의 보증을 공식적으로 받아줄 것, 3. 현재

---

35 Memorandum of Conversation(The Blue House, Seoul, Korea), November 22, 1974, Memoranda of Conversations, 1973-1977, Ford, Kissinger, South Korean President Park Chung-Hee, Selected Historical Materials in the Gerald R. Ford Library Relating to Korea: National Security Adviser Files, 1974-1978.

36 "Ford, Kissinger, South Korean President Park Chung-Hee," November 22, 1974, *ibid,* p.7.

수감 중인 종교지식인들(지학순 주교, 박형규 목사, 김동길 교수, 김지하 등), 그리고 한국의 자유민주주의 지도자들과 면담 요청 등이다.[37] 동일한 맥락에서 주한(駐韓) 신구교 선교사 62명은 포드 방한에 앞서 주한 미 대사관을 통해 한국 인권문제를 다룬 서한을 백악관에 전달해 줄 것을 요청했으나 리처드 스나이더 대사는 "인권문제는 국내 문제로 미국은 다른 나라 내정에 간섭할 권리가 없다"는 이유로 발송을 보류시켰다.[38]

3. 한반도 냉전과 분단 인식: 냉전자유주의적 접근

1) 미 의회 한국 인권문제 청문회와 현장조사, 그리고 증언자들(1974)

1970년대 미국사회에서 베트남전의 학습효과는 크고 즉각적이었다. 1972년 9월 필리핀 마르코스 정권의 계엄선포, 연이은 10월 박정

---

37 "Dear President Ford," October 31, 1974, continuing the work of the board of Christian Education, Board of National Missions and the Commission on Ecumenical Mission and Relations. 편지는 한국의 자유민주주의 지도자들로 김수환 추기경, 김관석 목사, 함석헌, 윤보선 전대통령, 김영삼·김대중, 이우정, 이태영, 이화여자대학교 김옥길 총장 등 여성 지도자, 언론계 천관우, 선우 휘 등을 거명했다. 이 편지 서명자들은 Pharis Harvey(목사, East Asia Working Group, 미국기독교교회협의회), Fred Hoffrichter(목사, Center for Social Action, 미 그리스도교연합교회), 임창영 박사(한국민주화 인권위원회), 김병서 교수(뉴욕 한국인권 협회), 김경순 교수(한국구제기금), 이승만 박사(미연합장로교 프로그램 담당), 임순만 교수(뉴욕 한인 기독자협의회), 선우학원 교수(한국기독자교수협의회), Ms. J. C. White(미 그리스도교연합교회), Dr. Herman Will(미 감리교 연합회 워싱턴 지부), 유기홍(한국민주회복통일촉진 국민회의) 등이다.

38 Hearing before the Subcommittee on Asian and Pacific Affairs and on International Organizations and Movements of the Committee on Foreign Affairs, House of Representatives, Friday, Dec. 20, 1974. p.72.

희 정부의 계엄선포와 유신체제 수립, 1973년 9월 미국의 남미제공 식량원조의 80%를 차지하는 칠레에서의 군사쿠데타 등 미국의 군사원조를 받는 제3세계 개발도상국들의 연속적인 군사주의 강화에 미 의회와 국민들, 특히 여론 주도층들은 미국의 대외정책에서 도덕성 회복과 인권정책에 관심을 고조시켰다.[39] 1975년 4월 사이공 함락 전후 미 의회는 행정부의 안보·군사위주, 군사개입전략을 비판하고 미국의 피 원조국 중 제3세계 권위주의 국가들의 정치 자유화를 유도함으로써 안보불안 요인의 제거를 주장했다. 닉슨에서 포드, 카터행정부까지 1970년대를 통틀어 하원 국제기구소위원회를 통해 총 150여 회 인권청문회가 개최되었고 대상 국가도 40여 개 나라에 달한다.[40] 의회는 1973년 'Sec.32 수정안'('정치범'조항)과 1974년 'Sec.502B 수정안'을 토대로 미국의 대외정책에서 원조문제와 인권쟁점을 연계한 입법 활동을 지속적으로 전개했다. 워터게이트 사건으로 행정부에 대한 도덕적 불신이 극대화 된 것도 중요 요인이 된다. 제93차~94차 미 의회(1972~1976)는 민주당이 다수를 차지했고 중요 상임위원회 위원장도 민주당 몫으로 정부 정책에 구체적인 비판이 가능했다. 여기에 비정부 기구들의 군사원조 중심의 행정부 대외정책 비판과 인권강화 주장 여론도 중요했다.

달리 접근해보자. 1970년대 미 의회 의원들의 대부분은 20대 또는 30대에 제2차 세계대전 참전 경험이 있었고 그 중 일부는 한국전쟁에

39 Donald M. Fraser, "*Human Rights and U.S. Foreign Policy: Some Basic Questions Regarding Principles and Practice*," International Studies Quarterly, vol. 23 No.2, June 1979, pp.175~176.

40 *Ibid*, p.178.

도 참전했던 냉전 보수주의자들인 경우가 많았다. 이들은 미국의 도덕적 예외주의 정서에 익숙했고, 제3세계 개발도상국들에 대한 문명적 우월의식을 공유했다. 제2차 세계대전 이후 미국 중심의 국제 질서 구축에 대한 냉전적 엘리트 의식까지 고려하면 미 의회의 자유주의 접근의 성격과 한계요인도 분명했다.[41] 즉 베트남전이 미국사회에 미친 다양한 스펙트럼 가운데 미 의회에는 동아시아 군사개입전략의 실효성에 대한 문제제기이자 남베트남과 같이 권위주의 국가 내부의 정치적 억압성을 자유화 조치로 완화시켜 미국의 동아시아 지역안보의 실질적 유지와 국가이익을 도모해야 한다는 자유주의적 접근논리가 형성된다. 베트남전 학습의 직접 적용 대상이 된 것이 한국의 유신체제와 인권문제이다. 베트남 패망 직후 '다음은 한반도가 될 것'이란 위기론이 팽배한 가운데 1974~1975년 미 하원 외교위원회와 국제관계위원회를 중심으로 한국 인권문제 청문회가 집중 개최되었다. 1차 청문회는 1974년 7월 30일부터 12월 20일까지 총 3차례 진행되었고, 2차 청문회는 사이공 함락 이후 1975년 5월 20일부터 6월 24일까지 총 5차에 걸쳐 개최되었다. 1차 청문회 주제는 "Human Rights in South Korea: Implications for U.S. Policy"로 아래의 표에서 청문회 개최 현황을 확인할 수 있다.

41 신욱희·권헌익 엮음, 「동북아 냉전체제의 형성-사건과 주체성」, 『글로벌 냉전과 동아시아』, 서울대학교출판문화원, 2019, 89쪽.

〈표 2〉 93th 미 하원 한국 '인권문제' 청문회 개최 현황(1974년)[42]

<table>
<tr><th colspan="3">주제: Human Rights in South Korea: Implications for U.S. Policy</th></tr>
<tr><th>주최 위원회</th><th>개최일자</th><th>주요 증언자</th></tr>
<tr><td rowspan="2">하원 외교위원회 산하 국제기구 및 운동 소위원회 & 아시아 태평양 소위원회 공동 청문회 (「Subcommittees on Asian and Pacific Affairs & on International Organizations and Movements of the Committee on Foreign Affairs, House of Representatives」)</td><td>1974. 7.30. 목요일</td><td>-모톤 아브라모비츠(Morton I. Abramowitz, 국제 안보 사무국, 국방부 동아시아 태평양 차관보Deputy assistant secretary of Defense for East Asia and Pacific Affairs, Bureau of International Security Affairs)
-윌리엄 버틀러(William Butler, 변호사/국제앰네스티 옵저버(attorney at law, observer, amnesty international)
-아서 험멜(Arthur Hummel, 국무부 동아시아 태평양 문제 차관보대리,Acting Assistant Secretary of State for East Asian and Pacific Affairs.)
-에드윈 라이샤워(Edwin O. Reischauer, professor, harvard university, former U.S. Ambassador to Japan)</td></tr>
<tr><td>8.5. 월요일</td><td>-페기 빌링스(Peggy Billings, 미연합감리교 세계사역부 여성부 부총무(Assistant General Secretary of the Women's Division, Board of Global Ministries of the United Methodist Church)
-스털링 케리(Dr. Sterling w. cary, 미국기독교교회협의회의장President, National Council of Churches)
-제퍼슨 쿨리지(Coolidge, T. Jefferson, Jr., Bay Orient Holdings Corp., 뉴욕)
-마이클 맥파든(McFadden, Rev. Michael, 성 골롬반선교회st. columban's Foreign mission Society 원주지부)
-로이드 미즈(Meeds, Hon. Lloyd, 하원의원, 워싱턴주)
-에드워드 모펫(Moffett, Rev. Edward Jr., 천주교구라회 서울)
-윌리엄 오리어리(Rev.William O. O'leary Maryknoll Fathers, 뉴욕, 한국선교사)</td></tr>
</table>

42 (B5 2) Human Rights in South Korea: Implications for U.S. Policy. Hearings before the Subcommittees on Asian and Pacific Affairs & on International Organizations and Movements of the Committee on Foreign Affairs, House of Representatives, p.2.

		-그레고리 핸더슨(Gregory Henderson, 터프츠 대학교 법률 및 외교전문 부교수, associate professor, Fletcher school of law and diplomacy, tufts University)
	12.20	-조지 오글(George E. Ogle, 미연합감리교 선교부, 한국 선교사, Board of Missions of the United Methodist Church, missionary to south korea)

하원 외교위원회는 토머스 모건(Thomas Morgan, 펜실베니아, 민주당) 의장을 포함해 40명의 의원(민주당 22명, 공화당 18명)으로 구성되었으며, 청문회 주관기관인 아시아태평양 소위원회(Subcommittee on Asian and Pacific Affairs)는 로버트 닉스(Robert N. C. Nix, 펜실베니아, 민주당) 의장과 11명의 의원(민주당 6명, 공화당 5명)으로, 국제기구 및 운동 소위원회(subcommittee on International Organizations and movements)는 도널드 프레이저(Donald M. Fraser, 미네소타, 민주당) 의장과 10명의 의원(민주당10명, 공화당 10명)으로 구성되었다. 청문회를 실질적으로 이끌어 간 도널드 프레이저는 아프리카를 포함해 제3세계 인권문제에 집중한 인물로 한국에도 잘 알려져 있다.[43] 다음의 표에서 하원 외교위원회 소속 의원명단을 확인할 수 있다.

43 도널드 프레이저는 1942년 미 해군 복무를 시작으로 1944년부터 1946년까지 레이더 장교로 태평양 전투에 참전했다. 1954~1962년 미네소타 주 의회 상원의원을 거쳐 1962년 연방 하원의원에 당선된 뒤 1974년 7선 의원으로 외교위원회 산하 국제기구 및 운동 소위원회 위원장을 맡았다. 국회도서관입법조사국, 『美國議會議員略曆-제94회 聯邦議會』, 1975, 322쪽; “Don Fraser, Ex-Congressman and Minneapolis Mayor, Dies at 95”, *The New York Times*, June 3, 2019.

〈표 3〉 House of Representatives, Committee on Foreign Affairs,93th Congress〉[44]

의장 :THOMAS E MORGAN, Pennsylvania	
민주당	공화당
CLEMENT J. ZABLOCKI, Wisconsin	CARDISS COLLINS, Illinois
WAYNE L HAYES, Ohio	STEPHEN J. SOLARZ, New York
L H. FOUNTAIN, North Carolina	HELEN E. MEINER, New Jersey
DANTE B FASCELL, Florida	DON BONKER, Washington
CHARLES C DIGGS, Jr., Michigan	WILLIAM S. BROOMPIELD, Michigan
ROBERT N. C. NIX, Pennsylvania	EDWARD J. DERWINSKI, Illinois
DONALD M. FRASER, Minnesota	PAUL FINDLEY, Iilinois
JONATHAN B. BINGHAM, New York	JOHN H. BUCHANAN, Jr., Alabama
BENJAMIN S. ROSENTHAL, New York	J. HERBERT BURKE, Florida
LEE E. HAMILTON, Indiana	PIERRE S. DU PONT, Delaware
LESTER L WOLFF, New York	CHARLES W. WHALEN, Jr., Ohio
GUS YATRON, Pennsylvania	EDWARD G. BIESTER, Jr., Pennsylvania
ROY A. TAYLOR, North Carolina	LARRY WINN, JR., Kansas
MICHAEL HARRINGTON, Massachusetts	BENJAMIN A. GILMAN, New York
LEO J. RYAN. California	TENNYSON GUYER, Ohio
CHARLES WILSON, Texas	ROBERT J. LAGOMARSINO, California
DONALD W. RIEGLE, Jr., Michigan	
MARIAN A. CZARNECKI, Chief of Staff	

〈표 4〉 국제기구 및 운동 소위원회
(Subcommittee on International Organizations and Movements)

의장: Donald M. Fraser, Minnesota(D)	
Dante B. Fascell, Florida(D)	H.R. Gross, Iowa
L.H. Fountain, North Carolina(D)	Edward J. Derwinski, Illionis
Benjamin S. Rosenthal, New York(D)	Paul Findley, Illinois
Jonathan B. Bingham, New York(D)	Larry Winn, Jr., Kansas
Ogden R. Reid, New York(D)	Robert J. Lacomarsino, California
Robert B.Boettcher, Subcommittee Staff Consultant *John Salzberg, Special consultant* *Gail Wynn, Staff assistant*	

44 (B5 2) Human Rights in South Korea: Implications for U.S. Policy. Hearings before the Subcommittees on Asian and Pacific Affairs & on International Organizations and Movements of the Committee on Foreign Affairs, House of Representatives, p.2.

〈표 5〉 아시아 태평양 소위원회(Subcommittee on Asian and Pacific Affairs)

의장: Robert N.C.Nix, Pennsylbania(D)	
Lee H.Hamilton, Indiana(D) Lester L. Wolff, New York(D) John W.Davis, Georgia(D) Roy J. Ryan, California(D) Donald W.Reigle, Jr. Michigan(D)	William S. Broomfield, Michigan(R) Vernon W. Thomson, Wisconsin(R) J. Herbert Burke, Florida(R) Pierre S. Du Pont, Delaware(R) Tennyson Guyer, Ohio(R)
Thomas R. Kennedy, Subcommittee Staff Consultant *Gail Wynn, Staff Assistant*	

1974년 1차 청문회 출석 증인들은 세 그룹의 유형화가 가능하다. 첫째 그룹은 현직 행정부 소속 관료들로 미국의 대외정책 기조를 설명하고 의회를 설득하는데 출석 목적이 있다. 모톤 아브라모비츠(Morton I. Abramowitz) 국방부 동아시아 태평양 차관보는 대만, 태국 등 아시아 경제관련 전문 경력을 시작으로 1970년대 국제문제 담당 국방부 차관보와 태평양사령부 정치고문을 맡았다. 아서 험멜(Arthur Hummel) 국무부 동아시아 태평양 문제 차관보 대리는 1920년 중국에서 선교사 가정에서 태어났고 1950년대 외교부 활동을 시작으로 1960년대부터 1970년대 초까지 대만·버마, 에티오피아 주재 미 대사관을 거쳐 국무부 동아시아태평양에 임명됐다. 카터행정부(1976~1977)에서 국무부 동아시아태평양 담당 차관을 역임했다. 둘째, 1970년대 현재 동아시아 지역 전문 학자 그룹이다. 도쿄에서 선교사 아들로 태어난 에드윈 라이샤워는 케네디 정부에서 주일 미 대사를 역임했다. 냉전기 미일동맹관계 형성에 중요 역할을 담당했고 40년 이상 하버드대학교에서 존 페어벵크(John King Fairbank)와 함께 아시아 지역 연구자로 활동했다. 그레고리 핸더슨(Gregory Henderson)은 미군정시기(1948~1950), 주한미 대

사 문정관(1958~1963)으로 두 차례 한국과 인연을 맺은 외교관으로 이 경험을 토대로 저술한 『소용돌이의 한국정치(Korea: The Politics of the Vortex)』(1968)로 잘 알려져 있다. 아시아 지역 전문가들은 동아시아 전통사회에 친숙하며 냉전기 한미일 동맹 형성에 직간접적으로 관계된 인물들로 1970년대 박정희 유신정부에 비판적인 반면에 김대중의 자유민주주의 정치이념에 공감해 그의 미국관계 중요 인맥을 형성했다. 셋째 그룹은 미국교회 및 세계교회, 국제앰네스티 인터내셔널 등 비정부인권기구 관련자들이다. 윌리엄 버틀러(William Butler, 변호사)는 국제앰네스티에서 한국 인권상황 조사 목적으로 파견되어 미 의회 증인으로 참여했다. 미 감리교연합회 페기 빌링스(Peggy Billings), NCCCUSA 회장 스털링 케리(Dr. Sterling w. cary) 등은 미국교회 지도자들로 아시아교회위원회(CCHRA), '한국 인권을 위한 북미주연합(North American Coalition for Human Rights in Korea, NACHRK)' 등 미주지역 한국 민주화·인권 네트워크들을 통해 한국 자유민주주의 회복과 인권운동에 직접 참여했다.[45] 특히 그레고리 핸더슨과 스털링 케리는 1974년 현재 미국 내 저명 학자, 종교인 50여명으로 구성된 비영리 연구기관 '한국인권위원회(Committee On Human Rights in Korea)'에 소속해 한국 인권문제 여론 형성에 영향을 미치고 있었다.[46] 한국 파견 선교사들로 마이클 맥파든(골롬반 선교회), 에드워드 모펫(천주교 나병환자돌봄회), 윌리엄 오

---

45 1970년대 중반 이후 북미주 개신교네트워크의 한국 민주화·인권운동 참여는 고지수, 「1976년 3·1민주구국선언의 '사건화'와 반(反) 유신」, 『역사연구』 37, 역사학연구소, 2019 참조.

46 Letter from 'Committee on Human Rights In Korea' to Mr. President, september 27, 1974.

리어리(메리놀 신부회), 조지 오글(감리교 선교회) 목사들의 현장증언은 교단, 소속 성향에 따라 증언 방향이 다양했다. 1974년 1차 청문회에 이어 미 하원 외교위원회(Committee on Foreign Affairs)는 1974년 12월 26일부터 1975년 1월 8일까지 현지조사팀을 남베트남과 한국에 각각 파견해 인권상황을 직접 조사해 하원 외교위원회에 제출한 바 있다. 청문회 주요 내용과 현장조사 보고서를 통해 1974년 미 의회의 한국 인권문제 접근과 한반도 냉전 인식은 이하에서 살펴보았다.

2) 한반도 냉전의 쟁점과 분단 인식: 안보 vs 인권?

1974년 세 차례 걸쳐 진행된 한국 청문회가 1972년 10월 유신체제 수립 이후 1974년 긴급조치 국면까지 한국 인권상황이 한반도 안보관계에 미치는 영향을 미국의 대외정책 관점에서 다루었다. 주요 인물들의 증언을 중심으로 미국의 대한정책과 한국 인권문제 관계를 확인하고자 한다. 1974년 7월 30일 열린 1차 청문회 개회 연설에서 국제기구 소위원회 프레이저 위원장은 권위주의 억압정권에 대한 미국의 군사원조는 비도덕적이며 현실적으로 자국민 억압 수단으로 사용된다는 점에서 실효성에 문제제기 했다.[47] 프레이저는 한반도에서 가장 큰 안보 위협은 외부로부터 공격이 아닌 유신정부의 자유 민주 억압정책이 초래할 국가·국민 분열에 있음을 강조해 행정부의 안보접근에 정면 배치된 이해를 보였다. 따라서 프레이저는 1974년 현재 행정부 요청

47 Opening Statement of Congressman Donald. M. Fraser chairman, subcommittee on International Organizations and Movements Joint hearing with the Subcommittee on Asian and Pacific Affairs, July 30, 1974, (B5 2) Human Rights in South Korea: Implications for U.S. Policy, p.5.

원조 예산안 중 한국 군사지원 예산액($161,500,500), 군사신용판매대금($52million), 잉여군사물품($20,800,00)에 대해 의회는 축소 또는 전면 금지할 것을 제의했다.[48] 청문회 공동 주최 의장인 아시아태평양 소위원회 로버트 닉스 의원의 접근은 프레이저에 비해 현실적이다. 닉스는 1946년 이후 미국이 한국에 지불해 온 비용이 총 370억 달러 이상이며 한국전쟁에서 목숨을 잃은 미군 병사만 34,000명 이상이다. 현재도 38,000명의 미군 병사들이 주둔해 있고 1975년 회계연도에 책정된 한국 군사원조액($161억 이상) 만으로도 '좋든 싫은' 미국은 한국 내정에 깊이 관여된 현실을 전제로 접근했다. 안보와 인권관계에서 닉스는 박정희 정부가 북한 위협을 이유로 국내 인권억압을 정당화해온 현실을 '양치기 소년의 거짓말'에 비유하고 실제 위협이 닥쳤을 경우 국민들로부터 지지를 얻지 못할 것이라 보았다. 따라서 미국은 한국과 같은 아시아 국가에 더 관계해야 할 것인지 근본적인 물음을 던져야 할 때임을 강조해 대외정책 변화의 필요성을 제시했다.[49] 청문회를 주도한 두 소위원회 의장들의 개회연설은 미국의 대한정책에 대한 회의(懷疑)와 원조 축소 및 중단, 미국의 대한정책 재검토 등으로 행정부와 다른 인식이 확인된다.

이와 반대로 현직 행정부 관리들의 증언은 미국의 군사·경제우선의 대한정책을 적극 옹호하는 진술들로 구성되었다. 서면으로 제출한 필립 하비브 주한 미 대사의 진술은 대한민국의 경제발전과 산업화의

48 *ibid*, p.6.

49 *ibid.* 개회 연설에서 닉스 위원장은 현재 남북 간 긴장 요인과 위협 징후는 없으며, 미국은 아시아 문제보다 사회 정의, 교육, 평등, 약물중독 문제 등의 더 실질적인 미국의 이해관계 직면을 강조했다.

성공 비결이 국가 안정과 국민적 지지를 얻었던 박정희 정부의 정치적 리더십에 있음을 강조해 현직 관료 입장을 충실히 대변했다.[50] 스나이더 대사는 저개발국가 가운데 한국은 시장자본주의 원리에 따라 성장한 극소수 국가 중 하나로 이 배경에는 한미 상호방위조약에 의한 동북아시아 평화와 안정이 결정적인 조건이 되었음을 강조했다. 아서 험멜 국무부 동아시아 태평양 차관보 대리는 한국의 경제발전을 '기적에 가까운 성과'로 극찬하고 "이를 이뤄낸 현 정부는 칭찬을 받기에 충분하다"고 진술해 유신정부에 비판적인 증언자들로부터 비판을 받기도 했다.[51] 국무부를 대표한 아서 험멜의 증언은 중요한데, 7월 24일 키신저 국무장관의 논지에 따라 동북아시아 안정과 안보에서 한국의 지정학적 중요성을 관리하는 것이 미국 이익에 핵심 사안임을 강조했다.[52] 한국 인권문제에 대해선 국무부의 공개적인 유신비판 배제원칙을 재확인 하고 워싱턴과 서울의 비공식 정부 채널을 통한 「세계인권선언」 준수 권고를 강조했다.[53] 동일한 맥락에서 모톤 아브라모비츠 국방부 동아시아 태평양 차관보도 1974년 긴급조치 국면을 안보 위협으로 인한 국민 권리 제한이라는 유신정부의 설명을 그

---

50 "Statement of the Current Korean Situation, Embassy of Korea", *ibids*, pp.8~9. 스나이더의 진술에는 한국의 종교 자유, 야당과 비판세력의 정부 반대 가능, 학생운동의 역사 등을 다루었다. 특히 한국 상황이 외국에 전달되는 과정에서 한국문화와 역사, 한국어에 익숙지 않은 사람들에 의해 소문, 의혹 등에 의존하는 경우가 많음을 상기시켜 한국이 정치적으로 불안정하지 않다는 논리를 전개했다.

51 "Statement of Arthur Hummel, Jr., Acting Assistant Security of State for East Asian and Pacific Affairs,", *ibid*, p.10.

52 *ibid*.

53 이 부분에서 아서 험멜은 동아시아 피 원조국들에 대한 국무부의 'Sec.32 수정안(정치범 조항)' 검토 조치가 있음을 설명했다. *ibid*.

대로 인용하고 이를 한반도 안보 관점에서 미국의 중요 관심사임을 강조했다. 동시에 한반도 긴장 완화 및 지속적 평화 유지를 위해 대한민국 정부 지원을 계속할 것을 확인했다.[54] 현직 관료들의 증언은 미국의 대한원조의 성과인 한국의 경제성장을 높이 평가하고 한미 군사동맹에 기초한 동북아시아 평화와 안정이 한반도 안보에 절대 요인임을 강조해 기존의 동일한 대한정책 유지기조를 설명했다. 유신권력의 정치억압성에 대해서 국무부는 공식적으로 비판하지 않는 접근을 유지했다.

일본과 아시아문제에 정통한 에드윈 라이샤워의 진술에서 미국 내 자유주의 지식인의 한반도 냉전 인식이 명확히 확인된다. 라이샤워는 유신체제 하에 한국 상황이 북한 위협을 방어하기 어려울 만큼 심각한 상태로 진단했다. 그 근거로 1950년대 한국전쟁기와 비교할 때 1970년대 오늘 북한에 대한 남한 국민들의 적대감(즉 반공의식)이 현저히 침식되고 닳아 없어진 상태이며, 남북 체제 비교에서도 전쟁 직후 자유대한(大韓)에 대한 열망에 비해 현 체제(유신체제)에 대한 국민적 지지가 상실된 것으로 보았다. 라이샤워는 미국이 베트남에서 '진흙탕에 빠졌던 이유'도 티우(Tieu)정권에 대한 남베트남 국민들의 강력한 지지가 없었기 때문으로 진단해 냉전적 반공 인식을 보였다.[55] 라이샤워는 국민 지지를 잃은 정부는 작은 폭동에도 전복될 가능성이 큰데 한국의 현 상황을 그에 비유하고 더 나아가 베트남을 경험한

---

54 "Statement of Morton I. Abramowitz, Deputy Assistant Secrerary of Defense for East Asia and Pacific Affaris, Bure며 of International Security Affairs," *ibid*, p.14.

55 "Statement of Hon. Edwin O. Reischauer, Professor, Harvard University, Former U.S. Ambassador to Japan," *ibid*, p.30.

미국 국민이 한국 위기 시 동일한 군사적 지원을 보내지 않을 것이며, 이 경우(공산화 전제) 일본이 받을 충격에 더 무게를 두었다. 위기와 전복, 공산화를 전제로 라이샤워의 한국문제 인식은 주한미군의 부분 철수 또는 군사지원 철회가 오히려 일본이 받을 충격 강도를 완화시킬 것이라 진술해 그의 일본 중심주의와 동아시아 냉전의식과 일본중심주의가 확인된다. 라이샤워는 독재자가 자신의 진로를 바꾸기는 쉽지 않으나 한국이 지금보다 나았던 과거로 돌아가기 위해서라도 분명하고 가시적인 조치로 미국의 군사원조를 줄이고 주한미군 병력 일부를 철수시킬 것을 권고했다.[56]

1974년 8월 5일 2차 청문회의 중요 증언자 그레고리 핸더슨의 진술은 유신정부와 한국 상황에 매우 비판적이다. 긴급조치 하에 한국은 히틀러 시대 독일, 스탈린의 소련과 유사하며 한국보다 더 억압적인 곳은 북한만이 유일하다.[57] 핸더슨은 미국의 도덕적 가치와 영향 측면에서 박 정권에 대한 군사원조는 불가능한 것으로 의회 입장을 지지했다. 특히 1973년의 'Sec.32 수정안'에 의하면 한국의 긴급조치법은 극단적인 억압조치로 원조 불가능한 조건임을 상기시켰다.[58] 1950년대는 유엔과 미국이 공산주의로부터 한국을 구했으나 30개월

---

56 *ibid,* pp.30~31. 라이샤워는 한국에서 자유민주의식을 갖춘 교육받은 엘리트 계층, 그리고 기독교인들, 1971년 대선에서 47%의 지지를 받은 김대중과 같은 자유민주주의 지식인들에게 기대감을 표명했다.

57 "Statement of Gregory Henderson, Associate Professor, Fletcher School of Law and Diplomacy, Tufts University," August 5, 1974, House of Representatives, Committee on Foreign Affairs, Subcommittees on Asian and Pacific Affairs and on International Organizations and Movements, p.48, p.50.

58 핸더슨은 유신헌법의 체계, 문제점, 고문실태, 사법절차 등에 대해 상세히 기술된 문서를 청문회 증거로 제출했다.

동안(유신수립 이후) 미 국무부의 압력 행사, 원조 거부는 물론 공개적인 입장 표명조차 하지 않는 방식을 비판했다. 더욱이 7월 30일 청문회에서 미국의 군사지원이 한국의 경제유지와 전쟁억지 기능을 해왔다는 현직 관료들(험멜과 아브라모비츠)의 진술을 '명백한 회피'로 단언하고 대외원조법 Sec.32항 위반에도 미국이 미온적인 정책을 지속한다면 한국의 자유 민주 지지자들을 반미주의자로 돌아서게 할 것이라 경고했다. 미국 국민이 제공한 무기가 한국 민주주의 억압에 사용되지 않도록 박정희 정부 지원을 중단할 것을 권고했다.[59]

1974년 12월 20일 개최된 3차 청문회 직전 미 의회는 1975년 원조 예산에 1억 4,500만 달러의 한국 군사원조를 책정하고, '(미)대통령이 한국 정부가 국제적으로 인정된 인권 기준 준수에 상당한 진전을 보이고 있다는 보고서를 의회에 제출할 경우 추가 2천만 달러 지출할 수 있다'는 조건부 조항을 포함시켰다.[60] 의회가 조건부로 1975년 한국 군사원조 $145달러 예산안을 확정한 것에 포드 대통령은 보고서 제출 조건을 거부했다. 12월 20일 한국 인권문제 관련 3차 청문회는 12월 14일 한국에서 강제 추방당한 감리교 소속 조지 오글 목사가 증언했다. 조지 오글은 자신의 추방이 한국 선교 역사 이래 한국 정부에 의한

---

59 *ibid*, p.50. 8월 5일 2차 청문회는 증언자가 많았으나 중요 인물에 한정해 증언 내용을 다루었음을 밝힌다.

60 "Limitation on Military Assistance and Excess Defense Articles in Korea," House of Representative, *Congressional Record*, December 11, 1974, p.39190. 미국은 매년 10월 1일 회계연도 시작과 동시에 익년 예산안 검토가 동시에 이루어져 연방의회와 대통령 등 소관 기관 검토, 심의, 수정을 거쳐 다음해 6월 말 최종 확정된다. 양정윤, 「미국연방의회와 대통령간의 예산안에 대한 갈등」, 『헌법연구』 4-1, 헌법이론실무학회, 2017, 273쪽.

최초의 외국인 선교사 추방이며 그 배경을 박정희 정권과 한국 국민 사이의 갈등 결과로 설명했다.[61] 박 정권과 국민 갈등 원인이 유신체제 억압성에 있으며 한국 내 반체제 저항운동을 상세히 증언했다. 특히 오글은 유신체제 이전에도 한국엔 눈부신 경제성장과 안보유지가 가능했음을 상기시키고 유신정부의 억압성 강화가 국민 불안을 고조시켜 국가 위기 상황임을 주장했다. 따라서 미국정부는 한국의 제도민주주의, 인권회복을 위해 유신헌법 폐지 등 강력한 정치압박을 주문했다. 조지 오글의 권고에 프레이저는 한국문제 접근에서 북한 위협 요인과 자유민주주의 침식 사이의 미국 딜레마를 상기시켰다. 한국에서의 안보유지는 국내 인권조건과 관계없이 미국의 국가이익을 위해 철회할 수 없는 전제조건이다. 따라서 강한 압박으로든 군사 지원으로든 박 정권에 자유·인권회복의 촉구 범위는 매우 제한적이며, 박정희 대통령이야 말로 미국의 딜레마를 가장 잘 아는 사람으로 미국의 압력 효과가 크지 않을 것임을 상기시켰다.[62] 미국 딜레마 설명에 조지 오글은 아시아에서 미국의 이해관계가 박정희에게 의존된 것이 아니라면 주한미군 철수, 미국의 경제·군사 지원 철회를 주문했다.[63] 조지 오글의 진술을 끝으로 1974년 청문회 마지막 발언에서 프레이저는 한국정부가 자유·민주회복 노력을 기울이지 않는다면 주한미군 철수 및

---

61 Hearing before the Subcommittee on Asian and Pacific Affairs and on International Organizations and Movements of the Committee on Foreign Affairs, House of Representatives, Friday, Dec. 20, 1974. p.70.

62 *ibids.* pp.78~80.

63 이 언급에서 조지 오글은 에드윈 라이샤워의 언론 기고문 “the Korean connection” (『*New York Times Magazine*』, Sept. 22)을 인용해 주한미군 철수 옵션에 동감을 표현했다.

군사원조 중단 압박을 계속 진행할 것임을 강조했다.[64]

청문회를 주도한 미 하원 외교위원회는 현지 조사를 통해 미국의 아시아 정책 재검토 방향의 근거에 착수했다. 특히 1975년 해를 넘기자 베트남과 한국은 붕괴와 폭발 직전으로 관찰된다. 1975년 한 해 동안 2차에 걸쳐 현지 조사가 진행되었는데 1차 조사는 외교위원회 소속 레오 라이언 의원과 스테프 조지 잉그램(George Ingram)이 남베트남(1974년 12월 26일~31일)과 한국(1975년 1월 4일~8일)을 각각 방문해 결과보고서를 1975년 2월 9일 하원 외교위원회에 제출되었다.[65] 서문에서 조사팀은 조사 목적을 제3자-주로 현지 파견된 미국 관리들-들의 편견에서 벗어나 남베트남과 한국 현지 상황에 대해 직접 검토한 뒤 정책방향을 논의하기 위한 것으로 밝혔다.[66] 1975년 회계연도에서 인도차이나 반도 추가 군사원조 승인 요청을 앞둔 상황에서 보고서는 '남베트남에 대한 적절한 수준의 지원 또는 전면중단 중 결정을 내려야 할 시기', '미국과 의회가 호랑이의 턱에서 물러나 사자의 턱에 빠지는 비극은 없어야 할 것'이라고 해 개입종식의 방향이 확인된다. 남베트남에 비해 한국 접근은 비교적 단순했다. 한국의 경

64 *ibid.* p.80.

65 (B3) Vietnam and Korea: Human Rights and U. S. Assistance -A Study of Mission Report of the Committee on Foreign Affairs, U.S. House of Representatives, 94th Congress 1st Session Feb.9 1975. 보고서는 서문과 전문 등을 제외한 본문("South Korea"부분)이 7쪽 분량으로 비교적 소략하다. 서문에서 외교위원회 의장 토머스 모건(Thomas E. Morgan)은 보고서 내용이 위원회 전체 의견을 반영하지 않음을 주지시켰다.

66 "Letter of Transmittal," from Leo J. Ryan to Thomas E. Morgan, Chairman, Committee on Foreign Affairs(February 9, 1975), (B3)Vietnam and Korea: Human Rights and U. S. Assistance -A Study of Mission Report of the Committee on Foreign Affairs, U.S. House of Representatives, pp.4~5.

우 다양한 정책옵션이 가능한데, "기본 인권 침해가 지난 2년 동안 심각한 수준으로 진행되고 있고, 유신 정부에서 억압 통치 완화의 근본적 반전은 없다. 의회는 한국 상황을 계속 주시하고 한국의 민주회복을 위해 미국의 대한정책 변화를 고무할 의무가 있다"고 해 보고서의 방향이 짐작된다.

현지 조사팀은 1975년 1월 4일~8일까지 한국을 방문해 박정희 대통령을 포함해 정일권 국무총리, 김동조 외무장관, 스나이더 대사, 군관계인사, 김대중 및 야당 지도자들, 성직자들(미국인 선교사 포함) 등을 면담했다.[67] 조사팀의 초점은 두 가지로 한국에서 안보위협요인과 민주 회복 가능성을 파악하는데 주력했다. 한국의 민주 회복 가능성에 대해 보고서는 한국정치가 2인의 독재자에 의해 독점되어 왔고, 1960년대~1970년대 초 짧고 공정한 민주주의가 있었을 뿐이나 "다른 아시아 국가들과 달리 민주주의 전통이 없다는 이유로 민주주의 위반은 정당화 될 수 없다"라고 하여 의회의 아시아 및 유신정부 인식이 확인된다. 안보요인으로는 유신 이후 북한의 침략 위협은 제로에 가까울 만큼 낮은 상태로 1960년대 말의 극심했던 긴장상태도 점차 감소하는 추세일 뿐 아니라 남한에는 미군 38,000명이 주둔해 있다. 따라서 국가 안보 유지 목적의 긴급조치 정당화는 근거가 없으며 박정희의 권력유지 욕망이 유일한 근거이다. 조사팀은 김대중을 포함한 야당인물들과 면담 결과 1975년 1월 한국의 가장 큰 문제가 정부 여

---

67 "SOUTH KOREA," Vietnam and Korea: Human Rights and U. S. Assistance -A Study of Mission Report of the Committee on Foreign Affairs, U.S. House of Representatives, p.4. 조사팀은 지학순 주교와의 면담도 수차례 요청했으나 성사되지 않았다.

당에 대한 야당의 반감과 저항으로 분석했다. 이념적으로는 야당세력이 "강한 반공과 반북정서"에서 정부와 동일하지만 "안보는 보전가치가 있을 경우 진정 가치 있는 것"이라고 해 유신정부의 자유·민주억압이 안보 위협 요인임을 강조했다.[68] 미 의회와 한국 야당세력의 인식 차이는 원조문제에서 확인된다. 미국의 대한정책 변화는 필요하나 의회의 대한원조 중단 또는 제한 정책에 야당세력은 모두 반대했다.[69] 1975년 1월 미 의회 보고서 결론은 박정희 유신정부의 지속적인 인권 침해, 정치억압에 정치적 정당성은 없으며 미국의 군사 원조 중단 카드는 박 정권을 코너로 몰아 변화 계기가 될 것으로, 따라서 의회의 원조 제한 입법조치가 한국 상황에 영향을 줄 것임을 권고했다. 원조접근에서 한미양국 자유주의 의원들의 온도 차이는 원조-피원조 관계에서 파생된 결과이다.

4. 맺음말

이 연구는 1970년대 베트남전 종전을 계기로 미국 내 자유주의 그룹들에서 새롭게 형성된 동아시아 지역 안보의식과 정치 자유화 논쟁을 냉전자유주의로 접근하였다. 1970년대 미국에서 인권정치가 등장한 배경에는 도덕적 이상의 실현, 현대 보편인권의 확산 계기보다 베

68 *ibids*, pp.10~11. 이 시기 민주주의 보전 가치와 안보논리는 가택 연금 중인 김대중이 지속적으로 주장한 내용이다. 『신한민보』, 1975.5.29.

69 이 부분에서 보고서는 도쿄에서 언론 인터뷰한 김영삼의 발언 "미국의 원조는 개인을 위한 것이 아닌 국가를 위한 것"(the New York Times, Jan. 21, 1975)을 인용했다.

트남전으로 학습된 새로운 안보불안의 작동 원인이 컸다. 1973년 1월 27일 파리평화협정으로 베트남전은 종결되었으나 1975년 4월 사이공 함락 시기까지 미국인들 눈에 남베트남과 한국은 붕괴와 폭발 직전의 위기로 관찰되었다. 위기의 관찰은 미국의 아시아 정책 재검토 논의를 촉발시켰다. 베트남전 종전 이후 새롭게 형성된 안보의식이란 냉전기 전통적 군사안보위협에 비해 정치적 억압성, 권력의 부정·부패, 인권억압 등 정치 자유화 쟁점들이 국가 내부 분열과 붕괴 위기를 초래해 동아시아 지역 안보를 위협한다는 인식이다. 베트남전의 학습효과로 형성된 새로운 안보불안이다. 1970년대 이후 미 의회 내 자유주의자들, 종교 배경의 비정부 인권기구들(특히 세계교회 아시아 개발선교 종교기구들), 그리고 동아시아 지역 전문가 그룹들은 베트남전 패배의 주요 원인으로 남베트남의 정치적 부패, 권위주의 독재성, 인권억압 등 국가 내부 요인이 정부에 대한 국민 지지 상실과 국가 붕괴를 초래한 것으로 분석했다. 베트남전으로 새롭게 학습된 안보의식은 1973년 이후 미 의회가 인권쟁점을 군사원조와 연계해 독재국가들을 압박해야 한다는 논의구조를 형성시켰다. 1973년 이후 통과된 대외원조법 인권수정안(Sec. 32/Sec. 502B)은 미 의회가 행정부의 대외 군사원조 책정과 사용에 정치 자유화 문제를 압박하는 수단이 되었다. 대부분 제2차 세계대전 참전 경험이 있던 미 의회 의원들－일부는 한국전 참전 포함－, 자유주의 지식인들 사이에 한국은 베트남의 전철을 밟을 가능성이 가장 높은 나라였다. 1974년 미 하원 외교위원회가 한국 인권문제 청문회를 집중 개최한 배경이기도 하다. 한국 인권청문회에서 증언자들은 한반도 냉전과 새로운 안보불안 관계에 북한위협의 상수 요인보다 박정희 정부의 정치 억압성과 독재 강화가 국가

분열 및 붕괴요인이 될 것으로 보았다. 결과적으로 박정희 정부의 독재강화를 지원해 온 미 행정부 및 백악관의 대한정책을 비판하고 군사원조의 제한 및 중단, 주한미군 철수 등 안보공약 재조정 논의를 확산시켰다. 즉 닉슨·포드행정부 교체기 미 의회 중심으로 집중 전개된 한국 인권문제 논의들은 박정희 유신권력의 독재강화를 완화시켜 체제 불안요인을 제거하고자 한 미국 자유주의 그룹의 냉전적 안보의식의 연장에서 설명될 수 있다.

제6장

사이공 함락 이후 미 의회 한국 안보·인권 논쟁과 냉전자유주의 접근

: 1975년 미 하원 "한국 인권 청문회"를 중심으로

1. 머리말

① 1975년 인도차이나 사태로 한국문제에 집중해야 한다는 미국 내 여론이 많은 공감을 얻고 있다. 한국전쟁 그리고 맥아더 청문회 이후 미국 내에서 한국이 이토록 국민적 여론과 관심, 논쟁의 대상이 된 적은 없다.[70]

② 1950년 딘 애치슨 국무장관은 주한 미 대사(존 무초-역자)에게 보낸 편지에서 "미국이 한국을 군사·경제적으로 지원하는 목적은 대한민국의 민주제도 유지와 성장을 전제로 한 것"임을 밝혔다. 최근 몇 년 한국 내 억압정책의 증가는 그 자체로 한국 방어력에 부정적인 영향을 미칠 것이다. 따라서 지금은 한국에 대한 우리의 공약을 재평가해야 한다.[71]

70 "Statement of Chong-Sik Lee, Professor of Political Science, University of Pennsylvania," *(B4 2)Human Rights in South Korea and the Philippines: Implications for U.S. Policy. Hearings before Subcommittee on International Organizations of the Committee on International Relations, House of Representatives,* p.235.

71 "Opening Statement of Donald M. Fraser," May 20, 1975, *ibid.*

③ 한국이 분단 상태로 있는 한 인권을 포함한 모든 정치 이슈는 매우 미미하게 다뤄질 것이다. 왜냐하면 국내 억압을 정당화하기 위해 한국 정부가 항상 적의 위협을 이용할 수 있기 때문이다. 한국이 50년 안에 통일되지 않는다면 우리는 50년 후에도 이 자리에 앉아 한국 인권에 대해 논의하고 있을지 모른다.[72]

위의 인용문들은 사이공 함락 직후 미 의회가 한국 안보·인권문제를 논의하는 자리에서 언급된 표현들이다. 1975년 4월 사이공 함락과 인도차이나 공산화 직후 미국 내에 한반도 분단, 인권 쟁점, 그리고 미국의 대한 원조 재평가 등의 여론이 분분하게 형성된 이유는 무엇일까. 한반도 분단형성의 중요 기획자 딘 애치슨의 서한이 인용된 인용문 ①은 미 하원 국제관계위원회 국제기구소위원회(Subcommittee on International Organizations) 주최로 열린 「한국과 필리핀 인권문제와 미국정책(「Human Rights in South Korea and the Philippines: Implications for U.S. Policy」) 청문회 기간 중 6월 12일 3차 청문회 증인으로 출석한 펜실베니아대 이정식(李庭植, 1931~2021) 교수의 증언으로 인도차이나 공산화 직후 미국 내 한국 문제 여론 형성의 정도가 가늠된다. 인용문 ②는 청문회를 주도한 도널드 프레이저(민주당) 의원의 개회 연설 일부분으로 미국의 대한 원조 근본 목적인 민주제도 유지와 한국방어에 있음을 확인시켜 준다. 인용문 ③은 청문회 첫날인 5월 20일 증인으로 출석한 게리 레드야드(Gari Ledyard, 1932~2021) 컬럼비아대 교수의 발언 중 일부이다. 한반도 분단유지가 인권 쟁점을 포함한 국내 정치에

72 “Statement of Gari Ledyard, Professor of Korean Language and History, Columbia University,” May 20, 1975, *ibid*, p.36.

미치는 영향을 정확히 표현하고 있다.

냉전기 미국 국제주의와 보편적 개입주의의 단초가 된 1947년 트루먼 독트린 이후 미국의 공산주의 봉쇄전략은 제3세계 전반으로 확대 적용되었고 동아시아의 한국전쟁과 베트남 전쟁은 이 전략의 필연적인 귀결로 설명된다.[73] 인용문 ①~③은 미국의 공산 봉쇄전략 하에 치러진 베트남 전쟁의 실패 결과 '다음은 한반도가 될 것'이란 미국 내 안보위협론 속에 제기된 한반도 문제 재평가란 점에서 논쟁적인 해석이 요구된다. 사이공 함락 이후 미국 내 한반도 안보 재평가와 한국 인권문제 논의는 제2차 세계대전 이후 탈식민 과정, 분단 한반도 냉전의 지속성, 1960년대 이후 근대화·산업화의 문제, 1970년대 세계 냉전의 변화 측면 등 중층적이고 다층위적인 사안이다. 이 연구는 사이공 함락 직후 미국 내에서 형성된 여러 논쟁들 가운데 1975년 5월~6월 미 의회 '한국 인권 청문회'를 특정해 한반도 안보 이슈와 권위주의 체제의 인권억압에 대한 자유주의 접근으로 검토하고자 한다. 여기서 자유주의 접근이란 고전적 자유주의와 현대 세계사적 냉전이 결합한 '냉전자유주의'로 이해할 수 있다.

이 연구에서 '냉전자유주의'는 세 관점에서 접근 된다. 첫째, 제2차 세계대전에서 파시즘의 패배 이후 전체주의와 일치된 공산주의 대항 이념으로 자유주의는 현실에서 반전체주의, 반공주의, 자유민주주의 이념으로 확산되었다. 즉 '개인의 자유'에서 출발한 고전 자유주의는

73 미국의 초당적 합의구조에 의한 냉전 국제주의가 '베트남전쟁' 및 제3세계에 미친 영향은 이삼성, 『세계와 미국-20세기의 반성과 21세기의 전망』, 한길사, 2001, 234~240쪽 참조.

냉전 시계 안에서 전체주의 대항이념으로 기능화되면서 반공 블럭을 강화시키는 이념으로 작동한 측면에서 '냉전자유주의'로 이해할 수 있다.[74] 둘째, 한반도 분단체제 형성과 '냉전자유주의'의 결합적 접근이다. 제2차 세계대전 이후 미국은 샌프란시스코 강화조약을 통해 일본을 재건시키고 대만, 필리핀, 한국 등과 일대일 상호방위조약을 체결해 대소·대공 방어선을 구축했다.[75] 이 과정에서 미 태평양 사령부 권역에 속한 동아시아 신생국들의 식민주의 해체와 국민국가 수립은 미국의 군사·경제원조에 의존된 권위주의 정치체제, 경제 근대화·산업화로 편재된다. 다른 관점에서 냉전기 미국의 동아시아 자유민주주의 제도화 과정은 필연적으로 정치적 권위주의 해체와 자유주의적 권리의 요구 즉 정치적·시민적 자유권의 확대를 필요로 한다. 그리고 이러한 현상은 동아시아 권위주의 국가들의 근대화 산업화 효과가 나타나기 시작하는 1970년대 이후 본격적으로 관찰된다. 즉 1970년대 유신정부의 인권문제를 포함해 권위주의 정치에 대한 정치 자유화의 요구는 한반도 분단 지형, 안보 논리 안에서 냉전자유주의로 접근할 수 있다. 셋째, 세계적 차원의 냉전과 제3세계 관계를 '냉전자유주의'로 접근하고자 한다. 1970년대는 보편인권의 세계 지리화과정에서 글로벌 인권운동의 발흥기로 표현된다.[76] 이 배경에는 1960년대 세계적으로 확산

74 서구 자유주의 사상의 통사연구에서 앤서니 아블라스터는 제2차 세계대전 이후 미국의 매카시즘·반공주의를 자유주의와 연결해 냉전자유주의 이론은 구체화했는데, 그의 이론은 냉전반공주의로 등치될 수 있다. 앤서니 아블라스터 지음, 『서구 자유주의의 융성과 쇠퇴』, 조기제 옮김, 나남, 2007, 589쪽 이하 '냉전자유주의' 참조.

75 정병준, 『샌프란시스코평화조약의 한반도관련 조항과 한국정부의 대응』, 국립외교원 외교안보연구소, 2019; 서울대학교 국제문제연구소 편(신욱희·마상윤 책임편집), 「글로벌 냉전의 지역적 특성」(세계정치 22), 사회평론, 2015.

된 반전·평화, 진보 운동들, 미소 강대국 중심의 냉전 양극화에 대한 집단적 회의가 반영된 결과이다. 미소, 미중 데탕트와 유럽의 평화 프로세스 등 냉전의 다극화 현상도 이 연장에서 설명될 수 있을 것이다. 다른 한편으로 제2차 세계대전 이후 탈식민과 국가건설 과정의 저개발국가들에 대해서도 동일한 인식의 적용이 가능한가 문제제기해 볼 수 있다. 1960년대 유엔의 '개발 10년(Development Decade)' 이후 근대화·산업화 도상에 있는 저개발국들의 경우 현저한 부의 불평등, 빈부 격차, 저개발·빈곤의 존속 등의 문제들은 서구 개발국들의 관찰에 의하면 경제적 원인보다 비경제적 요인들 즉 언어·종교·정치 등 정치적 요인의 불안전성이 미치는 영향이 컸다.[77] 그레고리 핸더슨이 저개발국들의 국민국가 형성에서 난제인 국가 통일성, 동질성 형성 과제가 한국의 경우 오랜 중앙집권화된 역사와 단일 민족성으로 예외상태임을 강조했던 배경도 개발논리와 정치 자유화 관점에서 재인식될 필요가 있다.[78] 즉 1970년대 저개발 국가들에서 나타나는 불안정성의 원인은 서구 개발국들-이 경우 대부분 개발주체들-의 시선에 권위주의 정치로 인한 국민 분열, '정치통합'의 부재에 있다. '냉전자유주의' 접근으로 돌아가면, 1970년대 글로벌 인권 발흥의 주요 행위자들-

---

76 이주영, 「1970년대 미국 인권정치의 등장」, 『미국사연구』 46, 한국미국사학회, 2017; 이주영, 「국제 인권정치와 냉전의 균열-트랜스내셔널 인권단체들의 활동을 중심으로」, 『서양사론』 135, 한국서양사학회, 2017 등 참조.

77 R.디킨슨, 「開發運動의 意義와 그 實際」, 『基督敎思想』 제14권 2호, 1970 참조.; 고지수, 「1970년대 한국기독자교수협의회연구-에큐메니컬 개발신학과 '한국민중론'을 중심으로」, 『사학연구』 142, 한국사학회, 208쪽 참조.

78 Gregory Henderson, *Korea the Politics of the Vortex*, Harvard University Press, 1968, pp.2~3.

미 의회 자유주의자들, 비정부 인권기구들, 세계교회 제3세계 개발 선교기구들 등-의 동아시아 인권 쟁점 강조와 정치 자유화 주장의 배경에는 권위주의 체제에 정치 자유화를 유도함으로써 국가 분열 방지, 국민통합 강조 논리가 작동했다. 제3세계, 특히 아프리카 아시아 인권문제에 집중해 온 도널드 프레이저가 1950년 딘 애치슨과 무초의 서신을 소환해 1970년대 미국의 한국 군사원조의 목적을 민주제도의 성장과 지속에 있음을 새삼 강조한 이유도 이 배경에서 설명된다.

포드정부기 한미관계 또는 대한정책 관련 연구들은 정치·외교학 분야에서 적지 않게 진행되어왔다. 주로 데탕트 접근과 안보 쟁점, 한미 동맹 관계에서 검토된 공통점이 있다.[79] 이 연구는 선행연구들이 검토해 온 포드 정부기 한미관계 또는 대한정책 전반을 분석하거나 검토할 만큼 역량이 미치지 못한다. 베트남전이 미국 정치·지식사회에 미친 영향을 그들의 반성과 성찰 관점에서 다루는 것도 연구의 목적이 아니다. 이와 관련해 베트남전 이후 미국 정치엘리트(미 의회/행정관료)의 외교이념 변화 요인을 '보수화' 관점에서 탁월하게 분석한 이삼성의 선행연구가 있다.[80] 이삼성은 베트남전 이후 1975~1983년 미국 외교정

79 김수광, 「닉슨-포드행정부의 대 한반도 안보정책 연구」, 서울대학교박사학위논문, 2008; 차상철, 「박정희와 1970년대의 한미동맹」, 『軍史』 75, 국방부, 2010; 박원곤, 「미국의 대한정책 1974~1975-포드 행정부의 동맹정책 전환」, 『세계정치』 14, 서울대학교 국제문제연구소, 2014; 엄정식, 「닉슨-포드 행정부 시기 대한군사원조 변화와 박정희 정부의 대응」, 『한국군사학논집』 69, 육군사관학교 화랑대연구소, 2013, 69쪽; 서정경, 「미중관계의 맥락에서 본 한국안보: 1970년대 미중 데땅뜨 시기를 중심으로」 『현대중국연구』 13-1, 현대중국학회, 2011; 조원선, 「주한미군 철수압박에 대한 한국의 대응연구: 포드 행정부 시기 한국의 대미의회로비 전략」, 『동북아연구』 35-1, 동북아연구소, 2020 등.

80 이삼성, 『미국外交理念과 베트남戰爭-베트남전쟁 이후 미국 외교이념의 보수화』, 법

책 엘리트들(미의회 상하양원/대통령·부통령)을 '우익 냉전주의, 냉전주의, 자유주의적 냉전주의, 자유주의적 반 냉전주의, 반 냉전주의, 좌익 반냉전주의'로 유형화하고 전반적 성향을 '보수화'로 설명했다.[81] 이삼성의 초기 연구로 베트남전이 미국 외교이념의 변화요구로 이어진 내적 요인을 검토한 점에서 본 연구에 유의미한 선행연구가 되었다. 홍석률의 냉전의 예외와 규칙성을 한반도 냉전사에 적용한 연구는 본 연구의 문제의식을 세우는 데 중요했다. 미국 외교의 자유주의적 이상이 1970년대 동아시아 지역 냉전 구도에서 제3세계 저개발 국가들과 조우할 때 동맹외교와 국가주의에 기반한 냉전의 예외와 규칙이 적용된다는 점에서 중요한 시사를 주었다.[82] 한국 정치사상사 또는 지성사에서 '냉전자유주의'는 분단 국가 형성과정에서 미군정의 자유(민주)주의 이식으로 파생된 이념으로 설명되어 왔다.[83] 이 경우 이념적 분단 생태 안에서 민주주의와 자유주의를 각각 제한하면서 냉전반공주의와 동일한 기능으로 작동해 온 것으로 설명된다. 고지수의 최근 연구는 1차

문사, 1991 참조.

81 각 유형을 '좌파, 중도좌파, 중도, 중도우파, 우파'

82 홍석률, 「냉전의 예외와 규칙: 냉전사를 통해 본 한국현대사」, 『역사비평』 봄호, 역사문제연구소, 2015.

83 박찬표, 『한국의 국가형성과 민주주의』, 후마니타스, 2007; 권헌규, 「미군정과 냉전자유주의 사회형성에 관한 연구: 남한과 일본에서 사회주의 정치세력 배제과정을 중심으로」, 고려대학교 대학원 석사학위논문, 2016; 최민석, 「한국 자유주의 담론에 대한 비판적 연구, 1945~1970 『사상계』를 중심으로」, 서울대학교 박사학위논문, 2021 등. 최민석의 담론 연구는 1970년대까지 냉전자유주의 담론을 확장한 최근 연구이다. 최장집과 김동춘의 두 편의 논설은 냉전기 한국 자유주의 특징을 제한적 요인으로 접근해 냉전자유주의로 이해했다(김동춘, 「레토릭으로 남은 한국의 자유주의」, 『자유라는 화두–한국 자유주의의 열 가지 표정』, 삼인, 1999; 최장집, 「민주주의와 자유주의 사이에서」, 최태욱 엮음, 『자유주의는 진보적일 수 있는가』, 폴리테이아, 2011 참조).

기초자료를 토대로 1974년 미 의회 한국 인권청문회를 '냉전자유주의'로 접근해 본 연구의 직접적인 선행연구가 되었다.[84] 그의 연구는 1970년대 동아시아 지역 냉전과 분단 한반도 이념적 특징을 '냉전자유주의'로 접근한 특징이 있다.

이 연구는 1974년에 이어 1975년 5월 20일부터 6월 24일 총 5차례 걸쳐 진행된 미 의회 "한국&필리핀 인권 청문회"의 증언을 토대로 사이공 함락 직후 미국 내 한국 안보·인권문제 인식의 논쟁적 요인을 검토하는데 일차 목표를 두었다. 미 의회는 닉슨 행정부에서 포드, 카터정부로 이어지는 시기 제3 세계 피 원조국 대상 150회 이상의 인권청문회를 개최해 미국의 대외정책에 자유주의적 개입을 지속적으로 주장했고 구체적으로는 대외원조법(Foreign Assistance Acts, FAA) 인권조항을 수정하는 입법활동을 전개했다.[85] 행정부 예산안 의결권을 가진 의회가 피 원조국 인권 쟁점을 중심으로 군사원조 위주의 대외정책 재검토를 요청하는 청문회를 개최했다는 것은 베트남전에서 학습된 안보 불안의 미국적 화학반응일 것이다.

84 고지수, 「포드정부기 미 의회 한국 인권문제 논쟁과 냉전자유주의(1974~1975)」, 『한국학논총』 55, 한국학연구소, 2021 참조.

85 미 하원 국제관계위원회 국제기구&운동 소위원회는 1973~1974년 사이 한국을 포함해 칠레, 이스라엘 및 중동문제, 아프리카지역, 브라질 등 국제적으로 정치적 불안요소가 강한 지역과 국가들을 대상으로 미국의 대외정책 방향에서 인권 문제 청문회를 150여 회 개최했다.

2. 사이공 함락 이후 미 행정부의 한국문제 인식과 자유주의 여론들

1) 사이공 함락과 긴급조치 9호, 그리고 국무부 비망록

미국의 윌슨주의적 이상주의, 즉 보다 평화로운 세계를 위한 민주제도와 이념의 확장은 미국 외교정책에 내재하는 오랜 규범이다. 그러나 1970년대 초 닉슨·포드정부의 데탕트는 미국과 소련, 중국 등 강대국 간의 타협일 뿐 베트남전이 참담한 실패로 미국 정부는 피 원조국 내부의 정치쟁점과 연계해 미 의회 자유주의 제약과 비판에 직면했다.[86] 미 의회가 피 원조국 국내 인권상황을 대외원조법(FAA) 수정 조항을 성문화한 것은 1973년 1월 베트남전 종결을 선언한 파리평화협정 직후이다.[87] 의회는 1973년 대외원조법에서 '정치범' 조항을 삽입한 '32조 수정안(Amendment no.1552, Sec.32 수정안)과 1974년 'Sec. 502B 수정안(소위 인권 Human Rights)조항)'을 제정해 미국의 대외원조와 인권쟁점을 연계한 입법 활동을 지속적으로 전개했다.[88] 이 두 인권조항은 현재도 미국이 피 원조국의 인권상황에 개입할 수 있는 근거조항이란 점에서 매우 중요하다. 'Sec. 32 수정안(정치범 조항)'은 "정치적인 목적으로 자국국민을 억류하거나 수감하는 외국 정부에 대해 미 대통령은 경제적

---

86 제임스 E. 도거티·로버트L 팔츠 그라프 지음, 『미국외교정책사 - 루스벨트에서 레이건까지』, 이수형 옮김, 한울아카데미, 2020(7판), 398쪽. 소련의 국내 반체제.

87 "Amendment of the Foreign Assistance Act-Amendment No. 1552." *Congressional Record-Proceedings and Debates of the 93th Congress, Second Session*(no.104), July 15, 1974.

88 1973~1974년 미 의회의 대외원조법 인권조항 관련 입법활동과 'Sec.32 수정안', 'Sec. 502수정안'의 입법과정은 고지수, 앞의 논문, 437~441쪽 참조.

또는 군사적 지원을 거부해야 한다"는 내용이 핵심이다. 1974년 10월 미 의회가 대외원조법에서 통과시킨 'Section 502B(인권조항)'은 다음과 같다. "(a) 특별한 상황(in extraordinary circumstances)을 제외하고 미 대통령은 고문이나 잔인한, 비인도적이거나 굴욕적인 대우를 포함해 국제적으로 인정된 인권에 대해 일관된 패턴으로 비인간적이거나 굴욕적인 대우 또는 기소 없는 장기 구금 또는 생명권, 자유 및 개인의 안전에 대한 기타 명백한 거부 등 중대 위반을 계속하는 모든 정부에 대해 안보 지원을 실질적으로 줄이거나 종료해야 한다. (b) (a)항의 규정에 해당하는 정부에 보안 지원을 제공해야 할 경우 대통령은 특별 상황에 대한 의회에 설명해야 한다"고 하여 인권(기본권) 준수 조건을 대외원조 수행의 직접 근거로 성문화했다.[89] 이 두 인권 수정안으로 행정부의 대외원조 수행에 의회보고 의무 절차가 더 구체적으로 명시됨으로써 행정-입법부 관계의 갈등적 구도가 예측된다. 다만 'Sec.502B' 항에서 (a) '특별한 상황'의 예외 규정을 두었는데 이는 동 수정안 (d) 항의 "안보지원(security assistance)"으로 군사원조(part 2장), 보안지원(part 4), 인도차이나 전후 재건(part 5), 중동평화(part 6) 등에 관한 한 외국군판매법에 따른 판매, 또는 공공 안전을 위한 지원을 의미해 '안보목적'의 군사원조에 대한 행정부와 입법부 간의 타협 또는 해석의 공방 여지를 남겼다.[90]

1975년 2월 13일 시작된 남베트남에 대한 총공격은 4월 30일 사이

89 Security Assistance and Human Rights, RG 59 General Records of The Department of State, Human Rights Subject Files, 1975, Box.3, pp.98~99.

90 *ibid.*

공 함락과 인도차이나 반도 공산화로 종결된다. 정확히 같은 시기인 4월 말~5월 초 김일성 주석은 베이징을 포함해 루마니아, 불가리아, 알제리 등 동유럽을 순방해 동맹을 과시하고 서방세계로부터 "위대한 지도자 김일성이 하노이 동지들의 성공을 모방하려 할지도 모른다"는 우려를 불러일으켰다.[91] 1974년 11월 포드대통령 방한 직전 발견된 제1땅굴에 이어 1975년 3월 19일 철원 DMZ 부근에서 발견된 제2 땅굴은 안보 불안요인을 가중시켰다. 이 시기 미국 언론은 한국의 안보 불안 원인이 북한이 남침해 올 경우 미국이 방위공약 준수 의지가 있는지, 미 의회와 여론은 아시아에서의 또 다른 육상전쟁을 지원할 의사가 있는지에 대한 반응이다.[92] 유신정부의 초조함은 1975년 2월 12일 유신헌법 찬반 국민투표에 이은 긴급조치 7호(1975.4.8.), 9호(1975.5.13.)로 이어지는 '자유·민주' 저항 원천 봉쇄와 안보총화 정국으로 표출된다. 1974년 미 의회가 진행한 '한국 인권 청문회' 주요 쟁점이 '긴급조치' 국면이었던 점, 그리고 'Sec.502B(인권조항)' 수정안을 고려할 때 유신정부의 긴급조치 9호 국면은 군사원조에 대한 의회 협조를 구하는데 난관 요인임에 분명했다.

인도차이나 사태 직후 한국 정부는 주한 미대사관을 통해 정일권 국회의장의 워싱턴 방문을 요청해 미국의 안보공약의 재확인을 받아 올 것을 주문했다.[93] 1975년 5월 5일부터 8일까지 워싱턴을 방문한 정일권은 7일 포드 대통령과 만나 인도차이나 사태 이후 '미국의 강

---

91 "Korea: Time of Tension," *Newsweek*, June 30, 1975, p.6.

92 *ibid.*

93 "전문: 남한 국회의장 정일권의 예방(1975.5.5.)", 『1970년대 한미관계』(하), 행정안전부 국가기록원, 365쪽. 이 전문의 발신자는 키신저이다.

력한 안보공약 재의지를 수차례 확인' 받았다.[94] 미국의 안보공약 재확인에도 불구하고 긴급조치 9호가 발표된 날 백악관 언론 브리핑은 유신정부가 하루 전날인 12일 주한 미대사관을 통해 통보해 왔고 사전 협의는 없었다.[95] 긴급조치 배경을 묻는 질문에는 "한국 대통령이 국제상황을 자국의 안보위협으로 판단하고 있는 것"으로 설명했다. 1975년 5월 13일 현재 한국 안보상황에 감지되는 변화가 있는가 질문에는 '현재로서 어떤 변화도 없고 최근 미국은 한국에 대한 방위공약 재확인'을 해왔음을 강조했다.[96]

국내 반응을 보면, 1975년 5월 20일 대한민국 국회는 "안보상의 위기에 직면해서 여야가 따로 있을 수 없다" "미국이 인도차이나 반도에서와 같은 실패를 한반도에서 똑같이 반복하지 않겠다는 확고한 결의를 행동으로 보여주길 바란다" "국난 극복을 위해 모든 국민이 단결해서 총력 안보태세를 갖추어야 한다" 등의 「국가안보에 관한 결의안」을 채택했다.[97] 5월 21일 백악관 언론 브리핑에서 한국에 대한 안보공약 재확인을 묻는 기자 질문에 대변인은 포드 대통령이 대한민국 국회 결의안을 확인했으며 한미동맹에 의한 안보공약 이행을 재확인했다.[98] 또 최근 뉴욕 데일리뉴스(Daily News) 편집자와의 인터뷰에

94 "Meeting with the Speaker of the South Korean National Assembly Chung Il-Kwon," May 8, 1975, Documents of Ford Library Relating to Korea, 1974.8-1977①, pp.135~137. 정일권은 워싱턴 방문에서 포드 대통령 외에도 키신저 국무장관, 앨버트 하원의장, 휴 스코트 상원의원, 존 스파크맨 상원의원 등과 면담이 예정되어 있었다. 이 내용은 5월 8일 백악관 언론 브리핑에서 확인된다.

95 "South Korean New Emergency Measures," May 13, 1975, Documents of Ford Library Relating to Korea, 1974.8-1977.1①, pp.139~140.

96 *ibid.*

97 『國會史』(제9대국회사료편), 국회사무처, 1984, 500쪽.

서 포드 대통령의 답변을 인용해 "한국은 경제성장과 군사력에서 탁월한 성과를 이뤄온 미국의 충성스러운 동맹자로 미국정부는 동맹의무를 성실히 이행할 것"을 강조했다. 여기에 덧붙여 "미 의회가 다르게 생각한다면 전 세계 앞에 미국이 공약 불이행의 오명을 받게 될 것"이라 하여 미 의회가 이 문제에 협조해 줄 것을 요청했다.[99]

긴급조치 9호 전후 한국 상황에 대한 백악관의 언론 브리핑은 미국의 안보공약 재확인이라는 언론 대응의 측면이 강했다. 실상은 박정희의 긴급조치 9호로 의회와 행정부 간 원조갈등을 점화시키기에 충분했다.[100] 5월 22일자 국무부 비망록은 스나이더 주한 미대사를 통해 박정희 대통령에게 '긴급조치 9호'가 한국 내 인권상황을 포함해 한미 양국 안보이익에 미칠 부정적 영향에 대한 우려를 전달하라는 내용으로 작성되었다.[101] 미국무부 동아시아담당 차관보 제이 오웬

---

98 "South Korean Resolution," May 21, 1975, Documents of Ford Library Relating to Korea, 1974.8-1977.1 ①, p.143.

99 *Ibid,* p.144.

100 1974년 미 의회는 한국의 긴급조치 국면의 인권상황을 1차 청문회를 통해 집중적으로 다루었고 1974년 12월 26일~1975년 1월 8일까지 국제기구소위원회 현지조사팀을 남베트남과 한국에 파견해 현지 인권상황을 직접 조사하고 결과물(『Vietnam and Korea: Human Rights and U. S. Assistance-A Study of Mission Report of the Committee on Foreign Affairs, U. S. House of Representatives(94th Congress 1st Session Committee Print), 1975.2.9』를 하원 외교관계위원회에 제출한 바 있다.

101 Memorandum from J. Owen Zurhellen·Paul J. McCloskey to Secretary, "Korean Situation and Congressman Fraser," RG 59 General Records of the Department of State, Office of the Deputy Secretary. Office of the Coordinator for Humanitarian Affairs. Human Rights Subject Files, 1975. Box3. 스나이더에게 보내는 전보에는 한국 정부가 긴급조치 상황에서 신속히 벗어나는 것이 한미관계 상호 이익을 위해 매우 중요하며, 반정부그룹에 대한 강압조치, 예를 들어 김지하 사건, 교회관계자들의 구속(수도권 선교자금 사건 등)이 심각한 영향을 미칠 것 등이 포함되어 있다. *ibid,* pp.76~77.

주렐렌 주니어(J. Owen Zurhellen Jr.)와 국무부 의회담당 로버트 맥클로스키(Robert McCloskey)가 키신저 국무장관에게 보낸 이 비망록에는 박정희의 긴급조치 9호 발표 원인을 외부의 위협요인이 아닌 '자국 내 증가하는 고립감과 불안감에서 나온 것으로 장기적으로 개인통치 정당화를 위한 억압 조치'로 분석했다.[102] 그리고 긴급조치 국면은 베트남 효과가 지난 후 한국 내 야당 및 반정부 그룹-이들도 모두 투철한 반공주의·반북, 친미주의에 기초-의 유신헌법 폐지와 정치 자유화 요구를 가속화시켜 이것이 오히려 장기적으로 국가안보를 위협하는 불안요인이 될 것으로 분석했다. 그리고 국가 내부의 불안요인은 북한의 군사적 행동을 자극할 뿐만 아니라 주한미군 유지와 한미방위조약 준수에 필요한 미 의회와 미국 여론의 지지를 심각하게 훼손시킬 것으로 결론지었다.[103] 비망록의 접근은 미 의회가 한국의 국가분열 방지를 위해서라도 정치 자유화를 주장하는 맥락과 다르지 않다. 비망록에는 한국의 긴급조치가 지속될 경우 방위조약 이행에서 미 의회와 미국 국민의 지지를 얻지 못한다는 내용의 박정희 대통령에게 보내는 키신저 국무장관의 서신도 첨부되어 있다.[104]

국무부의 우려대로 5월 23일 도널드 프레이저 의원은 국무부 의회담당 차관보(Assistant Secretary of State for Congressional Relations)인 로버트 맥클로스키에게 보낸 편지에서 미국정부가 한국 인권문제, 특히 대외원조법 '502B 수정조항'과 관련해 현재 심각한 상황임을 '간과 없이'

---

102 *ibid,* p.68.

103 *ibid,* p.70.

104 Letter from Secretary to President Park," *ibid.*

직시하고 이 억압 기조가 계속될 경우 미국정책에 근본적 변화를 강경한 어조로 한국 정부에 경고할 것을 강조했다[105] 이 시기 국무부는 도널드 프레이저(하원), 앨런 크렌스턴(상원), 에드워드 케네디(상원) 등을 의회 내 대표적인 인권주의자들로 인식하고 있었고 이 가운데 양원 다수로부터 공감을 얻는 '핵심 인물(Key Spokeman)'로 도널드 프레이저를 꼽고 있었다.[106] 하원 국제관계위원회 국제기구 소위원회 위원장이기도 한 프레이저는 바로 직전인 4월 한국을 방문해 인권상황을 파악하고 돌아온 직후로 '현실 직시'란 그의 관찰 증언으로 봐도 무방하다. 그는 미국정부가 간과하고 있으나 현재 한국 상황이 'Sec. 502B'의 "특별한 상황이 존재"하며, 다수 전문가(A number of qualified people)들의 견해를 근거로 국가통합 관점에서 현재 한국의 가장 큰 문제는 유신정부의 반정부운동 억압 정책이 국가통합을 불식·침식시키는 불안요인임을 강조한다.[107] 하원의원들의 공통 견해임을 전제로 프레이저는 한국의 현 상황이 지속될 경우 미국정부는 대한정책의 근본적인 변화 가능성을 박정희 정부에 단호하게 경고할 것을 주문했다. 이 부분에서 프레이저는 행정부 내 고위 관료의 사적 채널을 통한 경고를 권고했는

---

105 "Letter from Donald M. Fraser to Honorable Robert McCloskey", May 23, 1975, RG 59 General Records of the Department of State, Office of the Deputy Secretary. Office of the Coordinator for Humanitarian Affairs. Human Rights Subject Files, 1975. Box3, pp.82~83. 이 편지는 같은 날 국무부 의회담당 차관보 맥클로스키와 프레이저의 오찬 모임 이후 작성된 것이다.

106 Memorandum from J. Owen Zurhellen·Paul J. McCloskey to Secretary, "Korean Situation and Congressman Fraser," *ibid,* p.6.

107 *ibid.* 프레이저가 말하는 '다수의 권위 있는 사람들'이란 주한외국인 선교사 그룹 '월요모임'이며 이외에도 NCCK 김관석 총무, 구속자가족협의회 등 개신교 인권운동 그룹들과 만남을 가졌다.

데, 이는 두 가지 이유에서 설명될 수 있다. 첫째는 한국 정치문제에 미국 정부의 공개적인 언급은 내정간섭으로 비춰질 수 있기 때문이고, 둘째, 행정부 내 고위관료에 의한 비공개 채널이 직접적인 압력 효과를 낼 수 있을 것이기 때문이다. 이 경고가 효과를 발휘한다면 즉, 미국의 대한정책에 변화가 가능하다면 의회의 원조수단은 그에 상응할 것이고 만약 미국의 대한정책이 기존과 동일하다면 의회의 군사원조, 주둔군 지위 문제는 한국 정부를 압박하는 강제 수단이 될 것이라 쓰고 있다. 이 강제 수단의 사용은 물론 차선책이어야 하고 미국의 현실적인 안보 공약에서 성공 가능성은 크지 않은 것으로 보았다. 그럼에도 프레이저는 미국의 한국 방위공약 유지의 실효성을 전제로 대한정책 변화를 거듭 강조했다. 한국 문제에 있어서 의회와 행정부 간에 합의 부재 상황에서 의회는 구체적인 원조 규모(액수) 제시 대신 '검토 중'의 지연책으로 행정부와 합의를 이끌어 낼 수 있을 것이라 하여 한국문제 접근에서 행정부와 의회 간의 복잡한 관계를 보여 준다.[108] 따라서 프레이저의 편지는 사이공 함락 이후 한국 등 제3세계 권위주의 국가들의 국가 통합 관점에서 미국의 구체적인 정책대안의 부재를 정확히 간파한 의회의 비판으로 볼 수 있다.

2) 군사원조와 인권문제, 그리고 자유주의 여론들

프레이저가 한국방문에서 다수의 권위 있는 전문가들로부터 사회

---

108 *ibid,* 프레이저의 편지는 Carlyle Maw, James Wilson, Robert Ingersoll, Philip Habib, Monroe Leigh, William Rchardson, Owen Zurhellen 등 국무부 동아시아, 인권담당 관료 대부분을 공동수신자로 발송되었다.

분열 관점에서 인권문제 조언은 저개발 산업화 도상의 국가통합이란 서구 개발국들의 시선이란 점에서 중요하다. 이삼성이 베트남전 이후 미국외교정책 보수화의 원인으로 '진보적인 동시에 현실적인 제3세계 정책대안의 부재'를 언급했듯이,[109] 방위공약·군사안보 중심의 아시아 권위주의 국가들에 대한 일방적인 정책은 근대화·산업화 이후 지속적으로 성장하는 저개발국의 정치사회적 다양성, 자유·민주의식의 확장 경로에서 대안 정책의 부재를 확인할 수 있다. 오히려 새로운 인식과 접근은 1970년대 글로벌 인권 부흥의 주체들의 제3세계 개발접근에서 확인된다. 이 시기 아시아 개발선교에 주력해 온 비정부 선교기구들은 물질적 경제개발 접근에서 '인간개발·사회개발'로의 패러다임 전환을 요구했다. 특히 냉전기 자유진영 아시아 개발에서 인도차이나 붕괴는 선교현장 보존 차원에서 직접적인 이해관계를 갖는다는 점에서 미국의 군사안보전략에 공격적인 여론 형성의 근거가 충분했다. 이들은 남베트남 티우정권의 권위주의 억압에 대한 국민적 반감, 정부의 부정·부패에 대한 국민 지지상실이 국가 붕괴 원인으로 보는 인식이 팽배했다.[110] 아시아 선교와 인권문제에 직접 관련된 '아시아 인권을 위한 교회위원회(the Chicago Church Committee on Human Rights in Asia, CCHRA)'는 사이공 함락 바로 다음 날인 1975년 5월 1일 회원 교단 대상으로 「시민행동지침(「Citizen Action Guide; South Korea and The U.S.

---

109 이삼성, 앞의 책, 148~153쪽 참조.

110 Statement of William P. Thompson, Stated Clerk of the General Assembly of the United Presbyterian Church, U.S.A. Before the Subcommittee on International Organizations & Movements of the Committee on International Relations of the House of Representatives. June 10, 1975, p.195.

Congress)」)을 작성해 한국 인권문제 관련 의회 여론을 전개했다.[111] 한국 선교사 모임인 월요모임의 린다 존스(Rinda Jones)가 귀환한 뒤 시카고를 본부로 아시아 선교와 인권문제에 주력한 에큐메니컬 아시아 선교기구로 CCHRA의 1975년 5년 현재 가입된 회원 교단은 다음과 같다.

〈표 6〉「아시아인권을위한교회위원회(CCHRA)」회원교단(신구교, 1975년 현재)

회원명단	
The Presbytery of Chicago(U.P.C.U.S.A)	The United Methodist Church
Maryknoll Fathers	Church Women United
Clergy and Laity Concerned	The United Church of Christ
The Jesuit Project on Third World Awareness	Lutheran Campus Ministry

린다 존스가 작성한 이 「시민행동지침」은 1972년 유신헌법 이후 1975년 5월 현재 한국의 인권상황과 박정희 정부에 대한 미국의 군사·정치·경제 원조 규모를 상세히 비교 분석하고 키신저 장관의 동북아시아 안보전략 논리를 정면으로 반박했다.[112] '행동지침'은 유신정부를 '분열되고 비도덕적인 정부'로, 그에 대한 지원은 '제2의 베트남식 붕괴를 초래하는 길'이라 비판했다. 미국은 동북아시아 공산주

111 "Citizen Action Guide: South Korea and The U.S. Congress," May, 1975, prepared by the Chicago Church Committee on Human Rights in Asia.

112 'The United States Government Supported the Park Regime in Fiscal 1975', *ibid,* p.2. -대외원조 1억4천5백만 달러($145million, 대부분 군사 원조)/-남한 내 주둔 미군병력 4만/-식량원조계획(Food for Peace) PL480조 7천4백만 달러 쌀 지원/-미정부 보증 민간 투자 및 곡물 계약 수백만 달러/-대한민국 군 현대화 계획/-제랄드 포드 대통령 방한(1974.11.22.~23)/-미 군사훈련 방식에 의한 한국군의 훈련/-한국의 M16 소총 구입 예산 지원.

의자들과 대결하기 위해 자국민을 분열시키는 독재자에 대한 지원을 중단해야 하며 남한 내 민주세력 지원, 자유민주체제 복귀로 국가 분열을 막는 길이라 촉구했다.[113] 「시민행동지침」이 작성한 미국의 대한 정책 관련 주요 건의사항은 다음과 같다.

1. 국가 도덕성이 추락한 한국 정부에 대한 경제·군사원조의 대폭 삭감 요구.
2. 주한미군 대규모 철수 촉구, 하원 국방수권법안, 일명 'Ronald Dellums 수정안'(해외 주둔 미군 100,000만 명 감축) 지지할 것.
3. PL480 지원-유엔규정 상 "기근의 가장 심각한 영향을 받는 국가" 대상 지원하는 것이 원칙. 한국은 유엔 리스트에 포함되어 있지 않음에도 1975년 회계연도에서 두 번째 높은 지원을 받았음. 미국은 왜 기아 상태에 있지도 않은 아시아 독재자를 지지하는가. 농업위원회와 대외관계, 국제문제위원회 위원들에게 이 문제에 건의할 것.
4. 상원 외교관계위원회 인권문제 청문회 개최촉구 - 상원 허버트 험프리 의원이 청문회 개최를 요청한 상태(5월 말 개최 예정). 현재 청문회 특징은 특정 국가, 국가 그룹을 특별히 보지 않고 일반적인 인권 성향으로 제한됨. 나라별 특정 구체적 용어로 적용되어야 한다.[114]

---

113 '행동지침'이 제시한 의회여론 형성과 행정부 압박지침은 다음과 같다. 1. 회원 소속 상하 의원에게 서신 발송(간단 메일 또는 핵심 쟁점 기술, 중요 질문을 통해 의원의 의견을 묻고 응답을 청할 것) 등. 2. 서신발송과 함께 의원 보좌관 또는 의원실 입법보좌관을 방문 또는 전화. 최소한 2-3주 간격으로 편지 재전송. 답변 요청. 3. 특정 주제에 대해 의원실에 편지가 쇄도하는 것은 가장 적극적인 영향을 미칠 수 있음. 4. 특정 주제 관련 상임위원회 및 입법 의원들을 대상으로 서신 발송. 'Remember, We are dealing with a we congress!', *ibid.*

114 *ibid*, p.3.

특히 「시민행동지침」은 전년도 예산안 의결에서 인권침해 근거로 2천만 달러 원조 삭감을 이끌어 낸 도널드 프레이저 의원의 대외원조 수정안 지지를 적극 호소했다. 하원 「한국인권청문회」 개최가 임박한 시기에 '행동지침'은 매우 구체적이고 공격적이다.

5월 20일 예정된 1차 청문회 하루 전인 1975년 5월 19일 미국연합장로교 제187회 총회가 "한국문제 결의안(「A Resolution on Korea」)"을 채택했다. 미연합장로교 회장 윌리엄 톰슨(Wiliam Thompson, 1918~2006)이 6월 10일 2차 청문회 증인 출석이 예정된 상태에서 내려진 이 "한국결의안"은 한국의 국가 분열의 원인인 유신 정부의 인권억압 정책에 '유감'을 표하고 미국정부를 상대로 대한(對韓)원조 변경을 촉구했다.[115] 한국 개신교 최대 교단인 장로교파의 모(母)교회이기도 한 미연합장로교의 "한국결의안"은 피 원조국 대상으로 한 일종의 인권 조례인 「한국 인권제정 및 인권진전을 위한 평가기준('인권준수 평가기준')」(criteria for assessing progress in the Establishment and Safeguarding of Human Rights in the Republic of Korea)을 작성해 결의안에 포함시킴으로써 권고 또는 제안 수준을 넘는 것이었다.[116] 「인권준수 평가기준」은 「세계인권선언」 평가 척도 근거로 하여 '제5조(고문조항), 제9조(임의

115 "A Resolution on Korea," The 187th General Assembly of the United Presbyterian Church in the United States of American, May 19, 1975, RG 59 General Records of the Department of State, Office of the Deputy Secretary. Office of the Coordinator for Humanitarian Affairs. Human Rights Subject Files, 1975. Box3, pp.198~199.

116 "criteria for assessing progress in the Establishment and Safeguarding of Human Rights in the Republic of Korea," RG 59 General Records of the Department of State, Office of the Deputy Secretary. Office of the Coordinator for Humanitarian Affairs. Human Rights Subject Files, 1975. Box3, pp.200~202.

구금, 체포 금지 조항), 제10조(공정하고 평등한 공개재판의 권리), 제11조(형사소송 방어 보장권리/무죄추정원리), 제12조(사생활, 가족, 통신 등의 자의적 간섭으로부터 보호받을 권리), 제13조(이동/거주의 자유·출국 자유 권리)' 등을 특정하고 각각의 조항에 대한 한국의 구체적인 억압·위반 사례들을 제시하였다.[117] 미연합장로교 총회의 결의안과 비교해 흥미로운 점은 1년 전 미 하원 프레이저 위원장 주도 하에 열린 '한국 인권청문회(1차 청문회)' 진행 중 열린 WCC 제27차 중앙위원회가 '한국과 필리핀 인권문제 결의안'을 채택해 긴급조치 국면에 한국개신교 탄압에 세계교회의 개입 근거를 마련했던 전례와 매우 흡사한 경로라는 점이다.[118] 즉, 제2차 세계대전 이후 세계교회 재편과정에서 탄생한 WCC를 중심으로 확산된 천부인권의 선교이념과 자유민주주의 제도의 조합은 1970년대 미국의 아시아 동맹국들의 근대화 과정에서 사회개발 발전 논리와 결합해 권위주의 정치문화에 대항하는 자유민주체제 저항이념으로 주창된다는 점이다. 이 배경에는 군인 출신인 박정희 정부의 태생적 한계요인에 대한 자유주의 지식인들의 인식도 작용했다. 박정희는 일본 제국군대 장교 출신으로 군 경력 이외 다른 경험이 없는 자로 그에게서 경찰국가의 면모는 자연스럽다. 반면에 박정희 저항그룹은 일제강점기 또는 해방 이후 일본 또는 미국 유학 경험으로 자유민주주의를 획득한 지식인들로 박정희와는 대조를 이룬다.[119] 미국의 자유주

117 *Ibids,* pp.201~202.

118 "Statement of Position," World Council of Churches Central Committee, Minutes of the Twenty-Seventh Meeting, Beriln(West), 11~18 August, 1974.

119 "The Korean Connection", by Edwin O. Reischauer, *New York Times Magazine*, Sept. 22, 1974.

의자들에게 박정희의 군대식 사고방식은 김일성 체제와 다를 바 없는 전체주의로 국민들로부터 불신과 반감을 불러일으켜 국가분열의 원인이 된다. 따라서 국가·국민통합 관점에서는 자유·민주 요인을 강화하는 것이 동북아시아 지역안보와 미국의 이해에 부합한다는 논리이다.

3. 미 의회 한국 문제 청문회와 냉전자유주의 접근

1) 1975년 2차 '한국 인권문제 청문회'와 증언자들

사이공 함락 이후 미 하원 국제관계위원회는 1973~1974년에 이어 1975년 5월 20일부터 6월 24일까지 한국과 필리핀의 인권 청문회를 미국정책의 재검토 방향에서 개최했다.[120] 1차 청문회가 한국 인권상황만을 다뤘다면 1975년 청문회는 총 8회에 걸쳐 필리핀까지 포함해 진행되었다. 2차 청문회 공식 명칭이 "한국과 필리핀의 인권: 미국정책 검토(Human Rights in South Korea and the Philippines: Implications for U.S. Policy)"인 것으로 볼 때, 미국의 피 원조국 필리핀과 한국에서 1972년 9월, 10월 연달아 비상계엄령이 선포된 뒤 권위주의 통치를 강화해 가는 상황이 사이공 함락 직후 동아시아 지역 안보에 미칠 영향을 검토하고 행정부(국무부) 입장을 청취할 의도임을 알 수 있다. 1975년 '한국 인권청문회' 개최 현황은 아래에서 확인할 수 있다.

120 이 연구에서는 1974년의 청문회를 '1차 청문회'로, 1975년의 청문회를 2차 청문회로 지칭하였다.

〈표 7〉 94th 미 하원 국제관계위원회 한국 '인권문제' 청문회 개최 현황(1975년)[121]

주제: Human Rights in South Korea and Philippine: Implications for U.S. Policy		
주최 위원회	개최일자	증언자
하원 국제관계위원회 국제기구 소위원회 청문회 (「the Subcommittees on International Organizations of the Committee on International Relations, House of Representatives」	1차 - 1975. 5.20(화)	-**제롬 코헨** 하버드 법대 동아시아법률연구소장 (Jerome Alan Cohen, Director of East Asia Legal Studies, Harvard Law School) -**게리 레드야드 컬**럼비아대 한국학교수 (Ledyard, Gari, professor of Korean Language and History, Columbia University)
	2차 - 1975. 5.22(목)	-**마이클 프란츠** 조지 워싱턴 대 중소연구소 (Franz Michael, Professor, the Institute for Sino-Soviet Studies, George Washington University) -**제임스 시노트 메리놀회 신부** (James Sinnott, the Reverend, Maryknoll Order, Catholic Foreign Mission Society of America) -**브라이언 브로벨** (Wrobel, Brian, Amnesty International, London)
	3차 - 1975. 6.10(화)	-**이재현**, 언론학 교수 (associate professor of journalism, Western Illinois University) -**윌리엄 톰슨** 미 연합장로교 총회 서기 (William Thompson Stated Clerk of the General Assembly of the Presbyterian Church, Uninted States of America) -**리처드 워커** 사우스캐롤라이나대 국제연구소 소장 (Walker, Richard, director, Institute of International Studies, Universiry of South Carolina)

121 (B4 2) *Human Rights in South Korea and the Philippines: Implications for U.S. Policy.* Hearings before the Subcommittees on International Organizations of the Committee on International Relations, House of Representatives. p.3. 필리핀 청문회는 6.3/6.5/6.17일 3차에 걸쳐 개최되었고 표 구성에서는 제외했다.

	4차 - 1975. 6.12(목)	-**이정식** 펜실베니아 정치학 교수 -**마이클 맥파든** 목사(Michael McFadden, member St. Columban's Foreign Mission Society, Diocese of Wonju, South Korea -**레오나드 미커** 전 국무부 법률자문 (Leonard Meeker, former legal adviser, Department of State) -**도널드 레너드** 전 국무부 한국문제과장 (Donald Ranard former director, Office of Korean Affairs, Department of State)
	5차 - 1975. 6.24(화)	-**필립 하비브 미 국무부 동아시아태평양차관보** (Philip Habib, Assistant Secretary for East Asian and Pacific Affairs, Department of State)

1975년의 2차 청문회는 하원 국제관계위원회 국제기구 소위원회(House of Representatives, Committee on Foreign Relations, subcommittee on International Organizations) 주관으로 진행되었으며 도널드 프레이저가 위원장을 맡아 청문회를 이끌었다.[122] (191쪽 〈표 3〉 참조.)

앞서 언급했듯이 프레이저 의원은 4월 2일~6일까지 한국을 방문해 김종필 국무총리를 포함해 여야 정치인, 재야인사, 구속자 가족, 개신교 인권기구들, 선교사 모임 '월요모임' 등 다양한 인사들과 만나 한국 인권상황을 구체적으로 확인한 바 있다.[123] 1차 청문회와 비교할 때 증언자 구성에서 눈에 띄는 변화가 있는데 비교적 최근 남과 북 방문 경험이 있거나 동아시아·한국 관련 분야 전문 학자의 비중이

---

122 하원 국제관계 위원회(House of Representatives, Committee on Foreign Relations)는 토머스 모건(Thomas Morgan) 의장을 포함해 민주당 22명, 공화당 18명 등 40명으로 구성되었고 이 가운데 국제기구 소위원회는 민주당 10명, 공화당 10명으로 구성되었다.

123 "Congressman Fraser visits political prisoners in South Korea," The Sixth of April 1975.

상대적으로 많아진 점이다. 증언자 13명을 주요 경력 중심으로 분류하면 세 부류로 나눌 수 있다. 첫째, 동아시아·한국학 권련 전문 학자 그룹이다. 제롬 코헨(Jerome Alan Cohen, 1930~ , 하버드대 교수), 게리 레드야드 교수(컬럼비아대 교수), 마이클 프란츠 교수(조지 워싱턴대 중소문제연구소), 리처드 워커 교수(사우스캐롤라이나대 국제연구소), 이정식(펜실베니아 정치학 교수), 이재현 교수(웨스트일리노이주립대학교 언론학) 등이다. 제롬 코헨 하버드대 동북아시아 법률문제연구소장은 한국에도 알려진 동아시아 중국 전문가로 오랫동안 활동한 인물이다. 1960년대 후반 중국법, 중국정치를 전문으로 연구하기 시작했고 미중관계 개선과 아시아 데탕트를 적극 주장했다. 1970년대 초 이후 한국을 수차례 방문 경험이 있고 김대중과는 최초 방미부터 하버드 인맥으로 인연을 맺은 뒤 1973년 8월 도쿄 납치 당시 긴급구명 활동을 전개했다.[124] 미국 학자로는 1972년 북미 간 문화교류 초청으로 방북한 경험이 있다.[125] 게리 레드야드는 한국어학 교수로 잘 알려진 인물이다. 그는 한국전쟁기인 1954년 미육군어학원에서 단기 한국어를 습득한 뒤 한국과 일본 등에서 복무한 경험이 있다.[126] 이 인연으로 1950년대

---

124 "Statement of Jerome Allan Cohen, Director of East Asian Legal Studies, Harvard Law School, Harvard University," (B4 2)*Human Rights in South Korea and the Philippines: Implications for U.S. Policy.* Hearings before the Subcommittees on International Organizations of the Committee on International Relations, House of Representatives, p.5. 납치사건 이후 코헨 교수는 1974년 4월 12일 서울대 부설 법학연구소 주최 세미나 참석 차 내한해 김대중과 면담한 바 있다. (https://www.kdjlibrary.org/president/yearbook/?fullScreen=true&id=19740412(검색일: 2021.10.7.))

125 *Ibid*, p.3.

126 'Statement of Gari Ledyard, Professor or Korean Language and History, Columbia University,' *ibids,* pp.13~14.

후반 한국-몽골관계사, 한국어 연구를 지속했고 1966년 컬럼비아대에서 박사학위를 취득한 이후 교수로 재직했다. 컬럼비아대 한국어 세종 연구소 소장으로 활동 중이며 1974년 여름을 포함해 수차례 한국 방문 경험이 있다.[127] 마이클 프란츠(Franz Michael, 1907~1992) 조지워싱턴대 교수는 독일태생에 중국학자로 중국 근현대 민족주의, 공산혁명, 동아시아관계 등을 연구했다. 1964년 조지워싱턴대 재직을 시작으로 은퇴시까지 중소연구소를 맡았다. 동아시아 국방·안보관련 전문 연구자이다. 한국인으로는 이재현과 이정식이 증언자로 포함되었다. 이재현은 1970년대 초 워싱턴 주재 주미공보관 재임 중이던 1973년 6월 6일 망명을 신청한 뒤 이후 웨스트일리노이주립대 언론학 교수로 활동하면서 김대중의 미국 활동 거점인 '한국민주회복통일촉진국민회의(한민통) 미주본부'를 중심으로 반박정희 운동에 적극 가담했다.[128] 한국에도 잘 알려진 이정식은 펜실베니아 대학교 정치학 교수로 로버트 스칼라피노와 공저한 『한국 공산주의운동사』로 잘 알려진 학자이다. 1960년대 그가 스칼라피노 교수와 아시아·북한의 공산주의 혁명 관련 연구 성과들에서 청문회 증인 출석 배경이 설명될 수 있다. 동아시아 안보관계에서 한국 인권문제 등 정치상황을 접근해 미국인들의 자유주의적 해석과 비교된다.[129]

---

127 *Ibid,* p.13. 청문회에서 게리 레드야드는 남과 북 외교관리들의 초청을 수차례 받은 바 있는 것으로 증언했는데 연구에서는 북한 방문 기록을 찾지 못했다.

128 이재현의 망명 사유는 '미국 내 교포들에 대한 박정희 정부의 부당한 감시와 위협활동에 더 이상 관계할 수 없기 때문'으로 언론에 발표된 바 있다. 「이재현 공보관 사임 후 행방 감추고 망명 요청」, 『해외한민보』, 1973.7, 1쪽.

129 "Human Rights in The Philippines and South Korea: Implications for U.S. Policy", June 12, 1975, (B4 2) Hearings before the Subcommittees on International Organizations

둘째, 세계교회 및 인권 관련 비정부 기구 관계자이다. 윌리엄 톰슨 목사, 마이클 맥파든 목사, 제임스 시노트 메리놀회 신부, 브라이언 브로벨(앰네스티 인터내셔널) 등이다. 이 가운데 윌리엄 톰슨의 증언이 중요한데, 그는 미연합장로교 총회 회장이자 세계개혁교회연맹(the president of the World Alliance of Reformed Churches) 총무, WCC 중앙위원회 위원, 미국교회협의회 실행이사회 회원이자 20년 이상 현직 변호사로 활동 중인 인물이다. 1975년 현재 미국교회 인물 중 유진 칼슨 블레이크(Eugene C. Blake)의 뒤를 잇는 지도급 인사이다.[130] 제2차 세계대전 극동군사재판(the International Military Tribunal for the Far East in Tokyo, IMTFE) 검찰국 참모로 참가했던 독특한 이력이 있다. 제임스 시노트는 메리놀외방선교부 소속 신부로 1960년 6월 사제서품을 받은 직후 한국 인천교구에 파송되어 활동했다. 박정희의 긴급조치와 인혁당재건위 사건 비판으로 체류기간 만료 연장신청 불허로 1975년 4월 미국으로 추방된 뒤 반유신 여론활동을 전개한다.[131] 브라이언 브로벨(Brian Wrobel)은 국제사면위원회(Amnesty International)에서 긴급조치 상황 조사를 목적으로 네덜란드인 에릭 카럽(Eric Karup)과 함께 파견되었다. 1975년 3월 25일부터 4월 9일까지 한국에 체류했고 주

---

of the Committee on International Relations, House of Representatives, p.225. 1960년대 이정식은 캘리포니아대 지도교수 스칼라피노와 아시아 공산주의 기원과 속성을 비교정치학 관점에서 연구하는 것에 집중했고 대표적인 성과로 Robert A. Scalapino ed., *The Communist Revolution in Asia*(Englewood Cliffs, Prentice-Hall, 1969)를 출판했으며 그 외에도 이정식의 학문세계에 대한 최근 연구로는 옥창준·최규진, 「이정식과 브루스 커밍스 저술에 대한 대위법(對位法)적 독해」, 『사림』, 350~351쪽 참조.

130 (B4 2) Hearings before the Subcommittees on International Organizations of the Committee on International Relations, House of Representatives, pp.192~193.

131 Statement of the Reverend James P. Sinnott, Maryynoll order, *ibid,* p.44.

로 재판 중 고문의혹, 무혐의 구금, 재판 소송 진행과정 등을 조사한 결과보고서를 제출했으며 청문회에 증거자료로 제출되었다.[132]

셋째, 전현직 국무부 관료 출신그룹으로 도널드 레너드(Donald Ranard, 1970~1974) 전 국무부 한국문제과장, 레오나드 미커(Leonard C. Meeker, 1914~2014) 전 국무부 법률자문, 필립 하비브 미 국무부 동아시아태평양차관보 등이다. 도널드 레너드는 1970년부터 1974년까지 국무부 한국문제과장(Director of the Office of Korean Affairs for Department of State)을 지낸 뒤 은퇴했다. 1959년 서울주재 미 대사관 정치고문(political counselor)으로 공직생활을 출발한 레너드는 1962년까지 이승만, 장면, 윤보선, 박정희 등 현대 한국의 정치지도자를 모두 경험한 외교관으로 4월혁명을 지지했고 1961년 박정희의 정권장악을 목격했으며 1970년 워싱턴으로 복귀해 데탕트기 국무부 한국 문제 과장으로 데탕트기 미국의 아시아 정책에 관계된 인물이다.[133] 1973년 김대중 납치사건 당시 하비브 주한미대사와 워싱턴 간에 직접적인 소통창구 역할이었고[134] 은퇴 후에는 워싱턴 소재 'Center for International Policy, CIP'의 소장으로 왕성한 활동을 전개했다. 레오나드 미커 전 국무부 법률자문은 하버드 법대 출신으로 제2차 세계대전 중 2년간

---

132 Statement of the Brian Wrobel, Amnesty International, London, *ibid,* pp.40~67. 청문회에 제출된 조사팀의 결과보고서 "Report on and Amnesty International Mission to the Republic of Korea March 27-April 9, 1975"가 첨부되어 있다.

133 Statement of Donald L. Ranard, Former Director, Office of Korean Affairs, Department of State, *ibid,* p.226.

134 Donald L. Ranard, "Japan's Responsibility in Kim Affair,"(국사편찬위원회 CDM006_02_00C1267_051); Donald A. Ranard, "Kim Dae Jung's Close Call: A Tale of Three Dissidents", *Washington Post,* Feb. 23, 2003.

참전 경험이 있고, 케네디 행정부에서 딘 러스크 국무장관의 법률 자문, 린든 존슨 행정부를 거쳐 닉슨 행정부에서 루마니아 대사(1969~1973)를 역임하기까지 국무부 법률자문으로 유엔관련 업무를 맡았다. 은퇴 후에는 워싱턴 소재 'Center for Law and Social Policy, CLASP' 회원으로 공익법 관련 활동을 전개하던 중 청문회 증인으로 출석했다.[135] 마지막으로 필립 하비브 국무부 동아시아태평양차관보는 닉슨 행정부에서 1971년 10월부터 1974년 8월까지 주한 미대사를 지낸 뒤 국무부 동아시아태평양담당 차관보로 청문회에 출석하였다. 아래에서 청문회 중요 증언들을 통해 사이공 함락 직후 분단 한반도 안보 인식과 정치 자유화 논의 수준을 확인하고자 한다.

2) 분단 한반도 안보 쟁점과 정치 자유화 딜레마

1975년 5월 20일 1차 청문회부터 6월 24일까지 진행된 청문회 증언들은 사이공 함락 직후 한반도 안보정세 인식, 미국의 대한정책 변화 필요성 여부, 주한미군 지위 포함 한미상호방위조약 이해, 유신정부의 인권억압과 미국의 군사·경제원조 유지문제 등이 포괄적으로 다루어졌다. 5차 청문회 전인 6월 18일 키신저 국무장관은 뉴욕의 '재팬 소사이어티(Japan Society)'에 참석해 '변화하는 세계에서 미국과 일본(The United States and Japan in a Changing World)'를 발표했다.[136] 미국의 대외정책에서 데탕트(detente) 기조 유지, 변화하는 아시아에서

---

135 "Statement of Leonard C. Meeker, Former Legal Adviser, Department of Stat," *ibids*, pp.241~242.

136 Address by Secretary Kissinger, "The United States and Japan in a Changing World", the Japan Society at New York on June 18.

미국의 확고한 안보 동맹 의지를 재확인한 키신저는 "효과적인 외교 정책은 안보 문제를 넘어서야 하지만 안보 없이는 효과적인 외교 정책도 있을 수 없다"는 자신의 기본 외교철학을 유지하면서도 변화하는 세계에서 미국 외교정책의 새로운 조응과 반성의 필요성을 역설했다. 청문회에 출석한 증언자들은 출신, 경력에 따라 박정희 정부 비판의 강도, 한국 정치 자유화 정도, 군사원조 유지 접근 등에 관점을 달리 접근했다. 특히 5차 청문회인 6월 24일 출석한 필립 하비브의 증언은 국무부의 공식 입장이란 측면에서 중요하다.

5월 20일 1차 청문회 첫 증언자인 제롬 코헨은 자신이 1971년 10월 학술관계로 한국 방문 시 박정희 정권의 전체주의 강화 흐름을 '남베트남의 티우정권'과 비교 예견했던 점을 상기시키고 한국의 사회경제적 지속성장, 통일접근에서 국민통합의 중요성, 민주주의 취약구조 등 한국이 처한 현실을 매우 객관적으로 진단했다. 코헨은 박정희 대통령과 한국 야당 지도자들이 남베트남 붕괴 원인을 국론분열에서 찾는 것에는 동일하나 박정희는 소수 엘리트 그룹의 반정부 저항에 원인을 돌리고 총화단결, 군사·경제력 우위로 북한 위협에 방어해야 한다는 논리로 한미관계 결속을 주장하고 있으며 야당(특히 역동적이고 능력 있는 지도자 김영삼)은 부패하고 억압적인 남베트남 티우정권의 국민지지 상실에서 붕괴 원인을 찾는 것으로 보았다.[137] 코헨의 관찰은 국가안보 측면에서 국민들의 충성심, 지지는 인권보장에서 얻을 수 있으며 현실적으로 남과 북 체제 경쟁에서도 실질적인 차이는 이 부분이어야 할 것을 강조해 야당의 입장 그리고 반유신 그룹의 자유민주주의 인식과 동일한

137 *Ibid,* p.5.

이해를 보였다. 데탕트 이후 시대는 '반공주의(anticommunism)'만으로는 부적합하며 현 수준에서 한국을 통일할 신념체계가 없는 것으로 진단했다.[138] 코헨의 이러한 인식은 박정희 개인에 대한 부정적인 평가에도 반영된다. 박정희는 식민시대 만주군 장교로 김일성과 같은 조선인 빨치산들을 토벌하는 일에 앞장섰던 인물로, 프랑스 제국주의에 복무했던 티우 대통령과 동일한 핸디캡을 가진 인물이다. 해방 후 박정희는 미국이 만든 군 엘리트 조직의 일부가 되었고, 1961년 불법적으로 권력을 잡은 뒤 미국의 대량 군사원조 도움으로 지금까지 권력을 유지해 오고 있다.[139] 코헨의 한국 인식은 매우 현실적이고 박정희 정권에 대해서는 비판적이다. 미국 군대와 방위조약 없이 한국의 생존 가능성은 없으며 경제 자립 또한 군사 정치 문제만큼이나 허상이다.[140] 박정희 정권에 매우 비판적인 코헨은 장단기적 차원에서 미국의 대한정책 변화를 제안한다. 첫째, 장기적으로 미국의 대한정책은 미국의 아시아, 국제정책의 일부로 간주되어야 한다. 아시아의 경우 태국에서의 미군 철수계획, 필리핀 미군기지와 방위조약 재협상, 중국 관계 정상화와 대만관계 등을 고려해 대한정책 변화도 조정되어야 할 것이다. 이 경우 일본, 소련 등 동북아시아 강대국들과의 논의로 긴장 완화를 고려해 볼 수 있을 것이다. 한국의 인권문제 또한 군사·경제 원조정책과 마찬

138 *Ibid*, p.6. 코헨은 인도차이나 사태 이후 박정희의 한국전쟁 가능성 운운을 자신의 악덕을 미덕으로 바꾸려 하는 술책으로 비판했다.

139 *Ibid*, p.8.

140 코헨은 국제에너지 위기 전 박정희 정권의 10년간 경제발전도 일본, 미국, 기타 외국의 대출, 투자 무역에 의존한 것이며 이 의존도에 의한 무역적자도 해마다 증가해 20억 달러를 상회하는 것으로 평가했다.

가지로 미국 대외정책 일부분으로 보여져야 한다.[141] 단기 정책 제안으로는 1977년 1월 미국의 새로운 행정부를 가정하에, 인도차이나 붕괴를 교훈 삼아 새로운 아시아 정책을 수립할 것을 제안했다. 코헨의 새로운 아시아 전략이란 일본방위를 유지하는 선에서 한반도에서 주한미군의 점진적인 철수와 안보자립전략이다. 아시아에서 미국의 국가이익에 가장 중요한 일본과 근접한 이유로 한미관계가 동아시아 정책의 핵심요인은 아니다. 따라서 현수준에서는 한국 방위공약 재확인과 주한미군 주둔을 유지하되 장기적으로는 포괄적인 아시아 방위 전략에서 일본, 한국 등과 충분한 협의하에 점진적인 철수가 진행된다면 일본의 안보충격은 훨씬 완화된 수준에서 수용될 것이다.[142] 한미관계 측면에서 미국은 한국과의 유대를 지속할 필요가 있고 미국에서 자유민주주의 교육을 받은 지식인들(이들 중 상당수가 현재 미국이 제공한 수갑을 차고 있는 신세다)과의 관계유지가 중요하다. 미 의회는 행정부와 협의 하에 미국 동맹국들에 대한 방위공약 신뢰를 재확인해야 하며 행정부는 국가를 벼랑 끝으로 몰고 가는 박정희 대통령의 침묵의 파트너가 아님을 공·사적 통로로 전달할 것을 주문했다.[143] 코헨의 자유주의적 접근은 미국의 일본 중심의 아시아 안보 전략, 그리고 한반도 분단 전략 하의 자유·민주요인의 강화인데, 주한미군의 점진적 철수 이후 한반도 안보

---

141 *ibid,* p.10.

142 이 부분에서 코헨은 북한이 지속적으로 정치적 생존능력과 미국의 국방력을 위협하는 방식을 선택한다면 한국과의 관계 단절도 장래 고려할 수 있는 선택지임을 제안했다. *ibid,* p.12.

143 *ibid,* pp.12~13. 이 접근을 위해 코헨은 현재 군사원조액의 50%를 삭감하고 차액으로 서울대 캠퍼스 학생회관을 짓는데 충당할 것을 제안했다. 이러한 상징적인 행위가 한국국민들에게는 자유 분위기 조성으로 신뢰를 줄 수 있을 것으로 보았다.

환경에 대한 해법은 제시하지 않은 특징이 있다.

같은 날 출석한 게리 레드야드의 증언을 보자. 그는 한국 정부의 인권억압에 미 의회가 원조 압박으로 접근하는 것에 회의적인데, 이유는 인도차이나 사태 이후 한국 상황이 보여주듯이 박정희 정권이 내부단속 수단으로 인권문제를 이용해 오히려 민주주의를 후퇴시키고 장기적으로는 민주주의 전망을 어둡게 하고 있기 때문이다. 한국에서 인권과 민주주의 문제는 구조적인 문제로 한국 정부가 억압해 온 것은 인권만이 아니라 이 전체 구조이다. 특히 1969년 3선개헌, 1972년 계엄령 이후 민주주의 구조는 훨씬 후퇴한 상태이다.[144] 그는 1975년 현재 미국의 대한정책은 두 가지 점에서 역설 또는 모순에 직면해 있는데, 첫째, 베트남과 캄보디아에서 미군의 철수가 박정희로 하여금 국가 자위력 강화 논리를 갖게함으로써 오히려 국내 정치적 억압수단을 강화시키고 있는 점이다. 미국은 장기적으로 그리고 점진적으로 주한미군을 철수해야 하는 미국으로서는 딜레마에 해당한다.[145] 다른 하나는 보다 본질적인 문제로 분단 한국의 모순이다. 게리 레드야드 관점에서 한국 분단은 한국이 처한 모든 문제의 근원이자 미국의 대중(對中), 대소(對蘇) 데탕트 전략도 위협하는 요인이다.[146] 남북 간 적대감의 증폭으로 전면전이 재발한다면 동북아시아 데탕트의 노력들은 모두 물거품이 되고 말 것이다. 따라서 이러한 국면에서 미국의 대한정책은 독일의 데탕트 노선과 같은 형태로 남북간

144 *ibid*, p.15.
145 *ibid*, p.17.
146 *ibid*.

의 화해를 고무시키는 것이어야 한다. 남북한 간의 외교적인 상호 인정, 양국의 상호인정이 한반도 긴장 완화로 이어지도록 주변 4강의 지지가 필요하다. 미국은 한반도 통일과 중립을 추구하는 외교에 모든 노력을 기울여야 한다. 이 지점에서 게리 레드야드는 주변 4강이 현재 '두 개의 남북한' 정책에서 각각의 상대국들 즉 북한과 남한에 대한 점진적인 접근을 동시에 취해야 할 것을 제안했다.[147] 한반도 분단이 계속되는 한 박정희 정부의 인권 억압과 한국 정치 악화는 계속될 것이고 이것만큼 북한의 통일의욕을 강화시키는 것은 없을 것이라는 말로 증언을 마쳤다. 게리 레드야드의 증언은 제롬 코헨과 비교할 때 한반도 분단문제 이해에 매우 다른 접근을 보여주며 데탕트 차원에서 한반도 통일문제에 접근해 현재에도 시사하는 바가 매우 크다.

6월 10일 3차 청문회는 윌리엄 톰슨의 증언이 중요하다. 앞서 경력에서도 확인했듯이 1975년 현재 미국교회 및 세계교회의 중요 인물인 톰슨의 증언은 이 시기 국내 개신교 민주화·인권운동에 인적·물적 지원 네트워크란 점에서 매우 중요하다. 톰슨은 5월 19일 미연합장로교 총회가 채택한 「한국문제결의안」을 청문회 증거자료로 요청해 받아들여졌다.[148] 더욱이 그의 출석은 직전 4월 서울에서 발생한 '수도권선교자금사건' 경위 조사차 WCC 임원들과 한국을 방문하고 돌아 온 직후란 점에서 현장증언의 성격을 띠었다.[149] 톰슨은 미국이

---

147 *Ibid,* p.18.

148 *Ibid,* p.196.

149 *Ibid,* p.193; 수도권 선교자금사건에 대해서는 손승호, 『유신체제와 한국기독교 인권운동』, 한국기독교역사연구소, 2017, 136~148쪽 참조.

더 많은 군사 원조를 지원했더라도 티우정권의 탄압정치와 부정부패가 국민들의 지지상실로, 이것이 국가 분열과 남베트남 붕괴로 이어진 것으로 단언했다. 따라서 베트남의 교훈은 단기적인 안보공약 재확인보다 장기적인 관점에서 인권보장 등 정치적 안정이 국가안보에 효과적인 수단임을 강조했다. 이 연장에서 톰슨은 4가지 권고사항을 '의회해법(Sense of Congress)'으로 제시했다.[150] 첫째, 의회는 한미상호안보조약은 대한민국 국민의 자유 보전을 위한 것임을 확인하고 박정희 정권의 인권악화를 규탄하는 결의안을 채택해야 한다. 이 결의안에는 외부 무력공격으로부터 대한민국 방어를 위한 미국의 군사행동 참여에 의회의 결정적인 역할을 강조해야 한다. 둘째, 의회는 현재 비무장지대의 주한미군의 배치를 교전 발생 시 '즉각적인 개입'이 불가능하도록 후방으로 재배치 할 것을 즉시 국방부에 건의해야 한다. 이 조치는 한미 양군의 군 지휘계통의 분리를 위한 조치로서도 필요하다. 셋째, 현재 이 소위원회(국제기구 소위원회)가 한국 관련 미국의 대한정책—특히 세계은행의 개발자금 대출현황 등—을 구체적으로 검토할 것을 촉구한다. 본 위원회의 관할 범위 내에서 세계은행의 정책 관행에 대한 완전한 조사가 이루어질 것을 제안한다. 넷째, 1976년도 회계연도에 한국의 인권문제를 조건부로 한 경제원조 축소가 반영되어야 한다. 미국은 경제·군사적 원조를 통해 피 원조국 국민들의 삶의 조건에 참여 용의가 있음을 나타낼 수 있고 도덕적으로도 그럴 의무가 있음을 밝혀야 한다.[151] 세계교회 지도자로서 인권외교에 집중

150 *ibids,* pp.197~198.
151 *ibid.*

된 톰슨의 증언은 1970년대 한국 정치 자유화 운동을 이해하는데 중요 변수가 된다.

6월 12일 4차 청문회에서 도널드 레너드의 증언은 30년 가까운 공직 경력 중 대부분의 기간이 한국 관련 이력이란 점에서 중요하다. 이승만과 박정희의 독재체제 비교로 증언을 시작한 레너드는 이승만 시기의 특징들 즉, 식민지, 전쟁, 가난과 빈곤, 국가 건설기 낙후성 등은 오히려 먼 과거의 일로 보일 만큼 박정희의 현재 집권은 한국에 매우 좋지 않은 상태임을 강조했다.[152] 미국이 3년간 전쟁에 진력을 다한 결과 최악의 인권정책으로 국제적 비난을 받는 국가를 지원해 온 꼴이 되었다. 레너드는 최소 3만 5천의 미군 생명과 110억 달러 군사원조를 지불하는 미국의 동맹국이라면 유엔 또는 다른 국제 포럼으로부터 대의명분에 합당한 국가 평가를 기대할 권리가 미국에겐 있지 않겠는가 반문해 유신정부를 강도 높게 비난한다.[153] 한반도 안보 이슈에서 레너드는 현 수준에서 북한의 침략 가능성은 없는 것으로 진단했다. 근거로 1953년 중소분쟁 이후 변화하는 세계, 남한의 경제·군사적 우위, 미국의 방위공약이 북한의 모험주의를 충분히 통제할 수 있는 수준으로 진단했다. 오히려 베트남 사태 이후 아시아에서 미국 역할에 대한 의구심이 커지면서 상대적으로 북한의 모험 가능성 또한 증가되는 현실을 박정희 정부가 이용하려 할 것이다. 이 지점에서 레너드는 유신정부의 인권상황에 대해 의회의 접근 방식, 즉 주한미군 철

152 Statement of Donald L. Ranard, Former Director, Office of Korean Affairs, Department of State, *ibids,* pp.226~227.

153 *ibid,* p.226.

수, 군사원조 중단 수단에 동의하지 않는다. 레너드는 미국의 한국문제 접근에서 가장 우선적인 고려사항은 미국의 이해관계임을 강조한다. 여기서 미국의 이해관계란 일본의 안보, 아시아의 안정과 진보, 그리고 개발선교기관들의 투자 등이다.[154] 박정희 정권의 비난받는 인권정책 때문에 미국의 군사원조를 중단해야 한다는 의견들에 레너드는 "지금은 한국에서 등을 돌릴 시기가 아니다. 한반도에 대한 미국의 구체적인 목표는 동북아시아에서의 전쟁 재발 방지"임을 강조한다. 베트남전으로 한국 방위 유지에 대한 증폭되는 여론에 대해 레너드는 한국전쟁에서 출발한 한미방위공약은 당시 이미 의회 논의를 충분히 거쳤고 조약으로 비준되었을 뿐만 아니라 미국 헌법정신에도 충분히 부합하는 조약으로 재론의 여지가 없다. 동남아시아에서 미국이 의무감에 말려들었던 상황과 동북아시아 상황은 근본에서 다르다. 한미방위조약은 미국의 안보이해가 반영된 것으로 유지되어야 한다. 주한미군은 미 공군력이 지상군 대체효과를 줄 것이기 때문에 단계적으로 감축될 것인데 이는 한국의 자체 방어력 향상을 감안한 조치일 뿐 방위공약의 포기가 결코 아님을 강조한다. 마지막으로 한국 인권문제에 대해 레너드는 미국정부가 견지해 온 묵인정책을 비판한다. 인권(human rights)은 그 자체가 미국 정부를 구성해온 개념이며 미국을 자유세계 지도자로 세워 온 모든 문서와 법률에 이미 포함되어 있다. 그럼에도 현재 한국 정부의 억압정책에 미국 정부가 묵인하는 것은 국제사회에서 볼 때 미국적 가치에 적절하지 않은 처사이다.[155] '내정불간섭주의'의 오랜

154 *ibid,* p.229.
155 *ibid,* p.231.

전통은 명예로운 태도임에 분명하나 한국의 경우 미국은 4만 명의 군대를 주둔시키고 있고, 연간 약 1억 5천만 달러의 군사원조를 제공하는 나라다. 한미 특수관계에서 볼 때 미국은 한국 인권문제에도 책임이 있다. 지난 4년간 악화일로로 치닫는 한국 상황에서 분명한 사실은 국민 기본권을 위협하는 정부를 국민들이 언제까지 용납하겠는가 하는 점이다. 현 상황에 제동을 걸지 않으면 한국의 안보는 위태로울 수 있다. 레너드의 증언은 아시아에서 미국이 처한 다음과 같은 모순 또는 딜레마로 마무리 된다.

> 내 입장을 모순이라 문제제기 할 수 있다. 그럼에도 한국의 민주 원칙에 어긋나는 행위를 비난하면서도 미국의 군사원조와 방위공약 이행을 계속 이어가도록 할 것이다. 이것이 우리가 아시아에서 직면한 현실이다.[156]

같은 날 레너드에 이은 증언자는 한국인 학자 이정식이다. 냉전의 전통주의자이면서 아시아, 중국, 북한 등 공산체제 전문가인 그는 한국이 직면한 인권문제의 근본 원인을 냉전의 동아시아 지정학에서 접근했다. 남과 북 체제 비교에서 북한은 강력하고 통제된 인권 부재 체제인 반면에 남한의 인권억압은 국가 시스템을 분열시키고 위험에 빠뜨릴 가능성이 큰 것으로 보았다. 그는 남한에서의 인권억압이 북한의 혁명목표인 인민민주주의 혁명의 모험성을 부추길 수 있는 가능성을 제기한다.[157] 앞선 증언자들이 박정희 정부에 대한 군사원조 제한 또는

---

156 *ibid.*

157 Statement of Chong-Sik Lee, Professor of Political Science, University of Pennsylvania, *ibids*, pp.232~233.

중단, 주한미군 철수 등 '혼내주기' 조언들에 심정적으론 동의하지만 이것이 박정희 정권을 권좌에서 물러나게 한다거나 한국 민주주의의 복귀, 더 나아가 한미 양국 안보 향상에 도움이 되는지 근본적인 의문을 제기했다. 그는 '표면적인' 인권문제 이면에 1971년의 비상계엄 선포, 1972년 유신헌법, 긴급조치로 이어지는 박정희 정권의 권력 집중에 본질적인 원인이 있는 것으로 보았다. 권력 유지 자체가 목적이라면 박정희 정권의 임기 만료 시점인 1975년까지 기다릴 수 있었을 것인데 '왜 1971년인가' 의문을 제기한다. 현실적인 정치인 박정희가 유신헌법을 내 놓고 국내외 비판을 예측하지 못했을 리 없을 것이기 때문이다.[158] 한 가지 가능한 추정은 국제환경에서 오는 위협요인인데, 1969년의 괌 독트린, 1970~1971년 주한미군 7사단 2만 명의 철수, 미중 데탕트 등 일련의 상황은 박정희에게 아시아에 대한 미국 안보 공약의 완화를 의미했다. 같은 시기 1968년 1월 푸에블로호사건, 1969년 4월 EC-121 격추사건 등은 대북관계에서 변칙 가능 상황의 연속이었다. 이정식의 요점은 극도의 호전상태의 북한과 거스를 수 없는 미중(美中) 데탕트 사이에 꽉 끼인 박정희 정부가 1971년 비상계엄을 선포했고, 미국의 충고로 남북적십자회담은 시작했지만 내심으로는 안보 우려가 가장 컸고 외부 비판에는 불편한 심기로 반응하고 있을 것이란 점이다.[159] 이정식은 자신의 언술이 박정희의 행동을 합리화할 수 있는 일종의 시나리오이지만 그렇다 하더라도 여기에 세 가지 오류를 지적했다. 첫째, 박정희는 소통 채널을 통해 국외 정부와 대화를 유지했어

158 *ibid,* p.234.
159 *ibid.*

야 했다. 만약 그랬다면 국민들로부터 이해를 얻을 수 있었고 정치적 위기도 피할 수 있었다. 둘째, 박정희는 왜 국민적 합의를 얻지 못하는 극도의 억압수단들에 의존했어야 하는가이다. 결과적으로 박정희 정부는 자신의 정치적 목적을 위해 주변 환경의 압력을 이용했고, 전반적인 신뢰를 상실했다. 이것이 세 번째 오류이자 박 정권이 맞닥뜨린 현실이다. 이정식의 판단에 1969년부터 1975년 사이 미국의 동아시아 정책의 변화 기간이었음을 감안할 때 박정희의 안보 우려도 어느정도 정당한 측면이 있다. 그만큼 미국 정책에 불확실성이 컸고 미국 내 여론은 분열되어 있었다. 한국전쟁 그리고 맥아더 청문회 이후로는 처음으로 인도차이나 사태 이후 한국 문제에 대한 미국 여론과 관심, 논쟁이 집중된 적은 없었다.[160] 3천 2백만의 역동적인 한국 국민들을 대상으로 미국은 어떤 정책을 펼쳐야 하는가. 이정식은 다음과 같이 제안한다. 첫째, 미국은 장기적 관점에서 가능한 한 포괄적인 의견수렴을 반영해 실현 가능한 정치시스템을 고려해야 한다. 둘째, 미국은 한국정책에서 경제성장(번영)과 사회정의의 균형을 맞춰야 한다. 이 방향은 필연적으로 인권문제에 대한 미국의 접근을 요구한다. 박정희와 같이 고집스러운 정치가를 혼내거나 위협하는 방법은 오히려 저항의지를 강화시키기 때문에 미국이 원하는 목표를 이룰 수도 없고 적절치 않은 방법이다.[161] 분명한 것은 현재 박정희의 억압정책들의 댓가는 한국 국민들이 지불해야 한다는 점이다. 따라서 미국은 가능한 한 한국

160 *ibid,* p.235.

161 이 부분에서 이정식은 후르시초프가 김일성을 길들이기 위해 원조를 삭감했었지만 효과적이지 않았던 사례를 들어 박정희 혼내기에 찬성하지 않았다.

에 보다 더 민주적인 정부가 들어설 수 있는 국제환경을 조성해야 한다. 그리고 박 대통령의 행동 원인 배경에 깔려 있는 두려움, 즉 북한과 전쟁을 홀로 상대할지 모른다는 안보 불안에 미국은 상호 이해와 설득의 채널을 이용해 해소시켜야 한다. 미국의 대한정책에 전향적인 변화가 있다면, 미국 여론도 분열되지 않을 것이고, 박 대통령의 두려움, 오해도 안전하게 해소될 것이다. 마지막으로 이정식은 자신의 제언이 청문회의 방향, 동료 증인들의 입맛에 맞지 않으리란 점도 첨언했다.[162] 미국에서 활동하는 한국인 학자로서 한국 문제에 대한 미국 내 여론 분열에 민감했고, 미국 정부가 박정희의 안보 불안을 해소시켜 줌으로써 한미 간 신뢰회복에 초점을 맞춘 그의 증언은 프레이저 등 미 의회의 방향과 대조를 이루는 측면이 컸다.

닉슨 행정부까지 국무부 법률자문이었던 레오나드 미커의 증언을 보자. 한국전쟁 이후 서구의 대량 군사원조와 경제지원을 받은 한국이 그에 걸맞는 민주국가가 되는 것, 그리고 한국 국민들은 기본권이 충실히 보장되는 나라가 되는 것이 미국과 유엔의 희망이었으나 현재 박정희 정권에게 이 기대를 희망하기 어려운 것으로 단언한다. 호전적인 북한의 위협적 존재는 한국 정부와 미국정부로 하여금 안보유지 수단을 정당화 시켜왔다. 군사적 신중론에는 당연히 동의할 수 있으나 현재 전 세계가 목격하는 한국은 군사적 신중론과는 거리가 먼 '경찰국가'에 가까운 것으로 미커는 보았다. 한국에는 4만 명의 미군이 주둔해 있고 미국은 박정희 정권에 막대한 양의 경제·군사 지원을 제공해 왔다. 미국의 이러한 조치들은 남한의 안보를 위한 방어적 조

162 *ibids,* pp.235~236.

치임과 동시에 경제성장 지원의 두 명분이 모두 가능했다.[163] 그러나 결과적으로 미국 원조는 박정희 정권의 국민 탄압을 지원하는 수단이 되면서 국민적 지지 상실과 반정부 저항세력을 강화하는 결과를 낳고 있다. 한국인들의 반정부 저항은 국가 분열과 베트남식 내전으로 발전할 가능성이 있고 결국엔 북한을 끌어들이게 될 가능성이 있다. 미커가 미국의 한국 문제 개입에 반대하는 또 다른 이유는 미국의 국가 전통과 목적에 부합하지 않기 때문이다. 미국이 국제사회로부터 -한때- 인정받았던 긍정 평판은 미국적 관대함, 정의감 때문이다. 지금과 같이 독재국가 지원이 계속되는 한 미국의 효과적인 대외정책 수행 가능성은 매우 제한적일 수 밖에 없다. 인도차이나 사태 이후 '다음은 한반도가 될 것' 등의 여론 상황에 대해 미커는 일본, 중국, 소련 등 4국과 공동 협의를 통한 한반도 문제 접근을 제시한다. 4국 공동협의에는 다음의 내용들이 포함될 수 있다. ① 남북한은 서로 무력행사를 포기한다. ② 남북한이 완전한 비무장 정책을 수용하도록 4국이 최대한 영향력을 발휘할 것, ③ 4국 협의 하에 남북한 군비제한과 무력균형을 유지한다. ④ 한반도에 외국군은 주둔할 수 없으며 현재 주둔 외군은 단계적으로 철수한다. ⑤ 남북 간의 평화와 선린관계 유지, 상호 자주 의사 및 평화적 방법에 의한 통일을 지향하도록 영향력을 행사할 수 있다. ⑥ 4국은 남북 상호 공동 노력을 유엔안보리에 보고하고 남북한의 유엔가입도 제안해야 한다. ⑦ 미국정부는 다른 3국과 협의를 시작함과 동시에 새로운 동북아시아 안보정책을 한국 정부에 설명한다. ⑧ 4국협정이 성공할 경우 주한미군은 한국에서 단계적으

163 *ibid,* p.233.

로 철수한다.[164] 마지막으로 한미관계 권고에서 미커는 1) 1953년 한미상호방위조약은 남쪽에서 먼저 도발 할 경우 미국은 지원의 의무가 없음을 강조해야 하며 현 상황에서 전쟁이 발발시 의회 승인 없이 미국의 군사개입은 불가능함을 명백히 해둘 것, 2) 미국은 박정희 정부에 국민 기본권을 허용하는 정책 전환을 촉구할 것, 미국이 한국에 제공할 모든 원조와 지지의 조건에 인권확립과 민주주의는 필수 요인임을 강조해야 한다. 3) 한국은 경제발전뿐만 아니라 정치·사회 발전에서도 성공한 쇼케이스가 되어야 한다. 한국은 베트남의 실패를 되풀이해서는 안 되며 동독에 비교되는 서독과 같은 국가사회가 되어야 한다.[165] 한반도 주변 4강 협의 하에 한반도 통일과 평화공존의 방법과 한미관계 유지 노선, 서독과 같은 쇼케이스로서의 한국모델 등 미커의 제안은 국무부 정책 자문 경력에 맞게 청문회 전체 증언 가운데 가장 구체적이고 현실적인 내용들로 채워져 있다.

6월 24일 오후 2시 15분 개회된 5차 청문회는 국무부 동아시아태평양담당 차관보 필립 하비브 1인의 증언 청취로 진행되었다. '한국&필리핀 인권청문회' 전체 진행과정 중 마지막 일정이기도 한 이날 개회사에서 프레이저 위원장은 미국 대외정책에서 미국식 민주주의 전통과의 일치, 특히 통상적인 외교·경제관계 이상의 관계를 형성해야 하는 특정 국가의 경우 미국 국민을 대하는 방식으로의 관계를 고려해야 함을 강조했다.[166] 이 지점에서 프레이저는 앞서 6월 18일 '일본

---

164 ibids, pp.244~245.

165 *ibid*, p.246.

166 "Human Rights in South Korea and the Philippines: Implications for U.S. Policy," June 24, 1975, *ibid*, p.309.

소사이어티'에서 행한 키신저의 연설 중 일부인 "체제전복과 외부 도전에 대한 저항의 본질적 토대는 대중의 지지와 사회정의라는 데는 의심의 여지가 없다"를 인용하고 현재 한국 정부의 억압상태가 북한 침략에 저항할 수 있는 국민 의지를 현저히 약화 시키고 있음을 상기시키고 심각한 분열 상태의 국가를 지키기 위해 미국이 또다시 전쟁에 개입할 수도 있음을 강조했다. 1972년 마르코스 대통령에 의해 계엄이 선포된 필리핀 상황도 크게 다르지 않은 상태로 미국의 군사원조가 독재국가를 지원하는 현 대외정책의 전면적인 전환을 촉구해 하비브 국무부 동아시아태평양차관보의 증언에 앞서 의회의 공식 입장을 밝혔다.[167]

하비브의 증언에서 한국 안보·인권인식, 원조 관련 방향 등을 살펴보자. 하비브는 국무부가 대외정책을 공식화하는 과정에 인권문제를 제기하는 현 의회의 의사를 명확하게 인지하고 있으며 동시에 미국정부는 자국 또는 타국민들에게 억압 정책을 취하는 정부들을 묵인하거나 지지하지 않는다는 원론적인 입장을 표명했다.[168] 하비브는 미국의 대외관계 기본정책에서 정치경제적 성장은 물론 안보와 개인의 자유 보장을 위한 국제환경 조성을 위해 계획되어지고 있음을 설명하고, 실제 인권문제 발생 국가들과의 외교관계에서도 미 의회와 미국여론을 전달하고 이해시키는 일을 충실히 이행하고 있음을 밝혔다. 한국과 필리핀의 경우도 동일하게 적용할 수 있다. 그럼에도 미국은

167 *ibid.* 프레이저가 인용한 키신저의 최근 연설은 1975년 6월 18일 뉴욕 소재 'The Japan Society'에서 행한 연설이다.

168 Statement of Hon. Philip C. Habib, Assistant Secretary, Bureaw of East Asian and Pacific Affairs, Department of State, *ibid*, p.310.

서로 다른 정치체제를 가진 주권국가들과 외교관계를 맺고 있음을 인식해야 한다. 이 경우 주권국 내부의 변화 과정을 미국이 결정할 수 없으며 내부 긴장이 어떤 결과를 초래할지 확신하기란 더더욱 불가능하다. 개별 국가들에 대한 미국의 정책은 대부분 상황에 따라 달라지는 이해관계, 목표, 그리고 관계들이 복합적으로 작용하는 결과임을 알아야 한다.[169]

한국 안보관계에서 하비브는 베트남전 이후 한국 정부가 북한 위협을 긴급조치 등의 정당 근거로 이용하고 있고, 땅굴 등 실제 안보위협 요인이 있는 것이 사실이다. 한국 정부도 긴급조치가 국민들의 정치적 자유를 억제하는 수단임을 알고 있지만 한국이 북한보다 자유롭다고 생각한다. 하비브는 긴급조치에 대한 한국 국민들의 강한 반발이 베트남 사태 이후 다소 잠재워지고 있는데 이는 안보위협에 국가적 노력을 집중할 필요를 국민들이 인식하고 있기 때문인 것으로 진단했다. 현직 관료로서 하비브는 미국정부가 한국 정부의 내부 조치에 관여하거나 관계하지 않고 있으며 한국 정부 또한 국내 정책들을 내부 문제로 생각해 다른 정부들과 협의대상으로 여기지 않는 사실을 분명히 하고자 했다.[170] 대한민국 정부가 탄생한 뒤 27년 간 한미관계는 매우 긴밀히 유대해 왔고, 이 유대관계 안에는 인권 증진을 위한 대의제 기관의 발전도 포함되어 있다. 마찬가지로 한반도 안보와 평화 유지에

169 *ibid*, p.311. 이 부분에서 하비브는 프레이저가 인용한 키신저의 연설 내용을 재인용해 '미국정부는 장기적으로 정치 안정을 위해 내부의 대중적 지지가 필수적임을 잘 알고 있다'고 화답했다.

170 *Ibid*, p.324. 이 견해에 하비브는 한국 정부의 국내 정책들을 정당화하는 것은 아니란 의견을 붙였다.

서 미국은 상호방위조약으로 직접적인 이해관계를 갖는다. 미군의 주둔과 군사지원은 한반도 군사균형을 유지하는데 필수적인 요소이다. 동북아시아의 평화와 안보는 한국인들뿐만 아니라 미국의 이해관계이며 일본을 포함한 동맹국들의 이해관계이기도 하다.[171] 하비브는 한국 정부에 대한 비판이 어떻던지 간에, 베트남 사태 이후 박정희의 반대파들과 비판자들 모두 미국과의 안보동맹 관계를 필수적인 요소로 인식한다는 점을 강조했다. 미국은 북한침략에 대응해야 한다는 한국민들의 결단에 관한 한 한국 내부 단결을 잘못 판단해서는 안된다. 한국인들에게 가장 중요한 것은 자신의 정부에 대한 견해보다 군사안보와 국가보전이다. 한미관계의 지속은 이 목표에서 본질적이다. 쟁점인 인권문제에 있어서 하비브는 의회의 비판과 관심에 공감하면서도 타국의 억압조치들에 미국은 관여하거나 정당화하지 않는다는 점을 재차 확인시켰다. 외교관계에서 국가에 대한 미국의 이해관계와 목표 사이의 균형은 때론 깨질 수 있었음을 상기시키고 한국 상황에 미국 정부의 직접적 개입은 적절치 않은 입장임을 밝혔다. 끝으로 하비브는 인도차이나 비극 직후 동아시아 안보에서 미국 정책의 방향은 매우 명백한 이해관계를 갖고 있음을 강조하고 특히 안보 위협을 마주하고 있는 한국의 경우 전쟁과 평화 접근이 가장 중요하며 이 균형을 유지하는 것에 한국민들의 광범위한 동의가 있는 것으로 알고 있다고 하여 의회의 국가 분열관점과 다른 입장을 견지했다.

군사안보 균형 중심의 하비브 증언에 대해 프레이저 위원장은 인권문제 접근으로 몇 차례 질의와 공방이 이어졌다. 프레이저는 6월 12일

---

171 *ibid.*

3차 청문회 증언자였던 도널드 레너드의 진술–한국인권 상황이 1945년 이후 최악의 상태–을 상기시키고 전 국무부 한국과장의 증언에 현 국무부 관리의 합리적 설명을 요구했다.[172] 하비브는 자신의 진술이 단순히 '습관적 견해'가 아님을 밝히고 오히려 "우리는 그러한 성격의 전면적인 진술을 좋아하지 않지만 그것은 그(도널드 레너드)의 의견일 뿐이다. 과거 어느 시점에는 지금보다 나았거나 아니면 더 나쁜 시기도 있었을 것이며 그것은 판단의 문제이다. 어느 시기가 더 좋은가에 대한 논쟁을 할 때는 아니다. 우리가 민주주의 전통이라 부르는 것에 대해 한국 인권상황이 좋지 않은 것은 사실이고 한국인들 스스로가 그렇게 말하고 있다"라고 하여 한국 인권상황은 한국인들의 국내 문제로 명확히 제한했다.[173] 이에 대해 프레이저는 하비브가 진술한 내용 중 긴급조치 9호에 대한 초기 강한 저항이 현재 완화된 것은 '긴급조치 9호 자체가 비판을 허용하지 않기 때문 아닌가'라고 되묻자 하비브는 "어떤 것이 불법이기 때문에 한국인들의 의견이 그렇게 되어지는 것은 아닐 것이다. 우리가 보고 받는 대로라면 전반적인 안보상황에 대한 한국 국민들의 우려가 저항 완화로 이어진 것으로 이해할 수 있다. 특히 국회에서의 논의가 대표적이다."라고 하여 베트남 사태가 한국인들의 안보불안을 강화시켜 저항을 약화시켰음을 재확인시켰다.[174] 프레이저의 공격적 질문은 계속되었는데 한미상호방위공약, 주한미군, 포드 대통령과 키신저 국무장관의 지속적인 안보공약 재확인

---

172 *ibid*, p.325.

173 *ibid*.

174 *ibid*.

메시지에도 북한의 실질적인 침략 가능성이 있는지에 대해 하비브는 "안보공약의 타당성, 방위공약 준수에 대한 미국정부의 의지를 고려할 때 북한의 공격이 문턱에 와 있다고 생각하진 않는다."고 대답해 미국의 방위공약 준수 의지의 중요성을 재차 강조했다.

프레이저와 하비브 간의 논쟁은 한국 인권문제에서 마무리된다. 프레이저는 "한국 정부가 국민의 권리를 심각하게 제한하는 현 정책을 계속 이어간다면 가까운 장래에 한국에 위험요소가 될 수 있는가?"를 묻자 하비브는 "미국은 그런 방식으로 통치하는 정부를 선호하지 않는다는 사실을 위원장이 가장 잘 알 것이다. 키신저 국무장관도 그런 표현을 강조한 적이 있다. 그럼에도 우리는 우리의 이해관계를 추구해야 한다는 것에 당신도 동의할 것이다. 한국 내에 반정부 운동이 있다는 것은 잘 알려진 사실이고 미국정부도 인정하고 있다. 그러나 다시 한번 말하지만 우리의 관심은 미국이 추구하는 관점에 있으며 현재 우리의 최우선 목표는 동아시아 전체, 특히 한반도에 대한 우리의 방위공약 의무에 있다. 한반도에서 전쟁이 발발할 경우 우리는 헌법 절차에 따라 조약의 의무를 이행해야 한다. 최근 대통령과 국무장관이 계속 언급했듯이, 한반도에 전쟁 발발은 미국이 관계되는 한 매우 심각한 상황이 될 것이기 때문에 우리의 정책은 한반도에서 전쟁 발발을 막는 것에 맞춰져 있다."[175]

하비브의 증언으로 미 하원 국제관계위원회 국제기구 소위원회가 주최한 '한국&필리핀 인권문제 청문회'는 종결된다. 프레이저와 질의공방 직후 하비브는 계엄령 이후 필리핀 상황, 주한미군 감축 가능성

---

175 *ibids,* pp.326~327.

등에 대한 의원들의 질의에 대응했고 미국정부의 동아시아 안보공약 준수를 재확인하는 것으로 마무리된다. 미 하원은 청문회 결과에 대한 특정 보고서를 채택하지 않는 대신 동 기관 주관으로 1975년 8월 1일부터 13일까지 한국, 필리핀, 괌과 일본을 경유하는 아시아 현지조사팀을 직접 파견한 뒤 현장 조사를 거친 결과보고서를 국제관계위원회 위원장 토머스 모건(Thomas E. Morgan)에게 제출한 바 있으나 본 연구에서는 직접 다루지 않았다.[176] 인도차이나 공산화 이후 미국의 아시아 안보공백의 우려를 잠재우기 위해 제럴드 포드 대통령은 1975년 11월 29일부터 12월 8일까지 중공, 도쿄, 베이징, 자카르타, 마닐라, 하와이 호놀룰루를 거쳐 백악관으로 귀환하는 아시아 순방에 나섰으며 12월 7일 마지막 경유지인 호놀룰루에서 미국의 아시아 안보공약 의구심을 일소시키기 위해 '신 태평양 독트린-하와이 선언'을 발표했다. 이 선언에는 ①미군사력을 바탕으로 한 미·일 동맹 강화 ③미·중공 관계 개선 ④동아시아의 안정 및 안보유지 ⑤한반도를 포함한 정치문제의 해결 ⑥「아시아」 경제협력 등이 포함되었다. 포드는 인도차이나반도에서 미국의 철수가 태평양지역에서의 후퇴를 의미하는 것이 아님을 강조했다.[177] 같은 시기 미 하원 국제관계위원회 소속 프레이저와 스테판 솔라즈(Sthephen J. Solarz) 의원은 주한미군 감축을 골자로 한 군사원조 개정안을 제출해 여론을 환기시켰다.[178] 1974년 1차 청문회 증인으로

---

176 현지조사팀의 결과보고서는 "Asia in a New Era:Implications for future U.S. Policy"이며 내용은 향후 연구에서 다루고자 한다.

177 중앙일보, "「포드」의 『신태평양 「독트린」』", 1975. 12.9. 포드 대통령의 '태평양독트린'에 대한 의미는 조원선, 앞의 논문, 151~152쪽 참조.

178 "Solarz-Fraser Amendment to Withdraw U. S. Troops from South(1975.12.) Korea"

출석한 바 있는 미국의 대표적인 동아시아 전문가 에드윈 라이샤워는 12월 12일 프레이저에게 보낸 편지에서 '주한미군 감축' 구상에 '매우 적절한' 제안으로 적극 찬성 의견을 표명했다. 선교사 부모 밑에서 도쿄에서 태어난 라이샤워는 북한의 호전적 태도, 한미간의 적대감, 김일성의 모험주의적 경향 등 한반도 긴장요인은 여전히 위협적임에도 불구하고 미 지상군의 존재가 한반도 방위 방정식에 필수 요인이 아님을 강조했다.[179] 오히려 미국의 대한정책에서 미 지상군의 존재는 미국에게 한반도 문제에 얽혀 드는 '채무감'을 갖는 것으로 강조했다. 라이샤워는 한반도 유사시 미 지상군의 자동적인 개입은 미국 국민들의 지지를 받을 수 없는 최대의 재앙이 될뿐더러 이 지점에서 라이샤워는 일본의 신뢰상실과 중립화, 재무장화로 미국이 입을 타격이 더 클 수 있음을 강조했다.[180] 사이공 함락 이후 유신정부의 인권억압에 대한

(CDM006_01_00C0379_005). '솔라즈-프레이저 수정안(Solarz-Fraser Amendment)'은 1977년 완료 예정인 한국군 현대화계획 이후 1978년 회계연도부터 적용 조건으로 단계적 주한미군 감축안이다. 수정안이 제시한 감축 근거로는 1)한국군 현대화 계획 소요 예산(1.5억 달러)만으로도 한국 방어에 미국 국민들의 희생이 따를 것 2) 현재 북한의 침략가능성은 현저히 낮은 상태로 4만 미군의 주둔 근거가 희박하며, 3)미 의회는 제2의 베트남 전쟁과 같이 아시아 지상전에 미국이 말려드는 상황을 원치 않을뿐더러, 만약 한국에서 무력충돌이 발생할 경우 현재 주둔 미군은 '인질'이 될 것, 4) 박정희 정권과 같은 억압정권을 위해 미국 국민들이 희생을 감수해야 하는가 등을 근거로 제시했다.

179 "A Letter from Edwin O. reischauer to Honorable Donald M. Fraser," Dec. 12, 1975.

180 *ibid.* 라이샤워는 한반도 문제의 장기적 해결을 위해 소련, 중국, 일본, 미국 등 주변 4강의 남북 교차승인, 한반도 무력충돌 방지를 위한 4국회담 개최를 제의했다. 중국과 소련 입장에서 주한미군의 존재는 이 가능성을 막는 장애요인이 된다. 오랜 일본 경험으로부터 라이샤워는 일본이 가장 두려워하는 것이 미국이 안보공약에서 손을 떼고 포화 속에서 물리적으로 철수하는 사태인데, 미국이 한국 방위공약 안에서 미 지상군을 단계적으로 철수시킬 경우 중국과 소련으로부터 한반도 문제 해결의 협정을 이끌어 낼 수 있는 가능성으로 보고 일본도 이에 동의할 것으로 보았다.

미 의회의 청문회 개최 목적은 미 행정부의 대한정책 재검토를 촉구하는 것이었다. 그러나 위에서 확인되듯이 청문회는 한반도를 둘러싼 안보 불안 요인을 확인하는 증언들로 넘쳤고 미 국무부 현직 관료의 안보공약 재확인으로 마무리된다.

4. 맺음말

이 연구는 1975년 4월 30일 사이공 함락 직후 미 하원 국제관계위원회 국제기구소위원회 주최로 개최된 '한국·필리핀 인권문제와 미국의 정책' 청문회의 내용을 1차 자료를 통해 검토한 것이다. 이를 통해 베트남전 종결과 사이공 함락 시기(1973~1975) 미국 사회에 형성된 '동아시아 안보 인식'의 여러 단면들을 확인하고자 했다. 청문회 증언들에서 확인되듯이 사이공 함락 직후 '다음은 한반도가 될 것'이란 안보 불안은 미국 내 여론을 분열시켰고 미국의 아시아, 대한정책에 대한 회의와 우려, 재검토를 촉구하는 요구들을 높였다. 미 의회는 베트남전 종결 직후 1973년부터 대통령의 전쟁수행 권한을 제한하는 '전쟁권한법 War Powers Act'과 대외원조법(FAA) 인권수정안(Sec.32/Sec.502B 등) 등 입법 활동을 통해 미국 정부를 압박함으로써 군사원조 위주의 피 원조국 안보전략에 변화를 요구했다. 베트남 전쟁의 학습효과는 미국인들에게 그만큼 즉각적이고 컸음을 방증한다. 1974년에 이어 1975년 개최된 미 의회 인권청문회의 목적은 사이공 함락 이후 한국, 필리핀 등 동아시아 권위주의 국가들에 대한 미국의 군사원조 중심의 안보공약 실효성에 의문을 제기하고 아시아 정책 전반에 대한 재검토를 촉구하는 것이었다. 그러나 유신 정부 '혼내주기' 정책들로부터 현상유지 전략까지 전문가들의 증언과 미국무부 현직 관료의 진술에서 확인되듯이 최종심은 민주주의 이상과 미국적 가치와의 상위에도 불구하고 동아시아 전쟁 재발 방지와 미국의 국익 유지를 위한 한미관계 유지와 안보공약 재확인이라는 미국적 딜레마를 확인할 수 있었다. 관점을 달리해 보면 1972년 유신선포 이후 박정희 정부의 인권억압에 대한 하원 국제관계위원회의 자유주의적 접근과 미국 행정부의 안보공약 강조는 표면적으로는 상충하는 대립경로로 보이나 한국의 불안한 정치정세가 북한의 모험주의를 자극하는 한반도에서 전쟁 발발을 억제해야 한다는 문제의식에서 의회와 행정부의 인식은 동일했다. 즉 사이공 함락 전후 미 의회와 세계교회 등 자유주의 여론들이 동아시아 권위주의 국가들에 대한 미국의 경제· 군사원조 재검토 주장은 정치자유화 유인을 통해 남베트남식 붕괴요인을 제거하고 국민통합과 역내 안보 유지라는 행정부의 동아시아 안보전략에서 벗어나지 않는 자유주의 접근으로 이해할 수 있다. 그런 면에서 1970년대 한국 민족민주운동에서 프레이저 등 자유주의 그룹과 연대한 반유신 저항운동 그룹의 한계요인도 설명될 수 있다.

제7장

1980년 5월 광주와 김대중 구명운동, 그리고 자유공조

: 북미주 개신교네트워크를 중심으로

1. 머리말

한국사회 민주화이행에서 1980년 '5월 광주'는 권위주의 유신의 온전한 청산과 정치민주화를 향한 민중항쟁의 역사적 의의를 갖는다. 한국민족문제에서 '5월 광주'는 주한미군으로 상징되는 분단체제에 본원적 물음을 제기한 역사적 사건이다.[181] 그 결과 1980년 5월 이후 한국사회 민족민주운동은 '5월 광주'가 던진 두 물음에 치열한 접근으로 전개되어 왔다. 1980년 5월 이후 미주 지역 개신교네트워크의 김대중 구명운동은 광주항쟁이 제기한 민족·민주 물음에 어떤 답을 내릴 수 있을 것인가, 이 물음에서 연구는 출발하였다. 역사적으로 '김대중 내란음모사건'은 고(故) 김대중 대통령의 2004년 재심청구로 무죄판결

181 본 연구는 '5.18 광주민주화운동' 대신에 '5월 광주' 또는 '광주항쟁', 그리고 당대 표기인 '광주사태' 등으로 표현하였다.

을 받아 관련자들의 명예회복이 이루어진 과거의 사건이다. 역사 연구에서 완료형의 사건을 소환하여 기억할 때, 특히 김대중 사건과 같이 권위주의 군사정권에 의해 '조작'되어 명예회복이 되기 전까지 개인의 삶 전체를 왜곡시켰던 사건을 불러들일 때, 연구자는 그가 걸어온 민중·민족·민주의 궤적에 대한 예우와 존중의 변이 먼저 고려된다.

그럼에도 불구하고 이 연구는 두 가지 관점에서 1980년 5월 광주 시점으로 객관화 하고자 하였다. 첫째, 1980년 5월 미주에서 전개된 개신교네트워크의 '김대중 구명운동'은 1970년대 반 유신운동의 연장에서 접근되어야 한다. 1970년대 권위주의 유신권력에 저항한 민주화·인권운동은 개신교 에큐메니컬 사회선교부문의 주도로 재야민주세력과 연합전선을 형성하였다. 이 배경에 미국교회 및 세계교회의 아시아 선교연대와 지원은 절대적인 조건이 되고 있었다. 1975년 11월 한국인권 문제 지원을 위해 출발한 '북미주인권연합(NACHRK)이 대표적이다. 여기에 1976년 개신교 신자 카터 대통령의 '인권·도덕외교' 천명은 범 개신교 인권운동의 지지기반이 되었다. 따라서 1980년 5월의 김대중 구명운동은 1970년대 개신교 '반 유신운동'의 연장에서 세계교회와의 연대, 자유세계 공조로 접근될 수 있다. 둘째, 냉전기 분단 한반도 지형에서 '김대중 구명운동'의 위치문제이다. 1980년 5월 18일 이후 미국은 한국에 대한 안보 공약 재확인과 경제지원 등 기존 정책 기조를 유지하는 한편 신군부에 대해 질서회복 종용과 정치 자유화를 지원 또는 촉구했다. 이 과정에서 한미 양국 정상의 정치적 타협의 외부 변수인 '김대중 구명운동'은 미국식 자유민주주의와 한미동맹, 반공주의 틀에서 전개되어 냉전기 분단 한국 지형 안에 포섭되어 있었다. 이는 '5월 광주'가 제기한 민족민주문제의 한계요인으로 접근될 수 있다.

1990년대 이후 비밀 해제되고 있는 자료들에 힘입어 광주항쟁을 한미관계로 접근한 연구들이 적지 않게 축적되어 왔다.[182] 반면에 1980년 김대중 구명운동을 포함하여 미주지역 개신교네트워크의 한국 민주화·인권운동 지원 관련 연구는 아직까지 미개척 분야로 출발선에 놓여 있다.[183] 기존 연구들을 토대로 이 연구는 다음과 같은 잠정 결론을 도출하고자 한다. 1980년 5월 미주 개신교네트워크의 '김대중 구명운동'은 1970년대 반 유신운동의 연속에서, 운동이념으로는 개신교 인권사상, 자유민주주의, 정치 자유화 구호가 결합된 자유세계 공조노선으로 전개된다. 개신교네트워크로는 '북미주인권연합(NACHRK)'와 '아시아 인권을 위한 교회위원회(CCHRA)'를 중심으로 한인 민주단체 '국민연합 북미본부'와 '한국민주회복통일촉진국민회의(한민통) 미주본부'가 동일 노선으로 연대하였다.[184] 이 잠정 결론을 통해 1980년 5월 광주 국면에서 한국개신교 에큐메니컬 진영의 민족·민주문제 접

182 이삼성, 「광주학살, 미국·신군부의 협조와 공모」, 『역사비평』, 1996 가을호; 이삼성, 『미국의 대한정책과 한국민족주의』, 한길사, 1993; 정일준, 「미국 개입의 선택성과 한계」, 『갈등하는 동맹』, 역사비평사, 2010; 박태균, 「1970년대의 한미관계와 학습효과」, 『우방과 제국, 한미관계의 두 신화』, 창비, 2006; 박원곤, 「5.18광주 민주화 항쟁과 미국의 대응」, 『한국정치학회보』 45, 한국정치학회, 2011; 장준갑·김건, 「1980년대 초반(1980~1981) 한미관계 읽기」, 『미국사연구』 38, 한국미국사학회, 2013; 홍석률, 「김대중과 미국」, 『김대중대통령의 정치사상과 국제이해』(2019. 김대중 민주평화아카데미국제학술회의), 2019.7.5. 등.

183 최용주, 「광주항쟁과 초국적 후원 네트워크」, 『한국학』 43, 한국학중앙연구원, 2020. 일본의 '김대중 구명운동' 연구로는 이미숙, 「1980년 '일한연대' 활동의 성격과 의미: 일본 시민사회의 광주 5·18과 '김대중 구명운동' 자료를 중심으로」, 『민주주의와 인권』 19, 전남대5.18연구소, 2019.

184 '한국민주회복통일촉진국민회의 미주본부'는 1973년 김대중의 미국 활동기 반 유신운동 기구로 조직되어 미주지역 활동 기반이 된다.

근의 외연과 한계를 함의할 수 있을 것이다.

2. 개신교네트워크의 출현과 '김대중 구명운동' 관계

1) 개신교네트워크의 출현과 반 유신운동(1970년대 후반)

1970~1980년대 개신교 민주화·인권운동은 한국기독교교회협의회(NCCK)를 거점으로 세계교회와 해외 기독자 조직들의 인적·물적 지원을 토대로 국내 유신정부를 압박하는 저항연대를 형성하였다. 1975년의 안보정국과 긴급조치 이후 한국 인권문제가 국제이슈로 등장하면서 이에 대한 대응으로 해외 기독자 네트워크들이 출현하였다. 국외 기독자 비공개 네트워크 '민주동지회'는 1975년 11월 8일 스위스 제네바에서 조직된 "한국민주사회건설세계협의회(World Council for Democracy in Korea)"로 출발하여 1977년 10월 "한국민주화기독자동지회(International Christian Network for Democracy in Korea)"로 변경하여 국내외 개신교 민주화·인권운동을 지원하였다.[185] 미국, 캐나다 그리스도교 교파연합으로 출범한 '한국 인권을 위한 북미주연합(NACHRK, 북미주인권연합, 또는 인권연합)'은 규모와 영향에서 가장 큰 미주 개신교 인권단체로 미국 정관계 대상으로 한국문제 여론형성을 주도하고 국제사회에 한국 인권상황을 알릴 목적으로 조직되었다. '북미주인권연합'의 결성, 회원구성 및 운영, 임원단 등을 구체적으로

185 민주동지회 결성과 주요 인물에 대해서는 김흥수, 「한국민주화기독자동지회의 결성과 활동」, 『한국기독교와 역사』 1, 한국기독교역사연구소, 2007 참조.

살펴보자. '인권연합'은 1975년 11월 19일 뉴욕에서 한국 인권문제 관련 그리스도교 단체 및 개인들이 회원으로 합류했다.[186] 결성 취지는 '계속되는 한국 인권억압 상황에 대처하고 모든 한국 국민들을 위한 효과적 인권 지원'을 위해 창립되었다.[187] 인권연합 결성 목적은 ① 한국 인권상황에 대한 미국의 관심과 호소 동원(네트워킹) ② 한국 인권 옹호를 위한 관련조치 촉구(로비활동) ③ 한국 인권 상황에 대한 정보 분석 및 공유(정보수집) ④ 한국인권 피해자 지원책 마련(지원활동) 등이다.[188] 토론토, 시카고, 보스턴, 애틀랜타, 인디애나폴리스, 뉴욕, 워싱턴 D.C., 디트로이트, 로스앤젤레스 등에 지역그룹을 두었다. '인권연합'의 메일링 리스트는 300명에서 700명(1975~1978년 현재), 이 가운데 'A그룹' 목록은 80명에서 200명으로 분류·관리되었다.[189] 이를 통해 '인권연합'의 주요 활동목표가 미 교회 및 정관계, 의회 인물들을 대상으로 한 여론·로비활동임이 확인된다. '인권연합'의 핵심 기구는 실행위원회(steering committee)로 총회 소집, 정책 및 프로그램 결정, 직원 고용, 감독 및 후원자 모집, 지역 및 로컬위원회 예산 감독, 전 세계 인권 네트워크 합의전략 조정 등 '인권연합' 사무를 총괄했다.[190] 1976~1980년 '인권연합' 회원은 아래와 같다(기구 회원 포함).

186 Pharis J. Harvey, "Dear Colleagues and Friends; Statement on the Present Situation in the Republic of Korea" 1979.11.1.

187 'A Statement of Intent North American Coalition for Human Rights in Korea (1975.11.19.)' 이 문서는 인권연합 창립 시기 작성된 것으로 조직 목적, 구성, 회원 등이 확인된다.

188 인권연합은 1948년 유엔 인권선언, NCCK 및 기독교 인권관련 정책과 조항을 따른다. 위의 자료 'Affirmation', 1쪽.

189 NACHRK, "Overview of the program(8/76~8/78)", 5쪽.

190 위의 자료, 'Steering Committee', 2쪽. 이외에도 인권연합의 주요 활동은 a) 한국 인권

〈표 8〉 북미주인권연합 기구 회원(1976년 현재)[191]

<table>
<tr><th>국가</th><th colspan="2">명단(원 기구명)</th></tr>
<tr><td>미국</td><td colspan="2">NCCCUSA-Commission on Justice·Liberation·Human Fulfillment
NCCCUSA-Division of Church & Society, International Affairs Working Group
NCCCUSA-Commission on Regional and Local Ecumenism
NCCCUSA-Division of Overseas Ministries, East Asia Working Group
NCCCUSA-DOM, EAWG, Korea Joint Action Group
-Episcopal Church, Presbyterian Church US, United Board for Christian Higher Education in Asia, United Church of Canada, United Methodist Church, United Presbyterian CHurch USA, Lutheran Church in America, Maryknoll Fathers, Maryknoll Sisters, Presyterian Church of Cananda, Church Women United
-United States Catholic Conference
-Society of Jesus, Wisconsin Province
-Maryknoll Fathers/Maryknoll Sisters</td></tr>
<tr><td>캐나다</td><td colspan="2">Canadian Council of Churchs
United Church of Canada-Ethnic Minorities Cocerns
Women's Interchurch Council of Canada
Committee of Democratic Korea(Canadian)</td></tr>
<tr><td>아시아
지역회의</td><td>Episcopal Church
Baptist Church(American)
United Presbterian Church USA</td><td>United Methodist Church
United Church of Christ</td></tr>
</table>

문제에 관심 있는 지역 및 로컬 단체 네트워크 지원, b) 국가 기관(national agencies) 참여이다. 국가기관 참여는 미 의회 한국관련 청문회가 대표적이다. 이외 직접 지원 활동으로 a) 워싱턴, 오타와 사무국 및 유엔참석, b) 자료 문서화, 연구센터 지원 등, c) 지역 및 로컬 그룹을 대상으로 한 스태프 지원 및 자문, d) 한국 개신교 커뮤니티 및 세계 네트워크 관계 유지 등 매우 광범위한 영역에 걸쳐 활동했다. 위의 자료, 'Services of Coalition'.

191 "Members of North American Coalition for Human Rights in Korea".

Asian Center for Theology and Strategy(ACTS) Association of Korean Christian Scholars Church Committee on Human Rights in Asia Christian Church, Human Rights Office World Student Christian Federation-North American Office World Conference of Religion for Peace	Interfaith Center on Corporate Responsibility(ICCR) Interreligious Foundation for Community Organization(IFCO) International Documentation on the Contemporary Church(IDOC/ NA)
국제 네트워크	Korea: NCC Japan: NCC, CCA, Emergency com Germany: NCC Switzerland: WCC Cananda: UCC

〈표 9〉 인권연합 실행임원명단(1976~1980)

구분	1976·1977	1980(1월 현재)
의장단	**명예의장 - 김재준**[1] 의장 - 페기 빌링스 **부의장 - 이상철**[1]	**명예의장 - 김재준**[1] 의 장 - 페기 빌링스 **부의장 - 이상철**[1]
임원	회계 에드윈 루덴스(Edwin. M. Luidens) 재무 에드윈 피셔(Edwin. O. Fisher, Jr) **사무국장 김상호**[1,2] 공동 사무국장 제임스 시노트 (James Sinnot, 워싱턴 사무국)	회계 - 에드윈 루덴스(Edwin. M. Luidens) 재무 - 에드윈 피셔(Edwin. O. Fisher, Jr) **사무국장 - 패리스 하비(Pharis J. Harvey)**[2] 공동 사무국장 - 제임스 시노트 (James Sinnot)
실행 위원회	프레드 베일리(Fred Bayiss) 호머 잭(Homer Jack) 김병서(Byung-suh Kim) 임창영(Channing Liem) 토마스 마티(Thomas Marty) 아네트 멀리(Annette Mulry) 리차드 포팅(Richard Poething) **이승만(Syngman Rhee)**[1] 구스타프 슐츠(Gustav H. chultz) 라랄드 슐츠(Larald Schultz) 뉴튼 터버(L. Newton Thurber) 도로시 와그너(Dorothy Wagner)	프레드 베일리(Fred Bayiss) **차상달(Sang Dal Cha)**[n] **한승인(Seung In Hahn)**[n] 브라이언 헤어(Bryan Hehir) **린다 존스(Rinda Jones)**[4] Shin H. Kim 개스퍼 랑겔라(Gasper B. Langella) 토마스 마티(Thomas Marti) 윌리엄 노팅햄(William Nottingham) 뉴튼 터버(L. Newton Thurber) 도로시 와그너(Dorothy Wagner)

자문단	조지 오글(George E. Ogle) **박상증**(Sang Jung Park)[1] 도널드 레너드(Donald Ranard)[3] 그레고리 핸더슨(Gregory Henderson)[3]	**도널드 프레이저**(Donald Fraser)[3] 그레고리 핸더슨(Gregory Henderson)[3] 조지 오글(George E. Ogle) 도널드 레너드(Donald Ranard)[3] **이승만**(Syngman Rhee)[1] **손명걸**(Myong Gul Son)[1]

인권연합의 실질적인 운영은 실행위원회가 중요 안건·의제를 선정, 논의 후 각 회원(기구·개인)에게 전달되는 구조이다. 운영진 회의는 명예의장 김재준, 의장 페기 빌링스(미 감리교 소속), 이상철(캐나다연합교회), 김상호, 구춘회(한국 네트워크 담당·회계처리) 등을 중심으로 상시 열리는 구조이다. 임원 구성의 특징을 살펴보면, 실행위원회 주요 인물 페기 빌링스, 김상호, 에드윈 루덴스, 에드윈 피셔는 모두 미 연합 감리교단 소속이다. 이는 '인권연합' 결성이 한미 선교관계 배경으로 추정할 수 있다. 미 국무부 산하 '인권 및 인도주의 사무국(the Human Rights and Humanitarian Affairs Bureau)'과 수시 연락망을 갖추어 한국에 파견된 선교사들의 소식을 국무부 또는 백악관으로 전달하는 경로로 활용했다.[192] 그룹1은 한인 개신교네트워크 '민주동지회' 구성원들로 WCC 산하 박상증을 중심으로 국내 NCCK와 긴밀히 연결되어 해외 한인 개신교 단체와 인권연합을 연결했다. 그룹2의 인권연합 사무국장은 인권연합 실무책임자로 초대 김상호 목사에서 1979년 패리스 하비 목사로 바뀌었다. 이 변화는 유신 후반 한미관계 갈등증폭에서 국내 인권이슈들을 강화하는데 효과적이었다. 그룹3의 자문단은 미국 내

192 "Memorandum, Board of Global Ministries The Methodist Church", 1979.4.19.

각 분야에서 한국 민주화·인권문제에 정통한 전문가 그룹이다. 특히 정관계 인사 도널드 레너드(국무부 한국과장)와 도널드 프레이저 전 의원은 의회에서 한국인권 문제 관련 청문회를 다수 개최하여 한국 민주세력에 가장 잘 알려진 인물이다. 실행위원에 린다 존스가 합류하여 아시아교회위원회(CCHRA)와 인권연합(NACHRK)의 공동전선 강화가 확인된다. 이외에 민족자주계열의 임창영이 제외되고 국민연합의 차상달과 한승인이 추가되어 미주 한인 민주단체 노선 반영이 확인된다.

'아시아 인권을 위한 교회인권위원회(아시아교회위원회, CCHRA)'는 시카고에 본부를 둔 아시아 에큐메니컬 선교기구로 미국의 대외정책과 관련해 한국, 필리핀, 인도네시아의 인권상황을 관리하고 공동 대응하기 위해 조직되었다.[193] 지역 활동단체를 위한 프로그램 및 자원 제공, 미 의회 및 행정부에 아시아 크리스찬의 관심사 및 필요 전달, 아시아 인권상황에 대한 지역 언론 활동 등을 전개했다. 한국의 경우 국내 선교사 모임인 '월요모임'과 직접 연결되었으며 인권연합과 공동 연대하였다. '월요모임'의 실행 간사로서 한국 인권운동에 헌신한 린다 존스와 조이스 오버튼(Joyce Overton)이 시카고 본부 책임실무를 담당했다.[194]

---

193 "Church Committee on Human Rights in Asia, an Organization whose purpose is to act on behalf of those struggling for human rights in.." CCHRA는 미국교회 에큐메니컬 기구 연합으로 구성되었다. UCCC, CWU, PC(Presbytery of Chicago), UMC, NFPC (National Federation of Priests Councils), NACHRK, ICUIS, WILPF, CDFP, JPTWA, FFP, LCM, CLC, MS, EDC, WPJC, EPF, BP, UMWC, AFSC 등이 참여했다. CCHRA 사무실은 시카고 소재 국제도시산업사회교회연구소(ICUIS) 내에 두었다.

194 랜디 라이스, 「고립에서 연대로」, 『시대를 지킨 양심』, 짐 스탠츨 엮음, 민주화운동기념사업회, 71~76쪽 참조.

미국교회의 아시아 에큐메니컬 선교 연대는 1970년대 유신권력의 사회선교탄압에 공동 대응했다.[195] 여기에 1976년 출범한 독실한 개신교 신자 카터 대통령의 인권·도덕외교 표방은 미주 개신교네트워크의 한국 인권문제 지원의 이념적 토대가 되었다. '인권연합'·'아시아교회위원회'가 공동 대응한 대표적인 사건은 1976년 3월 1일 '민주구국선언(일명 명동사건)'이다. '명동사건'은 두 가지 의미에서 1980년 '5월 광주' 이후 김대중 구명운동의 전사(前史)적 성격을 갖는다. 첫째, 김대중을 포함한 함석헌, 윤보선, 문익환·동환, 이문영, 안병무, 서남동, 이우정, 이태영 등 관련자들의 정치사회적·종교적 중량감은 미국 교회와 국제사회 구명운동으로 확산된 계기가 된다. 이 과정에서 '인권연합'은 뉴욕 본부를 중심으로 구속자 석방운동의 해외 안테나 역할을 총괄했다.[196] 둘째, '명동사건'으로 김대중 구명의 정치적 상징이다. 1976년 3월 1일부터 1978년 12월 27일 김대중이 형집행정지로 풀려나기까지 만 2년 8개월간 지속되는 동안 '김대중 구명운동'은 인권문제 이상으로 한국 민주화 이행의 상징이 되었다. 즉 유신체제 하에 미주 개신교네트워크는 선교지원을 매개로 한국 정치민주화 이슈에도 깊이 개입하는 계기가 되었다. 박정희 사후 한국 정치변동기 '인권연합'이 한국 민주주의 재건을 위한 환경 조성을 목표로 지원활동을 전개한 것에서도 확인된다.[197] 민주 재건을 위한 환경 조성이란 1. 한국군부의 정치 중립화와

---

195 민청학련 사건 이후 제임스 시노트·조지 오글 선교사 추방과 1975년 인혁당 사건, 김지하 사건, 수도권 선교자금사건 등에 세계교회와 국제사회가 주목하게 된다.

196 '3·1명동사건'의 여파와 범 개신교 저항연대에 대해서는 고지수, 「1976년 3·1민주구국선언의 '사건화'와 반(反)유신」, 『역사연구』 37, 역사학연구소, 2019 참조.

197 '인권연합'의 패리스 하비는 12·12쿠데타 이후 한미관계가 전례 없이 불안정한 상태

민간 정치세력 출현 지원 2. 유신헌법 대체와 새로운 민주헌법의 입안, 한국 국민들의 주권 선택에 기초한 민주정부 선출의 절차 수립 3. 신헌법에는 인권 보장 및 국민의 주권적 선택 보장 4. 가능한 자유, 공개 선거를 통한 한국의 민주주의 목표 성취 5. 정치범, 양심수의 즉각적인 석방, 인권 운동가들의 구금 해제 6. 한국에 대한 미국 안보책임 재확인 및 강조 등이다. 이는 유신 이후 한국 정치 이행의 절차와 내용을 포괄한 것으로 '인권연합'의 정치적 성격이 확인된다.

2) 미주 개신교네트워크의 초기 '광주항쟁' 인식과 대응

1980년 5월 18일 이후 광주상황은 2~3개 경로로 미주 개신교네트워크로 전달되었는데, 1) 국내 소재 선교사 그룹(월요모임)→ 일본 개신교네트워크→ 미국 선교 본부 경로, 2) 경우에 따라 서울발 전신이 미국 인권연합으로 오는 경우, 3) 국내 주재 해외 언론사·특파원·해외 상사의 증언 경로이다. 대체로 1), 2) 경로가 많았으며 국내 선교사 모임인 '월요모임'과 일본의 오재식(CCA), 서독남서부지역기독교선교회(EMS)에서 파견한 폴 슈나이스(Paul Schneiss) 선교사를 통해 미국 교회로 전달되었다.[198] 5월 18일 이후 미주 한인 민주단체 첫 반응은 '국민연합 북미본부(이하 북미본부)'가 5월 20일에 발표한 성명문 「격

로, 특히 한국 정치 자유화 과정은 물론 한미 군 지휘체계, 주한미군의 안보 유지, 한국 정부의 사회불안 통제력 상실 등 전반적인 불안요소 증가로 한미관계 두 축인 한반도 안보유지와 민주제도화 모두 후퇴한 것으로 인식했다. Pharis Harvey, "U.S.-Korean Relations after Park", 1980.1.3.

198 월터 "버치"더스트, 「선교사, 소떼 그리고 월요모임」, 짐 스탠츨, 앞의 책, 260쪽 참조. 독일 서남독선교부(EMS) 폴 슈나이스 목사의 한국 민주화운동 지원 활동에 대해서는 한운석, 「냉전시대 한독에큐메니칼 협력: 1970년대와 80년대를 중심으로」 참조.

(檄)」이다.[199] 1978년 7월 8일 국내 민주단체연합조직 '민주주의 국민연합'의 미주본부로 발족한 '북미본부'(상임위원장 이상철)은 성명 발표에 앞서 5·17 비상계엄 확대 조치 이후 중앙 상임위원 앞으로 다음의 내용을 확인시킨 바 있다.

"오늘의 한국의 급박한 사태를 위하여 미 국무성, 국방성 그리고 백악관에 전보나 편지보내기운동을 적극 추진하여 주시기 바랍니다. 내용은 민주주의의 발전을 저해하고 있는 군부가 자숙하도록 온갖 방법을 다 강구할 것과 계엄령의 조속한 해제를 강력하게 종용하라는 내용이면 될 것입니다."[200]

간단명료하나 국민연합의 정세인식을 잘 보여주는 내용으로 계엄령 해제를 위해 미국 정부, 정관계 대상으로 여론형성을 통한 국내 압박 목적이 확인된다. 성명문 「檄」은 "교회인은 예수의 권위로 '사탄아 물러가라'하고 외친다. 우리는 최후의 일인, 최후의 일각까지 싸울 것"이라 하여 미주 '북미본부'의 종교적 신념이 확인된다. 성명은 군의 본연 임무 복귀, 정치범 석방, 헌법 기본권 보장 외 총 9개항의 요구사항을 제시하였다.[201] 5월 23일 '한국민주회복통일촉진국민회의

199 「激」, 민주화운동기념사업회 오픈 아카이브 참조.

200 이 내용은 사무국장 김정순이 작성하여 중앙상임위원에게 발송한 것이다. 1978년 7월 15일 뉴욕에서 결성된 '국민연합 북미본부'의 1980년 3월 현재 임원은 고문 – 윤보선, 함석헌, 김대중, 지학순, 한승인, 전규홍, 문재린 등, 상임위원–이상철(위원장), 김상돈, 김재준, 김정순, 선우학원, 이재현, 차상달 등, 사무국 – 김정순(국장), 박상증(기획), 임순만(국제), 김윤철(지방), 김홍준(재정), 안중식(홍보) 등, 재정위원–한승인(위원장), 김윤철, 김홍준, 손명걸, 유시홍 등이다. 『민주국민』, 1980.3.16. 제2호 '임원명단' 참조.

201 격문의 9개 요구사항에는 '광주상황' 언급이 없고 군부 임무 복귀를 요구한 것으로 볼 때 '5·17 비상계엄확대 조치' 상황을 반영하여 작성된 것으로 보이며 작성자는

미주본부(한민통)'(의장 이재현)·'민주주의국민연합 북미본부'(의장 이상철)·'재북미한인기독학자회의'(의장 동원모) 공동 명의로 발표된 '성명서'는 '현 정세를 6·25 이후 가장 심각한 비상사태'로 간주하고, '전두환 군부의 무력 포기', '최규하 정부 총 퇴진', '새로운 과도내각 구성 및 헌법 개정·총선거', '북한의 무력남침 경고', '우방 미국의 신속하고 분명한 질서회복 협력' 등을 촉구했다.[202] 세 단체 공동성명은 광주 직전 발표된 일련의 성명들과 다르지 않은데, 특히 '우방 미국'에 질서회복을 촉구하였다. 5월 26일 김재준(의장)·박상증(사무국장) 공동 명의로 발표된 '민주동지회'의 '긴급호소문'은 한미연합사령부와 미국을 향한 비난 내용이 포함되어 주목된다(호소문 2항). 내용은 '미국의 광주 군부대 투입 동의로 더 많은 유혈사태 초래' 가능성을 비판하고, 이것이 향후 반미감정을 조성하여 오히려 한반도 불안정성을 확대시킬 것을 우려했다.[203] 이어 호소문은 광주학살이 멈추도록 전 세계 자유진영 국가·교회들이 한국 정부를 압박해 줄 것을 호소했다. 유혈사태의 미국 배경으로 반미감정 형성을 우려한 '민주동지회'의 호소는 미주 개신교네트워크의 현실인식과 방향을 잘 보여준다.

미주 개신교 인권단체로는 5월 20일 '아시아교회위원회'의 대응이 가장 먼저 확인된다.[204] CCHRA는 5월 18~19일 광주상황을 보고 받고, '한국 인권문제 관련 세계 그리스도교 네트워크'의 즉각 지원과 미국

초대 상임위원장 김재준 목사로 추정된다.

202 '한국민주회복통일촉진국민회의 미주본부'·'민주주의국민연합 북미본부'·'재북미한인기독학자회의', 〈성명서〉, 1980.5.23.

203 김재준·박상증(해외기독자민주동지회), 'An Urgent Appeal', 1980.5.26.

204 CCHRA, "Korea:Action Alert", 1980.5.20.

정부가 한국 정부에 강력 수단을 취할 것을 촉구했다. CCHRA가 제시한 구체적인 방법은 카터 대통령, 국무부, 상하 의원, 특히 대외관계 위원회 소속 의원들에게 전화, 서신, 전보를 발송하여 한국 정부를 최대한 압박할 것을 촉구하여 '국민연합 북미본부'와 동일한 해법을 제시했다.[205] '인권연합(NACHRK)'은 5월 21일 패리스 하비가 회원 앞으로 발송한 편지에서 광주 유혈 사태에 대한 대책으로 두 가지 내용을 강조했다. 첫째, 인권연합은 5월 19일 미 국무부 언론 브리핑에서 호딩 카터 대변인이 계엄령 확대 조치에 '매우 당황한(deeply disturbed)'으로 표현한 것에 유감을 표하고, 미국정부가 확고한 추가 조치를 취해 줄 것을 촉구했다.[206] 둘째, 인권연합이 의미한 '확고한 추가조치'란 5월 말로 예정된 미 하원 한국 군사원조 175만 달러를 포함한 예산안 투표의 동결을 의미했다.[207] 카터 행정부에서 미 의회는 한국 인권문제 대응으로 대한 군사원조 동결 및 삭감 주장을 지속적으로 제기해 왔는데, 배경에는 개신교 인권운동 네트워크의 압박 여론이 중요 요인이었다.

---

205 구체적으로는 1) 한국 정부에 계엄해제·민주이행 촉구를 위해 최대 압력 행사하도록 미국무부 장관에게 전보 발송할 것, 2) 카터 대통령, 국무부, 상원 외교관계 위원회 등에 서신 발송. 광주사태가 한미관계를 심각하게 악화시킬 것을 한국 관리들에게 전달할 것, 3) 지역 의원들에게 한국 민주이행 촉구 전화(선거 해로 반드시 응답할 것임), 4) 지역 언론사에 미국 국민의 세금, 경제지원이 한국 군사정부 지원을 비판하는 편지 발송할 것 등. CCHRA는 상원 대외관계위원회 소속 의원들 - Luga(인디애나), Baker(테네시), Glenn(Ohio), Javits(뉴욕), Stone(플로리다) 등 - 에게 "한국의 계엄해제와 민주주의 이행하도록 미국이 한국 정부에 최대한 압력을 가할 것"의 전보 문구와 비용까지 구체적으로 제시했다.

206 5월 19일 호딩 카터(Hodding Carter) 국무부 대변인은 언론 브리핑에서 "We are deeply disturbed by the extension of martial law throughout the Republic of Korea,"라 표현했다. 주한미국대사관 공보실, "FOR THE RECORD", 1980.6.18.

207 패리스 하비, "Dear Friends and Collegues;", 1980.5.21.

특히 한국 인권상황과 직접 관계된 국내 선교사들의 보고가 '인권연합'을 통해 미 의회로 접수되었는데, 미국의 지원 무기가 계엄 하 인권탄압에 지원되어선 안 된다는 논리가 하원 외교위원회 예산 관련 보고서에 반영되었다.[208] 이를 토대로 '인권연합'은 각 회원 대상 행동수칙으로 카터 대통령과 하원 의원들에게 군사지원 중단을 촉구하는 전신 또는 서신발송을 지시했다.[209] '인권연합'의 이러한 주장은 광주사태 이후 한국 국민들에게서 조성되기 시작한 '반미감정'을 조기에 차단하기 위한 배경으로도 설명된다. 5월 광주 이후 반미감정 형성은 미국정부와 개신교네트워크 공히 예민한 사안이었는데, 한미동맹을 바탕으로 자유민주주의 제도를 지지해 온 개신교 민주진영은 카터 행정부 후반 일련의 실망스런 정책들로부터 잠재되어 온 반미 정서가 김대중 재판을 계기로 증폭될 것을 우려했다.[210] 앞서 미 국무부 논평에 실망한 것도 동일한 맥락으로, 5월 27일 카터 대통령 앞으로 서신을 보낸 '인권연합'은 광주 유혈진압으로 한국 국민에게 조성되기 시작한 반미감정을 우려하면서 한국 국민들의 자유·민주주의에 대한 열망은 어떤 댓가를 치르더라도 지속될 것이므로 이미 조성된 반미감정이 한미관계를 더 크게 훼손시키지 않기 위해 카터 대통령에게 다음의 조치를

208 루이즈 모리스, 「한국이 나에게 내 조국과 신앙에 대해 가르쳐 준 것」, 『시대를 지키는 양심』, 짐 스탠츨 엮음, 민주화운동기념사업회, 2007, 89~91쪽 참조.

209 위와 같음. 하원 외교위원회 한국 군원 예산에 보고에는 "it is clearly the intent and desire of the congress that military assistance authorized for fiscal year 1981 not be used for martial law purposes, but for external defense and legitimate security needs"라고 하여 군사원조가 계엄유지에 사용되지 않고, 외부방위와 합법적인 안보유지를 위한 용도임을 강조했다.

210 패리스 하비, 'Some recent trends in South Korea' 1979.1.9., 2쪽.

강력히 촉구했다.[211]

1. 대통령께서 5월 18일 이후 한국군에 의해 자행된 폭력과 살상에 강력하고 분명하게 비난할 것
2. 김대중을 포함한 민주인사들에 대한 강력 지지와 즉각적인 석방을 요구할 것
3. 계엄령 해제와 전두환 신군부가 권력에서 물러날 때까지 무기판매, PL480 선적, 수출입은행 차관 및 기타 원조 등 한국에 대한 미국의 모든 지원의 즉각적인 동결[212]

이상의 즉각적인 조치 없이는 한국인들의 반감, 혐오가 커져 양국 관계 악화는 물론 한국 민주화는 요원할 것이란 우려로 마무리되었다. 미주 개신교네트워크의 압력요청과 달리 5월 18일 이후 미국 관리들은 한반도 안보공약과 주한미군, 경제지원 등 기존 정책을 유지하되 전두환 신군부에 대해서는 질서회복, 정치자유화를 강조했다.[213] 5월 22일 백악관 상황실에서 열린 정책검토위원회(Policy Review Committee, PRC)는 한국에서의 최우선 순위를 '질서 회복'으로 결론 내리고 이에 필요한 무력 사용을 승인했다.[214] 결론에서 즈비그뉴 브레진스키(Zbigniew

---

211 "Dear Mr. President, Jimmy Carter"(1980.5.27.), 이 서신은 인권연합 의장 페기 빌링스, 한민통 미주본부 의장 이재현, 민주주의국민연합 북미본부 상임의장 이상철 등 3인이 공동 서명했다.

212 위와 동일.

213 윌리엄 글라이스틴 지음, 『알려지지 않은 역사』, 황정일 옮김, RHK코리아, 2014, 210~211쪽.

214 Policy Review Committee, 1980.5.23. Don Oberdofer Files, Box.2, 광주민주화운동 관련자료, 1980.5. 국사편찬위원회. 5월 22일 백악관 상황실에서 에드먼드 머스키 국무장관 주재로 열린 PRC회의는 안보보좌관 즈비그뉴 브레진스키, 데이비드 애런, 국무부

Kazimierz Brzezinski) 안보보좌관은 향후 접근으로 "단기간의 지원(in the short term support)과 정치 일정을 위한 장기 압력(in the longer term pressure for political evlution)"으로 정리했다.[215] 같은 날 백악관 언론 브리핑에서 국무부 대변인은 "미국은 한국 상황을 이용하려는 어떠한 외부 공격에 대해서도 안보 공약에 따라 강력하게 대응할 것을 확인한다"는 내용의 국무부 성명을 발표했다.[216] 백악관 안보회의 결론에 국민연합 북미본부 이상철 상임위원장이 에드먼드 머스키 국무장관 앞으로 보낸 질의(5.23)에 미 국무부 한국 문제담당 데이비드 블렉모어(D. Blakemore)는 6월 11일자 답신에서 "외부위협으로부터 안보 위협에 한국을 방어할 책임이 있는 사령관의 판단에 대해 미국정부는 통제할 권한이 없으며 후속 조치에 대해서도 비난할 수 없다"고 하여 존 위컴(John Wickham) 사령관에 대한 위임을 확인했다.[217] 1980년 6월 25일 아시아 문제 관련 상원 외교관계위원회에 출석한 국무부 동아시아 담당 마이클 아마코스트(Michael. H. Armacost) 차관보는 한국 상황 분석으로 기존의 안보 균형 위에 새로운 안보위험에 대비해 주한미군의 안보 억지력, 남한 군사력 증강, 확고한 군 지휘 시스템 개발 등을 강조했다.

차관 워렌 크리스토퍼, 국무부 동아시아 태평양 차관보 리차드 홀브룩, 한국과장 로버트 리치, 국방부장관 해롤드 브라운(Harold Brown), 국방부 국제안보문제 부차관보 닉 플렛(Nick Platt), 국제안보 부차관보 데이빗 맥기퍼트, CIA의 스탠필드 터너(Stanfield Turner) 제독, 중국 및 동아시아관계 담당 존 홀드리지(John Holdridge), 합참의장 데이비드 존스 장군, 존 베시 장군 등이 참석했다.

215 위와 같음.

216 "The Statement read by a DoS spokesman at the noon briefing in Washington, May 22. 1980. 주한미국대사관 공보실, "FOR THE RECORD", 1980.6.18.

217 "미 국무부 한국문제담당 데이비드 블렉모어(David Blakemore)가 이상철에게 보낸 서신", 1980.6.11.

이러한 억지력이 유지되지 않는 한 한반도는 물론 동아시아 세력균형 파괴는 물론 중국, 소련, 일본 그리고 미국에까지 안보 위험을 초래할 것이라 보았다.[218] 광주 진압 후 미 수출입은행(The Ex-In Bank) 총재 존 무어(John Moore)의 방한과 전두환 군부에 6억3천 1백만 달러 지원(5.22)은 광주사태 이후 한반도 안보와 경제지원을 우선한 미국정부의 의지가 확인된다.[219]

3. 1980년 5월 광주와 김대중 구명운동, 그리고 한미관계

1) 미주 개신교네트워크의 김대중 구명운동과 자유 공조

미주 개신교네트워크의 김대중 구명운동은 한미동맹을 바탕으로 자유민주주의·개신교 인권 사상, 한국 정치 자유화 등의 이념과 구호로, 일본 개신교네트워크, 세계교회, 국제인권기구와 연대하여 미 행정부, 백악관, 미 의회를 대상으로 한국 정부 압박 여론운동으로 전개되었다.[220] '김대중 내란음모사건'은 1980년 8월 14일 김대중 외 24명에 대한 국가보안법위반, 내란예비음모, 외환관리법위반, 계엄법·반공법 위반 등으로 기소와 동시에 육군본부 계엄고등군법회의 1차 군사재판을

---

218 The Opening Statement by Acting Assistant Secretary Michael Armacost at an Session of the House Foreign Affairs Subcommittee on Asia, June 25, 1980.

219 패리스 하비, "Dear Friends and Colleagues;", 1980.6.16.

220 일본은 1973년 8월 김대중 납치사건 이후 일한시민연대 등을 중심으로 1차 김대중 구명운동을 전개한 바 있으며 1976년 3·1명동사건 이후 2차 구명운동, 1980년 5월 '김대중 내란음모사건'으로 세계교회 네트워크와 연대하여 김대중 구명운동을 전개했다. 이에 대한 자세한 내용은 이미숙의 연구 참조.

시작으로 1심 선고(9.17), 항소심 선고(11.3), 대법원 선고(1981. 1.23.)로 진행되었다. 글라이스틴이 '성공의 보장 없는 얇은 빙판 위 걷기'로 표현한 김대중 재판은 광주사태 진압 이후 한미 양국 간 첨예한 쟁점으로 부상했다.[221] 미국 언론들은 김대중 재판이 전두환 신군부에게는 한미관계 시험용으로[222] 인권단체로부터 압박을 받는 카터 대통령과 머스키 국무장관에게는 '사형선고'가 내려질 경우 한미관계 정상화는 불가능할 것으로 분석했다.[223] 개신교 배경의 미국 인권단체와 엘리트 지식인에게 김대중 재판은 한국 민주화 이행의 상징이자 광주 비극과 동일시되어 한국 정부를 압박할 절대 이유가 된 반면, 정통성이 결여된 전두환 신군부는 '국내 문제', '사법 절차' 등을 이유로 미국 협상카드로 이용했다. 카터 대통령과 백악관은 현지 글라이스틴 대사를 통해 비공식적으로 압박 수위와 메시지를 전달하면서 공식적인 '제재와 압력'을 배제하여 인권단체로부터 압력을 감수하는 형국이었다.[224]

1980년 9월 17일 1심 선고에서 '사형선고'가 내려진 이후 대법원 최종심까지 사형이 확정되자 구명운동도 재판 전개에 따라 확대되었으며 이 과정에서 김대중은 '한국의 야당 지도자(leader of the opposition)'에서 '한국 민주화 운동의 상징', '한국 민주화운동의 교두보', '한국의 마틴 루터 킹(South Korea's Martin Luther King)' '정의의 상징(a symbol

221 글라이스틴은 자신의 임기 중 전두환을 만난 10여 차례에서 김대중 재판이 주요 또는 유일의제였다고 기록했다. 글라이스틴, 앞의 책, 241쪽.

222 Henry Scott Stokes, "Trial likely to test U.S.-Seoul Relations", *The New York Times,* August 14, 1980.

223 Bernard Gwertzman, "U.S. Said to Tell Seoul to Soften Rule by Miltary", *The New York Times,* August 13, 1980.; 글라이스틴, 위의 책, 242쪽.

224 미국 정부의 접근은 글라이스틴의 의견이 반영된 결과이다.

of the right)', '민중 표상(The Minjung, the Humble oppressed folks)', '인권의 영웅(Human Rights Hero)' 등으로 인식이 강화되었다.[225] '국민연합 북미본부'(상임위원장 이상철, 상임위원-김상돈·김재준·김정순·선우학원·이재현·차상달)는 계엄사 기소 직후인 1980년 7월 초부터 '김대중 선생 구출합시다' 캠페인을 시작하여 '미 대통령, 국무성, 관계 요로에 편지 쓰기 운동, 김대중 석방 서명운동, 모금운동' 등을 전개했다. 1심 재판과 같은 시기인 8월 14~16일 제5차 대표자대회를 개최해 조국 민주회복 운동의 당면과제로 '김대중 및 민주인사 구출'로 결의하였다.[226] 김대중 재판의 주요 쟁점인 '공산주의자'혐의에 대해 '국민연합 북미본부'는 "민주사회 건설을 통한 진정한 승공의 길을 독재 권력이 '공산주의 혐의'로 탄압하여 결과적으로 더 심각한 공산주의 위협으로 몰고 가는 결과를 초래할 것"으로 경고했다.[227] 1973년 7월 김대중 미국 활동기에 결성된 한민통 미주본부 8차 총회(1980.8.8.~8.10) 도 성명서를 통해 민주화 달성의 핵심 과제는 '민주화운동의 교두보인 김대중 및 민주인사 구출'로 확인하고 이 운동에 모든 자원을 동원할 것을 결의하였다. 또한 성명서는 8월 7일 존 위컴 사령관의 L. A. 타임즈와의 인터뷰(일명 '들쥐 발언')가 한국의 반미정서를 키워 반미운동의 계기가 될 것을 우려하고 한미우호관계 유지를 위해서도 자유·민주체제가 중요함을 강조하였

225 Pharis Harvey, "Dear Member of Congress," 1980.7.16.; Andrew Young, "South Korea's Martin Luther King", *The Washington Post*, 1980. 9. 29.; 문동환, "Time to Take Sid", speech at the 'save Kim Dae Jung Rally'(1980.12.12.) 등.

226 '진실한 민족의 지도자 김대중 선생을 구출합시다', 민주주의국미연합 북미본부 (1980.7.); 「민주주의국민연합북미본부 제5차 대표자대회 초청장」 등.

227 민주주의국민연합 북미본부, 「민주주의 회복만이 공산주의를 이기는 길이다」, 1980. 11.11.

다.[228] 미국의 전두환 장군 지지를 골자로 한 존 위컴 사령관의 인터뷰가 반미감정을 형성하여 한미관계에 악영향을 미칠 것이란 우려는 미 의회에서도 강하게 제기되었는데, 8월 26일 머스키 국무장관에게 보낸 전신에서 칼 레빈(Carl Levin) 상원의원은 광주 진상 파악을 위해 파견한 미연합장로교 보고를 토대로 한국민들의 반미감정을 전달하고 위컴 발언에 대한 국무부의 공식적인 불신임을 표명해 줄 것을 요구했다.[229] 칼 레빈은 신군부 아래 한국 인권상황이 최악인 점을 지적하고 이대로 지속될 경우 미국은 한국인들의 지지 상실은 물론 한국 국민들로부터 민주주의의 이상(democratic ideals)이 공산주의와 다를 바 없다는 신념을 갖게 할 것을 강하게 우려했다.

1980년 8월 27일 통일주체국민회의 보궐선거에서 전두환이 대통령에 당선되자 같은 날 카터 대통령은 친서를 보내어 미국의 안보·경제 유지 공약을 재확인하고 정치 자유화 진전을 촉구했다. 한국 상황에 우려를 표한 카터 서신은 1. 미국은 전두환의 최규하 대통령 정치 일정 −국민투표에 의한 신헌법 제정과 국민선거−재확인 약속을 주목해 왔으며, 2. 건전한 한미관계 필수 조건은 자유로운 정치제도에 있음을 강조, 3. 국제적 주목을 받는 김대중 재판은 국내 사법적 문제로 간섭할 의도는 없으나 미국과 다른 나라와의 관계를 생각한다면 공정한 재판을 받도록 해야 할 것, 4. 김대중의 사형은 심각한 반향을 불러일으킬 것(이 쟁점은 글라이스틴 대사와 심도 있게 논의하길 바람), 5. 미국은 외부

228 '한국민주회복통일촉진국민회의 미주본부 제8차 총회 성명서', 1980.8.10. 이보다 앞서 한민통 미주본부는 1980년 6월 2일부터 워싱턴 국무성 정문 앞에서 "Save KIM DAE JUNG"을 내건 계속시위를 전개했다.

229 "Letter from Carl Levin to Edmund Muskie," 1980.8.26.

공격으로부터 한국 안보 공약을 재확인, 6. 국민 지지를 기초로 한 정치 자유화·개인 자유 확대로 정권 안정을 도모할 것 등 매우 구체적이고 자세한 내용으로 구성되어 있다.[230] 사적(privately) 의견을 전제로 했으나 카터 서신은 이제 막 대통령이 된 전두환의 향후 정치 일정 안내표와 같은 내용들이다. 카터의 의중이 이러하다면 개신교네트워크의 '김대중 구명운동'이 미칠 영향은 가늠된다.

'김대중 구명운동' 중 규모에서 가장 큰 캠페인은 '인권연합'이 총괄하고 미 의회·범 개신교 진영이 공동 참여한 "김대중과 민주지도자 구출 캠페인(Campaign to Free Kim Dae-Jung and the Other Democratic Leaders, 이하 '구출 캠페인')"이다. 도널드 프레이저와 문동환 목사가 공동 의장을 맡은 '구출 캠페인'은 1980년 10월 17일 워싱턴 내셔널프레스센터에서 기자회견을 열어 캠페인 조직과 활동을 알렸다.[231] 캠페인의 참여자 명단은 아래와 같다.

〈표 10〉 '김대중과 민주 지도자 구출 캠페인' 참여자 명단[232]

공동의장	도널드 프레이저(Donald Fraser), 문동환
공동사무국장	최성일(국민연합), 패리스 하비(인권연합)
실행위원회	Edward J. Baker, Peggy Billings, Sung-il Choi, Edwin R. Gregart, Pharis Harvey, Roberta Lebenbach, Don Luce, Michael McIntyre, Sang Jung Park

230 "Letter from President Jimmy Carter to President Elect Chun", August 27, 1980. Don Oberdofer Files, Box.1, 국사편찬위원회.

231 "Campaign to Free Kim Dae-Jung and the Other Democratic Leaders; Press conference" 1980.10.17.

232 위와 같음.

미 의회 의원	Anthony C. Beilenson(D-CA), David E. Bonior(D-MI), Don Bonker(D-wa), John L. Burton(D-CA), Bob Carr(D-MI), Shirley Chisholm(D-NY), Thomas D. Daschle(D-SD), Ronald B. Dellums(D-CA), Thomas J. Downey(D-NY), Robert W. Edgar(D-PA), Don Edwards(D-CA), Robert Garcia(D-NY), Tony P. Hall(D-OH), Thomas A. Harkin(D-IA), Elizabeth HoltzmanD-NY), Andrew Maguire(D-NJ), Norman Y. Mineta(D-ca), James L. Oberstar(D-MN), Richard L. Ottinger(D-NY), Fred W.Richmond(D-NY), John F. Seiberling(D-OH), Paul Simon(D-IL), Stephen J. Solarz(D-NY), Fortney H Stark(D-CA), Louis Stokes(D-OH), Theodore S. Weiss(D-NY), Howard Wolpe(D-MI)
자문단	Mia Adjali, William Boyer, Dennis Brutus, William J. Butler, Jerome A.Cohen, Adrian W. Dewind, John K. Fairbanks, J. Bryan Hehir, Gregory Henderson, James Laney, Gari Ledyard, Jai Hyun Lee, Denise Levertov, Lindsay Mattison, George Ogle, Marcus Raskin, Donald Ranard, Edwin O. Reischauer, Donald Shriver, William L. Wipfler

민주당 소속 의원 다수가 참여한 이 캠페인의 목표와 활동은 ① 청와대를 대상으로 캠페인 참여자 서명의 서신 발송 ② 레이건 후보에게 미국의 위신을 위해 김대중을 석방 주장할 것 ③ 미 의회 의원들로 구성된 Fact Finding Team이 한국방문토록 할 것 ④ 김대중 구출 시위 전개 등이다. 캠페인은 공동 의장 도널드 프레이저와 문동환의 명의로 11월 24일 카터 대통령, 미 의회, 레이건 당선자, UN 사무총장, 전두환 앞으로 참여자 서명의 서신을 발송했다.[233] 캠페인은 재판 경과에 따라 대법원 최종판결까지 백악관, 국무부를 상대로 김대중 석

233 "His Excellency, President Chun Doo Whan", 1980.11.24.

방 탄원서를 지속적으로 제출하여 카터 대통령과 국무부를 압박했다.[234](김대중 석방 탄원 서신은 [첨부 표] 참조).

대법원 최종 판결이 다가오자 뉴욕타임스에는 비중 있는 '김대중 구명' 캠페인들이 연달아 게재되었는데, 1980년 12월 3일 「WORLD-WIDE FRIENDS OF KIM DAE JUNG」과 7일 「구출 캠페인」의 "SAVE A LIFE & SAVE DEMOCRACY" 등이다. 3일자 캠페인은 김대중과 오랜 인연의 에드윈 라이샤워·아미야 차크라바티(Amiya Charkravarty, 인도 학자)·군터 프로이덴버그(G. Freudenberg, 서독 오스나르뷔크대 교수)·게오르그 발트(G. Wald, 하버드대 교수)·루이제 린저(L. Rinser, 독일 작가)·스테판 솔라즈·요아킴 이스라엘(J. Israel, 코펜하겐대 교수) 등의 서명과 전두환 대통령에게 보내는 메시지가 게재되었다.[235] 7일의 「구출 캠페인」은 도널드 프레이저와 문동환이 공동으로 서명하여 전두환 대통령 앞으로 메시지와 서명자 명단을 게재했다. 메시지는 한국 민주화를 바라는 국민의 열망에 반해 비민주적이고 불안정한 한국은 미국에게도 도덕적으로나 경제, 군사적으로 짐이 될 뿐임을 강조하여 김대중과 민주인사들의 무조건적 석방을 촉구했다.[236]

미국 내 '김대중 구명운동'에 힘입어 연금 상태인 이희호가 카터 대통령 앞으로 탄원서를 보낸 것도 이 무렵이다. 이희호 서신은 김대중 부부와 오랜 인연이 있는 전직 미연방 관리 로버트 키니(Robert A.

---

234 "Telegram from Jimmy Carter to The Embassy in Korea", Dec. 1. 1980. Don Oberdofer Files, Box.1, 국사편찬위원회.

235 "KIM DAE JUNG MUST NOT DIE!", The New York Times, 1980.12.3.

236 "SAVE A LIFE & SAVE DEMOCRACY", The New York Times, 1980.12.7. 이 광고에는 「구출 캠페인」참여자 전원의 서명이 함께 게시되었다.

Kinney)를 통해 비밀리에 백악관으로 전달되었다.[237] 서신에서 이희호는 남편이 석방될 경우 정계에서 물러나 기독교 복음전파 사업에 헌신할 것이며 이것에 남편도 동의했음을 알리고 한국 정계를 떠나 유학과 신병치료를 위한 미국행을 요청했다.[238] 그리고 아래와 같이 자신의 요청 근거를 밝혔다.

> 한국 정부는 김대중 석방에 미국이 개입하는 것을 '내정 간섭'이라 하지만, 미국은 이미 수 만 명의 미국인들을 한국 민주주의를 위해 희생시킨 나라입니다. 현재도 많은 미국인들과 장병들이 한국의 민주주의와 안보를 위해 헌신하고 있습니다. 그러한 지원과 도움을 받아온 한국으로서는 미국의 견해를 무시할 수 없을 것입니다. 따라서 각하의 판단은–한국 정부에게–가장 중요한 고려사항이 될 것입니다.[239]

한미동맹에 대한 무한 신뢰를 바탕으로 서신은 전 세계적인 구명운동에도 불구하고 사형이 집행될 경우 이는 한 개인의 죽음이 아닌, '국제사회로부터 고립되고 동맹으로부터도 소외된 비민주 국가를 위한 희생의 댓가가 될 것'이라 하여 남편의 희생이 국가적 차원의 문제임을 강조했다. 이희호 서신은 백악관 안전보장회의 도널드 그레그(Donald Gregg), 브레진스키 등이 회람한 후 카터에게 전달되었다. 도널드 그레그가 브레진스키에게 보낸 비망록에는 몇 가지 사실이 언급되었는데 첫째, 편지 전달자인 로버트 키니는 김대중 가족과 오랜 인

237 "Memorandum for The President from Zbigniew Brzezinski" 1980.10.20. National Security Affairs, 국사편찬위원회.

238 "Dear President and Mrs. Carter, from Mrs. Kim Dae Jung", Oct. 1. 1980.

239 이희호, 위의 편지, 2쪽.

연으로 믿을 만한 인물이며, 둘째, 이 서신에 '지금껏 우리가 해온 대로 김대중 사면에 모든 노력을 기울이고 있음'으로 답변하는 것이 좋을 것이라 피력했다. 그레그는 김대중 사면을 위해 미국이 최선을 다하고 있기 때문에, 카터 대통령이 이 서신을 볼 필요는 없을 것이라 덧붙이고 최종 판단은 브레진스키에게 넘겼다.[240] 브레진스키는 이희호 서신을 첨부한 비망록을 카터 대통령에게 보내고 몇 가지를 강조했다. 김대중이 석방될 경우 정계에서 물러날 것, 미국은 한미관계 유지를 위해서라도 강한 어조로 김대중 감형을 주장할 것, 가능한 한 모든 채널을 통해 압박할 것 등이다.[241] 미 의회와 인권단체들의 지속적인 김대중 구명 호소에 미국 정부는 "김대중 석방을 위한 모든 방법을 동원 중"이며, "한국 정부도 김대중 건에 대한 미국의 뜻을 잘 알고 있"다는 공식적인 답변으로 일관했다. 덧붙여 "최종 석방 시기와 기한의 결정은 한국 정부만이 결정할 사안"이라 하여 김대중 석방의 최종심은 한국 정부에 달려 있음을 확인시켰다.[242]

1980년 11월 미 대통령선거에서 로널드 레이건의 승리로 카터행정부는 전두환에 대한 협상력이 약화되었으며 김대중 구명은 '전환의 제'로 떠올랐다. 여기에 대법원 판결을 앞두고 여론 압박이 커지면서

---

240 "Memorandum for Zbigniew Brzezinski from Donald Gregg", Oct. 16. 1980. National Security Affairs, 국사편찬위원회. 이 시기 도널드 그레그는 백악관 안전보장회의 아시아 담당관이다.

241 "Memorandum for The President from Zbigniew Brzezinski" Oct. 20. 1980. National Security Affairs, 국사편찬위원회.

242 "미 국무부 한국과장 데이비드 렘버슨(David F. Lambertson)이 패리스 하비 목사에게," 1982.12.8. 미국 정부의 공식적이고 일관된 답변은 글라이스틴과 전두환 간 협상 테이블에 '비공개 영향'을 미치는 것으로 사전에 조율된 결과이다.

카터행정부는 마지막 수단으로 미국 고위 관료를 한국에 파견해 대통령의 메시지를 전달하는 것과 레이건 행정부가 김대중 구명에 동일한 노선을 유지하도록 협의하는 것이다.[243] 그 결과 5월 광주 이후 미국 고위관료로는 처음으로 12월 13일 해롤드 브라운 국방장관이 방한해 카터 대통령의 친서를 전달하고 김대중 처형이 한미 안보, 경제관계에 심각한 영향을 미칠 것이란 메시지를 전달했다.[244] 이 자리에서 전두환은 자신이 군부로부터 처형 압력을 받고 있으며 사법 절차에 따라 판결이 내려질 것으로, '사형확정'은 불가피할 것으로 화답했다. 공방이 오가고 브라운은 1973년 김대중 납치사건 당시 미국의 개입으로 목숨을 건진 사실도 거론하여 압박했다.[245] 브라운의 방한을 앞둔 12월 10일 '인권연합'의 패리스 하비는 미국 내 회원들에게 다음과 같은 메시지로 글라이스틴 대사에게 전화하여 김대중 사면을 촉구할 것을 독려했다.

> 지금은 매우 중요한 시기이다. 한국 정부가 김대중 사형을 재고하도록 전 세계가 압력을 보내고 있으나 전두환과 그의 주변 군인들은 자신들의 가장 강력한 라이벌이 제거되길 바라고 있다.[246]

---

243 "Telegram from the Embassy in Korea to The Department of State" Dec. 4. 1980.

244 Jimmy Carter. 2010, *White House Diary*, New York; Farrar, Straus and Giroux, 491쪽. 브라운 국방장관의 방한은 전두환과 대화 후 글라이스틴 대사의 제의로 성사되었다. 글라이스틴, 앞의 책, 268쪽.

245 이 자리에 동석했던 도널드 그레그는 대화는 '실패'이며 김대중은 처형될 것으로 예상했다. 도널드 그레그 지음, 『역사의 파편들-도널드 그레그 회고록』, 차미례 옮김, 창비, 2015, 255쪽.

246 패리스 하비, 'Dear Friends of Korea,' 1980.12.10. 하비는 이 독려메시지에서 주한미대사관의 전화번호를 첨부했다.

대법원 판결을 앞둔 1980년 12월 22일 '인권연합'은 6천명의 서명자 명단이 포함된 탄원서를 카터 대통령과 레이건 당선자, U.N 사무총장 커트 발트하임(Kurt Waldheim) 앞으로 발송했다.[247] 브라운의 방한 이후 김대중의 운명은 레이건 차기 행정부로 옮겨갔으며, 카터 행정부는 리처드 홀브룩과 마이클 아마코스트 동아시아 담당 차관보·부차관보를 레이건 인수팀의 리처드 알랜(Richard Allen)과 협의로 레이건 취임 후 전두환의 워싱턴 방문과 김대중 구명의 교환이 성사되었다.[248]

2) 전두환의 방미(訪美)와 승인, 그리고 구명운동의 귀결

정통성이 결여된 전두환 신군부가 대외적으로 공식 인정을 받는 길은 성공적인 한미정상회담이다. 1980년 5월 광주 이후 카터 행정부는 한미 안보협의회의를 포함 양국 정부 간 고위급 만남을 배제시켜 전두환 정권의 공식 승인을 유보해 왔다.[249] 1980년 11월 13일 '위대한

---

247 CCHRA, "Newsworthy notes", 이보다 앞서 김대중의 상고가 기각되자 일한시민연대의 "유엔사무총장 탄원위원회(The Excutive Committee of "Appeal to the Security General of the United Nations") 조직되어 1980년 11월 3일 커트 발트하임 앞으로 진정서를 제출한 바 있다. 진정서는 김대중을 열성적인 카톨릭 신자, 인권과 민주주의, 정의와 평화의 사도임을 강조하고 유엔의 인권선언에 배치되는 한국 군사재판을 비판했다. 유엔이 나서서 한국의 민주주의 지도자일 뿐 아니라 세계적으로 존경받는 김대중의 생명을 보호해 줄 것을 탄원했다. 탄원서 서명자는 Utsunnomita Tokuma, Miyazaki Shigeki, Aochi Shin, Den Hideo, Bai Dongho, Chung Jae-Jun, Kim jong- Chung, Ito Narihiko, Sasaki Hidenori 등.

248 레이건 승리 후 전두환은 당선자 인수팀과 수차례 접촉을 시도했고, 12~1월 사이 수차례 비밀회동이 이루어졌다. 이 과정에서 KCIA 워싱턴 지국장 손장래를 통해 레이건대통령 당선자가 김대중의 처형을 강력히 반대한다는 메시지를 보냈고, 이에 전두환은 워싱턴 방문 의사를 밝혀 김대중의 석방과 미국행이 성사되었다. 돈 오버도퍼, 앞의 책, 135쪽; 도널드 그레그, 앞의 책, 256쪽.

249 강력한 제재 수단 없이도 미국의 유보적 태도는 공격적 수사보다도 전두환에게 유효한

미국의 재건'을 내걸고 당선된 레이건 행정부는 한반도 전쟁억지력 강화, 한미동맹 공고와 대한방위공약 이행 등 이전보다 강화된 강경노선이 예견되었다.[250] 카터 행정부에서 도덕·인권외교, 친 개신교 노선이 한국의 군사정부와 마찰 요인이었던 것과 달리 레이건 행정부의 강경노선은 전두환 정권의 군사동맹 위주 반공노선과 조화를 이루었다. 한미 간 쟁점이던 '김대중 문제'는 전두환의 워싱턴 방문과 한미정상회담으로 타결되어 정치적 성격을 분명히 했다.[251] 1981년 1월 23일 한국 대법원이 김대중 사형을 확정한지 하루 뒤인 24일 전두환 대통령의 재가로 무기징역 형 감형, 계엄령이 해제되었다. 1월 28일 전두환은 방미 길에 올라 2월 2일 한미 정상회담을 개최하여 대외적인 정치 승인과 함께 F-16 전투기 36대 구매 및 군사지원 약속을 받아냈다. 이어 2월 25일 간접선거로 제12대 대통령에 당선되었다.

카터 정부의 인권외교에 힘을 받았던 개신교네트워크는 전두환의 '방미 결정'에 격앙된 어조로 구명운동을 이어갔다. 1981년 1월 '아시아교회위원회'는 한미정상회담을 '명백한 거래'로 규정하고 '전두환 장군은 대법원 판결을 감형한 것으로 레이건 대통령의 환심을 산 것'이라 강조했다.[252] 회원 대상 행동지침에는 1) 2월 2일 예정된 한미정상회

방법이 될 수 있었다. 글라이스틴, 앞의 책, 237쪽.

250 장준갑·김건, 「1980년대 초반(1980~1981) 한미관계 읽기」, 『미국사연구』 38, 한국미국사학회, 2013, 200~202쪽 참조.

251 '김대중 석방'을 둘러싼 1980년대 초 한미관계는 장준갑·김건 위의 연구와 정일준, 「미국 개입의 선택성과 한계」, 『갈등하는 동맹』, 역사비평사, 2010; 박태균, 「1970년대의 한미관계와 학습효과」, 『우방과 제국, 한미관계의 두 신화』, 창비, 2006 참조.

252 'Korea; Action Alert, Chun to Visit Reagan Feb.2! Kim Spared, But Still not Free', 1981.1.23. 이 명백한 거래로 남은 것은 1) 민주주의를 옹호한 김대중은 감옥에서 쇠약해져 가고 있으며 2) 1년 전 봄 민주주의를 외친 수백의 한국인들을 투옥시킨 전두환에

담에 대한 우리의 우려와 충격을 표현할 것 2) 김대중의 즉시 석방 요구를 행정부(레이건 대통령, 헤이그 국무장관) 앞으로 전신, 메일, 전보 발송할 것, 3) 의회관계로는 한미정상회담에 대한 실망과 미국의 대외 정책 재고 촉구 등, 4) 각 지역 회원 앞으로는 전두환의 미국 방문 도시일정에 맞춰 항의 시위를 전개할 것 등을 지시했다. 전두환의 방미 일정으로 로스앤젤레스(1.27~29, 차상달 담당), 뉴욕(1.29~2.1, 인권연합 담당), 하와이(2.3)을 상세히 알려 항의 시위를 독려했다.[253] 린다 존스는 1월 25일 〈The United Methodist Reporter〉 앞으로 보낸 글에서도 전두환의 방미 성격을 계엄해제와 김대중의 사형 감형으로 얻은 '명백한 거래'이며 자유를 사랑하는 모든 미국인들에게 '부끄러운 이벤트'가 될 것이라 단정했다.[254] '인권연합'의 패리스 하비는 1981년을 레이건 행정부의 새로운 정치기후를 파악하는 중대 시기이자 동시에 '불확실의 해'로 인식했다.[255] 패리스 하비는 1981년 1월 16일 회원 발송 메시지에서 "김대중 재판의 짧은 숨고르기로 다시 시작할 것"을 촉구하고 대법원 선고 이후의 행동 지침을 내렸다.

1. 김대중이 석방되지 않을 시 보이콧 위협으로 한국 고문들에게 계속 전화할 것.
2. 한국문제 관련 청문회에서 특히 예산관련 협의에 반영되도록 할 것. 특히 전두환 정권의 체계화되어 가는 고문기술, 테러 전술 등 반 인

게 자유를 준 것이며 3) 2월 중순 '대통령 선거'를 앞둔 전두환은 이번 방미로 가장 큰 지지자를 얻은 것을 강조했다.

253 CCHRA, 위와 같음. 이 글의 작성자는 린다 존스이다.

254 'Letter to the Editors, from Linda Jones,' 1981.1.25.

255 '패리스 하비가 회원들에게,' 1981.1.16.

권현실 강조.

위의 행동지침에서 다음의 해석이 가능하다. 첫째, 김대중의 완전 석방까지 미 의회 동원 압박 여론 노선 유지 둘째, 향후 압박 쟁점으로 한국의 보편 인권현실 강조가 예상된다. 이는 레이건 행정부에서도 한국인권상황에 대한 개신교네트워크 지원 활동이 예견되는 부분이다. 실질적인 민주화와 무관한 전두환 군사정부의 유화조치들과 방미 결정이 개신교네트워크에 불러일으킨 반감과 저항은 1979년 봄 카터 대통령의 방한 결정에서 보여준 개신교 민주세력의 카터 방한 반대운동과 동일한 맥락에서 이해된다. 인권주의자 카터 대통령의 방한이 유신정부에 대한 정치적 승인으로 비춰져 인권억압을 정당화할 것이란 우려 때문이다.[256] 미국 내 개신교지도자들이 레이건 대통령에게 보낸 서신은 "양국의 오랜 동맹관계를 위해서도 김대중 석방 및 시민권 회복, 언론·표현의 자유 보장 등 민주이행이 촉구되어야 할 것"이라 하여 전두환 방미 선결조건이 자유·민주제 이행에 있음을 강조했다.[257] 이 여건의 개선 없이 '한반도 장기적인 안정과 한미 양국 간 지속적인 우정도 없을 것'이라고 하여 한미동맹을 전제로 한 민주조치

256 페기 빌링스가 지미 카터 대통령에게, 1979.2.1.; 함석헌·윤보선이 지미 카터 대통령에게, 1979.2.9.; 미 감리교회 패트리샤 패터슨(Patricia J. Patterson)이 지미 카터 대통령에게, 1979.4.9.; 북미주인권연합(NACHRK)·Friends of the Korean People이 지미 카터 대통령에게, 1979.4.19.; 공덕귀가 지미 카터 대통령에게, 1979.4.28.; '린다 존스가 로잘린 카터에게', 1979.6.11. 등 다수.

257 이 서신에는 52명의 미국 개신교 지도자들의 서명이 포함되어 있다. 'Letter to President Reagan from National Church Leaders Regarding with Korean President Chun's Visit'(1981.1.29.)

해법을 제시했다. 이 서신의 대표 발의자는 NCCCUSA 총무 클레어 랜달(Claire Randall), 미연합장로교 회장 윌리엄 톰슨(William Thompson), 미연합장로교 총회선교위원회 사무국장 다니엘 리틀(G. Daniel Little), 미감리교세계선교국 부총무 로이스 밀러(Lois C. Miller), NCCCUSA 해외 선교국 & 미연합장로교 프로그램 담당 오스카 맥클라우드(J. Oscar McCloud), 미연합 감리교 세계선교국 부총무 페기 빌링스 등으로 모두 '인권연합' 소속 회원이다.[258] 이와 동일한 논리가 1981년 6월 '김대중 내란음모 가족' 대표로 박용길이 레이건 대통령에게 보낸 서신에서도 확인된다.[259] 서신에서 박용길은 첫째, 한미 혈맹관계 근거가 수많은 미국인들의 생명을 댓가로 지불한 자유민주주의 수호임을 상기시키고 한국 자유민주주의 위기를 강조했다. 둘째, 레이건의 반공주의를 근거로 한국에서의 진정한 승공은 국민의 자발적 참여로 이루어진 자유·민주체제로, 독재와 권위주의는 월남전의 교훈과 같이 실패의 길임을 상기시켰다. 셋째, 한국 김대중 및 민주인사들이 미국의 도움으로 석방된다면 이는 레이건 인권정책의 성공사례가 될 것이며, 넷째, 한국내 지식인·학생층에 팽배한 반미감정이 한미관계에 미칠 부정적인 영향을 강조하였다.[260] 외교 수사를 감안하더라도 한미동맹에 기반 한 자유민주주의, 반공주의, 친미주의 등이 결합된 개신교 민주진영의 현실인식을 잘 보여준다. 전두환 방미로 정치적 승인을 얻은 것에 개신교네트워크와 미국교회 지도자들이 우려를 표명하자 미 국무부는 한

258 위와 같음.

259 "김대중 내란음모 사건관련 가족 대표 박용길이 레이건 대통령에게,"1981.6.25.

260 이 서신은 7월 7일 패리스 하비의 소개 편지와 함께 백악관에 발송되었다. "패리스 하비(Pharis J. Harvey)가 로널드 레이건(Ronald Reagan) 대통령에게"(1981.7.7).

미 군사동맹의 원칙 기조로 화답했다. 미국의 전두환 환영은 '제2차 세계대전 이후 지속되어 온 동맹국 정부 대통령으로서 환영'이며 한국의 안보는 미국의 동아시아전략의 근간임을 강조했다. 전두환의 방미 직전 취해진 일련의 조치들－계엄 해제, 김대중 사형 면제, 신헌법에 기초한 선거 등－은 한국정치 자유화로 가는 긍정적 신호로 한미관계 강화에도 도움이 될 것이라 했다.[261]

김대중 사형 감형 1년 뒤인 1982년 1월 7일 '인권연합'·'국민연합 북미본부' 공동의 「구출 캠페인」은 참여자 앞으로 투옥 중인 김대중의 건강 악화 상황을 전하고 1년 전 캠페인 정신을 되살려 1월 23일로 예정된 '국제호소 캠페인(International Appeal)'에 서명해 줄 것을 당부했다.[262] 1월 22일 '인권연합'이 배포한 보도 자료에 의하면 '국제호소 캠페인'은 한국 정부를 상대로 김대중의 신병치료 목적의 석방을 호소하기 위해 조직되었다. 1982년 1월 23일 워싱턴 D.C. 제6장로교회에서 개최된 캠페인 행사는 '북미주인권연합(NACHRK)'와 '한국민주회복통일촉진국민회의(한민통) 미주본부' 공동 주관 하에 문동환과 조지 오글 선교사가 연설을 맡았다. 아래에서 호소문의 요지를 보면,

> 지금 시점에 우리는 민주주의와 자유, 독립을 요구하는 인간의 호소는 모든 인류의 보편적 가치임을 확신한다. 또한 우리는 지구상의 어떤 권력도 그러한 목소리를 억압할 수 없다는 사실도 재확인한다. 우리는 민주주

261 미국무부 공보담당 차관보 윌리엄 다이어스(William J. Dyess)가 파크 리지 장로교회 실행위원회(Park Ridge Presbyterian Church Executive Committee) 앞으로 보낸 편지, 1981.2.23.

262 'An Earnest, International Appeal, Requesting that Mr. Kim Dae-Jung Released From Prison', 1982.1.7.

의를 위해 꺼지지 않는 불꽃을 간직해 온 한국민들에 대한 깊은 경이를 지금까지 표현해 왔다. 이와 같은 확신 위에 우리는 한국 정부에 김대중의 석방을 진심으로 요청하는 바이다.[263]

위에서 1년 전 구명운동 당시 카터 대통령과 미 정부를 향해 한국 정부 압박을 요구했던 것과 비교할 때 인류 보편 양심에 호소하면서 한국 정부에 김대중 석방을 요청하여 달라진 어조가 확인된다.[264] 앞서 백악관 국가안보회의 아시아 담당 도널드 그레그가 레이건 정부의 인수인계 중 유일하게 성공한 것이 '김대중 구명'이라 하였듯이 1982년 12월 신병치료와 연구 목적의 미국행이 마침내 이루어졌다.[265]

인권과 도덕외교를 주창했던 카터 대통령의 백악관 일지는 1980년 '5월 광주'에 대해 침묵한 반면, 김대중에 대해서는 '인권의 영웅(Human Rights Hero)으로 나는 그의 사형을 멈추기 위한 모든 압력을 전두환에게 행했으며 마침내 신병치료 목적으로 미국으로 올 수 있었다'는 회고를 남겼다.[266] '5월 광주'에 대한 카터 대통령의 침묵에 해석은 다양할 수 있으나 '김대중 구명운동'이 전개되는 동안 개신교네트워크 내에 '광주사태'의 원인과 진상규명, 미국의 배후 책임에 대한 물음이 없었던 점은 주목할 만하다. 오히려 이 물음은 전두환 방미를 앞둔 시점에 '광주사태 관련 피의자 가족일동'이 레이건 대통령 앞으

---

263 An Earnest, International Appeal, Requesting that Mr. Kim Dae-Jung Released From Prison', Press Release, 1982.1.22.

264 호소문 서명자는 미국-64명, 캐나다-6명, 일본-45명, 독일-3명, 호주-3명, 뉴질랜드-1명 등이다.

265 도널드 그레그 지음, 앞의 책, 256쪽.

266 Jimmy Carter. 2010, *White House Diary*, New York; Farrar, Straus and Giroux, 455쪽.

로 보낸 편지에서 확인된다.[267] 편지는 김대중 구출이 성사되는 과정에서 "자유우방의 연대책임이 있는 '광주사태'에 일체의 공식, 비공식 노력에 관심이 없는 것은 통탄스런 일"로 주한미군의 주둔 목적과 이유에 다음과 같은 질문을 던지고 있다.

> 지난 광주사태를 돌이켜 보건대 누군가에 의해 어느 정도 의도적으로 야기된 사태가 미국이 일방적으로 정부를 옹호하고 시민을 억압하는 과정에서 끝났고 그 진상이나 후유증을 달아보기는커녕 완전히 잊혀진 사진처럼 다루어질 때 남한에서의 미국의 이익이 수천여명의 무고한 사상자보다도 고귀한지 당신들의 기독교를 빌어 묻고 싶습니다.[268]

1980년 5월 광주 국면에서 미주 개신교네트워크의 '김대중 구명운동'은 1970년대 카터행정부의 인권·도덕외교에 힘을 받은 미국교회의 아시아 선교 네트워크를 기반으로 전개되었다. 그러나 카터 대통령이 야심차게 내세웠던 '주한미군 철수' 의제가 한반도 군사억지력 유지를 위해 1979년 6월 30일 한미정상회담 이후 철회된 선례에서 보듯이 자유세계 보편적 인권이념은 냉전기 분단 한반도 지형에서 미국의 동북아시아 안보전략과 한미동맹에 종속되었다.[269] 따라서 미

---

267 "대한민국 광주사태 관련 피의자 가족 일동이 레이건 미국 대통령께" 1980.1.(날짜 미상).

268 위의 편지. 이 편지가 미주 인권단체에서 수집한 것을 볼 때 레이건 대통령에게 전달되었을지는 의문이다.

269 정성철, 「관료정치와 카터행정부의 주한미군철수정책」, 『세계정치』 26-2, 서울대학교 국제문제연구소, 2005 참조. 한미정상회담 이후 7월 20일 카터 대통령은 주한미지상군 철수를 1981년까지 중단할 것을 발표했고 화답으로 박정희 대통령은 긴급조치 9호로 수감된 정치범 180명의 연내 석방을 알렸다.

의회와 범 개신교 그룹의 '김대중 구명운동'에서 '5월 광주'의 본질적 물음은 제기되기 어려운 구조였다.[270]

4. 맺음말

이 연구는 1980년 5월 광주항쟁과 미주 개신교네트워크의 '김대중 구명운동'의 역사적 의미에 관한 물음에서 출발하였다. 1970년대 한국 개신교 에큐메니컬 진영의 민주화·인권운동은 인류 보편의 인권가치를 한국사회에 토착화 시키고 권위주의 폭력에 대한 민주 저항으로 한국 민주주의 발전에 독보적인 기록을 남겼다. 1980년 5월 18일 직후 광주소식을 국내보다 빠르게 접했던 미주 개신교인들은 광주 살상을 세계에 알리고 계엄령 해제·정치 민주화를 요구하여 '자유·민주'의 역사방향을 제시했다. 그럼에도 미주 개신교네트워크의 '김대중 구명운동'은 '5월 광주'가 던진 민족·민주문제에 제한된 요소들이 있었다. 미국교회 아시아 선교 기반의 '김대중 구명운동'은 자유민주주의와 개신교 인권사상을 기초로 미 의회·정관계 여론운동을 전개하여 한계 요인이 명확했다. 광주 배후에 미국책임문제가 반미감정으로 확산될 것에 대한 우려는 대표적인 예이다. 전두환 신군부의 등장과 한국 인권 상황에는 정치민주화 요구로 저항했지만 한반도 안보와 질서유지를

270 '5월 광주'에서 민족 민주문제 제기는 개신교 바깥 영역에서 제기되었는데, '광주사태 구속자 가족 일동'이 글라이스틴 대사에 보낸 편지(1980.12.22)는 주한미군과 분단영속화, 군사 정치체제 지원과 정치자유화 억제 등 전반적으로 '우리에게 미국이란 무엇인가'의 의문을 제기하고 있다.

위한 미국의 무력사용 승인에는 저항하기 어려운 구조였다. 1980년 봄 전 민중적 정치 민주화 논쟁과 가능성들은 '김대중 석방'의 압박 구호로 대체되어 한미 정상 간 정책결정에 운명처럼 맡겨졌다. 1980년 5월 미주 개신교네트워크의 '김대중 구명운동'은 미국식 자유·민주체제 안에, 궁극적으로는 냉전기 자유세계 질서 안에 전개되어 분단한국의 본질적 물음은 제기될 수 없는 제한성을 갖는다.

〈첨부〉 김대중 구명 관련 미주 개신교네트워크의 서신 및 답신(일부)

발신자	수신자	날짜	내용
주한 선교사 그룹 일동	지미 카터 (Jimmy Carter) 대통령	1980. 6.6.	-전두환 군부의 인권상황 알림 -정치 민주화 과정이 요원함
국무부 한국문제 담당 데이비드 블랙모어 (David Blackmore)	이상철	1980. 6.11.	-5.23. 이상철 편지에 대한 답신 -광주사태는 지나갔으며 미국은 한국 정부가 소요원인들에 집중하길 바람
미국 디트로이트 시에서 개최된 '전미 신학 대회' 참가 그리스도교 지도자 500여명	에드먼드 머스키 국무장관	1980. 8.5.	-김대중이 사형될 경우 한국의 정치사회 안정을 바라는 미국의 정책을 약화시킬 것 -한국의 현 정부를 지지하는 미국에 대해 한국인들의 반감이 커져 장기적으로 한미 관계에 악영향을 줄 것
마이클 아마코스트 (M. H. Armacost) 국무부 동아시아태평양 차관보	주한 감리교 세계선교회 에드워트 포트라스 (E.W. Poitras) 부처	1980. 8.8.	-6.6. 포트라스 부부가 카터 대통령에게 보낸 서신의 답신 -미국의 대한정책의 두 가지 핵심은 외부 공격으로부터의 안보와 민주화 문제임(인권 보호 포함) -동아시아 안보 평화의 근본 이해는 헌법 개혁과 국민 지지의 민주정부 구성. -교회의 우려와 같이 미국정부도 광주 이후 민주주의 후퇴에 우려하는 바가 큼.

발신자	수신자	날짜	내용
리처드 포크 (Richard. A. Falk) 프린스턴 국제연구센터 교수	즈비그뉴 브레진스키	1980. 8.25.	-1975년 한국방문 이후 김대중의 신념에 공감 -김대중 개인을 넘어 한반도 전체 안전문제
칼 레빈(Carl Levin) 상원의원	에드먼드 머스키 국무장관	1980. 8.26.	-한국의 인권상황은 최악으로 한국 국민에 대한 미국 지원을 상실할 위험 상태 -한국 정부가 이대로 계속 나간다면, 그리고 미국이 강력한 조치를 취하지 않는다면 민주주의에 대한 한국민들의 이상은 공산주의 아래서와 다를 바 없을 것이라 여길 것. -국무부가 존 위컴 발언에 미국의 불신임을 분명히 할 것.
미 국무부 공보담당 차관보 윌리엄 다이어스 (William J. Dyess)	WAC 인권운동가 크리스 맥더모트 (Chris McDermott)	1980. 9.8.	-머스키 국무장관 앞으로 보낸 서신의 답신 -김대중 재판에 주한미대사와 외교인사, 언론, 피고측 가족 등의 참관이 허용될 것으로 앎.
즈비그뉴 브레진스키 백악관 안보보좌관	리차드 포크 (Richard A. Falk) 프린스턴대 국제연구센터	1980. 9.9.	-김대중 구명 호소가 이미 상당한 상황 -한국의 새 정부도 김대중 재판에 대한 미국의 우려를 잘 알고 있음. -미일 정부는 김대중에 대해 공조하고 있음
박상증	지미 카터 대통령	1980. 9.10.	-전두환이 민주이행을 유보할 경우 미국은 모든 대한 원조 수단을 동결해야 함 -주한미대사 소환과 미국 관리의 한국방문 취소 등 조치가 없을 경우 한국 상황은 달라지지 않을 것.
이재현	지미 카터 대통령	1980. 9.10.	-광주 이후 한국민들의 반미감정이 매우 커지고 있음 -더 이상 미국의 행동으로 한국의 민주적인 국민들을 소외시키지 않기를 바람 -전두환의 민주진전을 이루지 않을 경우 한국에 대한 원조(경제, 군원)를 동결해 주기 바람
미 국무부 의회담당 차관보 브라이언 앳 우드 (J. Brian Atwood)	러셀 롱 (Russell Long) 상원의원	1980. 9.18.	-8.22. 롱 의원의 메모에 답신 -미 정부는 이 사안을 충분히 이해하고 있으며, 일본 정부와 협력, 다양한 외교적, 국제법적 관점에서 전력을 경주하고 있음

발신자	수신자	날짜	내용
윌리엄 그로브 (W. B. Grove) 미 감리교 웨스트 버지니아 감독	에드먼드 머스키 미 국무장관	1980. 9.25.	-인권과 시민자유 정신에서 한국의 민주 지도자 김대중을 위해 힘써 줄 것 호소 -미국정부의 영향으로 김대중의 사면과 석방을 기대함
윌리엄 다이어스 (William J. Dyess)	미감리교 북인디애나 컨퍼런스 메럴 게이블 (Merrell D. Geible) 의장	1980. 10.14.	1980. 9.26. 머스키 국무장관에게 보낸 탄원 서신 -사법재판 중에 미국정부의 공식적인 언급은 불가능하나 한국 정부도 미국 정부의 생각을 잘 이해하고 있음
미 국무부 공보 담당 차관보 윌리엄 다이어스 (William J. Dyess)	미NCC총무 클레어 랜달 (C. Randall)	1980. 10.21.	-9.18 카터 대통령 앞으로 보낸 서신 -사법적 판단에 달린 문제로 미국 정부가 재판에 대한 공식 언급을 삼가고 있으나 우리의 관심과 우려는 한국인들에게 전달되고 있음
윌리엄 다이어스 (William J. Dyess)	유니온 신학대학 총장 도널드 슈라이버 (Donald Shriver, Jr.)	1980. 10.21	10.2. 카터 대통령 앞으로 보낸 서신 -위와 같음. -미국이 김대중과 한국의 민주인사들을 지켜내지 못한다면 카터의 인권 가치를 지지해 온 미국 국민들의 '모럴'은 훼손될 것임
윌리엄 다이어스 (William J. Dyess)	지미 소여· 린다 숄츠 목사 (미국기독교교회협의회 메트로폴리탄 협회)	1980. 11.7.	-한국 인권상황에 대한 교회의 의견에 미국 정부도 공감하고 있음. 한국 정부와 김대중 재판에 대해 계속 논의하고 있고 정치 자유화도 진전될 것임
케네스 티가르덴 (Kenneth L. Teegarden) 그리스도교회(제자교회) 의장	지미 카터 대통령	1980. 11.21.	김대중 대법원 판결에 한국 정부 압력 행사해 줄 것
윌리엄 다이어스 (William J. Dyess)	케네스 티가르덴 목사	1980. 12.9.	-미국 정부도 귀하의 건의와 동일입장이며, 한국 정부 당국도 미국의 입장을 잘 알고 있음. -김대중 사건은 현재 사법재판 중으로 미국은 신중하게 접근해야 함.
리차드 리치(R. Rich) 한국문제과장	델마 아데어 (Thelma Adair) 미교회여성연합회장	1981. 2.11.	-1.22. 레이건 취임 축하 서신에 답신 -전두환 대통령의 김대중 사형 감형과 유화 조치들이 한미 유대관계를 강화시킬 것으로 기대함

발신자	수신자	날짜	내용
아시아 베넷 (Asia.A. Bennett) 한미우호협의회 사무국장	리차드 리치 (R. Rich) 한국문제과장	1981. 2.12.	-80.11.13/1.27 서신의 답신 -전두환 대통령의 김대중 감형에 국무부는 환영함 -최근 김지하 등의 석방도 매우 고무적임 -이러한 유화조치들이 더 진전되길 희망함
클레어 랜달 NCCCUSA 사무국장	리차드 리치 (R. Rich) 한국문제과장	1981. 2.19.	-1.29. 레이건 대통령 앞으로 보낸 서신의 답신 -미 국무부는 1.23. 전두환 대통령의 김대중 사형감형과 1.24. 계엄해제 조치 등을 환영함 -이러한 유화조치들이 더 진전되길 희망함
윌리엄 다이어스 (William J. Dyess)	파크리치 장로교회 실행위원회	1981. 2.23.	-전두환 대통령의 방미에 레이건 행정부
로버트 리치(R. Rich) 한국문제과장	Thelma Adair 미교회여성연합회장	1981. 2.23.	1월 22일자 레이건 신임 대통령에게 보낸 사면 청원에 한국 정부와 긴밀히 협의 중이며 유화조치를 끌어내고 있다는 내용
윌리엄 다이어스 (William J. Dyess)	데이비드 존스 부처	1981. 2.23.	-전두환 방미 질의에 대한 답신 -레이건 정부는 전두환을 동맹국의 지도자로 환영 -김대중 사형 감형을 포함한 전두환의 유화조치들에 미국은 만족하며 향후 한미관계 강화에 기여할 것
상원의원 알폰스 다마토 (Alfonse D'Amato)	미 국무부 의회담당	1981. 2.25.	-미연합장로교의 보고서를 근거로 전두환에 의해 한국 인권이 짓밟히고 있음(호소문 첨부)
리처드 페어뱅크 (R. Fairbanks) 의회관계 차관보	상원 빌 브래들리 의원	1981. 3.16.	-3.2. 브래들리 서신에 답신 -1.23. 김대중 사형 감형 조치, 계엄령 해제 조치 등을 환영하면서 향후 진전된 일정을 기대함
리처드 페어뱅크 (R. Fairbanks) 의회관계 차관보	상원 알폰스 다마토 (Alfonse D'Amato)	1981. 3.30.	-2.25. 김대중 건에 대한 서신의 답신 -미국 정부는 전두환 대통령의 김대중 사형감형을 지지함. -한국 정부는 계속해서 정치 민주화를 진행할 것으로 기대함
리처드 페어뱅크 (R. Fairbanks) 의회관계 차관보	하원 돈 에드워드 (Don Edwards)	1981. 4.8.	-1.29./2.12. 서신과 질문에 대한 답신

발신자	수신자	날짜	내용
김대중 사건 관련자 가족일동 (박용길 대표)	레이건 대통령	1981. 6.25.	-한미 양국의 영구 평화는 양국 국민 간 신뢰와 정의를 바탕으로 성취될 수 있음 -한국 지식인과 학생 계층에 반미감정 팽배.
로버트 리치 (R. Rich) 한국문제과장	패리스 하비	1981. 8.7.	-한국에서 온 Mrs. 문(박용길)의 편지 첨부한 패리스 하비의 서신 잘 받았음 -주한미대사와 미국무부는 항시 의사소통에 열려있음

제8장

여성농민운동가 김윤의 생애와 활동

1. 머리말

1961년 5·16 군사정변으로 정권을 잡은 박정희는 1972년 영구적인 집권을 위해 유신헌법을 공포하고 유신체제를 수립하였다. 이에 각계 각층에서 유신체제를 반대하는 운동을 전개하기 시작했다.

학생들은 1973년 말부터 반대운동을 전개하다가 1974년 4월 3일 전국민주청년학생총연맹(이하 민청학련)의 이름으로 '민중·민족·민주 선언' 등의 유인물을 배포하였다. 같은 날 박정희는 밤 10시 '대통령 긴급조치 제4호'를 공포하고, 민청학련의 모든 활동 금지와 위반자 소속 학교는 폐교 조치하겠다고 밝혔다. 긴급조치 4호 발동으로 많은 학생, 지식인, 종교인, 언론인, 정치인 등이 조사를 받았다. 징역 5년 이상에서 사형까지 선고받은 민청학련 관련자는 123명에 이르렀다.[271]

---

271 민청학련계승사업회, 『민청학련: 유신독재를 넘어 민주주의를 외치다』, (주)메디치미디어, 2018, 519~520쪽. 123명은 한국기독학생회총연맹회원 18명, 강원대 1명, 경북대 10명, 단국대 1명, 동국대 1명, 부산대 3명, 서강대 11명, 서울대 36명, 성균관대 4명, 연세대 8명, 전남대 16명, 한양대 3명, 홍익대 1명, 고교생 2명, 일반인 9명, 일본인 2명 등이었다.

이 중에서 유일한 여학생이 서강대의 김윤(1953~2004)이었다. 그녀는 1975년 석방된 이후 '자유서강' 사건으로 다시 구속되었다. 출옥한 후 김윤은 정치사회운동에 적극적으로 참여하였다. 1981년 이후에는 전북지역에서 여성농민운동을 조직화하는데 중요한 역할을 하였다. 1989년 정읍여성농민회와 전북여성농민회준비위원회 조직을 주도하였고, 이어 1990년 전국여성농민회위원회가 결성되기까지 준비위원장으로서 활약하였다. 이후 투병생활을 하다 2004년 삶을 마감하였다. 이와 같이 김윤은 1970년대 학생운동 출신으로 1980년대 지역여성농민운동뿐만 아니라 전국여성농민운동이 활성화하는데 주도적인 역할을 하였다. 그러므로 1970년대와 1980년대 한국정치사회운동사와 여성운동사에 대한 연구의 지평을 확장하는데 김윤의 생애와 활동에 대한 연구는 매우 중요하다고 할 수 있다.

그런데 김윤의 생애와 활동에 대해서는 언론 기사와 일부 단행본에서 소개된 간단한 이력 정도만 있을 뿐 구체적이고 실증적으로 밝힌 연구가 아직 없다. 김윤에 대해 언론에서 소개하기 시작한 것은 1975년 2월 18일 『동아일보』 기사였다.[272] 그 후 그녀가 삶을 마감하기 1년 전 2003년 『전북일보』에서 전북여성농민운동의 기틀을 다진 여성으로 장순자와 엄영애 등과 같이 보도하였다. 그로부터 5년이 지난 2009년 『전북일보』에서 김윤을 재조명한 기사를 실었다. 그 후 10년 동안 잊혀 진 인물로 있었으며, 2019년 김윤의 묘역이 광주 5.18구묘역(舊墓域)에 안장되자 여러 언론에서 그녀의 생애를 다룬 기사를 실었다.[273]

---

272 「구속자 마지막 풀리던 날 '철문' 열릴 때마다 "민권만만세"」, 『동아일보』, 1975.2.18.
273 「여성농민운동 기틀 다진 김윤」, 『전북일보』, 2009.6.15; 「여성농민활동가 김윤열사

언론에서는 김윤의 출생지, 가족관계, 민청학련 사건과 학생운동, 전북지역에서 여성농민운동 등에 대해서만 간략하게 소개되어 있다. 이외에 김영의 『치마저고리의 일본인』과 정지아의 『김한림: 어머니, 우리들의 어머니』 등에서도 그녀의 생애 중 일부만 기술하고 있을 뿐이었다.[274] 그러므로 지금까지 김윤의 학생운동 전개과정, 여성주의 정체성의 형성을 통한 여성농민운동의 모색, 그리고 전북지역에서 여성농민운동 전개에 대한 구체적이고 실증적으로 밝힌 연구는 나오지 않았다.

따라서 본고에서는 김윤이 어떠한 배경 하에서 정치사회운동에 참여하게 되었는지를 살펴보고, 이어 1970년대 학생운동의 전개와 여성주의 정체성이 형성되는 과정, 마지막으로 지역에서 여성농민운동가로서의 활동에 대해 밝히고자 한다.

2. 정치사회운동 참여 배경

김윤이 정치사회운동에 참여하게 된 결정적인 요인으로 들 수 있는 것은 가족이었다. 그녀의 성장 배경과 가족관계를 살펴보면 다음과 같다. 그녀는 한국전쟁이 지속되던 1953년 1월 경남 마산에서 1남

15주기 추모제 열려」, 『농정신문』, 2019.2.24; 「5.18 실상 알린 농민운동가 김윤, 망월동에 영면」, 『광주드림』, 2019.2.20; 「군부독재 맞서 농민운동 김윤 열사 광주서 잠들다」, 『전남일보』, 2019.2.20; 일생 바친 민주화운동 '김윤선생 5.18구묘역 안장」, 『연합뉴스』」, 2019.2.19.

274 김영, 『치마저고리의 일본인』, 명경, 1994; 정지아, 『김한림: 어머니, 우리들의 어머니』, 민주화운동기념사업회, 2006.

2녀 중 막내로 출생하였다.[275]

아버지는 김소운이었고, 어머니는 김한림이었다. 김소운은 시인, 수필가, 그리고 번역작가로 널리 알려진 인물이었다. 그는 1929년 일본어로 번역한 『조선민요집』을 일본에서 출판하면서 처음 이름을 알리게 되었다. 당시 일본 시인을 대표하던 기타하라 하쿠슈(北原白秋)는 일본 시인보다 더 능숙하게 일본말을 구사한다며 높이 평가하였다.[276] 1933년에는 일본 출판사 다이이치쇼보오(第一書房)에서 『언문조선구전민요집(諺文朝鮮口傳民謠集)』을 출판하였다. 이 책은 조선의 구전민요 2천편을 각도별로 구분해서 일본어로 번역한 것이었다. 당시 언론에서는 이 책의 출판을 크게 환영하였다.[277] 1934년 김소운은 가면연구가 송석하, 역사학자 손진수, 경성제대교수 아키바 다카시(秋葉隆), 이왕직 아악부 이종태, 연희전문학교 문과 과장 백낙준, 연희전문학교 교수 정인섭, 사학자 이선근 등과 함께 조선의 민요와 전설 등을 연구하기 위해 조선민속학회를 조직하였다.[278] 같은 해에 아동교육회를 조직하고 회장을 맡아 활동하였다.[279] 김소운은 1907년 아버지 김옥현과 어머니 박덕수 사이에서 태어났다. 그의 할아버지는 김치몽으로 1896년 부산 제일영도교회를 개척한 인물이었다. 그는 자신의 집에서 다른 두 가족과 함께 처음 예배 모임을 가짐으로써 부산제일영도교회 설립

---

275 민청학련운동계승사업회, 『민청학련운동 자료집: 비상보통군법회의판결문집』, 학민사, 1994, 760쪽; 김영, 『치마저고리의 일본인』, 명경, 1994 참조.

276 「기사시단(己巳詩壇) 전망」, 『동아일보』, 1929.12.7.

277 「김소운씨편저 조선구전민요집」, 『동아일보』, 1933.2.17.

278 「민요, 전설연구코자 조선민속학회 조직」, 『동아일보』, 1934.2.16.

279 「아동교육회 창립피로회」, 『동아일보』, 1934.6.18.

의 토대를 마련하였다. 아버지 김옥현은 한일강제병합 무렵 통감부의 부산 재무관으로 재직하다 정치적 반대파에 의해 죽음을 당했다. 어머니 박덕수는 남편이 사망한 후 그의 보좌관이었던 사람과 러시아로 가 버렸다. 그래서 김소운은 친척 집에서 성장하였다. 그는 옥성학교 4년을 다니다 중퇴한 후 1920년 일본으로 건너갔다. 일본 도쿄에서 가이세이중학교(開成中學校)를 다니다 1923년 관동대지진으로 귀국한 후 한국에서 활동하였다.[280]

김윤의 어머니 김한림은 1974년 민청학련 사건 이후 구속자가족협의회의 총무를 맡아 활동했던 여성으로 '민주화운동의 대모'로 알려져 있다. 김한림이 태어난 곳은 부산이었다. 아버지는 김인식이었고 어머니는 양수혜였다. 작가 정지아가 쓴 『김한림: 어머니, 우리들의 어머니』에 김인식에 대해서는 다음과 같이 소개되어 있다. 서울 경신학교를 졸업한 후 평북 정주 오산학교의 교사로 재직하다 1919년 이승훈의 지시로 남부지방의 조직 책임을 맡아 목포에서 교사 생활을 하며 목포 3.1만세운동을 주도했다고 한다. 일본 경찰에 체포된 그는 출옥 후 세계적인 독감의 유행으로 세상을 떠났다는 것이다. 이는 일본경찰의 고문으로 몸이 쇠약해진 탓에 견딜 수 없었다고 한다. 어머니 양수혜는 임시정부 의정원 경상도 대의원을 지내고 광복 후 초대 수도여자경찰서장이었던 양한나의 언니였다.[281]

김한림은 부산에서 출생하여 1931년 동래 일신여학교와 1937년

280 김용섭, 『제일영도교회 100년사: 1896-1996』, 제일영도교회, 1997, 133~139쪽; 김영, 앞의 책, 70쪽.

281 김영, 위의 책, 78쪽; 양한나에 대해서는 이송희, 「양한나(梁漢拿, 1893-1976)의 삶과 활동에 관한 일고찰」, 『젠더와 사회』 13, 신라대학교 여성문제연구소, 2002 참조.

일본 도쿄가정전문학교 본과를 졸업하였다. 졸업 후 귀국하여 1937년 1월부터 1940년 3월까지 일신여학교에서 가사 담당교사로 재직하였다.[282] 그 후 서울 동덕여고와 평북 영변 숭덕학교 등에서 교편생활을 하였으며, 1945년 한글학자 이극로의 주례로 김소운과 결혼했다. 김한림은 1948년 장녀 김영을 출산하였고, 1949년에 아들 인범을 낳았다.[283]

김윤이 마산에서 태어났을 때 아버지 김소운은 이승만의 입국금지 조치로 일본 도쿄에 머물고 있었다. 1952년 이탈리아의 베니스에서 개최되는 유네스코 회의에 한국 대표로 참가하기 위해 잠시 도쿄에 경유했을 때 아사히 신문기자와 인터뷰한 것이 화근이었다. 그 때 한국 실정을 말한 것이 문제가 되었다. 이 일로 김소운은 한국 땅을 밟지 못하다 한일국교가 정상화된 이후에야 귀국할 수 있었다.[284] 그래서 김윤은 어머니 영향 하에서 성장하였다.

김한림은 자녀들의 교육을 위해 1955년 서울로 이사를 했다. 풍문여고, 서울대학교 사대부고, 그리고 무학여고 등에서 학생들을 가르쳤다. 그녀는 어머니로서 교육자로서 많은 책임을 느끼며 행동하는 여성이었던 것으로 보인다. 그것은 김한림이 두 번에 걸쳐 자신의 주장을 나타내는 글을 신문에 실은 것을 통해 엿볼 수 있다. 1959년 1월 15일자 『동아일보』에 실린 「아이에게 만족을」이라는 글은 자신의 교육관을 표현한 것이었다. 자녀들의 곁에 자신이 없을 때 외롭거나 불

282 동래학원팔십년지 편찬위원회, 『팔십년지』, 동래학원, 1975, 281쪽.

283 「형설공의 성과 각교의 졸업식」, 『동아일보』, 1931.3.20; 「현해탄 건너올 금춘졸업생방명」, 『조선일보』, 1937.3.3.

284 김영, 앞의 책, 66~67쪽.

안해하지 않는 환경과 심성을 마련해 주어야겠다는 것과 자신이 가르치고 있는 학생들에게 신실하고 살뜰한 어머니의 역할을 해야겠다는 것 등이었다.

1960년 4·19 이후에는 정치사회문제에 대해서도 많은 관심을 가졌던 것으로 보인다. 그것은 동년 7월 14일자 『동아일보』에 기고한 「무엇보다도 양심을」이라는 글을 통해 살펴볼 수 있다. 1960년 7·29 총선거를 앞두고 『동아일보』에서는 여성유권자들의 생각을 소개하기 위해 4명의 여성들이 쓴 글을 게재하였다. 화가 천경자, 대한여학사협회 총무 김자혜, 가정주부 최순애, 교사 김한림 등이었다. 김한림은 무엇보다도 양심적인 인격을 갖춘 사람에게 한 표를 던질 것이라고 밝혔다. 특별히 강조한 것은 여성단체에서 주장하는 사생활이 깨끗한 사람이어야 한다는 것이었다. 이를 위해 후보자들의 선전문, 강연회, 이웃의 여론, 과거 경력 등에 대해 조사를 철저히 한 후에 표를 줄 것이라고 밝혔다. 당시 여성단체의 주요 활동 방향은 "축첩자에게 투표하지 않는다"였는데, 김한림도 이에 적극 동참했다고 할 수 있다.[285]

그녀는 이러한 신문 투고뿐만 아니라 정치사회운동에도 적극적이었다. 1964년 한일회담 반대운동의 참여를 들 수 있다. 정부는 1965년 한일회담 반대운동 주모자로 11명을 구속하고 6명을 수배하였다. 서울대 민족주의비교연구회의 김중태를 비롯한 11명의 학생을 반공법 위반, 내란음모, 그리고 내란선동 혐의로 구속하였다. 중앙정보부에서는 코민테른을 골자로 한 선언서 작성, 헝가리의거 때 사용한 소형폭탄 몰로토프 칵테일(화염병)을 제조하여 사이다병에 이것을 넣어 사용하

285 「무엇보다도 양심을」, 『동아일보』, 1960.7.14.

기 위해 화학방정식을 만들었다는 것 등을 들어 정부를 전복하려 했다는 것이었다.[286]

당시 한국기독교장로회 여전도회 서울연합회 총무를 맡고 있던 김한림도 체포되었다. 그녀는 윤보선 대통령 부인이자 사회운동가였던 공덕귀를 통하여 대학생 김중태와 정치인 윤보선을 연결해줌으로써 한일회담 반대운동이 더욱 확산될 수 있도록 주요한 역할을 담당하였다. 김한림은 동래일신여학교 교사로 있을 때 공덕귀는 학생이었다.[287] 1955년 서울로 이주한 후에 김한림은 동래일신여학교 동창회인 '옥샘회'를 조직하고 총무로 활동하였다.[288] 이러한 관계로 김한림은 공덕귀와 매우 친밀한 사이였다. 그리고 김중태는 김한림의 친구 집 가정교사였다. 그래서 수배 중이던 김중태를 친지 임경애 집에 숨겨주었다. 서울지검공안부에서는 김한림을 범인은닉혐의로 입건했다.[289] 이와 같이 김윤의 어머니 김한림은 정치사회문제에 많은 관심을 가지고 직접 행동에 나섰던 인물이었다. 자연히 김윤은 어머니의 영향을 많이 받았을 것이다.

김윤뿐만 아니라 언니 김영도 어머니의 영향으로 정치사회적인 문제에 관심이 많았다. 부산에서 출생한 그녀는 한국전쟁 당시 마산에서 어린 시절을 보냈다. 김영은 마산에서 외국선교사에 의해 설립된 의신유치원을 다녔으며, 어린 시절부터 기독교적인 배경 속에서 성장하였

---

286 「정부전복을 기도」, 『조선일보』, 1965.9.26.

287 사)현대사기록연구원, 「국가기록원 연구용역보고서: 6.3항쟁 구술기록 수집 연구」, 2008, 64쪽.

288 정지아, 앞의 책, 68쪽.

289 위의 책, 85쪽; 「김중태군 숨겨준 기독교인을 입건」, 『동아일보』, 1965.10.26.

다.[290] 김한림의 자녀 교육에 대한 열정 때문에 김영은 서울로 이주해 살았다. 서울여자대학교에 입학한 그녀는 교수와 직원의 자녀들을 가르치는 주일학교와 교도소 방문 활동 등에 적극적이었다. 그러다 1967년 5월 3일 대통령선거에서 당선된 박정희는 같은 해 치러진 6·8 총선에서 수단과 방법을 가리지 않고 3분의 2석을 차지하였다. 이에 야당과 대학생들은 부정선거를 규탄하는 대규모 시위를 전개하였다.[291] 그 때 서울여자대학교는 시위에 참여하지 않았다. 당시 정부에서는 박정희 대통령 취임일인 7월 1일에 문제가 생길 수 있다고 판단해서 대학생들의 조기 방학을 지시하였다. 이에 서울여자대학교 학생들은 반발하였다. 시위에 참여하지도 않았는데 조기방학을 한다는 것은 있을 수 없는 일이라고 주장하였다. 그래서 이에 항의하는 단식투쟁을 전개하였다. 이 때 김영은 생활관 자치회장을 맡으면서 교내의 여러 활동에 적극적으로 참여하였다. 교수회의와 학생들 사이에서 조정 역할을 했다는 이유로 퇴학 처분을 당했다. 김영은 그래서 서울여자대학교를 그만두고 연세대학교 신학대학 3학년으로 편입했다.[292] 어머니와 언니 이외에 김윤에게 영향을 준 또 한사람은 한일기독교 교류에 앞장 선 형부 사와 마사히코(澤正彦)였다. 1939년 일본 오이타(大分)현에서 출생한 그는 도쿄대학 법학부 재학 당시 기독교로 개종하였으며, 졸업 후 도쿄신학대학에 입학하였다. 사와는 1965년 도쿄신학대학에서 재일대한기독교회 이인하 목사의 설교를 듣고 한국에 대해 관심을 가지

---

290 김영, 앞의 책, 64쪽.

291 민주화운동기념사업회 연구소 엮음, 『한국민주화운동사』 1, 돌베개, 2008, 494~497쪽.

292 김영, 앞의 책, 91쪽.

게 되었다. 이인하 목사는 청중들에게 한국을 식민지화하여 고통을 준 일본이 다시 재일한국인을 차별하고 있는데 한국을 사랑하고 선한 이웃이 되고자 하는 사람이 없는가라며 질문했다. 이러한 설교에 깊은 감동을 받은 사와는 한국을 알기 위해 연세대학교 연합신학대학원에 입학해서 한국교회사를 연구하기 시작했다.[293]

사와의 한국에 대한 새로운 인식은 당시 일본 지식인들과 학생들의 반전운동 흐름 하에서 형성되었다고 할 수 있다. 천황 숭배와 아시아의 신성한 전쟁 지지를 가르치던 교사가 일본의 봉건주의를 비판하고 서구식 민주주의를 지지해야 한다고 가르치자 일본 학생들은 정치지도자나 기성세대를 신뢰할 수 없었다. 기성세대에 대한 불신으로 가득 차 있던 젊은 지식인들과 학생들은 미국이 일본의 옛 기득권층을 포용하자 강하게 반발하였다. 1960년 미국과 일본이 '미합중국과 일본의 상호협력 및 안전보장조약'을 체결하자 일본의 젊은이들은 이를 반대하기 위해 거리로 뛰쳐나왔다. 이어 일본의 간접적인 베트남 개입에도 항의하였다.[294]

당시 정치사회문제에 관심이 많았던 일본 지식인들과 학생들은 남한의 한일회담 반대운동에 대해서는 잘 알지 못했다. 그러나 반전운동이 전개되면서 이에 대해 관심을 가지게 되었다. 반전운동을 전개하면서 아시아의 탈식민운동에 관심을 가지게 되었고, 일본과 아시아, 그리고 재일한국인과의 관계에 대해 자각하게 되었다. 1965년 당시 재일한

293 모리야마(森山浩二), 「사와마사히코의 생애와 학문」, 『한국기독교와 역사』 9, 한국기독교역사연구소, 1998, 12~15쪽.

294 이안 부루마 지음, 『0년: 현대의 탄생, 1945년의 세계사』, 신보영 옮김, 글항아리, 2016, 387~388쪽.

국인은 전체 외국인의 88퍼센트를 차지하였다. 1960년대 말과 1970년대 초, 재일한국인들은 일본지식인과 학생들과 함께 반인종차별운동을 시작했다. 일본 사회운동가들은 재일한국인들의 운동에 대한 관심을 계기로 남한의 민주화운동에 대해서도 관심을 가지게 되었다.[295]

이러한 역사적 배경 하에서 사와는 한국에 대해 관심을 가지게 되었고 연세대학교 연합신학대학원에 입학했던 것이다. 이 학교에서 김영을 만나 결혼에 이르게 되었다. 사와는 김영과 1970년 일본에서 결혼을 한 후 도쿄신학대학을 졸업하고 재일한국인이 많이 거주하는 가와사키(川崎) 교회에서 3년간 부목사로 활동하였다.[296]

사와는 1970년 일본으로 돌아간 후 한국기독교의 정치사회운동에 대해 많은 관심을 가지고 일본에 소개하기 시작했다. 1971년 『교단신보(教團新報)』에 「『교회연합신문』으로 보는 한국신학대학의 고투」라는 제목의 글을 실었는데, 박정희 정권에 저항하는 한국신학대학의 움직임에 대한 것이었다.[297] 사와는 1973년 일본기독교단에서 보낸 첫 선교사로 한국에 왔다. 이후 그는 한국과 일본의 기독교 교류를 위해 많은 노력을 기울였다. 1973년 한국기독교교회협의회(NCCK)와 일본그리스도협의회(The National Council of Churches in Japan, NCCJ)는 매년 정기 모임을 가지기로 결정하였는데, 사와는 서울 크리스찬 아카데미

295 Misook Lee, "The Japan-Korea Solidarity Movement in the 1970s and 1980s: From Solidarity to Reflexive Democracy", *The Asia-Pacific Journal* 12-38, Sep 21, 2014, p.1.

296 모리야마(森山浩二), 앞의 논문, 15쪽.

297 富坂キリスト教センター, 『日韓キリスト教關係史資料』 III, 新教出版社, 2020, 35~137쪽.

하우스에 개최된 첫 번째 모임에서 통역을 맡아 회의 진행에 중요한 역할을 하였다. 1973년 7월 1일부터 5일까지 크리스찬 아카데미하우스에서 NCCK와 NCCJ는 일본의 경제적 발전, 재일한국인의 법적 지위, 사할린 한인들, 일본의 이민법, 한국인 원자폭탄 희생자들, 야수쿠니신사 참배 문제, 섹스관광, 그리고 역사교과서에 관한 것 등에 대해 논의했다. 한국과 일본의 기독교인들은 일본 정부와 일본의 주류사회에 대한 비판, 한일관계와 박정희 독재 등에 대해 토론하고 공유를 시작했을 때 사와는 한일 기독교인들의 교류를 위한 통역을 담당함으로써 한일 기독교 교류를 위한 중요한 역할을 담당하였다.[298]

사와는 한국신학대학에서 학생들을 가르치는 한편 수유동교회의 협력목사로 활동했다. 수유동교회는 1963년 세워진 교회로 1976년 함태영의 호를 따서 송암교회로 바뀌었다. 사와는 1977년 북한 기독교사를 연구하기 위해 미국 프린스턴신학교로 유학을 떠났다. 2년 후 1979년 송암교회로 돌아왔다. 그러다 정부에서 '출국명령'을 내려 일본으로 돌아갔다. 이유는 이와나미서점(岩派書店)에서 발간하는 월간지 『세카이(世界)』에 TK생이라는 필명으로 실렸던 「한국으로부터의 통신」 저자로 의심받았던 것이다. 실제 집필자는 지명관이었다. 그리고 송암교회에서 했던 설교가 문제가 되었다. 전 국무총리 한명숙이 당시 공산주의자라는 혐의로 체포되었을 때 그의 재판을 방청했던 사와는 공산주의자가 아니라 노동자의 친구인 참 그리스도인이라고 말했던 것이다. 이 사건으로 사와는 가족들과 함께 일본으로 돌아갔다.[299] 이와 같이 김윤은 어머니, 언니, 그리고 형부 등의 영향을 받으

298 앞의 책, 205쪽; Missok Lee, *ibid.*, p.3.

면서 정치사회운동가로 성장했다.

3. 1970년대 민청학련 사건과 여성농민운동의 모색

1) 학생운동 참여와 민청학련 사건

1971년 서강대 영문과에 입학한 김윤은 서강타임즈의 12기 기자로 활동하면서 학생운동에 앞장섰다. 그녀는 1974년 민청학련 사건으로 처음 세상에 알려지게 되었다. 전술한 바와 같이 김윤은 민청학련 사건 관련자들 중에서 구속된 유일한 여학생이었다.[300]

민청학련 사건은 1974년 4월 3일 발생하였다. 이 날 서울대, 연대, 성대, 이대 등 주요대학에서 소규모 시위와 함께 민청학련 명의로 '민중·민족·민주선언'과 '민중의 소리' 등의 유인물이 뿌려졌다. 정부는 같은 날 저녁 10시 긴급조치 4호를 선포하고 민청학련이라는 단체가 "현정부를 전복하고 이른바 노동자 농민의 정권을 수립하고자 기도한 것으로 수사 당국에서는 소위 프롤레타리아혁명을 기도한 것으로 보고" 수사를 계속 진행중이라고 밝혔다.[301]

이후 수많은 학생, 교수, 언론인, 종교계 인사들이 구속되었다. 중앙정보부와 비상군법회의 검찰부에서는 대구지역의 옛 혁신계 인물들이 인민혁명당을 재건하고 대구지역 학생운동을 배후조종하여 전국적인 대학생 조직인 민청학련을 조직함으로써 대규모 시위를 통해

---

299 김영, 앞의 책, 160~161쪽.

300 「구속자 마지막 풀리던날 '철문' 열릴 때마다 "민권만세"」, 『동아일보』, 1975.2.18.

301 「대통령 긴급조치 4호 선포」, 『조선일보』, 1974.4.4.

공산주의 정권을 세우려고 했다고 수사 상황을 밝혔다. 비상군법회의에 송치된 민청학련 관련자들은 사형에서부터 무기징역, 무기징역이 아닐 경우 최고 20년에서 최하 5년의 징역이 선고되었다. 인혁당 관련자 8명은 1975년 4월 9일 대법원 확정 판결로 다음 날 새벽 사형에 처해졌다.[302]

민청학련 사건은 유신헌법이 선포된 지 1년이 될 즈음인 1973년 10월 학생들의 시위에서 시작되었다. 같은 해 10월 2일 서울대 문리대에서 시작된 시위는 잠시 소강상태로 있다가 11월에 들어서면서 경북대를 시작으로, 서울대, 감리교신학대, 중앙대, 성균관대, 서울신학대, 전남대, 고려대, 연세대, 숭전대(현 숭실대), 이화여대, 한양대, 동국대, 숙명여대, 수도여사범대학, 경희대, 대구영남대, 덕성여대, 홍익대, 단국대, 상명여대, 부산대, 동덕여대, 한국항공대, 가톨릭의대, 명지대, 국제대, 대구 효성여대, 영남신학대, 광주일고, 개신교회 교인들 등의 시위가 12월까지 계속되었다. 1973년 11월 NCCK 산하 신앙과 인권협의회에서 '인권선언'이 발표되었다. 이어 12월 16일 가톨릭과 개신교의 연합체인 에큐메니칼현대선교협의체에서도 '1973년 한국인권선언'을 채택하였다. 이러한 분위기에서 '헌법개정청원운동본부'가 결성되어 '개헌청원 100만인 서명운동'을 벌이기 시작하였다.[303]

1974년 1월 8일 박정희는 유신헌법에 문제를 제기하는 자에게는 징역 15년에 처한다는 내용의 긴급조치 1, 2호를 선포했다. 그러자

302 민주화운동기념사업회 연구소 엮음, 앞의 책, 134~138쪽.

303 위의 책, 103~120쪽; 김명배, 『해방 후 한국기독교사회운동사: 민주화와 인권운동을 중심으로 1960-1987』, 북코리아, 2009, 132~133쪽.

서울대와 연세대에서 이에 저항하는 시위를 전개하였다. 3월이 되자 경북대와 서강대가 유신헌법 철폐를 요구하는 시위를 시작하였다. 4월 3일 서울대, 이화여대, 성균관대, 고려대, 서울여대, 감신대, 명지대 등에서 유신 철폐를 요구하는 시위가 전개되었다. 이 날 시위에서 민청학련 명의로 '민중·민족·민주 선언'이 발표되었다. 그러자 정부에서는 그날 밤 10시 민청학련과 관련된 행위는 일체 금지한다는 긴급조치 4호가 선포되었다.[304]

김윤은 서강대 3월 시위 현장에서 긴급조치 1호 위반으로 체포되었다. 유신헌법이 공포된 후 서강대에서는 경제학과 박석률을 중심으로 전자공학과 권오성, 경영학과 박준엽, 경제학과 허성삼 등은 스터디그룹을 만들고 역사와 사회적 현실을 제대로 인식하기 위해 정기적인 세미나를 시작했다. 김윤도 이 세미나를 함께 했다. 1973년 11월 서강대에서는 이들을 중심으로 유신철폐 시위가 시작되었다. 16일, 27일, 28일, 30일 계속 시위가 전개되었다. 1974년 다시 이 스터디그룹 학생들은 3월 시위를 주도하였다. 그 자리에서 김윤은 체포되었다. 이들은 4월 3일 발생한 민청학련 사건 관련자에 포함되었고, 비상보통군법회의에서 재판을 받았다. 관련인물들로는 박석률, 임성균, 권오성, 박호용, 김윤, 박준엽, 박세진, 안상용, 이종수, 임상우, 김택춘 등 총 11명이었다. 이들은 징역 7년에서 10년형까지 받았다. 김윤은 징역 7년형을 언도받았다.[305]

그러자 구속자 가족들은 즉시 '구속자가족협의회'를 조직하고 석

---

304 민주화운동기념사업회 연구소 엮음, 위의 책, 125~133쪽.
305 민청학련계승사업회, 『민청학련: 유신독재를 넘어 민주주의를 외치다』, 518쪽.

방운동을 전개하기 시작했다. 김윤의 어머니 김한림은 이 협의회의 총무로 활동하였다. 김윤은 고등군법회의에서 5년 징역형을 받았으나, 국내외에서 이 사건에 대한 비난이 세어지자 구속자들 대부분이 석방되었다. 김윤도 1975년 2월에 석방되었다. 유일한 여학생이었던 김윤은 출감직전 어머니가 넣어준 연분홍저고리와 빨간 치마를 입고 감옥 밖으로 나왔다. 그녀는 기자와의 인터뷰에서 "이제 복학하면 전처럼 학업에 충실하겠지만 나의 조그마한 의지는 버리지 않겠다"라는 다짐의 말을 전했다.[306]

그녀의 의지와는 달리 더 이상 학업을 계속할 수 없었다. 퇴학 조치되었기 때문이었다. 민청학련 사건은 김윤이 정치사회운동가로 성장할 수 있는 인생의 전환점이 되었다. 석방되자마자 김윤은 '민주회복구속자협의회준비위원회'에서 '민주회복구속자선언'을 낭독하였다. 이 준비위원회는 1975년 2월 21일에 발족하였다. 이 날 석방인사, 구속자 가족, 그리고 석방학생 등 2백여 명이 참석하였다. 협의회의 대표위원은 박형규, 위원에는 지학순, 김동길, 김찬국, 백기완, 강신옥, 김지하, 이철 등이었다.[307]

1975년 5월 긴급조치 제9호가 선포된 이후 김윤은 다시 체포되었다. 당시 학생들은 정부를 독재정부로 규정하고 이를 반대하는 시위를 벌였다. 정부가 가혹하게 학생들을 억누르자 학생들은 지하유인물을 대학가에 배포하기 시작했다. 1975년 6월 중앙대학교 「시론정보」, 이화여자대학교의 「새벽」, 서강대학교에서는 「제3호 자유서강」을 뿌

306 「땋은 머리 한복의 홍일점」, 『조선일보』, 1975.2.18.
307 「민주회복 구속자협의회 준비위원회 결성」, 『동아일보』, 1975.2.22.

렸다. 김윤은 「제3호 자유서강」을 배포했다는 혐의로 징역 1년형과 자격정지 1년형을 선고받았다.[308]

김윤은 1975년 8월 이후 충북 음성군 금왕읍 용계리에 소재하는 대명농민학교에서 권오성과 함께 야학 교사로 활동하였다. 이 학교는 1965년 이관복이 설립하였다. 그는 1955년 청주상고를 졸업하고 1961년까지 무극고등공민학교 교사로 재직하였다. 5·16 이후 국가재건최고회의에서 대학 졸업장이 없는 교사는 학생들을 가르칠 수 없다고 해서 이관복은 서울로 와서 서울신학대를 다닌 후 1963년 숭전대학교 사학과에 편입했다. 1965년에 학교를 그만두고 무극공민학교에 복직했다. 학교장과의 갈등으로 그만두고 대명농민학교를 세웠던 것이었다. 이곳으로 서강대 학생들이 농촌봉사활동을 왔다. 그래서 김윤과 권오성은 이곳에서 각각 영어와 수학을 가르치는 교사로 있었다.[309] 그러다 민청학련 사건으로 함께 구속되었던 김택춘의 연락으로 김윤과 권오성은 서강대학교 가을축제 기간인 1975년 10월 22일 유신헌법 철폐를 주장하는 「제3호 자유서강」이라는 유인물을 배포하였다. 이 사건으로 1976년 김윤은 구속되었다.[310]

2) 1980년대 여성주의 정체성의 형성과 여성농민운동의 모색

1977년 석방된 후 김윤은 여성공동체 준비모임에 나가면서 여성주의적인 정체성이 확고해졌던 것으로 보인다. 그녀는 어머니의 영향을

308 민주화운동기념사업회 연구소, 앞의 책, 210~215쪽.

309 「70세, 늑깍이 대학생 '이관복할아버지'를 만나다」, 『데일리굿뉴스』 (http://www.goodnews1.com/news/news_view.asp?seq=10534).

310 「서울형사지방법원 1976.06.04. 선고 76고합240판결」(U-Lex2.0).

받아 여성주의에 대해 어느 정도 인식을 하고 있었다. 전술한 바와 같이 1960년 총선거를 맞이하여 신문에 투고한 글에서 축첩하지 않는 남성에게 투표를 하겠다고 밝힌 글을 통해 어머니 김한림의 여성주의적 인식을 엿볼 수 있다. 김윤이 어머니의 여성주의적 인식으로부터 영향을 받은 사실에 대해서는 남편 강기종의 구술을 통해 알 수 있다.

> 엄마가 맨날 남자에 대한 적개심이 있어요. 남자라는 것들은 여자를 지배할라고. 이게 또 체질 속에 있어. 그것이 뿌리가 깊어. 저 인간 의식의 맨 지하를 지하 9층이라고 한다면 지하 9층에 꽉 차 있어.[311]

> 너의 DNA 속에 너희 엄마한테 물려받은 것이 있다. 남자를 철천지 원수로 여기고 여자는 홀로 서야 한다.[312]

김윤이 어머니 김한림으로부터 영향을 받아 여성주의에 대해 어느 정도 인식을 하고 있었으며, 더욱 성장할 수 있는 계기가 된 것은 여성공동체 준비 모임을 통해서였다.

그녀는 1977년부터 안병무, 서독선교사 슈바이처, 여성 회원들에 의해 시작된 여성공동체 준비 모임에 참여하였다. 슈바이처는 독일기독교연합인 '독일복음주의교회 산하의 서독남서부지역기독교선교회에서 1975년 한국 기독교장로회에 파견한 선교사였다. 1976년 안병무는 자택에서 슈바이처에게 환경과 재정적인 문제만 해결되면 여성공

---

311 면담자 이선·강기종 구술, 「수집보고서: 1890-90년대 전북지역 여성운동 조직의 형성과 전개과정: 전북민주여성회를 중심으로」, 국사편찬위원회, 2015, 40쪽.

312 위의 글, 41쪽.

동체를 만들고 싶다고 말했다. 그러자 슈바이처는 이에 적극 동의하고 여성공동체가 만들어질 수 있도록 적극적으로 지원했다. 1977년부터 1979년까지 거의 2년에 걸쳐서 준비 모임을 한 한 끝에 1980년 5월 1일 목포 한산촌에서 여성공동체가 조직되었다.[313]

김윤은 이 준비모임에 적극 참여하였다. 이곳에서 이화여대 교수 이효재의 '여성의 사회적 역할', 스위스 바젤선교부(Basel Missionary Society) 헨린 선교사의 '여성운동과 공동체생활', 조화순 목사의 '한국 근로 여성실태와 노동운동의 방향' 등에 대한 강좌, 같은 여성회원인 한혜빈의 '여성억압'에 대한 발표와 토론 등을 통해 김윤의 여성주의적 인식은 더욱 확고해졌다고 할 수 있다.[314] 이에 대해 강기종은 다음과 같이 이야기했다.

> 원래는 그러니까 해방신학에다, 또 이효재 교수 알죠? 저 이화여대 원로. 이효재 교수의 그 여성학, 사회학, 이효재 교수가 끔찍이 아꼈지, 그런 쪽으로, 또 지금 오늘(2015) 수감된 한명숙 선생, 이런 동등하고 원래 말하자면 맥이 깊고,[315]

이러한 여성주의적 인식을 확고히 하면서 김윤은 여성공동체를 조직하기 위해 다른 회원들과 함께 '예수의 작은 자매회', '새벽의 집',

---

313 여성공동체의 성격과 특징에 대해서는 윤정란, 「1970년대-80년대 한국과 서독의 기독교 연대: 한국 디아코니아자매회를 중심으로」, 『역사문화연구』 73, 역사문화연구소, 2020, 3~27쪽 참조.

314 한국디아코니아자매회, 『한국디아코니아자매회: 역사와 섬김의 삶』, 한국신학연구소, 2005, 54~77쪽.

315 면담자 이선·강기종 구술, 앞의 글, 28쪽.

그리고 '프라도 수녀회' 등을 방문하였다. 이 중에서 두 곳은 여성들만의 신앙공동체였으며, '새벽의 집'은 여러 가족이 공동체 생활을 하는 곳이었다.[316] 이외에도 김윤은 경기도 벽제의 '처녀마을'을 방문하였다. 그녀는 그 공동체를 방문한 후 혈연관계의 가족 중심이 아닌 공동체적인 삶이 실현 가능하다고 보았다. 그 마을은 30대부터 여든이 넘은 노인에 이르기까지 함께 거주하면서 의식주를 공동으로 해결하는 수도공동체였다. 김윤은 고된 노동에도 불구하고 평화로운 모습을 보면서 그들의 평화는 어디에서 오는 지에 대해 고민을 했다. 그러면서도 분명 혈연관계의 가족이 아닌 대안적인 공동체의 삶이 실현될 수도 있다는 희망을 가졌다.[317]

이와 같은 여성공동체를 농촌지역에서 만들려고 하였다. 그 여성공동체는 단순히 생활공동체가 아닌 농촌지역에 뿌리내려 농촌을 변혁시키기 위한 조직이었다. 이를 위해 준비 모임에 열심히 참여하면서 여성농민운동을 모색하였다. 그것은 가톨릭농촌여성회의 활동을 통해 시작되었다.

가톨릭농촌여성회는 1976년부터 농촌여성들을 위한 세미나가 2회 개최된 이후 조직되었다. 1976년 처음 농촌여성지도자 상호간의 유대 강화, 농촌여성활동에 관한 정보교환, 농촌여성활동 모색 등을 위해 농촌여성들을 위한 제1차 세미나가 수원교구 후원으로 수원가톨릭농촌사회지도자교육원에서 개최되었다. 세미나의 교육 내용은 김현식 '농촌사회의 문제', 김주숙 '농촌개발과 여성의 참여', 정어진 '농가부

316 한국디아코니아자매회, 앞의 책, 2005, 75~77쪽.
317 위의 책, 257쪽.

업소개', 엄영애 '농촌부녀회 활동' 등이었다. 제2차 세미나는 1977년 1월에 개최되었다. 2차 세미나는 가톨릭농촌사회지도자교육원에서 주최하였으며, 발안 천주교회 교육원에서 이루어졌다. 제1부에서는 농촌여성의 실태를 분석하고, 2부에서는 활동방향으로 한국가톨릭농촌여성회를 창립하였다. 목적은 농촌여성의 지위향상과 농촌여성의 문제 해결 등이었다. 회장은 김영자, 부회장 박춘자, 총무는 엄영애 등이었다.[318]

김윤이 가톨릭농촌여성회에 참여하게 된 것은 아마도 여성공동체 준비모임에서 만난 안병무, 독일선교사 슈바이처, 파독간호사 출신의 김정란, 유아나다시아수녀 등에 의한 것으로 추정된다. 가톨릭농촌여성회 총무 엄영애가 독일 유학출신이었기 때문에 아마도 그러한 연계로 김윤이 가톨릭농촌여성회에서 활동했던 것으로 보인다. 엄영애는 서울가톨릭신학원을 졸업하고 독일 남부 바이에른주 농업실업학교와 바템뷔르템베르코주(Land Baden-Württemberg) 농촌사회봉사자 학교를 다녔다. 그 후 국제가톨릭농촌청년운동(MIJARC, Movement International de la Jeunesse Agricole et Rural Catoliqie)에 참여, 제7차 오타와 총회에서 '아시아평의회 조정자'로 피선되었다. 귀국하여 한국가톨릭농민회 상임이사와 한국가톨릭농촌여성회 총무를 맡았다.[319]

가톨릭농촌여성회에서 김윤은 농촌여성들 교육을 위해 『장벽을 깨뜨리고: 참여하는 발전을 위한 교육』을 출간하는데 주요한 역할을 하였

318 「오는 1일부터, 수원교구 후원으로 농촌여성지도자 세미나」, 『가톨릭신문』, 1976.8.22; 「가톨릭농촌지도원, 농촌여성세미나」, 『가톨릭신문』, 1977.1.23.
319 엄영애, 앞의 책, 저자소개 참조.

다. 이 교재는 인도 페미니스트 작가인 캄라 바신(Kamla Bhasin)의 Breaking Barries: A South Asian Experience of Training for Participatory Development를 번역한 것이었다. 이 보고서 번역을 김윤이 담당하였다. 이것은 유엔국제식량농업기구(Food and Agriculture Organization of the United Nations, FAO)의 기아해방캠페인/발전을 위한 행동(Freedom From Hunger Campaign/Action For Development(FFHC/AD)) 분과에서 주최한 '지역변화요원 훈련프로그램(Regional Change Agents Programme)' 보고서였다. 이 보고서에서 강조한 것은 지역사회가 개발되기 위해서는 주민참여적인 발전과정이 되어야 한다는 것이었다. 결국은 아시아 농촌의 근대화를 어떻게 이룰 수 있는 것인가에 대한 고민에서 나온 보고서였다.[320] 김윤은 이 보고서를 번역하면서 농민운동에서 가장 중요한 것이 무엇인지에 대해 배웠던 것으로 보인다. 그것은 직접 농민이 되어 자연스럽게 지역에서 뿌리내리는 길이었다.

그런데 김윤은 농촌에서 여성농민운동을 위한 여성공동체의 삶을 원했으나 뜻대로 되지 못하였다. 경찰의 주시를 받고 있었기 때문에 더 이상 활동을 함께 할 수 없었던 것이다. 그녀는 농촌에서 여성공동체를 위해 준비를 하면서 국제앰네스티 한국지부에서도 활동하였다. 여기에서의 활동이 문제가 되어 도피생활을 했다.

당시 김윤은 국제앰네스티 한국지부 간사로도 활동하고 있었다. 국제앰네스티 한국지부는 1970년 10월 캐나다 선교사 베일리스(Frederick M. Baylis), 윤현 목사, 서독 사회학자 게르하르트 브라이덴슈타인(Gerhard Breidenstein) 등 세 명이 김지하의 '오적 필화사건' 관

320 가톨릭농촌여성회 편역, 『장벽을 깨뜨리고: 참여하는 발전을 위한 교육』, 1980, 1~6쪽.

련자 구속 석방을 위한 캠페인 과정에서 서로 알게 되어 국제앰네스티 한국위원회를 창설하기로 합의하고 위원회 규약안을 작성하여 국제집행위원회의 인준을 신청하였다. 베일리스는 1962년 내한해서 1973년까지 활동하다 캐나다로 돌아간 선교사였다.[321] 브라이덴슈타인은 독일교회 해외봉사단(Dienst in Uebersee)의 일원으로 한국기독학생회총연맹(KSCF)의 초청으로 방한하였다. 연세대학교 신학대학원 교환교수로 재직하면서 KSCF 청년들을 대상으로 한 강연, 연세대학교 도시문제연구소의 도시빈민 실태 조사, 노동운동의 조직화와 의식화를 위한 교육활동, 도시산업선교의 이론적 기반 제공 등의 활동을 하다 1971년 귀국하였다.[322] 윤현 목사가 두 외국인과 관계를 맺게 된 것은 전술한 바와 같이 1970년 봄 『사상계』에 실린 김지하의 시 「오적」 때문이었다. 정부에서는 관련자 4명을 구속하였다. 이에 윤현은 구속자 구명운동에 나섰다. 그래서 당시 서울에서 개최되고 있던 펜클럽대회에 참석하기 위해 내한해서 충무로 대연각호텔에 묵고 있는 외국대표들을 찾아가 영문 전단지를 나누어주었다. 그 때 브라이덴슈타인과 세브란스병원 행정관이던 베일리스를 만났다. 당시 브라이덴슈타인은 엠네스티 회원이었다.[323] 1년 6개월 이상의 준비를 거쳐 1972년 3월 18일 발기인회가 개최되었으며, 10일 후인 28일 창립총회가 개최되었다. 이사장은 김재준, 전무이사 윤현, 이사 양수정, 민병

321 김승태·박혜진 엮음, 『내한선교사총람』, 한국기독교역사연구소, 1994, 17쪽.

322 채수일, 「"게어하르트 브라이덴슈타인 박사와의 대담" 세계화 윤리는 분권화·다양화」, 『기독교사상』 47-11, 대한기독교서회, 2003; 「대학의 민주화 '브라이덴슈타인' 박사 강연서」, 『중앙일보』, 1970.11.30.

323 박은경, 「인권운동 37년 외길 윤현 아시아인권센터 이사장」, 『신동아』, 2007.11.6.

훈, 한승헌 등이었다.[324]

국제앰네스티 한국지부는 1974년 민청학련 사건을 계기로 본격적인 활동을 시작했다. 앰네스티 각국 지부 회원들의 후원으로 정치범들과 양심수들의 영치금, 변호사비, 가족생활비 등을 지원하였다. 김윤도 아마도 이러한 과정에서 앰네스티 한국지부와 관계를 맺게 되었던 것으로 보인다. 국제앰네스티로부터 국내 정치범들을 위한 후원을 받으려면 정확한 자료 즉 공소장, 사건당사자와 가족들의 사진 등이 필요하였다. 그리고 이러한 자료를 국외로 보내려면 국제우편을 이용해야 하는데 정부의 감시로 쉬운 일이 아니었다. 그래서 천주교 메리놀수도회 미국인 신부들이 미국 군사우편(APO)을 이용해 당시 천주교 인천교구장이던 캘리포니아주의 맥노튼(McNaughton) 주교 집으로 보냈다. 그러면 주교의 어머니가 국제앰네스티로 보냈다. 이를 '메리놀커넥션'이라고 불렀다.[325]

민청학련 사건 관련자들을 위해 후원하던 국제앰네스티 한국지부에서 김윤은 처음에 주 1, 2회씩 자원봉사를 했다. 그러다 상근 간사로 활동하기 시작했다. 당시 사무국장이었던 이재오가 구속되면서 1979년 대리로 강기종이 근무하였다. 1980년 5월 17일 전두환 보안사령관 중심의 신군부는 정치 장악의 걸림돌이 되는 정치인들을 체포하고 비상계엄을 전국적으로 확대하였다. 이 때 국제앰네스티 전무이사 한승헌이 한밤중에 합수부 요원들에 의해 체포되었다. 강기종은

324 국제앰네스티 한국지부 30주년 기념사업회, 『한국 앰네스티 30년! 인권운동 30년』, 국제앰네스티 한국지부, 2002, 25쪽.

325 박은경, 앞의 글, 2017.11.6.

이틀 전에 이사한 탓에 체포를 면하였다. 김윤도 마찬가지였다. 두 사람은 각각 연세대와 서강대의 배후조종 혐의로 수배된 상태였다. 1년 동안 도피생활을 하면서 두 사람은 광주의 상황에 대한 모든 자료를 수집하고 사진과 함께 국제앰네스티에 보냈다. 김윤은 어머니, 강기종과 함께 천주교평신도회 여자수도회의 도움에 의해 삼선교에서 거주할 수 있었다. 어머니 김한림도 도피 생활을 하였다. 그녀는 1974년에 조직된 '구속자가족협의회'의 총무로 활동하면서 시국사건이 있을 때마다 참석하였다. 1980년에는 김재규 구명운동을 전개하다 현상금 1백만 원이 붙은 수배자가 되어 1년간 도피 생활을 했다. 1981년 5월 강기종과 김윤은 혐의 없음으로 처리되어 마포 경찰서에 출두하여 형식적인 사과를 받고 수배생활에 종지부를 찍었다.[326]

4. 1980년대 전북지역에서 여성농민운동가로서의 삶

김윤은 1981년 농촌과 농민을 변화시키기 위해 전북 순창에 정착하였다. 먼저 공동체를 조직해서 지역에 뿌리를 내리고자 하였다. 이곳에서 약 5년간 그녀는 다른 가족들과 공동체적인 삶을 살았다. 그녀는 한국사회가 민주화되지 못하고 분단된 상태가 지속되는 것은 혈연으로 묶인 가족 중심사회 때문이라고 보았다. 김윤의 그러한 인식은 다음 글을 통해 엿볼 수 있다.

---

326 정지아, 앞의 책, 155~159쪽; 국제앰네스티 한국지부 30주년 기념사업회, 앞의 책, 172~173쪽.

> 인간사회를 구성하는 가장 기본적인 단위가 가족이라고 한다. 그런데, 매일 한 지붕 아래서 함께 먹고 자고 겪어내는 보금자리가 바로 인간의 이기주의를 길러내는 온상으로 머물러 있다면, 오늘 우리가 애쓰고 있는 일들은 물거품이 되지 않을까, 미래에 대한 우리의 꿈은 그 실현가능성이 멀기만 하지 않을까 염려스럽다. 우리 모두가 염원하는 민주화와 민족통일은, 너와 나 사이에 존재하는 숱한 차이들을 서로 존중하고 사랑함으로써 마침내는 그것을 극복하게 되는, 이웃과 더불어 사는 삶과 관련이 있을 것이기 때문이다.[327]

그녀는 이기적인 인간을 만들어내는 곳이 바로 혈연관계의 가족이라고 보았고, 이는 공동체적인 삶을 통해 분명히 극복할 수 있다고 보았다. 그래서 김윤은 1981년 강기종과 결혼한 후 순창에서 뿌리를 내리기 위해 공동체적인 삶을 살았다.

전북으로 먼저 온 사람은 강기종이었다. 그는 대전 가톨릭농민회 본부의 소개로 전북 익산시에 소재하는 여산성당의 박창신 신부를 만났다. 여산은 충남과 전북을 연결하는 지역이었으며, 천주교의 전래가 다른 지역에 비해서 빨리 이루어진 곳이었다. 1868년 무인박해 당시 많은 신도들이 죽음을 당했던 지역이었다. 박창신 신부는 가톨릭농민회의 신문을 제작하면서 사회문제에 대해 깊은 관심을 가지기 시작하였다. 그는 1980년 가톨릭농민회 총무로부터 5·18에 대한 진상을 전해 들었다. 당시 광주를 탈출한 김현장이 전주교구에 와서 광주의 상황을 증언하였다. 이에 전주교구에서는 사제단회의를 긴급하게 개최하여 김현장이 작성한 유인물을 10만장 제작하여 5월 20일

327 로자벳 캔터(R. M. Kanter), 『공동체란 무엇인가』, 김윤 역, 심설당, 1983, 257쪽.

일부는 경상도에 보냈으며, 나머지는 전주시내와 충남 일대에 배포하였다. 전주교구는 교구에 속해 있는 모든 성당과 공소를 통해서 신자들에게 광주 상황을 알렸다. 박창신 신부는 5월 21일부터 15일 동안 여산성당에서 관할하는 6개의 공소를 돌며 광주의 참상을 알리는 강론을 하기 시작했다. 이 일로 박창신 신부는 괴한들에게 습격을 당해 하반신 마비로 5년 동안 고생하였다.[328]

강기종은 이러한 이력을 가진 박창신 신부를 소개받았다. 박창신 신부는 강기종에게 결혼을 한 후 농촌에 정착할 것을 권했다. 그래서 1981년 5월 9일 여산성당에서 김윤은 강기종과 결혼했다. 처음에는 고창에 정착하려고 했으나 적합한 곳을 찾지 못해서 순창으로 갔다. 서강대 철학과 출신으로 학생운동을 함께 했던 이효율과 함께 거주할 곳을 찾았다. 그런데 이효율 부인의 반대로 그는 이 프로젝트에서 빠지고 대신 문정숙을 소개하였다.[329]

문정숙은 전북대 학생운동 출신이었다. 대학교 2학년 때 같은 과 남학생의 권유로 한국기독학생회총연맹(KSCF) 전북지부에서 활동하기 시작했다. 이 단체에서 전라북도의 대학생(전북대, 원광대, 전주교대, 영생대, 기전여자전문대, 개정간호대학) 약 20여명 혹은 30여명과 함께 성경공부, 역사, 사회과학 공부, 농촌봉사활동 등을 함께 하면서 한국사회의 현실을 깊이 자각하기 시작했다. 1980년에 전북 여성운동가들의 모임인 '수정'을 조직하였다. 목적은 정부를 반대하는 운동을 하다

328 류외향, 「가톨릭의 힘이 지역의 역사가 된 여산성당」, 『웹진 민주주의』, 민주화운동기념사업회, 2008(검색: https://www.kdemo.or.kr/blog/location/post/23).

329 면담자 이선·강기종 구술, 앞의 글, 19~20쪽.

구속된 동료들을 뒷바라지하기 위한 것이었다. 그러다 인원이 늘어나면서 부문별 운동으로 나아갈 것을 결정하였다. 문정숙을 비롯한 주도 여성들은 대부분 농민운동을 선택했다. 문정숙은 1981년 가을 쯤에 김윤과 강기종 부부를 만났다.[330]

순창공동체에는 처음 김윤과 강기종 부부, 오은미와 최형권 부부, 최형권 동생 최홍권 가족, 문정숙 등 세 가족이 함께 살았다. 정착한 곳은 순창군 팔덕면 덕천리 용두촌의 임마누엘 동산이었다.[331] 마을에서 1킬로미터 쯤 떨어진 곳이었다. 1977년부터 준비했던 여성들만의 공동체보다는 가족과 가족간의 공동체적 삶을 지향하였다. 그리하여 순창에서 땅을 구입하여 세 가족 정도가 규약을 정해서 함께 살았다. 문정숙은 당시 상황을 다음과 같이 밝혔다.

> 그 때는 공동체라고 봐야 돼요. 그리고 그 때 규약이 여기서 사는 동안 5년 동안은 밖에 나가지 말자, 그런 규약이 있었어요. 왜 그러냐면 어려우니까, 생활비 뭐 조금, 한 2만원 갖고 살았는데 뭐. 나 들어갈 활동비도 없고, 박토라 소출이 없었어요.[332]

> 그 때는 돈은 같이 내는 걸로, 똑같이. 이제 강기종씨네 하고 나하고 똑 같이 돈 반반, 부담을 했죠. 부담을 하고 그 다음에 얘기한대로 어려우니까, 그리고 여기가 정착이 될 때까지는 밖에 외출은 삼간다.[333]

---

330 면담자 이선·문정숙 구술, 「1980-1990년대 전북지역 여성농민운동의 탄생과 성장」, 국사편찬위원회, 2017, 16~22쪽.

331 박찬숙, 「어느 원조귀농민의 30년 촌살이 보고서」, 『황해문화』 80, 새얼문화재단, 2013, 43쪽.

332 면담자 이선·문정숙 구술, 앞의 글, 23쪽.

333 앞의 글, 26쪽.

1년동안 경제공동체 생활을 하였으나 쉽지가 않았던 것 같다. 대신에 농사 품앗이만 하기로 결정하였다.[334] 문정숙은 공동체에 대해 더 배우기 위해 풀무원 농장인 한살뫼공동체에 가서 10개월 동안 지냈다. 그리고 나서 순창으로 다시 돌아왔다.[335]

이 시기에 김윤은 로자벳 캔터(Rosabeth M. Kanter)의 Commitment and Community: Communes and Utopia in Sociological Perspective를 번역해서 출간하였다. 이 책은 김윤이 고민했던 점, 즉 수도공동체인 '처녀마을'을 비롯하여 여러 공동체적인 삶이 어떻게 지속될 수 있었는지에 대한 해답을 찾기 위한 것이었다. 로자벳 캔터는 이 책에서 공동체가 지속되기 위해 필요한 헌신의 본질과 그 과정을 밝히기 위해 19세기 공동체들의 경험에 대해 사회학적으로 분석하였다.[336] 김윤도 이 책에서 설명하는 헌신에 대해 많은 고민을 했던 것으로 보인다.

1983년에 김윤의 어머니 김한림, 박찬숙과 이선형 부부 등이 왔다. 이곳에 있으면서 김윤은 학생운동 출신의 여성이 오면 진로를 함께 고민하면서 방향을 정해주기도 하였다. 예를 들어 전주대학교 학생운동 출신의 오정요가 찾아왔을 때 김윤은 농민운동을 하기 위해 여성 혼자 농촌에서 거주하는 것은 힘들기 때문에 탁아소운동을 권하였다. 오정요는 탁아운동을 하기 위해 태인, 무안의 디아코니아자매회를 찾아갔었던 것 같다. 그녀의 구술에서 '무안 보건소장'을 만났다고 하는 것을 보아 당시 무안의 보건소를 운영하던 여성은 한국디아코니아자

---

334 위의 글, 28쪽.

335 위의 글, 26쪽, 28쪽.

336 로자벳 캔터·김윤 역, 앞의 책.

매회의 김정란이었던 것 같다.[337]

임마누엘 동산에는 많은 외지인들이 왕래하였다. 그러다보니 마을 사람들은 의심의 눈으로 보기 시작했고 친밀해 질 수가 없었다. 임마누엘 공동체를 통해 농촌과 농민의 변화를 일으키기에는 한계가 있으며 마을로 들어가 지역민으로 뿌리내려야 가능한 것이 아닌가라고 모두 고민하기 시작했다. 또 이러한 고민을 하게 만든 결정적인 요인은 소몰이투쟁에 참여했던 가톨릭농민회 농민들이 강기종을 찾아와 조직의 운영을 요청했기 때문이었다.[338]

농민들의 소몰이투쟁은 1985년부터 시작되었다. 이 투쟁은 전두환 정권의 축산산업 장려에서 비롯되었다. 전두환 정권은 농어촌 소득증대 일환으로 축산산업을 권장하였다. 1981년부터 1984년까지 캐나다와 뉴질랜드에서 값이 저렴한 소를 수입한 후 전국 농가에 팔자 많은 농민들이 농협 빚을 내서 구입하였다. 그런데 갑자기 소가 늘어나자 소 가격이 많이 떨어졌다. 여기에 소를 구입한 농민들을 더 힘들게 했던 것은 정부에서 1982년부터 외국산 소고기 약 90만 마리를 수입한 것이었다. 가톨릭농민회에서는 '외국 농축산물 수입반대 및 소 값 피해 보상투쟁'을 전국적으로 전개하기로 결정하였다. 1985년 7월 1일부터 경남 고성 가톨릭농민회 두호분회에서 소몰이 시위를 시작하였다. 가톨릭농민회 전주교구연합회에서도 소몰이 시위에 동참하기로 결정한 이후 진안, 완주, 부안, 임실 등 전 지역으로 확산되었다.[339]

---

337 이선 면담·오정요 구술, 「1980-90년대 전북지역 여성운동조직의 형성과 전개과정: 전북민주여성회를 중심으로」, 국사편찬위원회, 2015, 13쪽; 한국디아코니아자매회에 대해서는 윤정란, 앞의 논문 참조.

338 박찬숙, 앞의 글, 43쪽; 면담자 이선·강기종 구술, 앞의 글, 25쪽.

김윤을 비롯한 공동체 구성원들도 이 투쟁에 참여하였다. 박찬숙과 이선형 부부도 암송아지 두 마리를 산 탓에 손해를 입었다. 그래서 이곳 젊은 농민들과 함께 만든 조직인 '황새바우회' 회원들 중 몇 명이 모였다. 그들은 순창농민에게 소값 폭락의 원인과 소몰이 싸움에 대해 홍보하기로 결의하고, 작은 유인물을 만들어 순창시장에 배포하였다.[340]

소몰이투쟁에서 전주교구연합회 교육국장 문규현 신부를 비롯한 농민회 회원들이 크게 부상을 당하면서 조직의 운영도 어려움에 처하게 되었다. 이에 농민회 회원들이 강기종을 찾아와서 조직을 맡아줄 것을 요청하였다. 강기종을 비롯한 순창공동체 구성원들은 이 문제와 관련해서 논의를 한 후 공동체를 나가기로 결정하였다.[341]

1986년 김윤과 강기종은 전북 완주군 구이면 평촌리로 이사를 하였다. 이후 김윤은 전북지역 여성농민운동을 모색하기 시작했고, 강기종은 전북지역 농민운동의 전면에 나섰다. 1986년 김윤은 전북지역에서 활동하던 문정숙, 김윤숙, 소정열, 양윤신, 이준희, 박찬숙 등과 함께 정기적인 학습모임을 가지면서 전북지역 여성농민운동을 어떻게 전개할지에 대해 고민하기 시작했다.

전북지역 여성농민운동을 고민하는 한편 한국가톨릭농민회 전북연합회 기관지『녹두벌의 함성』편집을 담당하였다.『녹두벌의 함성』

---

339 김정미 구술 정리, 「전국으로 번져간 가톨릭농민회의 '소몰이 투쟁'/문정현」, 『한겨레신문』, 2010년 11월 23일자.

340 박찬숙, 「어느 원조귀농민의 30년 촌살이 보고서」, 『황해문화』 80, 새얼문화재단, 2013, 45~46쪽.

341 면담자 이선·강기종 구술, 앞의 글, 25쪽.

은 1986년 9월 1일 처음 발행되었으며, 1989년 7호로 종간되었다.[342]

1987년 전북민주화운동협의회 여성분과는 대통령선거를 준비하기 위해 '여성유권자공동대책위원회'를 구성하였다. 여성분과에서는 1987년 12월 7일 '민주여성유권자대회 및 공정선거 여성감시인 교육'을 개최하였다. 여성분과 위원장이었던 박상희의 회고에 의하면 이 단체의 활동이 끝나면 여성운동단체를 조직하기로 결정했다고 한다. 그래서 1988년 2월 29일 전북민주여성회가 창립되었다.[343]

초대 회장은 박상희가 맡았다. 전북민주여성회의 강령은 "자주적 민주사회의 건설, 일하는 여성의 권리, 건강한 여성상 실천, 성폭력 근절, 여성의 비인간화 극복" 등이었다. 산하에는 여성농민분과, 여성노동분과, 전문직여성분과, 여성교육분과 등을 두었다.[344] 이 중에서 김윤을 중심으로 한 여성농민분과가 가장 활발하였다. 전북민주여성회가 결성되기 이전부터 간담회를 가지면서 여성농민운동의 전개에 대해 고민을 했다.

---

342 전북일보, 「여성농민운동 기틀 다진 김윤」, 『전북일보』, 2009.6.15.

343 「여성, 민주화 중심으로 우뚝 서다」, 『새전북신문』, 2007.2.12; 면담자 이선·박상희 구술, 「1980-90년대 전북지역 여성운동조직의 형성과 전개과정: 전북민주여성회를 중심으로」, 국사편찬위원회, 20쪽.

344 「여성, 민주화 중심으로 우뚝 서다」, 『새전북신문』, 2007년 2월 12일자. 전북민주여성회 산하 소모임들은 '전북여성농민회', '전북지역탁아소위원회', '전북여성노동자회', '전북여성의 전화', '일하는 여성들의 모임', '환경을 지키는 여성들의 모임', '전북여대생대표자협의회' 등으로 독자적인 단체로 발전하였다. 전북민주여성회는 1992년 발전적으로 해체할 것을 결의하고 7개의 여성단체를 중심으로 '전북여성운동연합건설준비위원회'를 조직하였다.

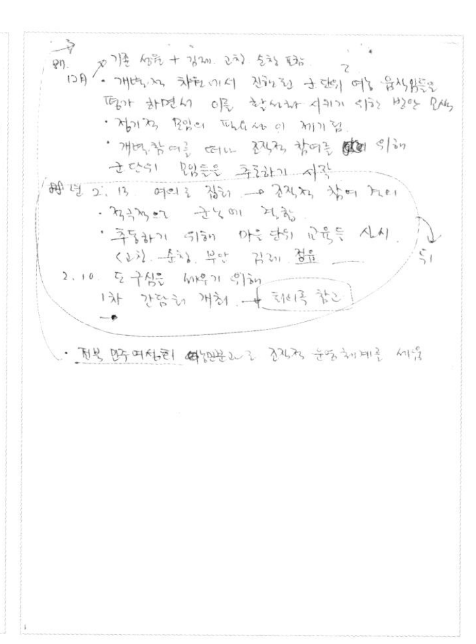

〈그림 1〉 전북민주여성회 농민분과 1988년 2월 10일 이전 간담회 상황[345]

전북민주여성회에서는 처음에 주로 현장에서 일어난 일들에 대해 서로 논의하고 해결책을 함께 고민하는 것이 주요한 활동이었다. 그러다 1989년 10월 전북 지역 여성들에게 여성주의적인 교육을 실시하기 위하여 '깨어있는 여성의 배움터'라는 여성학교 문을 열었다. 10월 12일부터 11월 9일까지 총 8개의 강좌로 구성하여 교육을 실시하였다.[346] 교육일정표는 다음과 같았다.

345 「전북도여농 1988년 2월 10일 1차 간담회 이전 상황」(등록번호:00964663, 민주화기념사업회 오픈 아카이브).

346 「여성학교 개설협조에 관한 건」(식별번호 F-A-0001453, 환경운동연합 소장).

〈표 1〉 전북민주여성회 여성학교 교육일정표[347]

일정	주제	강사
10. 12 목	평등한 삶의 새날을 향하여	박상희(전북민주여성회 회장)
10. 19 목	우리여성의 성 수난사	이강실(자녀사랑 어머니회 회원)
10. 20 금	여성, 그 성차별 문화속에서	이경자(KBS미니시리즈 '절반의 실패' 작가)
10. 26 목	여성과 가정	한명숙(한국여성민우회 부회장)
10. 27 금	여성의 역사	정현백(성균관대 교수)
11. 2 목	여성과 일	김윤(전국여성농민회 준비위 교육부장)
11. 3 금	여성운동의 어제와 오늘	이미경(한국여성단체연합 부회장)
11. 9 목	새로운 시작을 위해	전북민주여성회

위 〈표 1〉에서와 같이 김윤은 여성학교에서 '여성과 일'이라는 주제로 교육을 실시하였다. 당시 그는 전국여성농민회 준비위원회 교육부장으로서 활동하고 있었다.

당시 김윤은 정읍으로 거처를 옮긴 후였다. 이곳으로 온 것은 1988년 11월이었다. 김윤은 이 지역에 거주하면서 정읍여성농민회 조직을 주도하였다. 1989년 전북지역의 각 군에서는 여성농민회가 일제히 조직되기 시작했다. 고창군, 김제군, 남원군, 부안군, 순창군, 임실군, 정읍군 등이었다. 여성농민회가 각 군에서 조직될 수 있었던 것은 1989년 고추 투쟁으로 여성들의 참여가 증가하였기 때문이었다. 정읍여성농민회는 1987년에 조직된 가톨릭농민회 여성분회인 태양분회와 꿀벌분회가 기초가 되었다. 김윤은 이곳에 정착하면서 정읍여성농민회 조직의 확대에 힘썼다. 1989년 정읍농민회 총회 때, 남성농민들은 군

347 위의 문서.

농민회에 여성농민부를 설치하자고 주장했고, 김윤을 비롯한 여성농민들은 독자적인 여성농민회 조직을 원했다. 이에 김윤을 비롯한 여성농민 14명은 정읍여성농민회 회의를 개최하고 1989년 4월 7일 정읍군여성농민회준비위원회를 결성하였다. 심영선의 자택에서 1989년 10월 31일 정읍군여성농민회 회의가 개최되었다. 주요 참여자는 김윤을 비롯한 구형자, 김금엽, 김성숙, 김수경, 김정숙, 나영숙, 서옥례, 심영선, 심태순, 안경순, 오경미, 최순찬 등이었다.[348]

군단위의 여성농민회를 기반으로 전국여성농민회총연합이 결성되는데, 이러한 과정에서 김윤은 주요한 역할을 담당하였다. 여성농민운동가들은 전국여성농민회총연합을 결성하기 위해 1989년 3월 대전 가톨릭농민회관에서 첫 간담회를 개최하였다. 이 때 '전국여성농민조직활성화를 위한 위원회'가 구성되었다. 위원장, 위원들, 분과책임자와 분과위원 등을 선정하였는데, 김윤이 맡은 것은 교육분과책임자였다. 같은 해 8월에 제2차 여성농민활동가 간담회가 개최되었을 때 '전국여성농민위원회'를 만들기로 결정되었다. 준비위원장으로 김윤이 선출되었다. 약 4개월 후 12월 18일 대전 가톨릭농민회관에서 전국여성농민위원회가 결성되었다. 그동안 가톨릭여성농민회(이하 가여농)와 한국기독교농민회총연합 여성농민특별위원회(기농) 등의 주도로 여성농민운동이 전개되었으나 전국여성농민회위원회가 조직되자 가여농과 기농은 자연스럽게 활동을 끝냈다. 전국여성농민회위원회 결성대

348 엄영애, 『한국여성농민운동사: 농민생존권 위기와 여성농민의 조직적 토쟁』, 나무와 숲, 2007, 485~486쪽; 면담자 이선·심영선 구술, 「1980-1990년대 전북지역 여성농민운동의 탄생과 성장」, 국사편찬위원회, 2017, 24쪽.

회에서 김윤은 준비위원장으로 인사말을 하였다. 그녀는 여성농민 스스로 자신의 문제를 해결해야 한다는 것을 강조하였다.[349]

김윤은 1990년 여성농민을 위한 교재 『여성농민 위대한 어머니』를 출간하였다. '땅의 사람들'과 민족미술인협회 여성미술연구회 등과 함께 작업을 했다. '땅의 사람들'은 한국교회여성연합회와 가톨릭농촌여성회 등에서 활동했던 활동가들이 결성한 여성농민을 위한 모금위원회였다.[350]

이 책의 첫 페이지는 「농민가」라는 민중가요로부터 시작된다. 구성은 첫째 마당 여성농민, 나는 누구인가, 둘째 마당 지금 우리 사는 모습은?, 셋째 마당 우리를 괴롭히는 것은, 넷째 마당 행복한 사회, 다섯째 마당 어깨를 걸고 새 세상을 향하여 등이다. 이 책에서는 전국여성농민들에게 가사노동의 중요성, 가정과 마을에 헌신하는 여성농민의 자부심 고취, 한국사회에서 여성농민의 지위에 대한 고찰, 자녀교육, 마을탁아소 실시 등 여성농민들만이 겪는 어려움에 대해서 설명하고 있으며, 이를 바뀌기 위해서는 연대가 매우 중요하다는 것을 강조하였다. 그래서 다른 지역에서 여성농민들이 요구하여 개선된 정책을 실었다.

---

349 위의 책, 512~528쪽; 오미란, 「여성농민, 당당한 주체로 서다!」, 『한국농정』, 2019.1.6.

350 땅의 사람들·전국여성농민위원회 엮음, 민미협 여성미술연구회 그림, 『여성농민 위대한 어머니』, 형성사, 1990; 오미란, 위의 글 참조.

〈표 2〉『여성농민 위대한 어머니』에 실린 지역 사례[351]

지역	사례
경기도 화성군	자녀들을 위한 횡도보도설치와 버스배차 증가를 면과 군에 요구하는 서명운동을 전개한 결과 요구가 관철
전남 화순군 도암면 도장리 부녀회	새마을 부녀회가 마을 부녀들을 위한 부녀회로 거듭나면서 공동구판사업을 시작, 53명이 가입비로 1만원씩을 내고 생필품을 구입, 도박추방, 공정선거감시단, 수세폐지, 고추싸움 전개
	마을부녀회에서 명절 공동장보기 실천
경기도 여주군	여성농민들은 농번기 탁아소를 설치하기로 결정한 후 면에 요청해서 지원을 받고 마을회관을 이용하는 한편 보모도 모심
충남 아산군 음보연 쌍용부락	이 지역이 급식시범학교로 정해지면서 여성농민들이 자녀들의 식사를 걱정하지 않게 되었다는 것
전남 강진군	수세거부운동에 참여한 몇 명의 여성농민들이 더 많은 같은 지역 여성농민들과 함께 여성농민회준비위원회를 조직한 과정을 소개
전남 무안군 현경면 수양촌	고추투쟁을 전개해서 정부가 고추수매를 결정하도록 함

위 〈표 2〉와 같이 여러 지역의 여성농민들이 요구해서 성공시킨 개선 사례 외에 여성농민들이 함께 고민해야 할 정치 사회적인 문제들도 함께 실었다. 즉 농어촌의료보험의 문제, 농축산물수입개방 실태, 독재정권과 재벌 이야기, 미국과 연결된 정부와 재벌, 민족분단의 현실과 통일 등에 대한 것이었다.[352]

김윤은 1992년 이후 건강과 집안 사정으로 더 이상 활동하지 않았던 것 같다. 1992년 딸 김한이 다니던 거창 샛별초등학교 보조교사로 일하였다. 1997년 말 뇌일혈로 쓰러져 전신이 마비된 그녀는 “방송통신대에

---

351 앞의 책.

352 위의 책, 64~65쪽, 109~111쪽, 138쪽, 143~144쪽, 192~193쪽.

서 법학을 공부해 사법시험에 합격하면 장애인들을 돕겠다"고 꿈을 키우다 2004년 2월 전주 평화동 자택에서 51세로 세상을 떠났다.[353]

5. 결론

지금까지 1980년대 여성농민운동가로 삶을 살았던 김윤의 생애에 대해 세 부분으로 구분해서 살펴보았다. 첫째는 정치사회운동 참여 배경, 둘째는 민청학련 사건에 대한 연루와 여성농민운동의 모색 과정, 셋째는 전북지역에서 여성농민운동가로서의 삶 등이었다. 연구결과를 요약 정리하면 다음과 같다.

김윤이 정치사회문제에 대한 의식을 형성하게 된 가장 중요한 요인은 가족적인 배경에 있었다. 그녀는 시인, 수필가, 번역작가로 유명한 김소운과 1970년대 '민주화의 대모'로 불리던 김한림 사이에서 1남 2녀 중 막내로 마산에서 출생하였다. 김윤에게 가장 큰 영향을 미친 것은 어머니 김한림이었다. 그리고 언니 김영과 형부 사와 마사히코 등이었다. 김한림은 동래일신여학교를 졸업하고 일본에서 유학을 한 지식인 여성이었다. 귀국 후 일신여학교, 서울 동덕여학교, 평북 영변 숭덕학교 등에서 교편생활을 하였다. 광복이 되던 해 김소운과 결혼했다. 1955년 자녀들의 교육을 위해 1955년 서울로 이주했으며, 이후 풍문여고, 서울대학교 사대부고, 그리고 무학여고 등에서 학생들을

353 면담자 이선·강기종 구술, 앞의 글, 42~48쪽; 「김한림 선생 3대의 수난사」, 『한겨레』, 2011.12.12.

가르쳤다. 김한림은 신문에 자신의 주장을 밝히는 글을 싣거나 직접 정치사회운동에 참여하였다. 언니 김영도 또한 서울여자대학교에서 학생들과 함께 불의에 항의하다가 퇴학 처분을 받았다. 형부 사와 마사히코는 1960년대 반전운동의 영향하에서 대학교를 다니다 재일한국인의 존재에 대해 알기 시작했다. 그러면서 한국으로 유학을 왔다가 김영을 만나 결혼했다. 그는 한국의 정치문제에 대해 관심을 많이 가졌으며, 1970년대 한일기독교교류에 앞장섰다. 이러한 가족적인 분위기에서 성장한 김윤은 자연스럽게 정치사회문제에 많은 관심을 가질 수 밖에 없었던 것이다.

김윤은 1970년대 초 서강대 학생운동을 주도하다 1974년 민청학련 사건이 발생하자 관련자로서 구속되었다. 구속된 학생들 중 유일한 여학생이었다. 1975년 석방된 후 다시 「제3호 자유서강」이라는 유인물을 학생들에게 배포했다가 구속되었다. 1977년 출옥한 다음 김윤은 여성주의적 정체성을 확고하게 형성함과 동시에 여성농민운동을 고민하기 시작했다. 그것은 여성공동체의 준비 모임 참가와 가톨릭농촌여성회와 만나면서 이루어졌다. 약 2년간의 준비를 한 끝에 농촌에 정착하려고 했다. 그러나 국제엠내스티 한국지부 활동으로 1980년 5·18 관련자로 현상 수배되었기 때문에 1년간 도피생활을 해야 했다. 그래서 여성공동체에는 합류하지 못했다.

그 후 무혐의로 처리되자 농민운동가 강기종과 결혼하여 농민으로 뿌리내리기 위해 전북 순창에서 공동체적인 삶을 살기 시작했다. 약 5년간 이와 같은 삶을 살다 1986년 전북 완주군 구이읍으로 이주하면서 여성농민운동에 적극 참여하였다. 김윤은 남편이 활동하던 가톨릭농민회의 기관지 『녹두벌의 함성』의 편집을 담당하고 여성농민단체를 조직하기 위해 많은 노력을 기울였다. 전북지역에서 활동하던 여성활동가들과 모임을 가지면서 전북민주여성회를 결성하였다. 이를 토대로 정읍여성농민회, 전북여성농민회준비위원회, 나아가 전국여성농민회 등을 결성하는데 주도적인 역할을 하였다. 김윤은 여성농민의 교육을 위한 교재 『여성농민 위대한 어머니』를 출간하였다. 그녀는 전국적인 여성농민단체가 결성되는데 주요한 역할을 하였으나, 투병생활로 더 이상 활동할 수 없었다. 2004년 그녀는 51세의 나이로 세상을 떠났다.

참고문헌

제1부 냉전과 종교

제1장 제2차 세계대전 이후 에큐메니즘 확산과 미국교회, 동아시아 '자유 모럴' 구축

J. C. 베넷 저, 『共産主義와 基督教』, 김재준 역, 선경도서출판사, 1949.
M. M. 토마스, 『아시아 혁명과 기독교』, 이장식 역, 대한기독교서회, 1978.
강인철, 『시민종교의 탄생-식민성과 전쟁의 상흔』, 성균관대출판부, 2018.
고지수, 『김재준과 개신교 민주화운동의 기원』, 선인, 2016.
김흥수 엮음, 『WCC 도서관 소장 한국교회사 자료집: 한국전쟁편』, 한국기독교역사연구소, 2003.
김흥수, 「한국전쟁 시기 기독교 외원단체의 구호활동」, 『한국기독교와 역사』 23, 2005.
______, 「한국전쟁과 세계교회협의회, 1950~1953」, 『한국기독교와 역사』 14, 2001.
노치준, 「한국전쟁이 한국교회의 성격에 미친 영향」, 『기독교사상』 438, 1995.
리챠드 쇼, 『革命과의 對決』, 김천배 역, 대한기독교서회, 1963.
마크 A. 놀 지음, 『미국·캐나다 기독교 역사』, 최재건 옮김, CLC, 2005.
박형룡, 「근본주의」, 『신학지남』 119, 1960.
안재웅, 「아시아기독교협의회(CCA)와 한국교회」, 『기독교사상』 696, 2016.
윤정란, 「한국전쟁 구호물자와 서북출신 월남기독교인들의 세력화」, 『숭실사학』 34, 2015.
______, 『한국전쟁과 기독교』, 한울, 2015.
이병성, 「밥 피어스(Bob Pierce) 선교사의 한국전쟁에 대한 인식」, 『종교와 사회』 9, 2021.

장금현, 「외원단체 연합회의 설립과정과 특성」, 『대학과선교』 48, 2021.
정규오, 『신학적 입장에서 본 한국장로교회사교회사』(上), 한국복음문서협회, 1983.
정병준, 「권세열 선교사의 생애와 한국교회에 남긴 공헌」, 『한국기독교와 역사』 55, 2021.
______, 「세계교회협의회(WCC)를 향한 비판의 근거에 대한 고찰」, 『서울장신논단』 21, 2013.
정태식, 『거룩한 제국: 아메리카·종교·국가주의』, 페이퍼로드, 2015.
존 피츠미어 지음, 『미국장로교회사』, 한성진 옮김, CLC, 2004.
탁지일, 「북미교회의 한국전쟁 이해: 미국장로교회와 캐나다연합교회를 중심으로」, 『한국기독교와 역사』 39, 2013.
한강희, 「토모혼에서 자카르타까지: 21세기 아시아기독교협의회 선교 신학의 주제와 이슈」, 『선교와 신학』 38, 2016.
Bob Pierce(as told to Ken Anderson), The Untold Korea Story, Michigan: Zondervan Pub, 1951.
Dianne Kirby, Religion and the Cold War, London: Palgrave Macmillan, 2002.
Edited by W.A. Visser' T Hooft, The First Assembly of the World Council of Churches, SCM Press Ltd. 1949.
Federal Council of The Churches of Christ in America, Message and Findings, the National Study Conference on the Churches and World Order, Ohio Cleveland, March 8-11, 1949.
Rajah B. Manikam edis., Christianity and the Asian Revolution, NY, 1954.
The Central Committee of the World Council of Churches, Minutes and Reports of the Fifth Meeting of the Central Committee of the World Council of Churches, Lucknow(India), Dec. 31, 1952-Jan 8, 1953.
The Executive committee of FCC, The Churches and American Policy in the Far East, Dec 6, 1949.
the Department of the International Justice and Goodwill of the Federal Council of the Churches of Christ in America, Message and Findings, the third national study. conference on the churches and world order, March 8-11, 1949.
the Department of the International Justice and Goodwill of the Federal Council of the Churches of Christ in America, Report of the Fourth National Study Conference on the Churches and World Order, Cleveland, Ohio October

27-30, 1953.
The East Asia Christian Conference, The Church in East Asia, December 3-11, 1949.
William Inboden, Religion and American Foreign Policy, 1945-1960, London: Cambridge University, 2008.

제2장 한국과 서독의 기독교연대: 한국 디아코니아자매회를 중심으로

강원룡, 『역사의 언덕에서 3』, 한길사, 2003.
김명수, 『안병무: 시대와 민중의 증언자』, 살림출판사, 2006.
김승태·박혜진 엮음, 『내한선교사총람』, 한국기독교역사연구소, 1994.
김영선, 「한국여성학 제도화의 전사기(1960-70년대)」, 『현상과 인식』 37-3, 2013.
김정란 인터뷰(전남 무안군 자매회 모원, 2018. 6. 19).
______, 「농촌지역의 보건의료 현장에서: 성내리 보건진료소 보건진료원의 활동사례」, 대한간호협회출판부, 1992.
목포세무서 직세과, 「법인세적관련서철」(자료번호 BA0209452, 1985).
무안군청, 「사회복지법인 한국디아코니아 및 디아코니아노인요양원 이사회회의록 공개」(2018. 3. 30).
백용기, 「한국디아코니아자매회의 사회봉사신학」, 『신학사상』 132, 2006.
______, 『한국디아코니아자매회의 역사와 영성신학』, 한국디아코니아자매회, 2005.
송기득, 「다석 유영모 선생과 '언님'의 호칭」, 『기독교사상』 681, 2015.
신홍범 정리, 『나의 믿음은 길 위에 있다: 박형규 회고록』, 창비, 2010.
"여성농민 기틀 다진 김윤", 『전북일보』, 2009. 6. 15.
윤정란, 「세계교회협의회(WCC)의 제3세계 자유반공주의 전략과 한국 민중신학의 태동: 1950년대-1970년대」, 『역사학보』 236, 2017.
______, 『한국전쟁과 기독교』, 한울 아카데미, 2015.
이명석, 「삼자간 에큐메니칼 선교협력 연구: 영등포노회 한국·독일·가나 교회 협력선교를 중심으로」, 장로회신학교 석사학위논문, 2012.
이용필, 「목사들이여 하나님 놀이를 멈춰라」, 『뉴스앤조이』, 2017. 9. 2.
편집부, 「세계기독교뉴스」, 『기독교사상』 14-12, 1970.
한운석, 「냉전시대 한독 에큐메니칼 협력: 1970년대와 80년대 독일교회의 한국 민주화운동에 대한 지원을 중심으로」, 『한독관계사 준비모임 발표문』, 2018.

허승우, 「독일, 독일교회 그리고 재독한인교회: 유럽 재복음화 관점에서 바라본 독일기독교회와 재독한인교회의 현재와 미래」, 『선교와 신학』 33, 2014.
홍주민, 「사회적 문제에 대한 응답으로서의 디아코니아운동: 여성적 디아코니아 운동을 중심으로」, 『신학사상』 129, 2005.
Dorothea Schweizer, Rundbrief Nr.5, Anfang März, 1979.
Detlef Junker. ed.,The united states and Germany in the Era of Cold War: 1968-1990, Vol.2, New York, 2013.
Michael E. Latham. The Right Kind of Revolution, New York, 2011.
Ursula King ed., Feminist Theology from the Third World: A Reader, Oregon, 1994).
Young-sun Hong, Cold War German, the Third World, and the Global Humanitarian Regime, New York, 2015.

제3장 1960~1970년대 한국가톨릭노동운동의 국제적 연대와 발전 : 한국가톨릭노동청년회(JOC)를 중심으로

『경향신문』.
『가톨릭시보』.
『가톨릭신문』.
「가톨릭청년노동자협회 결성」, 『경향잡지』 51-1, 1959.
「국제가톨릭뉴스」, 『경향잡지』 52-4, 1960.
「제5차 JOC 국제평의회 참가 귀국보고」, 『노동청년』 76, 1975.
「1978년도 전국평의회 전국본부 보고서」 (검색: https://archives.kdemo.or.kr).
「1978년도 전국평의회 회의일정 및 각종 첨부문서」 (검색: https://archives.kdemo.or.kr).
「노동조합의 건설과 활동은 인간의 기본권: 교권수호기도회 김수환 추기경 강론요지(명동성당)」 (검색: https://archives.kdemo.or.kr).
「당신은 알고계십니까? 가톨릭 노동 청년회(JOC)를...」 (검색: https://archives.kdemo.or.kr).
「발전하는 조국의 모습을 우리 눈으로」, 『노동청년』 77, 1975.
「세계기독교뉴스」, 『기독교사상』 117, 1968.
「세계기독교뉴스」, 『기독교사상』 119, 1968.

손유진, 「관찰과 판단 그리고 실천: 가톨릭노동청년회의 교육」(검색: https://archives.kdemo.or.kr).
「유물론적 공산주의를 이기는 길: 사회정의를 위한 기도회 취지'‚ 『경향잡지』 69-9, 1977.
「제6차 전국평의회(1966년도)」(검색: https://archives.kdemo.or.kr).
강신모, 「한국 JOC의 위기와 방향모색」, 『가톨릭사회과학연구』 11-1, 1999.
고 마태오, 『영원의 방랑객』, 가톨릭출판사, 1984.
김마리아, 「한국 가톨릭청년회(J.O.C)의 설립과 초기 활동」, 인하대학교 교육대학원 석사학위논문, 2016.
김상숙, 「가톨릭노동운동의 재평가를 통한 현 노동운동의 대안모색」, 『기억과 전망』 29, 2013.
김원, 「1970년대 가톨릭노동청년회와 노동운동」, 『1970년대 민중운동 연구』, 민주화운동기념사업회, 2005.
김정옥, 「국제가톨릭형제회(A.F.I)의 활동」, 『한국가톨릭 문화활동과 교회사: 성농 최석우 신부 고희기념』, 한국교회사연구소, 1991.
박명자 구술, 6.25전쟁납북인사가족협의회 (검색: http://www.kwafu.org).
백병근, 「일제시기 서출지역 천주교 신자 단체 연구」, 『교회사연구』 32, 2009.
신현도, 「제5차 국제평의회 참관기」, 『경향잡지』 1289, 1975.
윤정란, 「1960년대 중반-1980년대 한국가톨릭농민운동의 발전과 독일여성 마리아 사일러의 역할」, 『한국민족운동사연구』 114, 2023.
이근창, 「노동헌장 정신에 비추어 본 강화도 가톨릭 노동청년회 사건에 관한 연구」, 인하대학교 대학원 석사논문, 1993.
이영훈, 「한국가톨릭노동운동의 이념과 갈등」, 부산대학교 대학원 석사학위논문, 2017.
이해남, 「제1차 평신도 사도직 아시아대회 보고서」, 『경향잡지』 48, 1956.
______, 「제2차 세계평신도 사도직대회 보고서」, 『경향잡지』 50-2, 1958.
이해남박사화갑기념 사학논총편집위원회, 『이해남박사 화갑기념 사학논총』, 일조각, 1970.
정병조, 「'까르탱 사상'과 한국 J.O.C 연구」, 가톨릭대학 대학원 석사학위논문, 1988.
천주교 서울대교구 노동사목위원회, 『서울대교구 노동사목 50년사』, 가톨릭출판사, 2008.
편집부, 「어두운 시대의 심부름꾼이었던 '평신도 사도들': 국제가톨릭형제회 윤순녀 수산나」, 『가톨릭평론』 33, 2021.
한국 JOC본부 편저, 『JOC 해설』, 가톨릭청년사, 1960.
한국가톨릭노동청년회, 『한국가톨릭노동청년회 25년사』, 분도출판사, 1986.
한상욱, 「한국 가톨릭 노동운동연구(1958-95): 자율적 공간의 생성과 소멸을 중심으로」, 성공회대학교 일반대학원, 2017.

제4장 한국가톨릭농민운동의 발전과 독일여성 마리아 사일러의 역할, 1960~1980년대: 국제기독교기구의 개발 원조를 통한 관계망 구축과 확대를 중심으로

한국가톨릭농민회, 「1973년도 예산집행 실적표」(오픈아카이브 소장, 등록번호: 00220286).
________, 「1978년 상반기 감사보고서」, 1978.6.29.(오픈아카이브 소장, 등록번호: 00391291).
________, 「1979년 상반기 결산서」, 1979(오픈아카이브 소장, 등록번호: 00391265).
________, 「1980년 상반기 결산보고서」, 1980(오픈아카이브 소장, 등록번호: 00391187).
________, 「1985년도 상반기 결산보고서」(오픈아카이브 소장, 등록정보: 00219728).
________, 「APHD(일반) 한국가톨릭농민회와 APHD간의 편지철」, 1983(오픈아카이브 소장, 등록번호: 00209522).
________, 「APHD가 한국가톨릭농민회 충북연합회에 보내는 재정지원에 관한 수발신문서」, 1981.6.15(오픈아카이브 소장, 등록번호: 00209372).
________, 「Application Formation Courses for Farmers and for Priests in Rural Areas[수신: APHD, 발신: 광주대주교]」 1981.1.12(오픈아카이브 소장, 등록번호: 00209381).
________, 「Application Support of Activities of the KCFM in the Diocese of Chonju」, 1979(오픈아카이브 소장, 등록번호: 00209399).
________, 「CEBEMO의 Hartoungh가 한국가톨릭농민회 최병욱에 보내는 project presentation 제출 안내에 관한 수발신문서」, 1976. 11. 11(오픈아카이브 소장, 등록번호: 00209490).

______________, 「Christian Aid의 Hawkes가 한국가톨릭농민회 Maria Sailer에 보내는 송금안내에 관한 수발신문서」, 1979. 6. 1(오픈아카이브 소장, 등록번호: 00209497).

______________, 「Christian Aid의 Hawkes가 한국가톨릭농민회 Maria Sailer에 보내는 송금안내에 관한 수발신문서」, 1979. 6. 1(오픈아카이브 소장, 등록번호: 00209497).

______________, 「Christian Aid의 Hawke가 MIJARC의 Diniel Fernado에 보내는 Community Development Project of the Catholic Farmers Movement in Korea 송금 안내에 관한 수발신 문서」, 1978(오픈아카이브 소장, 등록번호: 00209501).

______________, 「가톨릭농민회의 기원과 활동」(오픈아카이브 소장, 등록번호: 00307626).

______________, 「국제연대운동」(오픈아카이브 소장, 등록번호: 00220286).

______________, 「보고서: 독일가톨릭 해외원조기구 MISEROR 소개 및 한국책임자 Schröttle 방한 결과보고」, 1978, 1쪽(오픈아카이브 소장, 등록번호: 00217713).

______________, 「수입예산대 실적표(1973.1.1.-1973.12.31)」(오픈아카이브 소장, 등록번호: 00324386)

______________, 「임시 이사회 회순」, 1974.11.16-17(오픈아카이브 소장, 등록번호: 00220286).

______________, 「이사회자료: 74년도 예산안」, 1974(오픈아카이브, 등록번호: 00324441).

______________, 「이사회자료: 75년도 예산안(신청)」, 1975(오픈아카이브 소장, 등록번호: 0032444).

______________, 「전남연합회 APHD 신청서」(오픈아카이브 소장, 등록번호: 00316187).

______________, 「한국가톨릭농민회 1972년도 활동 보고」, 1972(오픈아카이브 소장, 등록번호: 00222205).

______________, 「한국가톨릭농민회 1977년 결산서」, 1977.12(오픈아카이브 소장, 등록번호: 00391372).

______________, 「한국가톨릭농민회 충북연합회장 류사혁이 APHD에 보내는 활동보고서 동봉과 재정지원을 요청하는 수발신문서」, 1982.7.15(오픈아카이브 소장, 등록번호: 00209366).

한국가톨릭농촌청년회, 「한국 JAC운동 보고(64.10-68.11)」, 1968.11(오픈아카이브 소장, 등록번호: 00479101).

한국교회여성연합회, 「국제세미나 일정과 참가신청, 홍보에 관한 내용(Ms. Fiona Thomas, Christian Aid, England)」, 1988.1.14.(오픈아카이브 소장, 등록번호: 00011109).

한국기독교사회문제연구원, 「88년 Christian Aid(United Kingdom) 수발신문서」, 1988(민주화운동기념사업회 오픈아카이브 소장, 등록번호: 00845578).

「독일여성한마리아, 한국농촌운동에 바친 삶」, 『가톨릭뉴스 지금 여기』, 2020. 1.9.

「마리아 싸일러 선생」, 『농촌청년』 4, 1968.

「발전에로의 도전: 국제 JAC 세미나」, 『농촌청년』 9, 1969.

「세계기독교뉴스」, 『기독교사상』 117, 1968.

「세계기독교뉴스」, 『기독교사상』 119, 1968.

「소작농은 보호받을 수 없나?」, 『가톨릭신문』, 1974.12.15.

「시대를 앞서갔으나 미완으로 끝난 가톨릭 여성농민운동: 한국가톨릭농촌여성회 초대 총무 엄영애」, 『가톨릭평론』 28, 2020.

「한국 주교단 공동선언: 우리의 사회신조」, 1967.

「헬렌은 한국에서 무엇을 하고 갔나?」, 『농촌청년』 5, 1969.

근·현대 100년 속의 가톨릭교회(하)이석진 구술, 「한국가톨릭농민회의 창시자 이석진(그레고리오) 신부의 활동과 지향」, 국사편찬위원회 소장.

김소남, 「1960-80년대 원주지역의 민간주도 협동조합운동 연구: 부락개발, 신협, 생명운동」, 연세대학교 대학원 박사학위논문, 2014.

______, 「1970년대 원주지역 재해대책사업위원회의 농촌신협운동 연구」, 『동방학지』 166, 2014.

______, 「1970년대 원주지역 재해대책사업위원회의 원주원성수해복구사업 연구」, 『사학연구』 104, 2011.

김수태, 「안동교구의 농민사목과 가톨릭농민회」, 『영남학』 69, 2019.

김영선, 「1960-70년대 여성운동의 국제화와 한국여성단체협의회의 활동」, 『현상과 인식』 36-4, 한국인문사회과학회, 2012.

김종헌, 「경북지역 농민운동사연구, 1976-1994: 안동가톨릭농민회 활동을 중심으로」, 경북대학교 대학원 석사학위논문, 1996.

김찬수, 「한국농촌운동에 바친 30년의 삶: 고 한 마리아 선생을 추모하며」, 『무위당 장일순』, 2020.4.2.

김태일, 「1970년대 가톨릭농민회와 농민운동」, 『1970년대 민중운동 연구』, 민주화운동기념사업회, 2005.
나혜심, 「독일의 대한개발원조사 연구: 미제레오를 중심으로」, 『독일연구』 35, 2017.
문태운, 「서독 좌경세력의 전개과정: 1965년 이후 학생운동을 중심으로」, 『법정논총』 10, 1988.
박경연, 「1970년대 가톨릭농민회의 농촌현실인식과 성격: 『농촌청년』을 중심으로」, 『역사와 경계』 121, 2021.
방성찬, 「1960-70년대 원주교구의 지역신협운동: 진광 협동교육연구소와 진광신협의 활동을 중심으로」, 강릉원주대학교 석사학위논문, 2017.
유홍렬, 「소데빡스(Sodepax)란 무엇인가」, 『경향잡지』 1238, 1971.
윤수종, 「함평고구마피해보상투쟁과 전개과정」, 『민주주의와 인권』 21-2, 2021.
이대열, 「농민운동의 조직 및 활동에 관한 분석적 고찰: 1970년대 이후 예산, 홍성, 당진군의 사례를 중심으로」, 공주대학교 대학원 석사학위논문, 1997.
이영빈·김순환 지음, 『경계선』, 신앙과 지성사, 1996.
전민경, 「1960-70년대 파독간호사·광부들의 이주와 정착 연구」, 성공회대 박사학위논문, 2022.
정호기, 「농민정체성의 형성과 운동조직의 전환: 1970-80년대 전라남도 강진군을 중심으로」, 『지방사와 지방문화』 24-1, 2021.
한국가톨릭농민회, 『한국가톨릭농민회 30년사, 1966-1996』, 1996.
한국가톨릭농촌청년회 박주응 강술, 「지역사회개발원리」, 1969.
한국천주교주교단, 「사회정의와 노동자 권익 옹호를 위한 성명서」, 1968.
________________, 「우리의 사회신조」, 1967.
한마리아, 「세계 교육 세미나에 다녀와서」, 『농촌청년』 12, 1970.
Mariln W. Richards, *European Funding Resources for Women in Development Projects*, New TransCentury Foundation, 1980, p.66.
Young-sun Hong, *Cold War Germany, the Thrid World, and the Global Humnanitarian Regime*, Cambridge: Cambridge University Press, 2015.
김찬수, 「한국농촌운동에 바친 30년의 삶: 고 한 마리아 선생을 추모하며」 (검색: http://www.muwidang.org/board/board.php?b_id=plan&cmd=view&num=10).
독일 기독교 원조기금체계(https://www.ngo-monitor.org/reports/germanys-

development-cooperation-system-the-need-for-greater-transparency-and-accountability).
민주화운동기념사업회 오픈아카이브(https://archives.kdemo.or.kr/main).

제2부 냉전과 인권

제5장 포드정부기 미 의회 한국 인권문제 논쟁과 냉전자유주의, 1974~1975

The New York Times, New York Times Magazine.
『Fact Sheet』(Monday Night Group).
『Congressional Record』(July 20, 1973).
『Congressional Record』(Oct. 2, 1974).
『Congressional Record』(Dec. 11, 1974)..
『Congressional Record』(Dec. 17, 1974)
『Congressional Record』(July 15, 1974).

[국사편찬위원회 전자도서관 국외자료]
(B3) Vietnam and Korea: Human Rights and U. S. Assistance -A Study of Mission Report of the Committee on Foreign Affairs, U.S. House of Representatives, 94th Congress 1st Session Feb.9 1975.
(B5 2)Human Rights in South Korea: Implications for U.S. Policy, Hearings before the Subcommittee on Asian and Pacific Affairs and on International Organizations and Movement, of the Committee on Foreign Affairs House of Representatives, Ninety-Third Congress.
NCCUSA, "Resolution on Human Rights and United States Foreign Aid," October 13, 1974, RG 59 General Records of the Department of State, Office of the Deputy Secretary. Office of the Coordinator for Humanitarian Affairs. Human Rights Subject Files, 1975. Box3.
"Minutes of the Twenty-Seventh Meeting," World Council of Churches Central Committee, Berlin(West), 11-18 August 1974, RG 59 General Records of the

Department of State, Office of the Deputy Secretary. Office of the Coordinator for Humanitarian Affairs. Human Rights Subject Files, 1975. Box3.
"Human Rights in Korea," Testimony of Robert S. Ingersoll, House Foreign Affairs Committee, June 13, 1974, RG 59 General Records of the Department of State, Office of the Deputy Secretary. Office of the Coordinator for Humanitarian Affairs. Human Rights Subject Files, 1975. Box3.
"Executive Branch Action on Section 32," Testimony of Robert S. Ingersoll (Assistant Secretary of State for East Asia and Pacific) in House Foreign Affairs Committee, June 13, 1974, RG 59 General Records of the Department of State, Office of the Deputy Secretary. Office of the Coordinator for Humanitarian Affairs. Human Rights Subject Files, 1975. Box3.
Selected Historical Materials in the Gerald R. Ford Library Relating to Korea: National Security Adviser Files, 1974-1978.
Statement of Senator James Abourezk Before the Senate Foreign Relations Committee, July 24, 1974, 『한국관련 미국의회 기록』(CDM006_01_ 00C0189).
고지수, 「1976년 3·1민주구국선언의 '사건화'와 반(反) 유신」, 『역사연구』 37, 2019.
국회도서관입법조사국, 『美國議會議員略曆-제94회 聯邦議會』, 1975.
권용립, 『미국 대외정책사』, 민음사, 1997.
김봉중, 「전환기 미국외교와 카터 인권외교 등장」, 『미국사연구』17, 2003.
데이비드 D. 뉴섬 편, 『미국의 人權外交』, 金桂洙 역, 탐구당, 1984.
데이비드 포사이드(David Forsythe) 지음, 『인권과 국제정치』, 최의철 역, 백산자료원, 2003.
랜디 라이스(Randy Rice), 「고립에서 연대로」, 『시대를 지킨 양심』, 민주화운동기념사업회, 2007.
박원곤, 「카터의 인권외교와 한미관계: 충돌, 변형, 조정」, 『역사비평』 129, 2019.
박찬표, 『한국의 국가형성과 민주주의: 냉전 자유주의와 보수적 민주주의의 기원』, 후마니타스, 2007.
서울대학교 국제문제연구소 편, 『글로벌 냉전의 지역적 특성』, 사회평론, 2015.
신욱희·권헌익 엮음, 『글로벌 냉전과 동아시아』, 서울대학교출판문화원, 2019.
안소니 아블라스터(Anthony Arblaster) 지음, 『서구 자유주의의 융성과 쇠퇴』, 조기제 옮김, 나남, 2007.

양정윤, 「미국연방의회와 대통령간의 예산안에 대한 갈등」, 『헌법연구』 4-1, 2017.
엄정식, 「닉슨-포드 행정부 시기 대한군사원조 변화와 박정희 정부의 대응」, 『한국군사학논집』 69, 2013.
오영달, 『인권의 정치사상: 현대 인권담론의 쟁점과 전망』, 이학사, 2010.
유홍림, 『현대 정치사상 연구』, 인간사랑, 2003.
이상록, 「1960~1970년대 조지 오글 목사의 도시산업선교 활동과 산업 민주주의 구상」, 『사이間SAI』 19, 2015.
이주영, 「1970년대 미국 인권정치의 등장」, 『미국사연구』 46, 2017.
______, 「국제 인권정치와 냉전의 균열: 트랜스내셔널 인권단체들의 활동을 중심으로」, 『서양사론』 135, 2016.
정병준, 『샌프란시스코평화조약의 한반도관련 조항과 한국정부의 대응』, 국립외교원외교안보연구소, 2019.
제임스 E. 도거티·로버트 L. 팔츠그라프 지음, 『미국의 외교정책사: 루즈벨트에서 레이건까지』, 이수형 옮김, 한울아카데미, 1997.
제프리 D. 메리트, 「일방적인 인권중재: 닉슨, 포드, 카터하에서의 미국의 실천」, 『미국의 人權外交』, 탐구당, 1984.
홍득표, 「미국의 인권정책」, 『미국 외교정책: 이론과 실제』, 박영사, 1998.
홍석률, 「냉전적 역사 서술과 상처받은 자유주의=교학사 한국사 교과서 현대사 서술 비판」, 『역사비평』 105, 2013.
Henry A. Kissinger, White House Years, Boston: Little, Brown and Co., 1979.
Donald M. Fraser, "Human Rights and U.S. Foreign Policy," International Studies Quarterly, vol. 23 No.2, June 1979.
Edwin O. Reischauer, "The Korean Connection", New York Times Magazine, Sept. 22, 1974.
William P.Avery·David P. Forsythe, "Human Rights, National Security, and the U.S. Senate: Who Votes For What, and Why," International Studies Quarterly, vol.23 no2, June 1979.

제6장 사이공 함락 이후 미 의회 한국 안보·인권 논쟁과 냉전자유주의 접근: 1975년 미 하원 "한국 인권 청문회"를 중심으로

고지수, 「1970년대 한국기독자교수협의회연구: 에큐메니컬 개발신학과 '한국민중론'을 중심으로」, 『사학연구』 142, 2021.

______, 「포드정부기 미 의회 한국 인권문제 논쟁과 냉전 자유주의(1974~1975)」, 『한국학논총』 55, 2021.

권헌규, 「미군정과 냉전자유주의 사회형성에 관한 연구: 남한과 일본에서 사회주의 정치세력 배제과정을 중심으로」, 고려대학교 대학원 석사학위논문, 2016.

김수광, 『닉슨-포드행정부의 대 한반도 안보정책 연구』, 서울대학교박사학위논문, 2008.

박원곤, 「미국의 대한정책 1974~1975: 포드 행정부의 동맹정책 전환」, 서울대학교 국제문제연구소 편, 『세계정치』 14, 2014.

박찬표, 『한국의 국가형성과 민주주의』, 후마니타스, 2007.

서울대학교 국제문제연구소 편, 「글로벌 냉전의 지역적 특성」, 『세계정치』 22, 사회평론, 2015.

서정경, 「미중관계의 맥락에서 본 한국안보: 1970년대 미중 데땅뜨 시기를 중심으로」, 『현대중국연구』 13-1, 2011.

손승호, 『유신체제와 한국기독교 인권운동』, 한국기독교역사연구소, 2017.

앤서니 아블라스터 지음, 『서구 자유주의의 융성과 쇠퇴』, 조기제 옮김, 나남, 2007.

엄정식, 「닉슨-포드 행정부 시기 대한군사원조 변화와 박정희 정부의 대응」, 『한국군사학논집』 69, 2013.

옥창준·최규진, 「이정식과 브루스 커밍스 저술에 대한 대위법(對位法)적 독해」, 『사림』 74, 2020.

이삼성, 『미국外交理念과 베트남戰爭: 베트남전쟁 이후 미국 외교이념의 보수화』, 법문사, 1991.

______, 『세계와 미국: 20세기의 반성과 21세기의 전망』, 한길사, 2001.

이주영, 「국제 인권정치와 냉전의 균열: 트랜스내셔널 인권단체들의 활동을 중심으로」, 『서양사론』 135, 2017.

정병준, 『샌프란시스코평화조약의 한반도 관련 조항과 한국정부의 대응』, 국립외교원 외교안보연구소, 2019.

제9대국회사료편, 『國會史』, 국회사무처, 1984.

제임스 E. 도거티·로버트 L. 팔츠그라프 지음, 『미국의 외교정책사: 루즈벨트에서 레이건까지』, 이수형 옮김, 한울아카데미, 1997.
조원선, 「주한미군 철수압박에 대한 한국의 대응연구: 포드 행정부 시기 한국의 대미의회로비 전략」, 『동북아연구』 35-1, 2020.
차상철, 「박정희와 1970년대의 한미동맹」, 『軍史』 75, 2010.
최민석, 「한국 자유주의 담론에 대한 비판적 연구, 1945~1970 『사상계』를 중심으로」, 서울대학교 박사학위논문, 2021.
홍석률, 「냉전의 예외와 규칙: 냉전사를 통해 본 한국현대사」, 『역사비평』 110, 2015.
R. 디킨슨, 「開發運動의 意義와 그 實際」, 『基督教思想』 14-2, 1970.
The Committee on International Relations, House of Representatives, Asia in a New Era: Implications for future U.S. Policy-Report of a Study Mission to Asia, U.S. Government Printing Office, Washington, Dec 8, 1975.
The Committee on International Relations, House of Representatives, Human Rights in South Korea and the Philippines: Implications for U.S. Policy, Hearings before the Subcommittees on International Organizations of the Committee on International Relations, House of Representatives, Ninety-Fourth Congress, Washington, 1975.
Congressional Record Online through the Government Publishing Office, Congressional Record-Proceedings and Debates of the 93th Congress, Second Session(no.104), July 15, 1974.
Gerald R. Ford Presidential Library, Documents of Ford Library Relating to Korea, 1974.8-1977①, 국사편찬위원회 AUS098_00_00C0001.
The National Archives, Record Group 59, General Records of the Department of State, Office of the Deputy Secretary. Office of the Coordinator for Humanitarian Affairs. Human Rights Subject Files, 1975. Box3.
The Department of State, The Department of state Bulletin, no.1880, July 7, 1975.
Donald L. Ranard, "Japan's Responsibility in Kim Affair", 국사편찬위원회 CDM006_02_00C1267_051.
Solarz-Fraser Amendment to Withdraw U. S. Troops from South(1975.12.) Korea, 국사편찬위원회 CDM006_01_00C0379_005.
https://www.kdjlibrary.org/president/yearbook/?fullScreen=true&id=19740412.
The New York Times, The Washington Post, Newsweek, 『해외한민보』.

제7장 1980년 5월 광주와 김대중 구명운동, 그리고 자유공조 : 북미주 개신교네트워크를 중심으로

The Washington Post.
The New York Times.
Don Oberdorfer Files, Box. 1, KDJ 1980-1981, 국사편찬위원회.
Der Oberdorfer Files, Box. 2, 광주민주화운동 관련자료 1980.5(1), 국사편찬위원회.
CDM006_02_00C1227_002, 『1980년대 민주화자료』, 국사편찬위원회.
George E. Ogle Papers, 1945-1981, Pitts Theology Library, 국사편찬위원회.
National Security Affairs, Brzeinski Material, Country File, Korea, Republic of; 9/80-1/81. 국사편찬위원회.
국민연합북미본부, 『민주국민』
민주화운동기념사업회 오픈 아카이브 - 린다 존스(Linda Jones) 문서 외.
주한미국대사관 공보실, 『FOR THE RECORD』
고지수, 「1976년 3.1민주구국선언의 '사건화'와 반(反)유신」, 『역사연구』 37, 2019.
김재준, 「통일된 민주국가로서의 한국과 기독교」, 『제3일』 속간 6, 1975.
김흥수, 「한국민주화기독자동지회의 결성과 활동」, 『한국기독교와 역사』 27, 2007.
도널드 그레그 지음, 『역사의 파편들: 도널드그레그 회고록』, 차미례 옮김, 창비, 2015.
돈 오버도퍼, 『두개의 코리아』, 중앙일보, 1998.
박원곤, 「5.18광주 민주화 항쟁과 미국의 대응」, 『한국정치학회보』 45, 2011.
박태균, 「1970년대의 한미관계와 학습효과」, 『우방과 제국, 한미관계의 두 신화』, 창비, 2006.
윌리엄 글라이스틴 지음, 『알려지지 않은 역사』, 황정일 옮김, RHK코리아, 2014.
이미숙, 「1980년 '일한연대' 활동의 성격과 의미: 일본시민사회의 광주 5.18과 '김대중 구명운동' 자료를 중심으로」, 『민주주의와 인권』 19, 전남대 5.18연구소, 2019.
이삼성, 「광주학살, 미국·신군부의 협조와 공모」, 『역사비평』 36, 1996.
______, 『미국의 대한정책과 한국민족주의』, 한길사, 1993.
이상록, 「1963-1971 김대중의 의정활동과 민주주의인식」, 『김대중대통령의 정치사상과 국제이해』, 김대중 민주평화아카데미 국제학술회의자료집, 2019.
장준갑·김건, 「1980년대초반 한미관계 읽기」, 『미국사연구』 38, 2013.

정일준, 「미국개입의 선택성과 한계」, 『갈등하는 동맹』, 역사비평사, 2010.
짐 스탠츨 엮음, 『시대를 지킨 양심: 한국의 민주화와 인권을 위해 나선 월요모임 선교사들의 이야기』, 민주화운동기념사업회, 2007.
최용주, 「광주항쟁과 초국적 후원네트워크」, 『한국학』 43, 2020.
한신대학술원, 『북미주 인권·민주화·평화통일 운동자료』, 한신대학술원 신학연구소, 2004.
홍석률, 「김대중과 미국」, 『김대중대통령의 정치사상과 국제이해』, 김대중민주평화아카데미 국제학술회의자료집』, 2019.
Jammy Carter, White House Diary, new york; Farrar, Straus and Giroux, 2010.

제8장 여성농민운동가 김윤의 생애와 활동

『가톨릭신문』.
『광주드림』.
『농정신문』.
『데일리굿뉴스』.
『동아일보』.
『연합뉴스』.
『전남일보』.
『전북일보』.
『조선일보』.
『중앙일보』.
『한겨레신문』.
『한국농정』.
「서울형사지방법원 1976.06.04. 선고 76고합240판결」(U-Lex2.0).
「여성학교 개설협조에 관한 건」(식별번호 F-A-0001453, 환경운동연합 소장)
「전북도여농 1988년 2월 10일 1차 간담회 이전 상황」(오픈아카이브 소장 자료, 등록번호: 00964663).
Misook Lee, “The Japan-Korea Solidarity Movement in the 1970s and 1980s: From Solidarity to Reflexive Democracy”, 『The Asia-Pacific Journal』12-38, Sep 21, 2014.
가톨릭농촌여성회 편역, 『장벽을 깨뜨리고: 참여하는 발전을 위한 교육』, 1980.

국제앰네스티 한국지부 30주년 기념사업회, 『한국 앰네스티 30년! 인권운동 30년』, 국제앰네스티 한국지부, 2002.
김명배, 『해방 후 한국기독교사회운동사: 민주화와 인권운동을 중심으로 1960-1987』, 북코리아, 2009.
김승태·박혜진 엮음, 『내한선교사총람』, 한국기독교역사연구소, 1994.
김영, 『치마저고리의 일본인』, 명경, 1994.
동래학원팔십년지 편찬위원회, 『팔십년지』, 동래학원, 1975.
땅의 사람들·전국여성농민위원회 엮음, 민미협 여성미술연구회 그림, 『여성농민 위대한 어머니』, 형성사, 1990.
로자벳 캔터·이효재 감수, 『공동체란 무엇인가: 사회학적 시각에서』, 김윤 역, 심설당, 1983.
류외향, 「가톨릭의 힘이 지역의 역사가 된 여산성당」, 『웹진 민주주의』, 민주화운동기념사업회, 2008(검색: https://www.kdemo.or.kr/blog/location/post/ 23).
면담자 이선·강기종 구술, 「1980-90년대 전북지역 여성운동조직의 형성과 전개과정: 전북민주여성회를 중심으로」, 국사편찬위원회, 2015.
면담자 이선·문정숙 구술, 「1980-1990년대 전북지역 여성농민운동의 탄생과 성장」, 국사편찬위원회, 2017.
모리야마(森山浩二), 「사와마사히코의 생애와 학문」, 『한국기독교와 역사』 9, 1998.
민주화운동기념사업회 연구소 엮음, 『한국민주화운동사』 1, 돌베개, 2008.
민청학련계승사업회, 『민청학련: 유신독재를 넘어 민주주의를 외치다』, ㈜메디치미디어, 2018.
민청학련운동계승사업회, 『민청학련운동 자료집: 비상보통군법회의판결문집』, 학민사, 1994.
박은경, 「인권운동 37년 외길 윤현 아시아인권센터 이사장」, 『신동아』, 2007.11.6.
박찬숙, 「어느 원조귀농민의 30년 촌살이 보고서」, 『황해문화』 80, 2013.
富坂キリスト教1センタ, 『日韓キリスト教關係史資料』III, 新教出版社, 2020.
엄영애, 『한국여성농민운동사: 농민생존권 위기와 여성농민의 조직적 토쟁』, 나무와 숲, 2007.
윤정란, 「1970년대-80년대 한국과 서독의 기독교 연대: 한국 디아코니아자매회를 중심으로」, 『역사문화연구』 73, 2020.
이송희, 「양한나(梁漢拿 1893-1976)의 삶과 활동에 관한 일고찰」, 『젠더와 사회』

13, 2002.

이안 부루마 지음, 『0년: 현대의 탄생, 1945년의 세계사』, 신보영 옮김, 글항아리, 2016.

정지아, 『김한림: 어머니, 우리들의 어머니』, 민주화운동기념사업회, 2006.

채수일, 「"게어하르트 브라이덴슈타인 박사와의 대담" 세계화 윤리는 분권화· 다양화」, 『기독교사상』 47-11, 2003

한국디아코니아자매회, 『한국디아코니아자매회: 역사와 섬김의 삶』, 한국신학연구소, 2005.

현대사기록연구원, 「국가기록원 연구용역보고서: 6.3항쟁 구술기록 수집 연구」, 2008.

초출일람

제1부 _ 냉전과 종교

제1장 제2차 세계대전 이후 에큐메니즘 확산과 미국교회, 동아시아 '자유 모럴' 구축
고지수, 『통일과 평화』 14-2, 2022.

제2장 한국과 서독의 기독교연대: 한국디아코니아자매회를 중심으로
윤정란, 『역사문화연구』 73, 2020.

제3장 1960~1970년대 한국가톨릭노동운동의 국제적 연대와 발전
: 한국가톨릭노동청년회(JOC)를 중심으로
윤정란, 『한국민족운동사연구』 116, 2023.

제4장 한국가톨릭농민운동의 발전과 독일여성 마리아 사일러의 역할, 1960~1980년대
: 국제기독교기구의 개발 원조를 통한 관계망 구축과 확대를 중심으로
윤정란, 『한국민족운동사연구』 114, 2023.

제2부 _ 냉전과 인권

제5장 포드정부기 미 의회 한국인권문제 논쟁과 냉전 자유주의, 1974~1975
고지수, 『한국학논총』 55, 2021.

제6장 사이공 함락 이후 미 의회 한국 안보·인권 논쟁과 냉전자유주의의 접근
: 1975년 미 하원 "한국인권청문회"를 중심으로
고지수, 『통일과 평화』 13-2, 2021.

제7장 1980년 5월 광주와 김대중 구명운동, 그리고 자유공조
: 북미주 개신교네트워크 활동을 중심으로
고지수, 『한국기독교와 역사』 53, 2020.

제8장 여성농민운동가 김윤(1953-2004)의 생애와 활동
윤정란, 『숭실사학』 46, 2021.

찾아보기

ㄴ

ㅅ

ㅇ

ㅈ

저자 소개

윤정란(尹貞蘭, Youn, Jung-ran)
숭실대학교 대학원 문학박사
(현) 숭실대학교 한국기독교문화연구원 HK교수
(저서 및 논문) 『한국전쟁과 기독교』, 『한국기독교여성운동의 역사』 외 다수.

고지수(高智秀, Koh, Ji-soo)
성균관대학교 대학원 문학박사
(현) 민주화운동기념사업회 선임연구원
(저서 및 논문) 『김재준과 민주화운동의 기원』, 「한국기독교자교수협의회연구」 외 다수.

숭실대HK+ 메타모포시스 인문학총서 17

냉전·종교·인권, 1960~1980년대

2025년 3월 28일 1판 1쇄 펴냄

지은이 윤정란·고지수
발행인 김흥국
발행처 보고사

책임편집 이순민
표지디자인 김규범

등록 1990년 12월 13일 제6-0429호
주소 경기도 파주시 회동길 337-15
전화 031-955-9797(대표)
팩스 02-922-6990
메일 bogosabooks@naver.com
http://www.bogosabooks.co.kr

ISBN 979-11-6587-814-6 94300
979-11-6587-140-6 (세트)

정가 28,000원

이 저서는 2018년 대한민국 교육부와 한국연구재단의 지원을 받아 수행된 연구임(KRF-2018S1A6A3A01042723)